NIVEAU C1.1

SICHER
IN ALLTAG UND BERUF!

DEUTSCH ALS ZWEITSPRACHE
LEHRERHANDBUCH

Sönke Andresen

Hueber Verlag

Quellenverzeichnis

S. 154:	Text: Und dann noch das Souvenir von Maike Grunewald/Hamburger Abendblatt vom 13. 08. 2011
S. 160:	Text: Stille Helden in lauten Zeiten © Jan Rein; Text: Eine Jungunternehmerin: mit freundlicher Genehmigung von Sibila Tasheva
S. 160/161:	Text: Intelligenzquotient und Verhalten aus „Quarks Schön schlau – Wie Intelligenz unser Leben bestimmt" © WDR 2018
S. 161/162:	Text: Die Malerin Olivia Hayashi © Miriam Staber, mit freundlicher Genehmigung von Olivia Hayashi
S. 162: Text:	Studienfachberatung aus „Wo Studierende fachlichen Rat bekommen" © Institut für Politikwissenschaft, Universität Zürich/ https://www.ipz.uzh.ch/de/studium/beratung.html

Bildredaktion: Nina Metzger, Hueber Verlag, München

Piktogramme

Landeskunde   1 🔊 8 Hörtext

Lerntipps   01 Film

3. 2. 1. | Die letzten Ziffern
2024 23 22 21 20 | bezeichnen Zahl und Jahr des Druckes.
Alle Drucke dieser Auflage können, da unverändert, nebeneinander benutzt werden.
1. Auflage

Umschlaggestaltung: Sieveking · Agentur für Kommunikation, München
Layout und Satz: Sieveking · Agentur für Kommunikation, München
Phonetik: Silvia Dahmen, Köln
Test zur Lernzielkontrolle: Ludwig Lier
Verlagsredaktion: Veronika Kirschstein, Annegret Gerleit und Felix Steffan
Überarbeitung: Milena Angioni
Druck und Bindung: Friedrich Pustet GmbH & Co. KG, Regensburg
Printed in Germany
ISBN 978-3-19-211209-6

Art. 530_25629_001_01

INHALT

ÜBERBLICK

Das Lehrwerk *Sicher in Alltag und Beruf! C1* präsentiert und übt den Stoff der Niveaustufe C1 und bereitet auf alle gängigen C1-Prüfungen vor. Das vorliegende Lehrerhandbuch erläutert und unterstützt die Arbeit mit dem Lehrwerk *Sicher in Alltag und Beruf! C1.1*. Der Inhalt des Lehrerhandbuchs ist in fünf Bereiche untergliedert.

Konzeption des Lehrwerks *Sicher in Alltag und Beruf! C1.1*

Zu Beginn werden zunächst die konzeptionellen Rahmenbedingungen des Lehrwerks vorgestellt und beschrieben. Hier wird der methodisch-didaktische Ansatz des Lehrwerks und seiner Komponenten detailliert erläutert.

Methodisch-didaktische Hinweise

Im Hauptteil des Lehrerhandbuches finden Sie konkrete Vorschläge zum Vorgehen im Unterricht sowie methodisch-didaktische Tipps zu den Aufgaben im Kursbuch und den Übungen im Arbeitsbuch. Darüber hinaus liefert das Lehrerhandbuch eine Menge an zusätzlichen Informationen und Übungen. Diese sind in die folgenden vier Rubriken unterteilt:

- VERTIEFUNGEN: Zusätzliche Aufgabenstellungen zur Binnendifferenzierung
- TIPPS: Didaktische und unterrichtspraktische Hinweise
- FOKUS GRAMMATIK / PHONETIK: Informationen zur Vermittlung der Grammatik / Phonetik
- LANDESKUNDE: Hintergrundwissen in den Bereichen Politik und Kultur
- INTERKULTURELLES: Weiterführende interkulturelle Fragestellungen

Am Ende jeder Lektion finden sich zudem Vorschläge für die Umsetzung der Übungen zur Aussprache sowie Tipps zu Lernstrategien für die Lernwortschatzseiten im Arbeitsbuch.

Kopiervorlagen

Die Kopiervorlagen gliedern sich in drei Bereiche. Zum einen wird pro Lektion ein breites Spektrum an Interaktionsaufgaben, Brettspielvorlagen, erweiternden grammatischen und kommunikativen Übungen sowie Sprachspielen angeboten, sodass zusätzlich für Abwechslung im Unterricht gesorgt werden kann. Zum anderen gibt es zu jeder Lektion einen Test, mit dem sich schnell ein Überblick über den Spracherwerbsstand der Lernenden gewinnen lässt – die Kategorien *Wortschatz*, *Grammatik* und *Kommunikation* (Redemittel) fragen gezielt das Gelernte der jeweiligen Lektion ab. Den Abschluss bildet ein Test zur Lernzielkontrolle. Damit lässt sich der bisherige Lernerfolg und Kenntnisstand der Kursteilnehmenden (Fertigkeiten sowie Wortschatz und Grammatik) ermitteln. Die Hörtexte zu diesem Test finden Sie unter www.hueber.de/sicher-in-alltag-und-beruf.

Methodenglossar

In den methodisch-didaktischen Hinweisen finden Sie immer wieder Anregungen, Ihren Unterricht mithilfe verschiedener Methoden noch abwechslungsreicher und lerntypenspezifisch zu gestalten. Im Methodenglossar sind alle vorgeschlagenen Methoden alphabetisch zusammengefasst und noch einmal genau beschrieben.

Anhang

Im Anhang finden Sie die Transkriptionen der Hörtexte des Kursbuches und der Filme sowie die Lösungen zu den Tests. Die Lösungen zu den Übungen und Lektionstests im Arbeitsbuch finden Sie und Ihre Lernenden im Lehrwerksservice unter www.hueber.de/sicher-in-alltag-und-beruf.

KONZEPTION DES LEHRWERKS *Sicher in Alltag und Beruf! C1.1*

Das Lehrwerk *Sicher in Alltag und Beruf!* ist die Inlandsausgabe des Lehrwerks *Sicher!* und richtet sich an Lernende im deutschsprachigen Inland. Es ist für fortgeschrittene Lernende konzipiert, die mit dem breiten Lernangebot an Materialien ihre persönlichen und beruflichen Ziele erreichen können. Das Lehrwerk eignet sich besonders für Lernende, die sich auf eine Tätigkeit in einer deutschsprachigen Firma, eine Weiterbildung oder ein Studium vorbereiten möchten.

1 Sprachniveau und Kursplanung

Die Lehrwerksreihe *Sicher in Alltag und Beruf!* orientiert sich am *Gemeinsamen Europäischen Referenzrahmen für Sprachen (GER)* sowie dem *Europäischen Sprachenportfolio*. Bei der Planung des Grammatik- und Wortschatzprogramms wurde zudem das Curriculum für die Deutschkurse des Goethe-Instituts zugrunde gelegt.
Sicher in Alltag und Beruf! C1.1 eignet sich als kurstragendes Lehrwerk für unterschiedlich strukturierte Sprachkurse und Berufssprachkurse. Das Lehrwerk stellt Materialien für ca. 80 bis 120 Unterrichtseinheiten bereit. Aufgrund seiner übersichtlichen Struktur richtet sich das Lehrwerk auch an Lehrkräfte, die erste Erfahrungen im Fortgeschrittenenunterricht sammeln.

2 Methodisch-didaktischer Ansatz

Das Lehrwerk *Sicher in Alltag und Beruf!* fußt auf den Grundsätzen *Lernerautonomie, Binnendifferenzierung, Zyklisches Lernen, Handlungsorientierung* und *Prüfungsvorbereitung.*

Lernerautonomie
Die Aktivität im Unterricht wird soweit wie möglich auf die Lernenden selbst verlagert. Die Lernenden sollen dazu motiviert werden, die Verantwortung für ihr eigenes Lernen zu übernehmen. Hierzu sind die Aufgaben- und Übungstypen so angelegt, dass sie verschiedenen Begabungen und Interessen Rechnung tragen und dadurch unterschiedliche Lernertypen ansprechen.

Binnendifferenzierung
Die Sozialformen Partner- und Gruppenarbeit spielen im Lehrwerk eine zentrale Rolle. Lernende können je nach Kenntnisstand und Fähigkeiten „gruppiert" werden: „Schnellere" Paare oder Gruppen bekommen schwierigere Aufgabenstellungen oder Zusatzaufgaben, während die Kursleitung speziell die „langsameren" Lernenden unterstützen kann.

Zyklisches Lernen
Im Grammatikprogramm des Lehrwerks wird Bekanntes mit Neuem verbunden, sodass die Lernenden ihre Kenntnisse systematisch auf- und ausbauen können. Da viele Strukturen bei Fortgeschrittenen bereits bekannt sind, geht es in erster Linie darum, bei der Verwendung der Strukturen mehr Sicherheit zu bekommen und ihre Eigenheiten kennenzulernen.

Handlungsorientierung
Unterrichtsgegenstand ist in der Regel eine Zielaktivität, die im realen Leben gebraucht wird (z. B. Präsentieren). Das Training aller Fertigkeiten ist eingebettet in realitätsnahe Situationen und Anlässe, was sich auch in der großen Zahl aktueller und authentischer Textsorten wiederspiegelt.

Prüfungsvorbereitung
Sicher in Alltag und Beruf! C1 bereitet auf das *Goethe-Zertifikat C1*, das *ÖSD-Zertifikat C1*, die *telc-Prüfung Deutsch C1* sowie den *TestDaF* und den *digitalen TestDaF* vor. Die verwendeten Prüfungsformate sind folgendermaßen gekennzeichnet: **G C1** (Goethe-Zertifikat C1), **t C1** (telc Deutsch C1), **Ö C1** (ÖSD-Zertifikat C1), **T** (TestDaf) und **dT** (digitaler TestDaF). Die Fertigkeiten werden abgekürzt mit **Les** (Lesen), **Hör** (Hören), **Schr** (Schreiben) und **Spr** (Sprechen) sowie **Spra** (Sprachbausteine).

3 Baukastensystem

Sicher in Alltag und Beruf! ist ein flexibles Lehrwerk im Baukastensystem. Jede Lektion im Kursbuch setzt sich aus einer EINSTIEGSSEITE und den Bausteinen LESEN, HÖREN, SCHREIBEN, SPRECHEN, WORTSCHATZ und SEHEN UND HÖREN zusammen. Jeder Baustein umfasst dabei eine oder mehrere Seiten. Um Abwechslung in den Kursverlauf zu bringen, variiert der Ablauf und Umfang der verschiedenen Bausteine je nach Lektion. Ist ein Baustein in einer Lektion mehrmals vertreten, ist dies durch Ziffern gekennzeichnet (z. B. LESEN 1 und LESEN 2). Am Ende jeder Lektion steht eine Übersichtsseite GRAMMATIK. Auf jede zweite Lektion folgt der Baustein EXTRA BERUF, der unabhängig von den Lektionen auf je weiteren vier Seiten unterschiedliche Themen der Berufswelt fokussiert.
Der große Vorteil des Baukastensystems ist, dass die Bausteine innerhalb einer Lektion unabhängig voneinander behandelt werden können. Das erleichtert den flexiblen Einsatz des Lehrwerks und ermöglicht es, Schwerpunkte zu setzen und einzelne Aspekte zu vertiefen oder wegzulassen, um dadurch ein individuell auf die Bedürfnisse der Kursteilnehmenden abgestimmtes Lernprogramm zu erstellen.

4. Komponenten

Das Lehrwerk *Sicher in Alltag und Beruf! C1.1* bietet ein umfangreiches Angebot an Materialien und Medien für Kursteilnehmende und Lehrkräfte.

4.1 Kursbuch

Das Kursbuch ist in sechs Lektionen unterteilt, deren Themen in den Bereichen Alltag, Beruf, Ausbildung und Studium angesiedelt sind.

Lektionseinstieg

Jede Lektion beginnt mit einer EINSTIEGSSEITE, die ein großformatiges Foto als Sprech- oder Schreibanlass bietet. Durch die Vieldeutigkeit der Bilder können im Kursgespräch interessante und aktuelle Aspekte eingebracht werden. Zugleich dient die erste Seite der Lektion zur Aktivierung des vorhandenen Vorwissens.

Seiten zu den Bausteinen

Der Hauptteil der Lektion widmet sich dem Training der rezeptiven und produktiven Fähigkeiten und ist in Bausteine untergliedert. Anhand authentischer und aktueller Lesetexte, Hörtexte und Filme, realitätsnaher Schreibimpulse und Sprechanlässe sowie Aufgaben zum Wortschatztraining werden die übergreifenden Themen der einzelnen Lektionen behandelt. Zur effizienten Navigation sind alle Aufgaben im Kursbuch zudem mit Verweisen versehen, die transparent machen, welche Übungen im Arbeitsbuch zur Vertiefung der Lerninhalte gemacht werden können.

Lerntipps und Landeskunde

Kleine Kästen bieten den Lernenden die Möglichkeit, ihre Lerntechniken systematisch zu verbessern bzw. ihr landeskundliches Wissen zu erweitern (*Wussten Sie schon?*).

Lernzielkontrolle

Die Lernziele jeder Seite sind am Seitenende in der Rubrik *Ich kann jetzt …* zusammengefasst. Durch Ankreuzen können die Lernenden selbst bestimmen, ob sie die Ziele für sich als erreicht einstufen. Durch diese systematische Reflexion wird Seite für Seite die Lernerautonomie gefördert.

Grammatik

Am Ende jeder Lektion wird die in der Lektion behandelte Grammatik auf einer Übersichtsseite zusammengefasst. Querverweise in der Kursbuchlektion und auf der Grammatikseite ermöglichen eine einfache Handhabung.

Berufssprachliche Inhalte

In vielen Aufgaben wird das Thema *Beruf* implizit oder explizit aufgegriffen. Darüber hinaus folgen auf jede zweite Lektion vier Seiten EXTRA BERUF, die sich ausschließlich mit berufsspezifischen Inhalten auseinandersetzen. Der übergreifende Kontext in *Sicher in Alltag und Beruf! C1.1* ist das Thema *Bewerbung*. Im Fokus stehen die drei Themen *Stellen suchen und finden*, *Lebenslauf und Anschreiben* und *Das Vorstellungsgespräch*.

4.2 Arbeitsbuch

Das Arbeitsbuch zu *Sicher in Alltag und Beruf! C1.1* enthält zu jeder der sechs Lektionen des Kursbuchs eine Vielzahl an Übungen, die im Unterricht oder als Selbstlernmaterial im Anschluss an den Unterricht bearbeitet werden können. Die Lektionen haben jeweils denselben thematischen Rahmen wie das Kursbuch, greifen bestimmte landeskundliche Aspekte auf und vertiefen sie.

Wiederholung des Wortschatzes

Jede Lektion beginnt mit ein bis zwei Übungen zur Wiederholung des Wortschatzes.

Übungen und Fertigkeiten

Die Übungen im Arbeitsbuch sind je einer Aufgabe im Kursbuch zugeordnet. Jede Übung ist (mindestens) einem Lernziel zugeordnet. Die Lernziele sind WORTSCHATZ, LESEN, HÖREN, SCHREIBEN, KOMMUNIKATION (Redemittel), WIEDERHOLUNG GRAMMATIK, GRAMMATIK ENTDECKEN, GRAMMATIK und LANDESKUNDE. Zur effizienten Navigation sind alle Aufgaben im Arbeitsbuch mit Verweisen auf die dazu passende Aufgabe im Kursbuch versehen.

Mein Dossier

Die letzte Übung einer jeden Arbeitsbuchlektion bietet die Möglichkeit, die lernerbezogene Textproduktion zu fördern. Dazu werden auch Fotos und kurze Texte integriert, die die Lebens- und Erfahrungswelt der Lernenden berücksichtigt.

Aussprache

Am Ende jeder Arbeitsbuchlektion finden sich Übungen zur Verbesserung der Aussprache und Intonation. Im Fokus stehen dabei in erster Linie Aspekte, die für Lernende aus allen Ausgangssprachen schwierig sind, wie schwierige Vokale und Konsonanten sowie Wortakzent, Satzakzent und Satzmelodie.

Lernwortschatz

Eine Seite mit Lernwortschatz rundet die Lektion ab. Hier ist eine Auswahl derjenigen Wörter aus der Lektion zusammengefasst, die für die Spracherwerbsstufe B2 besonders relevant sind. Die Wörter sind den Seiten im Kursbuch zugeordnet. Der aufgeführte Wortschatz ist auch Grundlage für die Wortschatz- und Grammatikübungen im Arbeitsbuch.

Lektionstest

Auf der letzten Seite jeder Arbeitsbuchlektion gibt es einen Lektionstest. Er bietet den Lernenden die Möglichkeit zu überprüfen, ob sie das Pensum der Lektion bewältigt haben. Die Aufgaben haben immer eine eindeutige Lösung.

4.3 Medienpaket

Das Medienpaket zu *Sicher in Alltag und Beruf! C1* enthält die Audio-CDs zum Kurs- und Arbeitsbuch sowie eine DVD mit den Filmen zum Baustein SEHEN UND HÖREN.

4.4 Lehrwerkservice

Der Lehrwerkservice im Internet unter www.hueber.de/sicher-in-alltag-und-beruf bietet weitere Materialien zur Unterstützung Ihres Unterrichts. Unter anderem finden Sie dort die Audiodateien der Hörübungen im Kurs- und Arbeitsbuch sowie die Lösungen zu den Arbeitsbuchlektionen und den Lektionstests im Arbeitsbuch zum kostenlosen Download.

EINSTIEG

Vor dem Öffnen des Buches

SOZIALFORM	ABLAUF	MATERIAL	ZEIT
Gruppen-arbeit	Für Gruppen, in denen sich die TN noch nicht kennen, bietet sich eine Kennenlernübung an. Vor allem für heterogene Gruppen eignet sich folgende Übung: Es werden vier Plakate mit den Himmelsrichtungen NORDEN, WESTEN, SÜDEN, OSTEN im Raum ausgelegt. Die/Der KL steht in der Mitte und markiert den Kursort. Die TN überlegen, aus welcher Himmelsrichtung sie kommen (im Verhältnis zum Kursort). Alle stellen sich an ihren Platz und stellen sich vor. **(„Himmelsrichtung", Glossar → S. 144)**	vier Plakate	
Einzelarbeit	**AB 1/Ü1** Wortschatzwiederholung zum Thema *Modernes und Unmodernes*. Die Übung eignet sich gut als Einstieg ins Thema und als Vorentlastung; auch als Hausaufgabe geeignet.		

1 Ein neuer Kurs

SOZIALFORM	ABLAUF	MATERIAL	ZEIT
Gruppen-arbeit	a) Die TN arbeiten in Kleingruppen zusammen und notieren sich Fragen zu den vorgegebenen Themen (z. B. *Hast du ältere Geschwister? Welchen Beruf hast du erlernt? Was machst du gern in deiner Freizeit? Welche Hobbys hast du?*). Reihum stellen sich die TN dann die Fragen und machen sich Notizen. **TIPP:** Achten Sie bei neuen Kursen schon ab der ersten Unterrichtsstunde darauf, dass die Gruppen heterogen zusammengesetzt werden. Wechseln Sie immer wieder bewusst die Sozialform und setzen Sie die Gruppen jedes Mal wieder neu zusammen.		
Gruppen-arbeit	b) Die TN überlegen sich in der Gruppe Quizfragen zu ihren Lernpartnerinnen/Lernpartnern und notieren sich diese. Motivieren Sie die TN, nicht nur die üblichen Standardfragen zu stellen, sondern auch auf außergewöhnliche Details einzugehen. *Wer hat wohl eine Zwillingsschwester? (z. B. Wer würde gern an einer Marsmission teilnehmen? Wer kennt eine berühmte Persönlichkeit persönlich? Wer hat ein außergewöhnliches Hobby? ...)*		

2 Quiz

SOZIALFORM	ABLAUF	MATERIAL	ZEIT
Plenum	Reihum stellt jede Gruppe im Kurs ihre Quizfragen. Die Mitglieder der anderen Gruppen versuchen die jeweils gemeinte Person zu erraten.		

HÖREN

1 *Handymanie*

SOZIALFORM	ABLAUF	MATERIAL	ZEIT
Partnerarbeit Plenum Einzelarbeit	a) Die TN schauen sich zu zweit das Bild an und diskutieren, was das Wort *Handymanie* bedeuten könnte. Vergleichen Sie die Ergebnisse im Plenum. **VERTIEFUNG:** Die TN schreiben jeweils einen Satz mit *muss, müsste, dürfte, könnte* zu dem Bild. Zeichnen Sie eine Sprechblase an die Tafel und schreiben Sie einen Beispielsatz: *Es muss sich um eine Sucht handeln.* *Lösungsvorschlag: Es muss sich um übermäßigen Handykonsum handeln. Es dürfte sich um junge Menschen oder Jugendliche handeln. Sie dürften beide ein Smartphone besitzen. Es könnte sein, dass die beiden nicht mehr ohne Handy auskommen.*		
Gruppen- arbeit	b) Die TN hören den Radiobeitrag komplett und diskutieren dabei in Kleingruppen, wer in dem Beitrag spricht und worum es geht. *Lösung: Es sprechen ein Jugendlicher und eine Journalistin. Es geht um die Folgen von übermäßigem Handykonsum (Handysucht).* **VERTIEFUNG:** Alternativ können Sie vor dem Hören auch mit folgender Gruppenarbeit einsteigen: Jede/Jeder schreibt auf Kärtchen, worum es ihrer/seiner Meinung nach in dem Radiobeitrag geht. Die Kärtchen werden auf den Tisch gelegt, außerdem eine Skala von 0–100 % (dazu kann die Kopiervorlage Lektion 1/1 benutzt werden). Jede/Jeder TN nimmt sich nun reihum ein Kärtchen (nicht sein eigenes) und legt es auf die Skala (100 %: die Vermutung trifft ihrer/seiner Meinung nach voll zu. 0 %: die Vermutung trifft überhaupt nicht zu). Die/Der TN bildet einen Satz mit dem richtigen Modalverb.	1 🔊 1 Kärtchen, Kopiervorlage Lektion 1/1	
Einzelarbeit Plenum	c) Die TN hören den Radiobeitrag noch einmal in zwei Abschnitten und markieren, ob die jeweilige Aussage mit dem Gespräch übereinstimmt bzw. nicht übereinstimmt oder ob im Gespräch zu der Aussage nichts gesagt wird. Kontrolle im Plenum. *Lösung: Abschnitt 1: 1b, 2a, 3b, 4a, 5b; Abschnitt 2: 6c, 7a, 8b, 9c, 10b* **VERTIEFUNG:** Besprechen Sie mit den TN Strategien zum Hörverstehen und sensibilisieren Sie sie für die verschieden Hörweisen (globales, selektives und detailliertes Hören). **(Strategie-Überblick → S. 150)**	1 🔊 2–3	
Einzelarbeit	**AB 4/Ü7** Leseübung zum Thema *App-Nutzung*; auch als Hausaufgabe geeignet.		

2 Vermutungen mit *müssen, dürfen* und *können*

SOZIALFORM	ABLAUF	MATERIAL	ZEIT
Plenum Einzelarbeit Partnerarbeit Plenum	a) Lesen Sie die Fragen im Plenum und klären Sie vorab Verständnisfragen. Die TN beantworten für sich persönlich die Fragen 1 bis 3. **VERTIEFUNG:** Die TN überlegen zu zweit, um welche Grammatik es sich bei den Beispielfragen handeln könnte. Fragen Sie: *Können Sie eventuell schon eine Regel formulieren?* Vergleichen Sie die Vermutungen im Plenum. **FOKUS GRAMMATIK:** Verdeutlichen Sie den TN den Unterschied zwischen objektiver und subjektiver Bedeutung der Modalverben, die abhängig vom situativen Kontext ist. **TIPP:** Motivieren Sie die TN (auch in den folgenden Lektionen) dazu, Grammatik zunächst selbst zu entdecken, ihr Vorwissen zu aktivieren und sich gegenseitig zu helfen, bevor sie in der Grammatikübersicht nachschauen.		
Einzelarbeit Plenum	b) Die TN ergänzen anhand ihrer Antworten aus a) die Modalverben. Kontrolle im Plenum. Verweisen Sie auch auf die Grammatikübersicht im Kursbuch (→ KB 12/1a). *Lösung: 1 möglicherweise: könnte, 2 wahrscheinlich: dürfte, 3 relativ / fast sicher: müsste, 4 absolut sicher: muss*		
Einzelarbeit Plenum Partnerarbeit	c) Die TN ergänzen die Modalverben auf der Skala. Kontrolle im Plenum. *Lösung: 100 % muss, 75 % dürfte, 50 % könnte* **VERTIEFUNG:** Die TN bekommen weitere Fragen zum Thema *Ständig erreichbar* ausgehändigt, auf der sich auch eine Skala von 0–100 % befindet (Kopiervorlage Lektion 1/1 → S. 115). Die TN arbeiten zu zweit. Jede/Jeder TN kreuzt fünf Fragen an, die sie/er interessant findet. Die Lernpartnerinnen/Lernpartner stellen sich nun gegenseitig ihre Fragen. Die/Der Befragte markiert auf der Skala die Nummer der Frage (zwischen absolut sicher: 100 % und möglich: 5 %) Dann beantworten sie die Fragen mündlich mit dem korrekten Modalverb. Danach wechseln die Lernpartnerinnen/Lernpartner, bis jede/jeder TN fünf Fragen gestellt und fünf Fragen beantwortet hat.	Kopiervorlage Lektion 1/1	
Einzelarbeit	**AB 1/Ü2** Wiederholungsübung zu den Modalverben. Eignet sich gut als Einstimmung auf das Thema, bevor auf die subjektive Bedeutung der Modalverben eingegangen wird; auch als Hausaufgabe geeignet.		
Einzelarbeit	**AB 2/Ü3–4** Entdeckende Übungen zur subjektiven Bedeutung der Modalverben; auch als Hausaufgabe geeignet.		
Einzelarbeit	**AB 3/Ü5** Übung zu Einschätzungen, Notwendigkeiten und Bitten; auch als Hausaufgabe geeignet.		
Einzelarbeit	**AB 3/Ü6** Vertiefende Übung zum Thema *Zeit ohne Smartphone* mit der die subjektive Bedeutung der Modalverben geübt wird; auch als Hausaufgabe geeignet.		

Ich kann jetzt ...

SOZIALFORM	ABLAUF	MATERIAL	ZEIT
Einzelarbeit	Die TN markieren, was auf sie zutrifft.		

LESEN

1 Moderne Arbeitswelten

SOZIALFORM	ABLAUF	MATERIAL	ZEIT
Plenum	a) Die TN sehen sich die Bilder an und berichten, warum diese Bilder die Digitalisierung im Berufsalltag darstellen. *Lösungsvorschlag:* *Bild A: Die Frau sieht aus, als würde sie am Flughafen geschäftlich telefonieren. Sie könnte eine Geschäftsfrau sein, die von unterwegs am Bahnhof oder Flughafen arbeitet. Sie telefoniert, während sie etwas auf ihrem Laptop aufruft. Bild B: Der Mann ist gerade zuhause und arbeitet wahrscheinlich von dort aus. Sein Sohn sitzt neben ihm und malt, während er sich am Computer in das Netzwerk seiner Firma einwählt.* **VERTIEFUNG:** Bilden Sie als Einstimmung auf das Thema „Murmelgruppen". Die TN tauschen sich frei zu dem Thema aus, sie dürfen alles sagen, was ihnen in den Sinn kommt, sprachliche Fehler sind erlaubt. Eine Auswertung im Plenum findet nicht statt. Einzige Regel: Die Diskussion darf nicht stoppen und jede/jeder TN bekommt die gleiche Redezeit. **(„Murmelgruppe", Glossar → S. 146)**		
Plenum Gruppenarbeit Plenum	b) Die TN lesen die erste Frage und diskutieren zunächst zu zweit, welche Rolle die Digitalisierung in ihrem Leben bzw. Berufsleben spielt. Danach lesen sie die zweite Frage und diskutieren über die Veränderungen. Zum Schluss ziehen die TN ein Fazit, ob die Digitalisierung ihren (beruflichen) Alltag erleichtert oder erschwert hat. Fordern Sie die TN auf, persönliche Beispiele aufzuzählen und ihre Meinungen zu begründen. **VERTIEFUNG:** In Kleingruppen fertigen die TN eine Mindmap zum Thema *Digitalisierung in Alltag und Beruf* an. Fragen Sie: *Ist die Digitalisierung ein Thema in Ihrem (Berufs-)Alltag? Welche Beispiele können Sie nennen?* **(„Mindmap", Glossar → S. 146)** **INTERKULTURELLES:** Die TN berichten, auf welchem Stand die Digitalisierung in ihren Heimatländern ist. Gibt es Unterschiede zu den deutschsprachigen Ländern? Ist sie weiter / weniger weit vorangeschritten? Gibt es Unterschiede in den verschiedenen Berufsbranchen (auch im Vergleich zum deutschsprachigen Raum)?		

2 Digitaler Wandel im Beruf

SOZIALFORM	ABLAUF	MATERIAL	ZEIT
Plenum Einzelarbeit Plenum	a) Schreiben Sie die Begriffe *Clickarbeiter* und *digitaler Tagelöhner* an die Tafel. Fragen Sie die TN, was diese Wörter wohl bedeuten könnten oder was sie damit assoziieren. Werfen Sie einer/einem TN, der spontan etwas sagen möchte, einen Ball zu. Danach wirft sie/er den Ball zu einer/einem anderen TN. **(„Ball", Glossar → S. 144)** Die TN lesen anschließend den Text und die Aussagen. Sie markieren, ob die Aussagen richtig (+), falsch (–) oder gar nicht im Text enthalten sind (x). Kontrolle im Plenum. **→ t C1 Les3, T Les2** *Lösung: 1+, 2+, 3x, 4+, 5–, 6–, 7+, 8–, 9+, 10–*	Ball	

Einzelarbeit Plenum Einzelarbeit Plenum	b) Die TN lesen die Überschriften und markieren die Überschrift, die am besten die Aussage des Textes trifft. Kontrolle im Plenum. *Lösung: b Arbeiten im digitalen Zeitalter* **TIPP:** Die TN lesen den Text erneut und fassen die Absätze mit ein bis zwei Sätzen zusammen. Verdeutlichen Sie den TN, dass es sich dabei um eine Lesestrategie handelt, um längere Lesetexte besser zu strukturieren und zu verstehen. Fragen Sie die TN: *Welche Lesestrategien haben Sie beim Lösen der Aufgaben angewendet? Welche Lesestrategien kennen Sie noch? (Signalwörter unterstreichen, W-Fragen stellen ...)* Halten Sie gemeinsam mit den TN verschiedene Lesestrategien an der Tafel fest. **(Strategie-Überblick → S. 149)**		
Plenum	c) Die TN diskutieren im Kurs über die Digitalisierung in der Zukunft, ziehen Parallelen zum Text und äußern Vermutungen, was die zunehmende Digitalisierung im Berufsleben verändern wird. **TIPP:** Viele Ihrer TN werden zuerst möglicherweise nur Aspekte anführen, die mehr oder weniger absehbar sind (z. B. *Zunehmende Optimierung der Arbeitsprozesse durch künstliche Intelligenz*). Motivieren Sie Ihre TN deshalb dazu, auch über Dinge zu spekulieren, die gegenwärtig vielleicht noch absurd oder unmöglich erscheinen (z. B. *Beamen von Personen oder Gegenständen*). Je mehr sich die TN gegenseitig hochschaukeln, desto lebendiger wird der mündliche Austausch im Kurs. **VERTIEFUNG:** Führen Sie mit Ihrem Kurs eine Pro- und Kontra-Diskussion. Die TN entscheiden für sich, ob sie pro oder kontra in Hinblick auf die Digitalisierung im Alltag/Berufsleben sind. Achten Sie bei der Durchführung der Diskussion darauf, dass jede/jeder TN zu Wort kommt und motivieren Sie die TN, mit ihrem Redebeitrag auf die Vorrednerin/den Vorredner zu reagieren, bevor sie ein eigenes Argument hervorbringen. Verweisen Sie auch auf die Redemittel zur Diskussion. (→ AB 92–95) *Beispiel:* **PRO:** Beruf: *Arbeitsprozesse können optimiert werden; Arbeiten an verschiedenen Standorten; Informationen, Ergebnisse und Erkenntnisse können schneller übermittelt werden;* Alltag: *Erleichterung und Unabhängigkeit (z. B. bargeldloses Zahlen, Buchungen von Hotels, Fahrkarten, Flugtickets etc.); Zugang zu Nachrichten und Informationen (Internet) ... Gesundheit ...* **KONTRA:** Beruf: *Überforderung und Erschöpfung durch die ständige Erreichbarkeit; Stress durch zunehmender Kontrolle in Arbeitsprozessen; mangelnde Teamzugehörigkeit; Ersetzbarkeit durch Computer und Maschinen;* Alltag: *Überforderung und Erschöpfung durch die ständige Reizüberflutung; Vereinsamung/ weniger reelle Kontakte; Überforderung durch die Komplexität der Alltagsgeräte (z. B. Smartphones) ...*		
Einzelarbeit	**AB 4/Ü8** Wortschatzübungen zum Thema *Digitalisierung*; auch als Hausaufgabe geeignet.		
Einzelarbeit Plenum	**AB 5/Ü9** Hörübung zum Thema *Moderne Arbeitswelten*. Kontrolle im Plenum.	3 🔊 1	

3 Behauptungen mit *sollen* und *wollen*

SOZIALFORM	ABLAUF	MATERIAL	ZEIT
Einzelarbeit Plenum	a) Die TN lesen die Sätze mit den Modalverben *wollen* und *sollen* und finden die richtige Bedeutung. Auch hier empfiehlt es sich, objektive und subjektive Bedeutung noch einmal gegenüberzustellen (*wollen* objektiv → Absicht; *wollen* subjektiv → Zweifel beim 2. Sprecher). Kontrolle im Plenum. Verweisen Sie auch auf die Grammatikübersicht im Kursbuch (→ KB 12/1b). *Lösung: A (sollen): Das habe ich gehört oder gelesen, bin mir aber nicht sicher, ob es stimmt; B (wollen): Er hat das von sich behauptet. Ich habe es gehört und erzähle es weiter, zweifle aber daran.*		
Einzelarbeit Plenum Gruppen- arbeit	b) Die TN formulieren die Sätze um. Kontrolle im Plenum. *Lösung: 2 Robert Krohn will jetzt doppelt so viel verdienen wie in seinem früheren Job. 3 Der Experte will durch den Einsatz von künstlicher Intelligenz Millionen Gewinn gemacht haben. 4 Ein Unternehmer will von der Digitalisierung nicht betroffen sein.* **VERTIEFUNG:** Die TN arbeiten in Sechser- bis Achtergruppen zusammen und spielen „Stille Post". Sie wenden dabei die Grammatik an. Jede/jeder TN schreibt in mindestens fünf Sätzen eine Behauptung über sich auf, die wahr oder unwahr sein könnte. (z. B. *Ich bin schon einmal mit dem Fahrrad bis nach Indien gefahren. Es hat drei Monate gedauert. Ich wurde auf der Reise zweimal ausgeraubt …*). Diese Behauptung flüstert sie/er dem zweiten TN ins Ohr, diese/dieser gibt die Behauptung an die/den dritten TN flüsternd weiter (*Sie/Er will schon einmal mit dem Fahrrad nach Indien gefahren sein …*). So geht es reihum. Der letzte wiederholt die Aussage laut. Fragen Sie: *Hat sich inhaltlich etwas verändert? Ist im Verlauf der „Stillen Post" ein Detail weggefallen?* Dann beginnt die/der nächste TN mit seiner Behauptung in mehreren Sätzen. **(„Stille Post", Glossar → S. 148)**		
Einzelarbeit	**AB 5/Ü10** Wiederholungsübung zur subjektiven Bedeutung des Modalverbs *sollen*; auch als Hausaufgabe geeignet.		
Einzelarbeit	**AB 6/Ü11** Übung zur subjektiven Bedeutung des Modalverbs *wollen* zum Selbstentdecken. Subjektiver und objektiver Gebrauch werden voneinander abgegrenzt (auch in der Vergangenheit); auch als Hausaufgabe geeignet.		
Einzelarbeit	**AB 7/Ü12** Leseverstehen zur Wiederholung aller Modalverben (subjektiver Gebrauch); auch als Hausaufgabe geeignet.		

Ich kann jetzt …

SOZIALFORM	ABLAUF	MATERIAL	ZEIT
Einzelarbeit	Die TN markieren, was auf sie zutrifft.		
Plenum	**VERTIEFUNG:** Schreiben Sie das Wort *Digitalisierung* an die Tafel. Bilden Sie zwei Gruppen. Die/Der erste TN beginnt, nennt einen passenden Begriff zu dem Oberbegriff (z. B. *Autonomes Fahren*) und wirft einen Ball zur nächsten Gruppe. Die/Der nächste TN muss nun einen Begriff nennen. So geht es weiter, bis einer Gruppe kein Begriff mehr einfällt. Die andere Gruppe hat dann gewonnen.	Ball	

WORTSCHATZ

1 Digitaler Entzug

SOZIALFORM	ABLAUF	MATERIAL	ZEIT
Gruppenarbeit Plenum	a) Bilden Sie Kleingruppen. Die TN lesen das Zitat und sammeln Beispiele für *Beschleunigung* und *Entschleunigung* auf Plakaten. Die Plakate der Gruppen können im Kursraum ausgehängt werden z. B. eine Raumseite für *Beschleunigung* und die gegenüberliegende Seite für Entschleunigung. Anschließend präsentieren die Gruppen ihre Beispiele im Plenum. *Lösungsvorschlag: Beschleunigung: Neue PC-Programme, schnellere Internetverbindungen, bessere Mobilfunknetze; Entschleunigung: Handyfreie Zeit, Internet nur zweimal die Woche, E-Mails nur eine Stunde am Tag ...*	Plakate	
Einzelarbeit Plenum	b) Die TN sehen sich die Bilder an und lesen die Aussagen. Anschließend ordnen sie die Aussagen den Bildern zu. Kontrolle im Plenum. **TIPP:** Um die TN die Aufgabe zuerst kreativ lösen zu lassen, können Sie die drei Bildbezeichnungen erst verdeckt halten und die TN selbst einen passenden Satz zu jedem Bild schreiben lassen. Vergleichen Sie anschließend die Antworten im Kurs und lösen Sie die Aufgabe dann anhand der vorgegebenen Sätze. Zum Schluss können Sie überprüfen, wer mit seiner eigenen Idee am nächsten an der Musterlösung lag. *Lösung: A Viel Arbeit am PC und kaum Zeit zu entspannen? Wir helfen Ihnen!, B Hohes Suchtpotenzial: Wie Sie digitale Medien frühzeitig entzaubern, C So geht's: Neugierige Apps die Zugriffsrechte entziehen.*		
Einzelarbeit Plenum	c) Die TN lesen die Nomen und bilden daraus Verben mit der Vorsilbe *ent-*. Machen Sie die TN darauf aufmerksam, dass es sich hier um die Ausgangsnomen ohne die Vorsilbe handelt. Kontrolle im Plenum. *Lösung: entschleunigen, entzaubern, entspannen, entmutigen, entziehen* **VERTIEFUNG 1:** Fragen Sie die TN, ob sie noch andere Verben mit der Vorsilbe *ent-* kennen. Halten Sie die Verben an der Tafel fest. Die TN bilden anschließend daraus Nomen (z. B. *entschuldigen – die Entschuldigung* oder *entschließen – der Entschluss*). **VERTIEFUNG 2:** Die TN erstellen eine kollektive Mindmap zum Thema *Entspannung/Entschleunigung*. Sie schreiben ihre Ideen auf Kärtchen. Bereiten Sie ein Plakat vor, in der Mitte steht das Wort *Entspannung/Entschleunigung*. Die TN heften ihre Karten an das Plakat und sortieren ihre Ergebnisse nach ähnlichen Themenbereichen *(Entspannung durch Sport, soziale Kontakte, kulturelle Veranstaltungen ...)*. Die TN präsentieren ihre Ergebnisse im Plenum. **(„Mindmap", Glossar → S. 145)**	Kärtchen/ Plakat	
Einzelarbeit Plenum	**AB 7/Ü13** Höraufgabe zum Thema *Digitaler Entzug*. Kontrolle im Plenum. **→ Ö C1 Hör2**	3 🔊 2	

2 *ent-* oder *de-*?

SOZIALFORM	ABLAUF	MATERIAL	ZEIT
Einzelarbeit Plenum Partnerarbeit	a) Die TN ergänzen die passende Vorsilbe und kontrollieren mit einem Wörterbuch ihre Lösung selbst. Verweisen Sie auch auf die Grammatikübersicht im Kursbuch (→ KB 12/2). *Lösung: 3 entmutigen, 4 dehydriert, 5 deaktivieren, 6 entsorgen* **TIPP:** Erklären Sie den TN, wie sie Fremdwörter mit lateinischem Stamm erkennen können (enden auf-*ieren*). Sammeln Sie an der Tafel weitere Wörter mit lateinischer Wurzel und machen Sie den TN deutlich, dass nicht bei jedem dieser Verben eine Vorsilbe mit *de-* möglich ist (studieren – destudieren). **VERTIEFUNG:** Kopieren Sie für jede Gruppe die Kopiervorlage einmal. Die TN spielen zu zweit das Würfelspiel und bilden Sätze mit Verben mit den Vorsilben *ent-* und *de-*. Dabei würfeln die TN abwechselnd jeweils zweimal: Erstes Würfeln: Personalpronomen (1: ich, 2: du, 3: er/sie/es, 4: wir, 5: ihr, 6: sie/Sie); zweites Würfeln: *ent-* oder *de-* (1, 3, 5: ent- und 2, 4, 6: de-). Die TN müssen nun einen sinnvollen Satz bilden und korrigieren sich gegenseitig. Wer am Ende mehr korrekte Sätze gebildet hat, hat gewonnen. (Kopiervorlage Lektion 1/2 → S. 116)	 Kopiervorlage Lektion 1/2, zwei Würfel je Gruppe	
Einzelarbeit Plenum	b) Die TN ergänzen die Wörter in der richtigen Form. Kontrolle im Plenum. *Lösung: 2 entsprach, 3 entlädt, 4 entfernt; 5 entsorgt*		
Einzelarbeit	**AB 8/Ü14** Übung zu den Verben mit der Vorsilbe *ent-*; auch als Hausaufgabe geeignet.		

3 Die Vorsilben *miss-* und *zer-*

SOZIALFORM	ABLAUF	MATERIAL	ZEIT
Einzelarbeit Plenum	a) Die TN finden die passenden Formulierungen. Kontrolle im Plenum. *Lösung: 1 etwas gelingt nicht, 2 etwas zu lange besprechen*		
Einzelarbeit Plenum	b) Die TN ergänzen den Lückentext mit den Verben in der richtigen Form. Kontrolle im Plenum. Anschließend lesen die TN den Lerntipp, wie man sich die Bedeutung unbekannter Wörter mit Vorsilben erschließt. **VERTIEFUNG:** Fragen Sie die TN, ob sie noch andere Verben mit der Vorsilbe *miss-* kennen. Halten Sie die Verben an der Tafel fest. Die TN bilden anschließend aus allen Verben die Antonyme (z. B. *misslingen – gelingen* oder *missglücken – glücken*). *Lösung: 2 zerrissen, 3 misslingen, 4 zerlegen, 5 zerstört*		
Einzelarbeit	**AB 8/Ü15** Übung zu den Verben mit der Vorsilbe *zer-*; auch als Hausaufgabe geeignet.		
Einzelarbeit	**AB 9/Ü16** Übung zu den Verben mit den Vorsilben *zer-* und *miss-*; auch als Hausaufgabe geeignet.		

4 Vorsilbenspiel

SOZIALFORM	ABLAUF	MATERIAL	ZEIT
Partnerarbeit Plenum	Die TN bearbeiten die Aufgabe in Zweiergruppen. Die Lernpartnerinnen/Lernpartner wählen aus der Tabelle ein Wort mit *miss-* oder *zer-* aus, schreiben einen Satz, in dem das Wort vorkommt, und lassen eine Lücke für das Wort. Die Lernpartnerin/Der Lernpartner ergänzt das Wort. *Beispiel: Eine Knoblauchzehe sollte man nicht schneiden, sondern mit einem Messer vorsichtig zerdrücken.* **VERTIEFUNG:** Die Lernpartnerinnen/Lernpartner versuchen mit den vorgegebenen Wörtern (oder auch neuen Wörtern) ein kreatives Kochrezept zu schreiben, in dem so viele Wörter mit *miss-* oder *zer-* wie möglich vorkommen. Dabei kann schon mal etwas *misslingen* oder eine Zutat *zerplatzen*. Anschließend präsentieren sie ihr Kochrezept. Die anderen TN raten: *Um welches Gericht handelt es sich?* Die Übung eignet sich auch gut als Hausaufgabe: Die TN schreiben mithilfe der vorgegebenen Verben ein typisches Kochrezept aus ihrem Heimatland.		
Einzelarbeit Plenum	**AB 9/Ü17** Übung zu den Verben mit den Vorsilben *miss-* und *zer-*; auch als Hausaufgabe geeignet. Da es mehrere Lösungen gibt, empfiehlt es sich, die Lösungen im Kurs zu besprechen.		

Ich kann jetzt ...

SOZIALFORM	ABLAUF	MATERIAL	ZEIT
Einzelarbeit	Die TN markieren, was auf sie zutrifft.		
Gruppen-arbeit	Die TN schließen die Bücher und bilden Vierergruppen. Sie versuchen sich noch einmal an alle Vorsilben zu erinnern, die sie in Lektion 1 gelernt haben. Jede/Jeder TN übernimmt eine Vorsilbe *(ent-, zer-, miss-, de-)* und erklärt den anderen die Bedeutung und den Gebrauch „seiner Vorsilbe“ anhand eines Beispielsatzes.		

SPRECHEN

1 Digitales in Alltag und Beruf

SOZIALFORM	ABLAUF	MATERIAL	ZEIT
Partnerarbeit Plenum	a) Die TN sehen sich zu zweit das Foto an und beschreiben die Situation. Die TN präsentieren ihre Ergebnisse im Plenum. *Lösungsvorschlag: Auf dem Bild sieht man Personen, die am Bahnsteig auf den Zug warten. Alle bis auf eine blicken nach unten, da sie sich mit Smartphone oder Tablet die Zeit vertreiben.*		

Partnerarbeit Plenum	b) In den Zweiergruppen diskutieren die TN, was wohl vor 20 Jahren anders gewesen wäre. *Lösungsvorschlag: Vor 20 Jahren gab es noch nicht die technischen Möglichkeiten von heute. Die Personen hätten sich unterhalten, ein Buch gelesen oder einfach nur gewartet.* Die TN präsentieren ihre Ergebnisse im Plenum und diskutieren über die Fragen: *Welche Auswirkungen hat diese Veränderung in unserem Kommunikationsverhalten auf unser Leben? Könnte das Foto (aus 1a) auch im Heimatland der TN aufgenommen worden sein?*		
Plenum	c) Die TN diskutieren darüber, wie die Digitalisierung ihr Alltags- und Berufsleben verändern wird. Sie erwähnen Beispiele für Neuerungen der letzten Zeit und mutmaßen über zukünftige Neuerungen.		
Einzelarbeit	**AB 10/Ü18** Leseverstehen über die Zukunft der Arbeit; auch als Hausaufgabe geeignet. **→ G C1, Les3; t C1, Spra**		

2 Eine Präsentation

SOZIALFORM	ABLAUF	MATERIAL	ZEIT
Partnerarbeit Partnerarbeit Partnerarbeit Partnerarbeit Plenum	Schritt 1: Die TN arbeiten in Partnerarbeit zusammen. Sie lesen zunächst Schritt 1 zu Erstellung einer Präsentation. Anschließend schauen sie sich gemeinsam noch mal die Themen in Aufgabe 1c an und einigen sich auf ein Thema (z. B. *Verkehr: Autonomes Fahren*). Danach erstellen sie zu dem gewählten Thema eine Mindmap **(„Mindmap", Glossar → S. 146)**. Geben Sie den TN für Schritt 1 ein Zeitfenster (z. B. 10 Minuten) vor. Schritt 2: Fordern Sie die TN auf, das von ihnen gewählte Thema auf einen Teilaspekt einzugrenzen. Hierzu suchen sie aus den gesammelten Informationen in ihrer Mindmap einen Aspekt aus. Geben Sie auch hier eine Zeitvorgabe (z. B. 5 Minuten). Schritt 3: Die TN einigen sich, wie sie ihre Informationen generieren (z. B. *andere TN zu dem Thema befragen, im Internet recherchieren*). Verweisen Sie die TN auch auf die Redemittel. Stellen Sie den TN wieder nur eine begrenzte Zeit zur Verfügung (z. B. 3 Minuten), damit die Vorbereitungszeit nicht mehr Zeit in Anspruch nimmt, als nötig. **TIPP:** Sie können eine Eier- oder Sanduhr mitbringen. Nach Ablauf der (eingestellten) Zeit müssen die TN zu einem Ergebnis gekommen sein. Schritt 4: Die TN bereiten zu zweit ihre Präsentation vor. Geben Sie zunächst den TN im Plenum an der Tafel eine Übersicht über den Aufbau einer Präsentation: 1. Einleitung (Begrüßung, Vorstellung des Themas, Inhaltsübersicht) 2. Hauptteil (Schilderung der Hauptaspekte) 3. Schluss (Zusammenfassung) Erklären Sie den TN, dass eine Einleitung nur maximal 20 %, der Hauptteil 70 % und der Schluss 10 % des Vortrags ausmachen sollte. Anschließend werden die Redemittel zu Schritt 4 im Plenum vorgelesen und Verständnisschwierigkeiten geklärt.	 Papier in DIN A3	

	Machen Sie deutlich, dass die TN besonderen Wert auf die sprachliche Umsetzung der Kurzpräsentation legen sollten. Auch hier geben Sie unbedingt eine Zeit für die Vorbereitung vor (z. B. 20 Minuten). **TIPP:** Die beiden TN sollten sich vor Beginn der Vorbereitung folgende Aufgaben aufteilen: *Wer hat die Zeit im Blick (Zeitexperte)? Wer löst Wortschwierigkeiten (Vokabelexperte)? Wer achtet auf die Anwendung der Redemittel (Redemittelexperte)?* Halten Sie sich im Hintergrund, während die Lernpaare ihre Präsentation planen. Greifen Sie nur ein, wenn es wirklich nicht mehr weitergeht. Fragen klären die TN zunächst untereinander oder geben die Frage an eine der anderen Gruppen weiter (ohne diese bei ihrer Arbeit zu stören). Gehen Sie während der Vorbereitungsphase von Gruppe zu Gruppe und notieren Sie sich alles, was Ihnen auffällt. Später können Sie im Plenum darauf zurückkommen. Sie können auch mit den TN die Strategien zu einer Kurzpräsentation durchgehen. **(Strategie-Überblick → S. 151)**		
Einzelarbeit	**AB 11/Ü19** Übung zur Struktur eines Vortrags, die sich gut eignet, um die Präsentation sprachlich vorzubereiten; auch als Hausaufgabe geeignet.		
Partnerarbeit Plenum	Schritt 5: Die TN einigen sich untereinander, wer welche Rolle bei der Präsentation übernimmt: Einleitung/Hauptteil/Schluss. Den Hauptteil sollten sich beide TN aufteilen. Geben Sie wieder eine Zeit vor (z. B. 2 Minuten). Schritt 6: Die TN üben ihre Präsentation zuerst zu zweit. Motivieren Sie die TN, dabei die angebotenen Redemittel zu benutzen. **VERTIEFUNG:** Im Anschluss daran können sich in einem weiteren Zwischenschritt auch je zwei Kleingruppen gegenseitig ihren Vortrag präsentieren, bevor sie ihn im Plenum halten. Diese weitere Feedbackschleife mit anderen TN ist insbesondere dann sinnvoll, wenn manche TN Angst davor haben, eine Präsentation vor dem Kurs zu halten. Schritt 7: Die Zweiergruppen halten ihre Präsentation im Plenum. Danach geben die anderen TN ein Feedback. **→ t C1, Spr2; dT, Spr5** **VERTIEFUNG:** Bereiten Sie die anderen Kleingruppen auf das anschließende Feedback vor, indem Sie sie zu Expertengruppen machen. Eine Gruppe achtet während des Vortrags besonders auf die Vortragstechnik, eine andere auf den Inhalt, die nächste auf sprachliche Richtigkeit etc. Eine Übersicht über Strategien für mündliche Kommunikation finden Sie im Anhang. **(Strategie-Überblick → S. 151)**		

Ich kann jetzt ...

SOZIALFORM	ABLAUF	MATERIAL	ZEIT
Einzelarbeit	Die TN markieren, was auf sie zutrifft.		
Plenum	**VERTIEFUNG:** Die Zweiergruppen versuchen, den Vortrag der anderen Zweiergruppen noch einmal aus dem Gedächtnis kurz in eigenen Worten zusammenzufassen und zu präsentieren. Damit erhalten die Referenten eine Rückmeldung, wie viel von dem Gesagten bei den Zuhörern wirklich angekommen ist.		

SCHREIBEN

1 Auf Partnersuche

SOZIALFORM	ABLAUF	MATERIAL	ZEIT
Gruppen- arbeit Plenum Partnerarbeit Plenum	Die TN diskutieren in Kleingruppen, wo und wie man am besten einen Partner kennenlernt. Animieren Sie die TN, Stichworte aufzuschreiben. Anschließend tauschen sich die TN aus, welche Art des Kennenlernens sie am besten finden und warum. Die Gruppen tragen ihre Ergebnisse dem Plenum vor. **INTERKULTURELLES:** In multikulturellen Lerngruppen interviewen sich jeweils zwei TN aus verschiedenen Kulturkreisen darüber, welche Formen der Partnersuche in ihren Kulturkreisen üblich sind. Die Interviewerin/Der Interviewer macht sich Stichpunkte und präsentiert das Ergebnis im Plenum. **VERTIEFUNG 1:** Als Vorbereitung auf Aufgabe 2b machen die TN „Wild Writing". Geben Sie eine bestimmte Zeit vor (max. fünf Minuten). In dieser Zeit schreiben die TN alles auf, was ihnen zum Thema *Partnersuche im Internet* einfällt. Einzige Regel: Die TN dürfen dabei nicht stoppen oder nachdenken. Die Texte werden nicht vorgelesen. **(„Wild Writing", Glossar → S. 148)** **VERTIEFUNG 2:** Die TN werfen sich gegenseitig den Ball zu und führen spontan den Satzanfang zu Ende: *Partnersuche bedeutet für mich, dass …* Notieren Sie die wichtigsten Punkte, die die TN nennen, an der Tafel. Diskutieren Sie anschließend über die Ergebnisse im Plenum. **(„Blitzlicht", Glossar → S. 144)**		

2 Online-Partnerbörsen

SOZIALFORM	ABLAUF	MATERIAL	ZEIT
Plenum Einzelarbeit Plenum	a) Klären Sie zunächst schwierige Begriffe (z. B. analoge Wege) und lesen Sie dann die Grafik im Plenum vor. Diskutieren Sie anschließend mit den TN, welche Zahlen Sie aus welchem Grund bemerkenswert finden. **TIPP:** Fragen Sie die TN, ob die Partnersuche im Internet auch in ihren Heimatländern üblich und beliebt sind. **VERTIEFUNG:** Die TN recherchieren aus ihren Heimatländern Statistiken zu Partnerbörsen im Internet. Gibt es Unterschiede zu den Zahlen im Kursbuch? Welche? Die TN tragen dem Plenum die Unterschiede vor.		
Plenum	b) Lesen Sie im Plenum die Aufgabe und die Redemittel. Danach schreiben die TN eine Stellungnahme zum Thema. Weisen Sie die TN auch auf die Verwendung der Redemittel hin. Abschließend können einzelne TN ihre Texte im Plenum präsentieren bzw. vorlesen. **→ G C1, Schr1** **VERTIEFUNG:** Die TN lesen die Stellungnahmen der anderen TN. Sie kommentieren die Beiträge in Hinblick auf Inhalt, Stil und Grammatik und markieren die Textstellen in unterschiedlichen Farben. So geht es reihum, bis die Verfasserin/der Verfasser den auf diese Weise kommentierten Text zurückerhält. **(„Kommentarlawine, Glossar → S. 145)**	Farbstifte	
Einzelarbeit	**AB 11/Ü20** Die TN finden die richtigen Ausdrücke in dem Blogbeitrag. Vertiefend können Sie zusammen mit den TN klären, warum der andere Ausdruck nicht so gut passt; auch als Hausaufgabe geeignet.		

Ich kann jetzt ...

SOZIALFORM	ABLAUF	MATERIAL	ZEIT
Einzelarbeit	Die TN markieren, was auf sie zutrifft.		
Gruppenarbeit	**VERTIEFUNG:** Die TN üben die Redemittel aus 2b noch einmal, indem sie weitere gesellschaftsrelevante Themen auf Kärtchen schreiben *(Arbeitslosigkeit, Familie, Kriminalität etc.).* Jeder TN zieht eine Karte, macht sich Notizen zu seinen Erfahrungen zum Thema (in Bezug auf das Heimatland), berichtet im Plenum und macht generalisierende Vorschläge.	Kärtchen	

SEHEN UND HÖREN

1 *Stille Helden in lauten Zeiten*

SOZIALFORM	ABLAUF	MATERIAL	ZEIT
Plenum	a) Die TN sehen sich den Film zunächst ohne Ton an. Anschließend lesen sie die Zitate und diskutieren über die Bedeutung des Filmtitels. Sammeln Sie die Ideen an der Tafel. Fragen Sie die TN, was ihrer Meinung nach das Ziel des Films sein könnte. *Lösungsvorschlag: Ziel des Films könnte sein, die Menschen zu überzeugen, dass sie weniger Zeit im Netz verbringen und sich mehr auf ihr echtes Leben konzentrieren. Der Film motiviert dazu, sich weniger auf die eigenen Social Media Profile zu konzentrieren, sondern stattdessen zu versuchen, große Dinge zu bewegen und die Welt mitzugestalten.* **VERTIEFUNG:** Schreiben Sie einige Filmgenres an die Tafel *(z. B. Drama, Thriller, Fantasy, Tragikomödie, Horror, Romantische Komödie, Dokumentation).* Fragen Sie die TN nach der Bedeutung und den Unterschieden. Die TN finden für die Genres eine kurze Definition und können ggf. Beispielfilme nennen. Fragen Sie die TN, zu welchem Genre ihrer Meinung nach der gesehene Film gehört.	1	
Plenum	b) Die TN lesen die Zitate erneut und benennen zunächst nur die Begriffe, die aus dem Englischen stammen. Anschließend diskutieren Sie über die Bedeutung der Wörter. *Lösung:* <u>Fanpage:</u> *Eine Fanpage ist ene Mini-Webseite auf einem sozialen Netzwerk, über die man mit Fans oder Kunden in Kontakt treten kann.* <u>Posten:</u> *Posten meint das Veröffentlichen von Beiträgen im Internet bzw. in einem sozialen Netzwerk.* <u>Social Media:</u> *Social Media ist die Gesamtheit aller sozialen Austauschformen im World Wide Web.* <u>Likes:</u> *Mit einem Like drückt man in einem sozialen Netzwerk seine Zustimmung oder sein Lob aus.* **VERTIEFUNG:** Sammeln sie im Kurs weitere Begriffe aus den digitalen Medien. Fragen Sie die TN nach der Bedeutung. Fragen Sie auch, ob in ihren Muttersprachen die englischen Begriffe verwendet werden. *Lösungsvorschlag: Podcast, App, Tweet, Channel, Smartphone, Tablet, Blog etc.*		

	Die TN lesen den Text „*Wussten Sie schon?*“ zum Thema *Web 2.0*. Fragen Sie die TN, wer von ihnen im Internet aktiv ist, Beiträge in sozialen Netzwerken schreibt oder einen Blog hat. Erläutern Sie dann das Prinzip der Nummerierung. Schreiben Sie *Industrie 4.0* an die Tafel. Erklären Sie, dass die einzelnen Stufen der Industrialisierung aufgrund ihrer Wichtigkeit durchnummeriert werden. Mit Industrie 4.0 ist der Einsatz der *Künstlichen Intelligenz* in der Industrie gemeint.		
Plenum Einzelarbeit	c) Die TN schauen sich den Film mit Ton an. Anschließend lesen Sie einige Kommentare, die der Film bekommen hat, und diskutieren darüber, was die Nutzer bewertet haben. *Lösung: Stimme und Botschaft* Fragen Sie die TN, welchen Aspekt sie noch bewertet hätten, der von den Nutzern nicht bewertet wurde. Machen Sie anschließend eine Umfrage im Kurs: *Würden Sie den Film gern ansehen? Warum (nicht)? Hätte solch ein Film in Ihrem Herkunftsland Erfolg?* **VERTIEFUNG 1:** Die TN schreiben eine Fortsetzung des Films (auch als Hausaufgabe geeignet). **VERTIEFUNG 2:** Die TN recherchieren im Internet über die Geschichte des deutschen Films und bereiten eine Kurzpräsentation vor. *Welche Epochen gab es? Welche prägenden Filmemacher gab/gibt es in Deutschland? Was unterscheidet den deutschen Film von Filmen in den Heimatländern der TN?*	1	
Einzelarbeit Plenum	d) Die TN schreiben einen eigenen Kommentar, wie ihnen der Film gefallen hat; auch als Hausaufgabe geeignet. Anschließend präsentieren sie ihre Kommentare im Plenum. **INTERKULTURELLES:** In multikulturellen Kursen können die TN einen Film oder Kurzfilm aus ihrem Heimatland mitbringen und den anderen TN einen kurzen Ausschnitt daraus zeigen. Auch wenn die anderen TN die Sprache nicht verstehen, können sie trotzdem versuchen, Vermutungen zur gezeigten Filmsequenz anzustellen: *Worum geht es in dem Film? Um welches Filmgenre handelt es sich? Welche Geschichte wird erzählt? Wie unterscheidet sich die Filmästhetik (Licht, Ton, Schnitt) von Filmen in ihrem Heimatland (oder deutschsprachigen Filmproduktionen)?*		
Einzelarbeit	**AB 12/Ü21** Wortschatzübung zum Thema *Soziale Netzwerke*; auch als Hausaufgabe geeignet.		

Mein Dossier

SOZIALFORM	ABLAUF	MATERIAL	ZEIT
Einzelarbeit	**AB 12/Ü22** Die TN beschreiben ein digitales Gerät, das ihnen im Alltag besonders wichtig ist.		

Ich kann jetzt ...

SOZIALFORM	ABLAUF	MATERIAL	ZEIT
Einzelarbeit	Die TN markieren, was auf sie zutrifft.		

Gruppen-arbeit	**VERTIEFUNG:** Recherchieren Sie im Internet nach weiteren Kurzfilmen, die sich mit dem Thema *Social Media* beschäftigen. Achten Sie darauf, möglichst unterschiedliche Filmgenres zu sammeln (z. B. *Experteninterview, Dokumentation, Imagefilm*). Zeigen Sie die Filme im Kurs und diskutieren Sie mit ihren TN darüber, wie die sozialen Medien in den Filmen jeweils dargestellt werden und worin sich die Filme unterscheiden. Sehr motivierte TN können als Hausaufgabe auch einen eigenen Kurzfilm zum Thema drehen, den sie im Kurs vorstellen.		

LERNWORTSCHATZ (Arbeitsbuch → AB 13)

SOZIALFORM	ABLAUF	MATERIAL	ZEIT
Plenum Gruppen-arbeit Plenum	Planen Sie gerade in den ersten Unterrichtsstunden in einem neuen Kurs Zeit dafür ein, über die richtigen Strategien beim Lernen neuer Wörter zu sprechen. In Gruppen erzählen sich die TN, wie sie sich neuen Wortschatz am besten einprägen (z. B. *Vokabelkasten, Vokabelheft, Synonyme/Antonyme bilden*). Ihre Lernmethoden halten die TN auf Plakaten fest. Danach präsentieren sich die TN ihre Ergebnisse im Plenum und hängen die Plakate auf. Machen Sie den TN deutlich, dass es nicht die perfekte Lernmethode gibt, die TN sollten die Methode finden, die am besten zu ihnen passt. Die TN schauen sich die Plakate an, lassen sich von den „Experten“ beraten und entscheiden sich für die Methode, die sie im weiteren Kursverlauf ausprobieren wollen.	Plakate	

LEKTIONSTEST 1 (Arbeitsbuch → AB 14)

SOZIALFORM	ABLAUF	MATERIAL	ZEIT
Einzelarbeit	Mithilfe des Lektionstests haben die TN die Möglichkeit, ihr neues Wissen in den Bereichen Wortschatz, Grammatik und Redemittel zu überprüfen. Wenn die TN mit einzelnen Bereichen noch Schwierigkeiten haben, können sie gezielt noch einmal einzelne Module wiederholen. Achten Sie darauf, dass Sie auch die separaten Blätter mit einsammeln.		

REFLEXION DER LEKTION

SOZIALFORM	ABLAUF	MATERIAL	ZEIT
Gruppen-arbeit	Die TN arbeiten in Kleingruppen zusammen. Jede Gruppe bekommt ein Plakat auf dem das Lektionsthema *Digitaler Wandel* steht. Die TN erinnern sich an die einzelnen Lektionen, jede/jeder schreibt reihum ein Thema aus der Lektion auf das Plakat (z. B. *Handymanie, Digitaler Wandel im Beruf, Digitaler Entzug*) und erklärt den anderen, was das Thema mit dem digitalen Wandel zu tun hat. Danach diskutieren die TN in Kleingruppen: *Welche Themen würden noch zur Lektion passen? Welche Themen haben Sie vielleicht vermisst und warum?*	Plakate	

EINSTIEG

Vor dem Öffnen des Buches

SOZIALFORM	ABLAUF	MATERIAL	ZEIT
Plenum Gruppen- arbeit	Fragen Sie die TN nach ihrem letzten Urlaub: *Wo haben Sie Ihren letzten Urlaub verbracht? Was haben Sie erlebt? Was macht Ihrer Meinung nach einen gelungenen Urlaub aus?* Jede/Jeder TN notiert fünf Aussagen zum eigenen Urlaubsverhalten. Dabei muss ein Satz falsch sein. (**„Wahrheit oder Lüge?", Glossar → S. 148)** *Lösungsvorschlag: Ich hasse lange Autofahrten. 2 Am liebsten verreise ich mit meiner Freundin. 3 Auch im Urlaub muss ich ständig online sein ...* Die TN präsentieren sich in Kleingruppen nun gegenseitig ihre Aussagen und mutmaßen, was jeweils die Lüge der anderen ist. Dabei sprechen sie über ihr unterschiedliches Urlaubsverhalten.		
Einzelarbeit	**AB 15/Ü1** Wortschatzübung zum Thema *Reisen*. Gute Vorentlastung für die folgenden Einheiten; auch als Hausaufgabe geeignet.		

1 Umgangsformen

SOZIALFORM	ABLAUF	MATERIAL	ZEIT
Gruppen- arbeit Plenum	Die TN arbeiten in Gruppen und notieren, welche Eigenschaften man braucht, wenn man beruflich mit Reisenden oder Touristen zu tun hat. *Beispiel: freundlich sein, Humor haben, geduldig sein, Belastbarkeit, Freude am Reisen, interkulturelle Offenheit ...* Die Ergebnisse werden anschließend an der Tafel gesammelt. Fragen Sie: *Hat jemand schon einmal im Bereich Tourismus gearbeitet? Welche Eigenschaften waren dabei wichtig?*		

2 Service für Fahrgäste

SOZIALFORM	ABLAUF	MATERIAL	ZEIT
Gruppen- arbeit Plenum	a) Die TN tauschen sich in Kleingruppen darüber aus, welche möglichen Serviceleistungen und Informationen sie während einer Zugfahrt (in den deutschsprachigen Ländern oder im Heimatland) erhalten können. *Lösungsvorschlag: Begrüßung der Fahrgäste, Ansage der nächsten Haltestelle, Hinweis auf das Speisenangebot im Zugrestaurant ...* Vergleichen Sie die Ergebnisse im Plenum. **TIPP:** Wenn es TN gibt, die schon Erfahrungen mit Serviceleistungen im deutschsprachigen Raum gemacht haben, verteilen Sie die erfahrenen TN am besten gleichmäßig auf die Gruppen. **INTERKULTURELLES:** Gehen Sie bei der anschließenden Diskussion besonders auf die Situation in den deutschsprachigen Ländern ein: *Was bedeutet Service im Vergleich zu Ihrem Heimatland?* (siehe dazu auch: *Sicher in Alltag und Beruf! B2.2*, Lektion 10 SERVICE)		
Gruppen- arbeit	**VERTIEFUNG:** Die TN notieren in ihren Kleingruppen auf Kärtchen Durchsagen, die sie so oder so ähnlich in einem Zug hören könnten: *Welche skurrilen und ungewöhnlichen Durchsagen haben Sie schon einmal im Zug gehört?* Motivieren Sie die TN, dabei besonders kreativ vorzugehen.	Kärtchen	

Plenum	*Lösungsvorschlag: „Der Lokführer hat leider vergessen, in Wolfsburg zu halten!"; „Dieser Zug ist kein Nadelöhr. Bitte benutzen Sie zum Einsteigen auch die anderen Türen."; „Um Ihnen einen Hitzschlag beim Aussteigen zu ersparen, haben wir die Klimaanlage ausfallen lassen." ...* Die Gruppen präsentieren ihre Ergebnisse im Plenum. **TIPP:** Im Internet unter dem Suchbegriff „Lustige Ansagen im Zug" finden Sie weitere Beispiele.		
Einzelarbeit Plenum	b) Die TN hören die Durchsagen der Bahn und ordnen die Gründe zu. Kontrolle im Plenum. *Lösung: 2 Übersehen einer Haltestelle, 3 Verzögerung der Fahrt, 4 Hinweis auf Zugausstattung*	1 🔊 4	
Gruppen-arbeit Partnerarbeit	c) Die TN hören die Durchsagen erneut und tauschen sich noch einmal in ihren Gruppen über die vier Situationen aus. Fragen Sie: *Welche Gründe gibt es für Ihre Auswahl? Wie würden Sie die Durchsagen charakterisieren?* Die TN sammeln noch andere Adjektive, die ihrer Meinung nach zu den Durchsagen passen. **VERTIEFUNG:** Verteilen Sie die Kärtchen aus 2a gleichmäßig auf Zweiergruppen. Achten Sie darauf, dass niemand seine eigenen Karten bekommt. Die TN wählen eine Durchsage, die sie interessant finden, und schreiben dazu eine kleine Geschichte. Die Durchsage ist dabei der erste Satz. *Beispiel: „Die Weiterfahrt verzögert sich, weil eine Kuh auf den Schienen steht". Ich konnte es nicht fassen, gerade heute passierte mir so etwas. Ich hatte doch in zwei Stunden mein wichtiges Vorstellungsgespräch und durfte auf gar keinen Fall zu spät kommen. ...*	1 🔊 4 Kärtchen	
Einzelarbeit	**AB 15/Ü2** Wortschatzübung zu den Durchsagen. Die TN verbinden die richtigen Satzteile; auch als Hausaufgabe geeignet.		

LESEN 1

1 Berufe im Tourismus

SOZIALFORM	ABLAUF	MATERIAL	ZEIT
Partnerarbeit Plenum	a) Die TN finden zu zweit Berufe für die Buchstaben. Das schnellste Team gewinnt. Vergleichen Sie die Ergebnisse im Plenum. *Lösungsvorschlag: PILOT, KOCH, SOUVENIRVERKÄUFER, BUSFAHRER, ANIMATEURIN, BOOTSVERLEIHER, ZIMMERMÄDCHEN, VERANSTALTUNGS-MANAGER, REZEPTIONIST*		
Einzelarbeit Plenum Einzelarbeit Plenum	b) Die TN wählen zwei Berufe aus a) aus und notieren sich Stichwörter zu *Anforderungen, Arbeitsbedingungen* und *Einsatzmöglichkeiten.* Sammeln und notieren Sie die Ergebnisse der TN an der Tafel. *Beispiel (Koch): **Anforderungen:** Teamfähigkeit, Belastbarkeit, Kreativität; **Arbeitsbedingungen:** Arbeit im Team, unregelmäßige Arbeitszeiten (Schichtdienste), Arbeit am Abend und an den Wochenenden ...; **Einsatzmöglichkeiten:** Restaurants, Hotels, Kantinen ...* **VERTIEFUNG:** Verteilen Sie Karten aus der Kopiervorlage (Kopiervorlage Lektion 2/1 → S. 117) mit weiteren Berufen (je eine pro TN). Die TN machen sich Notizen zu *Anforderungen, Arbeitsbedingungen* und *Einsatzmöglichkeiten.* Anschließend präsentieren sie ihr Ergebnis, ohne den Beruf zu nennen. Wer den Beruf errät, ist als Nächstes dran.	 Kärtchen mit Berufen (Kopiervorlage Lektion 2/1)	

2 Worauf es im Tourismus ankommt

SOZIALFORM	ABLAUF	MATERIAL	ZEIT
Einzelarbeit	**AB 16/Ü3** Hörverstehen zum Thema *Arbeiten im Bereich Tourismus.* Die TN hören ein Interview (a) und schreiben eine E-Mail (b). Gute Vorbereitung auf das Leseverstehen in 2a. → **G C1, Hör2; t C1, Hör2**	3 🔊 3–5	
Einzelarbeit Plenum Partnerarbeit Plenum	a) Die TN lesen die sechs Aussagen und die drei Beiträge. Anschließend ordnen sie die Aussagen den Beiträgen zu. Halten Sie die TN dazu an, unbekannte Wörter zu unterstreichen und klären Sie schwierigen Wortschatz im Plenum. Kontrolle im Plenum. *Lösung: 1B, 2C, 3A, 4C, 5A, 6B* **VERTIEFUNG:** Die TN recherchieren zu zweit im Internet Berufe im Hotel- und Gastronomiegewerbe und erstellen dazu eine Mindmap. **(„Mindmap", Glossar → S. 146)** Welche weiteren Berufe gibt es? Wie ist das Berufsbild? Sie können dazu auch auf die Notizen in Aufgabe 1 zurückgreifen. Danach vergleichen Sie die Berufe mit denen in ihrem Heimatland. Gibt es Unterschiede, z. B. in der Ausbildung? Falls die TN nicht das nötige Wissen über die einzelnen Berufe mitbringen, lassen Sie sie auch hierzu die Situation in ihrem Heimatland im Internet recherchieren. Zum Schluss präsentieren sie ihre Ergebnisse im Plenum und vergleichen diese mit den Ergebnissen der anderen TN. **TIPP:** Beachten Sie, dass in vielen Ländern Berufe in der Hotellerie und Gastronomie keine Ausbildungsberufe sind (z. B. Kellner).		
Plenum Gruppen- arbeit	b) Fragen Sie die TN: *Können Sie sich vorstellen, in der Tourismusbranche zu arbeiten? Warum (nicht)?* **VERTIEFUNG:** Die TN gehen zu viert noch einmal alle erwähnten Berufe durch und diskutieren: *Zu wem in Ihrer Gruppe würde welcher Beruf/ welche Ausbildung passen und warum?*		
Plenum	Eine/Ein TN liest den Informationskasten *Wussten Sie schon?* über Anglizismen vor. Fragen Sie: *Welche weiteren englischen Berufsbezeichnungen kennen Sie? Welche Anglizismen sind in Ihrer Muttersprache / in Ihrem Heimatland üblich? In wessen Sprache werden am meisten / am wenigsten Anglizismen verwendet?* **INTERKULTURELLES:** Fragen Sie: *Haben Ihre Berufe/Berufsausbildungen auch eine englische Bezeichnung*? Die TN raten die deutsche Bedeutung der englischen Bezeichnungen.		
Einzelarbeit	**AB 17/Ü4** Das Leseverstehen „Heiteres Beruferaten" passt gut zum vorherigen Gespräch im Plenum. Die TN sammeln hier noch weitere Anglizismen für Berufsbezeichnungen und erfahren mehr über das Für und Wider zum Thema *Berufsbezeichnungen in englischer Sprache.* → **t C1, Les3; T Les3**		

3 Zweiteilige konzessive Konnektoren

SOZIALFORM	ABLAUF	MATERIAL	ZEIT
Plenum	Die TN aktivieren ihr Vorwissen: *Was bedeutet „konzessiv"?* Der Begriff sollte den TN aus *Sicher in Alltag und Beruf! B1+* und *B2* bekannt sein. Schreiben Sie dazu Beispielsätze mit *obwohl / zwar … aber* an die Tafel. Danach lösen die TN Übung a). *Beispiel: Obwohl ich mich mehrmals um die Stelle im Hotel beworben habe, habe ich die Stelle nicht bekommen. / Zwar habe ich mich mehrmals um die Stelle im Hotel beworben, aber ich habe die Stelle nicht bekommen.*		
Einzelarbeit Plenum	a) Die TN ordnen die Bedeutung den Sätzen zu. *Lösung: 1 Obwohl die Gegebenheiten in den einzelnen touristischen Regionen unterschiedlich sind, gibt es branchenübergreifende Probleme. 2 Das mag zwar alles aufwendig sein, aber wir müssen viel dafür tun, um gutes und zuverlässiges Personal in seinem beruflichen und familiären Alltag zu unterstützen.* **FOKUS GRAMMATIK:** Schreiben Sie Beispielsätze zu zweiteiligen konzessiven Konnektoren an die Tafel. Fragen Sie: *Was fällt Ihnen an der Syntax der Beispielsätze auf?* Die TN bilden noch weitere Beispielsätze. Lenken Sie die Aufmerksamkeit darauf, dass hier **beide** Konnektoren im Nebensatz stehen. Nach dem Nebensatz steht ein **Subjekt**, wenn nicht, steht dort ***so***. Verweisen Sie auch auf die Grammatikübersicht (→ KB 24/1a).		
Einzelarbeit Plenum	b) Die TN formulieren die Sätze mit zweiteiligen konzessiven Konnektoren um. Kontrolle im Plenum. *Lösung: 1 Obwohl ich oft abends oder am Wochenende Dienst habe, habe ich meine Entscheidung bis jetzt noch nicht bereut; 2 Die Suche nach Auszubildenden erfordert zwar viel Einsatz, aber der im eigenen Unternehmen ausgebildete Nachwuchs ist ein großer Gewinn.*		
Plenum	**VERTIEFUNG:** Die TN schreiben Satzanfänge mit *Wie … auch* und *Wenn … auch* auf Kärtchen (z. B. *Wie sehr ich mich auch bemühe, … / Wenn ich auch spät komme, …*). Die Karten werden gemischt, jede/jeder TN bekommt eine Karte, liest den Satzanfang, wirft den Ball zu einer/einem anderen TN, die/der den Satz beendet. **TIPP:** Erst wird der Satz gelesen, dann wird der Ball geworfen. So rechnet jede/jeder TN damit, die Frage beantworten zu müssen und denkt mit.	Kärtchen, Ball	
Einzelarbeit	**AB 18/Ü5** Zur Wiederholung lösen die TN die Aufgabe zu konzessiven Konnektoren im Arbeitsbuch; auch als Hausaufgabe geeignet.		
Einzelarbeit	**AB 18/Ü6** Um die zweiteiligen konzessiven Konnektoren selbst zu entdecken, unterstreichen die TN die Konnektoren, die Position des Subjekts und des Verbs. Danach ergänzen Sie die drei Regeln mit dem richtigen Satzteil; auch als Hausaufgabe geeignet.		
Einzelarbeit	**AB 19/Ü7** Umformungsübung zu zweiteiligen konzessiven Konnektoren; auch als Hausaufgabe geeignet.		
Einzelarbeit	**AB 19/Ü8** Wortschatzübung zum Fernsehfilm „Hotel Adlon"; auch als Hausaufgabe geeignet. → **Ö C1, Les4**		

Ich kann jetzt ...

SOZIALFORM	ABLAUF	MATERIAL	ZEIT
Einzelarbeit	Die TN markieren, was auf sie zutrifft.		
Plenum	**VERTIEFUNG:** Schreiben Sie neue Berufe aus der Lektion auf Kärtchen. Eine/Ein TN bekommt ein Kärtchen und umschreibt den Beruf, die anderen raten.	Kärtchen	

HÖREN 1

1 Anruf im Hotel

SOZIALFORM	ABLAUF	MATERIAL	ZEIT
Partnerarbeit Plenum Gruppen- arbeit	a) Die TN diskutieren: *Worauf würden Sie als Hotelmanagerin/Hotelmanager Wert legen?* **VERTIEFUNG:** Bringen Sie Hotelbewertungen aus dem Internet mit oder lassen Sie die TN selbst Bewertungen auf einschlägigen Portalen suchen. Sammeln Sie dann im Plenum: *Worauf legen Hotelgäste am meisten Wert? Bei welchen Themen gibt es die meisten Beschwerden?* **INTERKULTURELLES:** Die TN diskutieren in Gruppen: *Waren Sie im deutschsprachigen Raum schon einmal im Hotel? Welche Unterschiede gibt es zu Hotels in anderen Ländern? Worauf legen Hotelgäste aus anderen Kulturkreisen besonderen Wert?*	 Hotelbewertungen	
Einzelarbeit Plenum Partnerarbeit Plenum	b) Die TN lesen zunächst die Satzanfänge, hören dann den Anruf und ergänzen die Informationen. Kontrolle im Plenum. **→ G C1, Hör1** *Lösung:* *2 ... Ende August/Anfang September. 3 ... seine Frau und seine fünfjährige Tochter. 4 ... Südbalkon und Bergpanorama. 5 ... Halbpension. 6 ... 50 % Ermäßigung. 7 ... drei Menüs. 8 ... alle öffentlichen Verkehrsmittel in Südtirol. 9 ... Attest eines Arztes. 10 ... noch einmal wegen der Buchung anrufen.* **TIPP:** Fragen Sie auch hier wieder: *Welche Strategien haben Sie beim Hören angewendet? Welche Passagen waren schwierig zu verstehen? Warum? (z. B. Signalwörter in den angefangenen Sätzen unterstreichen; Vermutungen vor dem Hören anstellen; Notizen während des Hörens machen; auf die Signalwörter achten; nicht versuchen, jedes Wort zu verstehen)* **VERTIEFUNG:** Am Ende des Telefonats kündigt Herr Heinert an, dass er noch einmal anrufen wird, um seine Entscheidung mitzuteilen (Frage 10). Die TN schreiben in Partnerarbeit das mögliche Folge-Telefonat und präsentieren es den anderen; auch als Hausaufgabe geeignet.	1 🔊 5	
Einzelarbeit	**AB 20/Ü9** Als Vorentlastung der restriktiven Konnektoren wiederholen die TN die Übung zu konditionalen Konnektoren; auch als Hausaufgabe geeignet.		

2 Zweiteilige restriktive Konnektoren

SOZIALFORM	ABLAUF	MATERIAL	ZEIT
Plenum	a) Die TN hören die Sätze aus dem Telefonat noch einmal und ergänzen die zweiteiligen restriktiven Konnektoren. Vergleichen Sie die Ergebnisse im Plenum und notieren Sie die Konnektoren an der Tafel. *Lösung: 2 nur dass; 3 es sei denn, dass; 4 Außer dass*	1 🔊 6	
Plenum	b) Die TN ordnen die Bedeutungen zu. Kontrolle im Plenum. *Lösung: 1 kein, 2 aber, 3 nicht so, 4 nur* **FOKUS GRAMMATIK:** Schreiben Sie die restriktiven Konnektoren mit Beispielsätzen an die Tafel. *Beispiel:* *Der Urlaub ist erholsam,* ***es sei denn****, das Wetter ist schlecht.* *Der Urlaub ist erholsam,* ***außer (wenn)*** *das Wetter schlecht (ist).* *Der Urlaub ist so erholsam wie letztes Jahr,* ***außer dass*** *das Wetter schlechter ist.* *Der Urlaub ist so erholsam wie letztes Jahr,* ***nur dass*** *das Wetter schlechter ist.* Machen Sie deutlich, dass diese Konnektoren Einschränkungen ausdrücken. Etwas gibt es nur in einem bestimmten Fall oder in einer bestimmten Situation. Verweisen Sie auf die Grammatikübersicht im Kursbuch (→ KB 24/1b).		
Gruppen-arbeit	**VERTIEFUNG:** Die TN arbeiten in Kleingruppen. Jede/jeder TN formuliert auf Kärtchen 2–3 einfache Aussage-Sätze zum Thema *Urlaub*. (z. B. *Urlaub ist am Meer am schönsten. In den Ferien bin ich am glücklichsten. Für meinen Sommerurlaub buche ich am liebsten Vollpension.*) Die TN stehen sich gegenüber. Nun liest der erste TN einen seiner Sätze vor und bittet sein Gegenüber, den Satz mit zweiteiligen restriktiven Konnektoren zu Ende zu führen. (z. B. *TN1: Urlaub ist am Meer am schönsten. TN2: Außer wenn es die ganze Zeit regnet.*) Der nächste TN fährt fort, etc. In jeder Runde wechselt die Lernpartnerin/der Lernpartner. **(„Speed-Dating", Glossar → S. 147)**	Kärtchen	
Einzelarbeit	**AB 20/Ü10** Die TN markieren die Konnektoren und suchen Konnektoren mit gleicher Bedeutung (entdeckende Übung); auch als Hausaufgabe geeignet.		
Einzelarbeit	**AB 21/Ü11** Die TN ergänzen die Konnektoren; auch als Hausaufgabe geeignet.		
Einzelarbeit	**AB 21/Ü12** Die TN ergänzen die Sätze mit restriktiven Konnektoren frei; auch als Hausaufgabe geeignet.		

Ich kann jetzt ...

SOZIALFORM	ABLAUF	MATERIAL	ZEIT
Einzelarbeit	Die TN markieren, was auf sie zutrifft.		

SCHREIBEN

1 Schwierigkeiten auf Reisen

SOZIALFORM	ABLAUF	MATERIAL	ZEIT
Plenum Gruppen- arbeit	a) Fragen Sie die TN, ob Sie auf einer Reise schon einmal Probleme hatten und was sie für Schwierigkeiten hatten. Fragen Sie dann, an wen sich die TN mit ihrem Problem wenden konnten bzw. mussten. Die TN erzählen ihre Geschichten und was sie in der Situation oder nach Reiserücktritt gemacht haben. **VERTIEFUNG:** Bilden Sie als Einstimmung auf das Thema *Beschwerden* „Murmelgruppen". Fragen Sie die TN, ob sie schon einmal eine skurrile oder lustige Beschwerde geschrieben/gelesen haben: *Wann und wo war das? Um was ging es da?* **(„Murmelgruppe", Glossar → S. 146)**		
Einzelarbeit Plenum	b) Die TN lesen zunächst die Situationen und ordnen sie dann den Ansprechpartnern zu. Kontrolle im Plenum. *Lösung: A Sie nehmen Ihren neuen Koffer ..., B Der Fahrer weigert sich ..., C Sie haben kurz vor der Reise ..., D Die Reise war weit unter ..., E Der Zug hat eine Verspätung ..., F Der Wellnessbereich Ihrer Unterkunft ...*		

2 Sich um Schadensersatz bemühen

SOZIALFORM	ABLAUF	MATERIAL	ZEIT
Plenum Einzelarbeit	a) Lesen Sie zunächst die Redemittel im Plenum. Danach wählt jede/jeder TN eine Situation aus und schreibt eine Beschwerde-E-Mail an den Ansprechpartner. Geben Sie den TN eine vorher vereinbarte Zeit vor. **TIPP 1:** Gehen Sie kurz im Plenum nochmal auf den Aufbau eines Briefes/einer offiziellen E-Mail durch (Empfänger, Absender, Ort und Datum, Betreff, Anrede, Einleitung – Hauptteil – Schluss, Gruß und Signatur). **TIPP 2:** Die TN können ihre Texte auch gegenseitig in Gruppen kontrollieren. Ein TN beginnt, kommentiert den Text (farbig), gibt den Text weiter an die nächste/den nächsten (Kommentare in einer anderen Farbe), bis er wieder zur Verfasserin/zum Verfasser zurückkommt, die/der ihn daraufhin überarbeiten kann. **(„Kommentarlawine", Glossar → S. 145)**		
Gruppen- arbeit	b) Die TN setzen sich in Vierergruppen zusammen und tauschen ihre korrigierten Texte untereinander aus. Jede/Jeder TN fasst eine E-Mail (nicht seine eigene) zusammen. Danach diskutieren die TN in der Gruppe, wie sie den Erfolg der Beschwerde einschätzen. Reihum werden alle E-Mails der Gruppe zusammengefasst und diskutiert.		
Einzelarbeit	**AB 21/Ü13** Wortschatzübung zum Thema *Beschwerden* als Vorbereitung auf die Aufgabe 2; auch als Hausaufgabe geeignet.		
Einzelarbeit	**AB 22/Ü14** Übung zu skurrilen Urlaubsbeschwerden; auch als Hausaufgabe geeignet.		

Ich kann jetzt ...

SOZIALFORM	ABLAUF	MATERIAL	ZEIT
Einzelarbeit	Die TN markieren, was auf sie zutrifft.		

WORTSCHATZ

1 Günstig reisen – aber wie?

SOZIALFORM	ABLAUF	MATERIAL	ZEIT
Gruppen-arbeit Plenum	Die TN arbeiten in Dreiergruppen und überlegen, wie man möglichst günstig eine Reise unternehmen kann. Lassen Sie die TN Beispiele sammeln, beispielsweise auf einem Plakat. Kündigen Sie an, dass die Plakate anschließend im Kurs ausgehängt werden. *Lösungsvorschlag: Fahrtkosten (Trampen oder Mitfahrgelegenheit, Spartickets, Gruppentickets), Unterkunft (Übernachtung bei Freunden, Camping), Nahrungsmittel (Einkauf im Supermarkt, selbst kochen)* **VERTIEFUNG:** Die Plakate werden im Kursraum aufgehängt. Die TN stimmen ab, welche Ideen innovativ und realisierbar sind. Jede/Jeder TN darf eine Stimme abgeben. Das Plakat mit den meisten Stimmen gewinnt. **(„Kursausstellung", Glossar → S. 145)**	Plakate	

2 Gastfreundschaftsnetzwerke

SOZIALFORM	ABLAUF	MATERIAL	ZEIT
Gruppen-arbeit	a) Die TN diskutieren und beschreiben in Kleingruppen, was für sie Gastfreundschaft bedeutet und mutmaßen, was ein Gastfreundschafts-netzwerk sein könnte. **INTERKULTURELLES:** Die TN erstellen eine Präsentation über das Thema *Gastfreundschaft* in ihrem Kulturkreis. *Was bedeutet Gastfreundschaft? Was macht ihre Gastfreundschaft besonders? Gibt es Unterschiede zur Gastfreundschaft im deutschsprachigen Raum?* Anschließend halten sie die Präsentation im Plenum; auch als Hausaufgabe geeignet.		
Gruppen-arbeit Plenum	b) Teilen Sie den Kurs in drei Gruppen. Jede Gruppe liest einen Text und macht sich Notizen zu den Besonderheiten des Gastfreundschaftsnetz-werkes. Anschließend berichtet einer aus der Gruppe die Besonderhei-ten im Plenum. *Lösung: <u>Couchsurfing:</u> Viele Millionen Mitglieder weltweit, man findet Gleichgesinnte (Hobbys etc.), man kann hosten und surfen, Referenzsys-tem sorgt für Absicherung; <u>Warmshowers:</u> Richtet sich an Fahrradfahrer, Schlafmöglichkeit oder Garten für Zelt, Austausch mit Gleichgesinnten (Radler), App zur Kontaktaufnahme; <u>WWOOF:</u> Mitarbeit auf ökologischen Bauerhöfen, 4–6 Stunden Arbeit am Tag, Unterkunft und Verpflegung als Gegenleistung* **VERTIEFUNG:** Die TN recherchieren im Internet, welche weiteren Gast-freundschaftsnetzte es gibt und welche Vor- und Nachteile sie haben. Anschließend entscheiden sie sich, ob sie bereit wären, die jeweiligen Netzwerke zu nutzen und begründen, warum (nicht). Die Vertreter einer Richtung versammeln sich in einer Ecke, einigen sich auf die besten Argumente und präsentieren sie den anderen TN. **(„Ecken-Diskussion", Glossar → S. 144)**		

3 Feste Nomen-Verb-Verbindungen

<table>
<tr><th>SOZIALFORM</th><th>ABLAUF</th><th>MATERIAL</th><th>ZEIT</th></tr>
<tr><td>Einzelarbeit

Plenum</td><td>a) Die TN lesen noch einmal den Anfang von Text 1 (Couchsurfing) im Kursbuch (→ KB 18) und markieren die Bedeutung der Nomen-Verb-Verbindung ein Profil anlegen. Kontrolle im Plenum.
Lösung: sich anmelden</td><td></td><td></td></tr>
<tr><td>Partnerarbeit

Plenum

Partnerarbeit

Plenum</td><td>b) die TN gehen durch alle drei Texte und finden die passenden Nomen-Verb-Verbindungen zu den Begriffen. Dabei können sie für Wortschatzfragen ein einsprachiges Wörterbuch benutzen. Kontrolle im Plenum. Halten Sie die Ergebnisse an der Tafel fest.
Lösung:
<table>
<tr><th>Feste Nomen-Verb-Verbindung</th><th>Einfaches Verb</th></tr>
<tr><td>zur Sprache kommen</td><td>angesprochen / thematisiert werden</td></tr>
<tr><td>ein Profil von sich anlegen</td><td>sich anmelden</td></tr>
<tr><td>zur Verfügung stehen</td><td>über etwas verfügen können</td></tr>
<tr><td>zur Verfügung stellen</td><td>verfügbar machen</td></tr>
<tr><td>eine Freude bereiten</td><td>jemanden freuen</td></tr>
<tr><td>sich in Verbindung setzen</td><td>sich mit jemanden verbinden</td></tr>
<tr><td>Freundschaft schließen</td><td>sich anfreunden</td></tr>
<tr><td>zur Auswahl stehen</td><td>ausgewählt werden können</td></tr>
<tr><td>Vorbereitungen treffen</td><td>etwas vorbereiten</td></tr>
<tr><td>die Möglichkeit bieten</td><td>möglich sein</td></tr>
<tr><td>Schwierigkeiten bereiten</td><td>schwierig sein</td></tr>
<tr><td>Mühe machen</td><td>mühsam sein</td></tr>
<tr><td>in Erfahrung bringen</td><td>etwas erfahren</td></tr>
<tr><td>Kontakt aufnehmen</td><td>kontaktieren</td></tr>
<tr><td>Bescheid geben</td><td>jemanden über etwas informieren</td></tr>
<tr><td>in Kauf nehmen</td><td>etwas akzeptieren</td></tr>
</table>
Fragen Sie: Fallen Ihnen noch weitere Nomen-Verb-Verbindungen ein? Verweisen Sie auf die Grammatikübersicht im Kursbuch (→ KB 24/2).
TIPP: Die TN unterstreichen beim Lesen unbekannte Wörter. Sie versuchen, die Bedeutung zunächst in Partnerarbeit selbst zu lösen (ggf. mit einem einsprachigen Wörterbuch). Klären Sie im Plenum die unbekannten Wörter und schreiben Sie diese an die Tafel. Motivieren Sie die TN, sich unbekannte Wörter durch das Wissen der anderen TN zu erschließen. Falls sie nicht weiterkommen, können sie ein Wörterbuch benutzen. Erklären Sie neue Wörter möglichst immer mithilfe von Synonymen oder Umschreibungen.</td><td></td><td></td></tr>
</table>

Gruppen-arbeit	**VERTIEFUNG 1:** Die TN schließen das Kursbuch und spielen jeweils zu viert das Memory-Spiel. (Kopiervorlage Lektion 2/2 → S. 118) Wichtig: Kopieren Sie die Nomen in einer anderen Farbe als die Verben. Reihum darf jede/jeder zwei Karten aufdecken, findet sie/er ein Nomen-Verb-Pärchen, darf sie/er die Karten behalten, ansonsten dreht sie/er die Karten wieder um. Wer zum Schluss am meisten Kartenpaare hat, gewinnt. **TIPP:** Geben Sie jeder Gruppe auch eine Kopie des gesamten Memory-Spiels, damit sie sich selbst kontrollieren können. **VERTIEFUNG 2:** Die TN formulieren Beispielsätze mit Nomen-Verb-Verbindungen zum Thema *Reisen* und schreiben diese auf. Anschließend präsentieren sie sie im Plenum.	Kopiervorlage Lektion 2/2	
Einzelarbeit Plenum	c) Die TN wählen einen der drei Texte aus 2b und formulieren diesen mit einfachen Verben um. Kontrolle im Plenum.		
Einzelarbeit	**AB 23/Ü15** Zur Entdeckung der neuen Grammatik unterstreichen die TN die festen Nomen-Verb-Verbindungen und finden die passende Bedeutung; auch als Hausaufgabe geeignet.		
Einzelarbeit	**AB 23/Ü16** Vertiefende Übung zu Nomen-Verb-Verbindungen; auch als Hausaufgabe geeignet.		

Ich kann jetzt ...

SOZIALFORM	ABLAUF	MATERIAL	ZEIT
Einzelarbeit	Die TN markieren, was auf sie zutrifft.		
Plenum	**VERTIEFUNG:** Alle TN stellen sich im Kreis oder in einer Reihe auf. Reihum bekommt jede/jeder ein Nomen auf einem Kärtchen (Schwierigkeiten, Verfügung, Kauf ...) und nennt dazu eine passende Nomen-Verb-Verbindung. Bei korrekter Antwort darf sie/er stehenbleiben, bei falscher Antwort setzt sie/er sich wieder hin. Wer am Schluss als Letzte/Letzter steht, gewinnt. **(„Sitzen – Stehen“, Glossar → S. 146)**		

SPRECHEN

1 Ideenbörse

SOZIALFORM	ABLAUF	MATERIAL	ZEIT
Einzelarbeit	a) Die TN lesen die Wörter in der Wortwolke und markieren alle Begriffe, die sie mit der Nutzung eines Gastfreundschaftsnetzwerkes verbinden. **TIPP:** Motivieren Sie die TN, sich eine Vokabeldatei für den Kurs anzulegen. Nutzen Sie einen bestimmten Abschnitt der Tafel für den kapitelrelevanten Wortschatz und wiederholen Sie neue Wörter jeweils zu Beginn des Unterrichts. **VERTIEFUNG:** Die TN schreiben einen kurzen Text, in dem sie begründen, warum sie die Nutzung der Gastfreundschaftsnetzwerke interessant finden. Sie verwenden dabei ihre Wörter aus 1a. Die Übung dient als Vorbereitung zu 1b.		

Gruppen-arbeit Plenum	b)+c) Bilden Sie Kleingruppen. Die Gruppen lesen zuerst die Fragen und die Redemittel. Anschließend planen und diskutieren die TN in ihren Gruppen mithilfe der Fragen über ein gemeinsames Reiseziel. Jede/Jeder TN, die/der sich zu Wort meldet, beginnt mit einem Beispielsatz aus den Redemitteln. Geben Sie eine bestimmte Zeit vor, in der sich die TN auf ein Ziel einigen müssen. Die TN bestimmen selbst eine Vertreterin/einen Vertreter aus ihrer Gruppe, die/der anschließend im Plenum kurz den Verlauf der Diskussion wiedergibt und das Gruppenergebnis präsentiert. **TIPP 1:** Bringen Sie authentisches Material mit in den Kurs, welches die TN zu einer Reise inspiriert. Die TN können auch selbst im Internet recherchieren. Damit gestaltet sich die Diskussion noch lebendiger. **TIPP 2:** Damit während der Diskussion auch alle TN zu Wort kommen bzw. leistungsstarke TN nicht das Gespräch an sich reißen, können Sie bunte Redekärtchen verteilen. Jede/Jeder TN bekommt die gleiche Anzahl von verschiedenfarbigen Kärtchen, auf denen jeweils eine bestimmte Redezeit vermerkt ist (z. B. ist die Redezeit einer grünen Karte zwei Minuten). Bei jeder Wortmeldung muss sie/er eine der Karten einsetzen und sich an die Zeitvorgabe halten. **(„Redekarten", Glossar → S. 147)** **VERTIEFUNG 1:** Haben sich die einzelnen Gruppen auf ein Reiseziel und ein Gastfreundschaftsnetzwerk geeinigt, kann die Diskussion im Plenum fortgesetzt werden. Neue Ausgangssituation: Der Kurs möchte nun zusammen eine Reise unternehmen. Können sich die TN auf einen Kompromiss einigen? **VERTIEFUNG 2:** Machen Sie eine Umfrage im Kurs und notieren Sie an der Tafel, wie viele TN sich für welches Gastfreundschaftsnetzwerk entscheiden. Fragen Sie: *Welche Erfahrungen haben Sie schon mit der jeweiligen Reiseform gemacht?*	Reiseführer, Postkarten, Urlaubsfotos bunte Kärtchen	
Einzelarbeit	**AB 24/Ü17** Hörübung zum Thema *Gastfreundschaftsnetzwerke*; auch als Hausaufgabe geeignet. **→ t C1, Hör1**	3 🔊 6–11	

Ich kann jetzt ...

SOZIALFORM	ABLAUF	MATERIAL	ZEIT
Einzelarbeit	Die TN markieren, was auf sie zutrifft.		
Plenum	**VERTIEFUNG:** In dieser Einheit wurde vorwiegend in Gruppen gearbeitet. Fragen Sie: *Wie haben Sie die Gruppenarbeit empfunden? Was hat funktioniert, was nicht? Was sind die Vorteile von Gruppenarbeit, was sind die Nachteile?* **TIPP:** Sorgen Sie in Ihrem Unterricht für wechselnde Arbeitsformen und sagen Sie Ihren TN, warum Sie welche Arbeitsform wählen.		

HÖREN 2

1 Reiseandenken

SOZIALFORM	ABLAUF	MATERIAL	ZEIT
Einzelarbeit Gruppen- arbeit	a) Die TN notieren drei Reiseandenken, die sie einmal aus dem Urlaub mitgebracht haben. *Lösungsvorschlag:* Was? *Einen Sonnenhut.* Wann und wo erstanden? *Letzten Sommer am Strand in Italien.* Warum gekauft? *Die Sonne brannte so heiß.* Was ist damit passiert? *Im Zug vergessen.* **VERTIEFUNG:** Um die Unterrichtseinheit lebendiger zu gestalten, bringen die TN echte Reiseandenken mit (könnte als Hausaufgabe vorbereitet werden). Die TN arbeiten in Vierergruppen zusammen. Jede Gruppe bekommt eine Tüte ausgehändigt, in die jeder TN sein Souvenir hinein gibt. Anschließend „erfühlen" die TN gegenseitig ihre Souvenirs und stellen Vermutungen an. *Beispiel: Das fühlt sich an wie ...; Das könnte ... sein. Ich vermute, dass das ... ist. ...*	 Reise- andenken Tüte/Beutel	
Gruppen- arbeit Plenum	b) Die TN vergleichen ihre Ergebnisse zu viert und finden Übereinstimmungen. Ihre Ergebnisse präsentieren sie im Plenum. Lassen Sie dabei die TN auch die Geschichte zu den jeweiligen Andenken erzählen.		
Gruppen arbeit Plenum	c) In denselben Gruppen suchen die TN Synonyme für das Wort *Reiseandenken*. Schreiben Sie die Ergebnisse an die Tafel. *Lösung: Souvenir, Mitbringsel, Reiseerinnerung, Fundstück, Urlaubserinnerung ...* **VERTIEFUNG:** Um der Aufgabe einen Spielcharakter zu geben, könnten Sie zum Lösen der Aufgabe eine genaue Zeitvorgabe geben. Hilfsmittel (Synonym-Lexikon) sind erlaubt. Nach abgelaufener Zeit werfen sich die einzelnen Gruppen den Ball zu. Jede Gruppe nennt ein neues Synonym. Die Gruppe, die das letzte Synonym genannt hat, gewinnt. **(„Ball", Glossar → S. 144)**	 Ball	

2 *Eulen aus Athen*

SOZIALFORM	ABLAUF	MATERIAL	ZEIT
Plenum	Sprechen Sie vor dem ersten Hören über die Überschrift *Eulen aus Athen*. Fragen Sie: *Worum könnte es in dem Hörverstehen gehen?* **TIPP:** Sie können die TN in diesem Zusammenhang auch auf die deutsche Redensart *Eulen nach Athen tragen* hinweisen. Dies bedeutet, einer überflüssigen Tätigkeit nachzugehen und stammt ursprünglich aus der griechischen Komödie *Die Vögel* von Aristophanes.		
Einzelarbeit	**AB 24/Ü18** Wortschatzübung zu Umschreibungen; zur Vorentlastung des Hörverstehens.		

Einzelarbeit Plenum	a)–c) Die TN bekommen ausreichend Zeit, sich die Aussagen durchzulesen. Klären Sie schwierige Wörter im Plenum. Die TN stellen Vermutungen zu den richtigen Antworten an. Hören Sie danach den Bericht Abschnitt für Abschnitt. Die TN markieren die richtige Antwort. Kontrolle im Plenum. Vergleichen Sie nach dem Hören mit den TN, ob ihre Vermutungen zutreffend waren. **→ G C1, Hör2; t C1, Hör2** *Lösung 2a: c; 2b: Abschnitt 1: b, Abschnitt 2: a, Abschnitt 3: c; 2c: b*	1 🔊 7–11	
Plenum	d) Die letzte Frage *(Was will die Autorin wohl mit ihrer detaillierten Analyse von Mitbringseln erreichen?)* eignet sich gut für eine Diskussion im Plenum. Die TN einigen sich auf eine richtige Aussage und begründen ihre Wahl. *Lösung: c* **VERTIEFUNG:** Die TN notieren sich nach dem Hören die verschiedenen Andenken-Typen und fassen deren Charakteristika noch einmal kurz mit eigenen Worten zusammen. Schreiben Sie die Lösungen an die Tafel. *Lösung: 1 „Mitbringsel aus schlechtem Gewissen“, 2 „Gutmenschen Geschenk“, 3 „Konservier-Souvenir“, 4 „Andenken an sich“, 5 „Kalkül-Kauf“, 6 „Spontan-Souvenirs“*		

3 Verschiedene Motivationen

SOZIALFORM	ABLAUF	MATERIAL	ZEIT
Gruppenarbeit Plenum	Die TN arbeiten zu viert und diskutieren, welche Kaufmotivation für sie am ehesten nachvollziehbar ist. Dabei können sich die TN noch einmal an ihre eigenen Reiseandenken aus 1 erinnern. Fragen Sie: *Mit welcher Motivation haben Sie Ihre Andenken gekauft?* Vergleichen Sie die Ergebnisse im Plenum.		

Ich kann jetzt ...

SOZIALFORM	ABLAUF	MATERIAL	ZEIT
Einzelarbeit	Die TN markieren, was auf sie zutrifft.		
Plenum	**VERTIEFUNG:** Schreiben Sie die Namen der TN auf Karten. Jede/Jeder TN zieht einen Namen und überlegt sich für diese Person das perfekte Urlaubsmitbringsel. Was würde zu ihr/ihm gut passen?	Kärtchen	

LESEN 2

1 Sanfter Tourismus

SOZIALFORM	ABLAUF	MATERIAL	ZEIT
Partnerarbeit Gruppen- arbeit Plenum	a) Die TN diskutieren zu zweit, was *sanfter* bzw. *nachhaltiger* Tourismus bedeuten könnte. Sie äußern Vermutungen und Beispiele zum Thema. *Lösungsvorschlag: Rücksichtnahme auf die Natur, Respekt vor der einheimischen Bevölkerung, möglichst geringer ökologischer Fußabdruck, Einfühlen in die örtlichen Begebenheiten* **VERTIEFUNG:** Die TN recherchieren zu viert im Internet über Nachhaltigkeit im Tourismus. Welche Angebote gibt es? Was bedeutet Nachhaltigkeit im Tourismus? Welche Länder oder Touristikbranchen legen Wert auf Nachhaltigkeit? Anschließend präsentieren sie ihre Ergebnisse im Plenum.		
Einzelarbeit Plenum	b) Die TN lesen den Text zum Thema *Sanfter Tourismus* und markieren die richtige Lösung. Kontrolle im Plenum. **→ G C1, Les3; t C1, Spra** *Lösung: 1b, 2a, 3d, 4c, 5a, 6c, 7b, 8a, 9c, 10b, 11d, 12d, 13b, 14a*		
Gruppen- arbeit Plenum	c) Die TN fassen die wesentlichen Informationen des Textes in Gruppen mündlich zusammen. Tragen Sie anschließend die Ergebnisse der Gruppenarbeiten im Plenum zusammen. **→ dT, Spr3** *Lösungsvorschlag: Der Text berichtet von einer digitalen Broschüre, mit der man sein Reiseverhalten nachhaltiger und* sanfter *gestalten kann. Es heißt, man muss dabei nicht auf Komfort verzichten. Vielmehr geht es darum, die Reise sowohl für die Einheimischen als auch die Reisenden angenehmer zu machen. Wichtig ist dabei die Wahl des Transportmittels. Eine große Rolle spielt aber auch, ob man in einer international geführten oder einer lokal betriebenen Unterkunft übernachtet. Zu guter Letzt sollte man die Bräuche der Einheimischen respektieren und sich so verhalten, wie es in dem entsprechenden Reiseland empfohlen wird.*		

Ich kann jetzt ...

SOZIALFORM	ABLAUF	MATERIAL	ZEIT
Einzelarbeit	Die TN markieren, was auf sie zutrifft.		
Plenum	**VERTIEFUNG:** Die TN gestalten eine Präsentation über Tourismus in ihren Heimatländern. Dazu können sie erneut die sieben Punkte zur Gestaltung einer Präsentation aus Lektion 1 (→ KB 8–9) verwenden.		

SEHEN UND HÖREN

1 Eine Jungunternehmerin

SOZIALFORM	ABLAUF	MATERIAL	ZEIT
Plenum	<u>Abschnitt 1</u>: Die TN sehen sich den Abschnitt zunächst <u>ohne</u> Ton an und stellen Vermutungen zu Aufgabe 1 an. Halten Sie die Vermutungen an der Tafel fest. *(Ich glaube, sie hat eine Anwaltskanzlei ... Vielleicht ist sie Schriftstellerin ...? Vermutlich ist die Frau eine Reiseleiterin ...)* Danach sehen die TN sich den Abschnitt noch einmal <u>mit</u> Ton an und beantworten die Fragen.	2	

	Lösung: Sibila Tasheva bietet Reisen nach Bulgarien an. Sie arbeitet von zu Hause aus und auch von unterwegs. Ihr Angebot ist für kleine Gruppen und Individualreisende.		
Einzelarbeit Partnerarbeit Plenum	Abschnitt 2–5: Geben Sie den TN genügend Zeit, dass sie sich die Fragen vorher durchlesen können. Klären Sie unbekannte Wörter ggf. im Plenum. Die TN sehen danach Abschnitt 2–5, tauschen sich mit ihrer Lernpartnerin/ihrem Lernpartner aus und vergleichen ihre Ergebnisse. Anschließende Kontrolle im Plenum. *Lösung:* *Abschnitt 2:* *Sie telefoniert mit ihren Kunden und trifft sie persönlich, um herauszubekommen, wie sie sich ihre Reise genau vorstellen. Dann vereinbart sie mit den Hotels und Reiseführern vor Ort die Termine. Sie stellt für ihre Kunden individuell eine Reise zusammen.* *Abschnitt 3:* *Günstig: Keine laufenden Kosten* *Kostspielig: Reisen zur Recherche vor Ort* *Finanzierung: Von Freunden Geld geliehen* *Vorteil: Juristin* *Vermutung: Sie kennt sich gut mit den gesetzlichen Vorgaben aus* *Abschnitt 4:* *Theoretisches Wissen: Sie kennt sich mit Gesetzen und Verträgen aus* *Qualitäten als Anwältin: Sie kann gut verhandeln* *Abschnitt 5:* *Ihrem Unternehmen geht es gut, sie verzeichnet Gewinne.* *Ziele: Sie möchte insbesondere kleine Familienhotels unterstützen.*	3–6	

2 Ihr Eindruck

SOZIALFORM	ABLAUF	MATERIAL	ZEIT
Gruppenarbeit Plenum	Die TN sehen den kompletten Film noch einmal. Sie unterhalten sich in Kleingruppen über den Film und gehen auf die Fragen ein. **VERTIEFUNG:** In Anlehnung an Frage 3 gründen die TN nun selbst ein Unternehmen im Bereich Tourismus. Fragen Sie: *Wer in der Gruppe könnte dabei welche Aufgabe übernehmen? Welche verschiedenen Talente gibt es in der Gruppe?* Die TN einigen sich in Kleingruppen auf eine Geschäftsidee und präsentieren ihr Ergebnis auf einem Plakat den anderen TN. Sprechen Sie danach im Plenum: *Hat die Geschäftsidee Potenzial? Würden Sie in ein solches Unternehmen investieren?*	7 Plakate	
Einzelarbeit	**AB 25/Ü19** Leseübung in Anlehnung an den Film; auch als Hausaufgabe geeignet. **→ t C1, Les1; Ö C1, Les3**		

Mein Dossier

SOZIALFORM	ABLAUF	MATERIAL	ZEIT
Einzelarbeit	**AB 25/Ü20** Die TN wählen ein Zitat aus und erläutern, warum es sie anspricht.		

Ich kann jetzt ...

SOZIALFORM	ABLAUF	MATERIAL	ZEIT
Einzelarbeit	Die TN markieren, was auf sie zutrifft.		

AUSSPRACHE: BETONUNG UND BEDEUTUNG VON *AUCH, DENN* UND *DOCH*

1 Betonung hören und Bedeutung verstehen

SOZIALFORM	ABLAUF	MATERIAL	ZEIT
Einzelarbeit Plenum	a) Die TN hören die Aussagen. Zwei Sätze sind jeweils sehr ähnlich. Die TN markieren *auch*, *denn* und *doch*, wenn sie betont werden. Kontrolle im Plenum. *Lösung: 2, 4, 6, 8* **FOKUS PHONETIK:** Machen Sie die TN darauf aufmerksam, dass manche Wörter unterschiedliche Bedeutungen haben, je nachdem, ob sie betont bzw. unbetont sind. Dabei bekommen auch die Sätze eine andere Bedeutung. *Beispiel:* *Ich habe es schon gesehen. (schon = bereits)* *Ich habe es schon gesehen, aber ich habe mir nichts dabei gedacht. (schon = zwar)*	3 🔊 12	
Einzelarbeit Plenum	b) Die TN hören die Aussagen noch einmal in zwei Blöcken (1–4 und 5–8) und ordnen die passenden, bedeutungsgleichen Wörter zu. Kontrolle im Plenum. *Lösung: a3, b4, c1, d2, e6, f8, g7, h5*	3 🔊 12	
Einzelarbeit	c) Die TN formen die Sätze mit den passenden Ersatzwörtern um und sprechen sie laut aus. *Lösung: 1 Wenn du dieses Hotel ebenfalls schön findest, ... 2 Obwohl du dieses Hotel schön findest, möchte ich ... 3 Wo möchtest du überhaupt hinfahren ...? 4 Wo möchtest du sonst hinfahren, ... 5 Das ist aber wirklich ein tolles Hotel. ... 6 Das ist ebenfalls ein tolles Hotel. ... 7 Das ist ja ein Einzelzimmer, ... 8 Das ist wohl ein Einzelzimmer, ...*		
Einzelarbeit	d) Die TN hören die umformulierten Aussagen und kontrollieren ihre Lösungen.	3 🔊 13	

2 Macht die Betonung den Unterschied?

SOZIALFORM	ABLAUF	MATERIAL	ZEIT
Einzelarbeit Plenum	a) Die TN hören die Sätze 1–4 und markieren a oder b. Kontrolle im Plenum. *Lösung: 2a, 3a, 4b*	3 🔊 14	
Partnerarbeit	b) Die TN sprechen nun jeweils beide Betonungsvarianten der Aussagen 1–4 mit den dazu passenden Sätzen a und b aus. Jede Lernpartnerin/ Jeder Lernpartner übernimmt dabei eine Variante (a oder b).		

Plenum	c) Anschließend hören die TN die Betonungsvarianten und kontrollieren ihre Lösungen. *Lösung: (Diese Wörter müssen jeweils für die passenden Ergänzungen betont werden.) 1a sind, 1b denn, 2a auch, 2b preisgünstig, 3a Einzelzimmer, 3b doch, 4a auch, 4b kalorienarm und gesund*	3 🔊 15	

LERNWORTSCHATZ (Arbeitsbuch → AB 27)

SOZIALFORM	ABLAUF	MATERIAL	ZEIT
Plenum	Fragen Sie die TN, mit welchen Strategien sie den neuen Wortschatz und vor allem die Nomen-Verb-Verbindungen in diesem Kapitel gelernt haben. Weisen Sie die TN darauf hin, dass das menschliche Gehirn neue Wörter am besten im Kontext behält. Dies können Sie anhand eines Beispiels veranschaulichen: Die TN suchen fünf Nomen-Verb-Verbindungen aus der Lektion heraus und erfinden damit eine Geschichte.		

LEKTIONSTEST 2 (Arbeitsbuch → AB 28)

SOZIALFORM	ABLAUF	MATERIAL	ZEIT
Einzelarbeit	Mithilfe des Lektionstests haben die TN die Möglichkeit, ihr neues Wissen in den Bereichen Wortschatz, Grammatik und Redemittel zu überprüfen. Wenn die TN mit einzelnen Bereichen noch Schwierigkeiten haben, können sie gezielt noch einmal einzelne Module wiederholen.		

REFLEXION DER LEKTION

SOZIALFORM	ABLAUF	MATERIAL	ZEIT
Gruppenarbeit Plenum	Schreiben Sie die Titel der verschiedenen Einheiten von Lektion 2 auf Kärtchen. Die TN setzen sich in Vierergruppen zusammen. Jeder TN deckt eine Karte auf und versucht sich zu erinnern, worum es in der Einheit ging. Sprechen Sie danach im Plenum: *Welche Einheit ist Ihnen gut im Gedächtnis geblieben, welche weniger gut? Woran könnte das liegen?*	Karten	

Situationstext

SOZIALFORM	ABLAUF	MATERIAL	ZEIT
Plenum	Die Seiten EXTRA BERUF behandeln auf vier Seiten ein berufliches Thema. Am Anfang jedes EXTRA BERUF wird ein Protagonist vorgestellt, dessen Werdegang die TN auf den folgenden Seiten begleiten. Die Checkliste zeigt die einzelnen Schritte, die der Protagonist durchläuft. Anhand dessen kann die Erwartungshaltung der TN besprochen werden. Die TN lesen den Situationstext und die Checkliste zum Thema *Sicherheit am Arbeitsplatz*. Alternative Herangehensweise: Bei geschlossenen Büchern an der Tafel sammeln lassen, welche Schritte für das Thema infrage kommen können.		

1 Sicherheitshinweise verstehen

SOZIALFORM	ABLAUF	MATERIAL	ZEIT
Plenum	a) Zeichnen Sie eine große Mindmap an die Tafel und schreiben Sie in die Mitte: *Sicherheit auf der Baustelle*. Die TN sammeln nun alles, was ihnen zu diesem Thema einfällt. **(„Mindmap" Glossar → S. 146)** *Lösung (Beispiele): Gefahr durch herumliegende Bauteile / Werkzeug / Nägel / Feuer / Wasser / Strom, (laute) Maschinen, Abgase oder giftige Dämpfe*		
Einzelarbeit Plenum	b) Die TN lesen den Auszug aus der Broschüre und ordnen die Beschreibungen den Piktogrammen zu. Kontrolle im Plenum. *Lösung: 4, 2, 3, 5, 1* **VERTIEFUNG:** Bringen Sie Broschüren/Piktogramme/Sicherheitshinweise zum Thema *Arbeitsschutz* und – wenn möglich – Kataloge mit Arbeitskleidung in den Unterricht. Alternativ können die TN im Internet recherchieren, welche Piktogramme/Schutzkleidung es zum Thema gibt. Bilden Sie Vierergruppen. Jede Gruppe einigt sich auf eine Berufsbranche und erstellt dazu ein Plakat mit den entsprechenden Piktogrammen und Sicherheitshinweisen. Fordern Sie die TN auf, sich nicht nur auf Schutzkleidung zu konzentrieren, sondern auch Verbote (z. B. *Rauchverbot*), Warnhinweise und Sicherheitsverhalten (z. B. *nicht in laufende Maschinen greifen*) zu achten. Kündigen Sie an, dass die Plakate anschließend im Kursraum ausgestellt und besprochen werden. **(„Kursaustellung" Glossar → S. 145)**	Broschüren Plakate Piktogramme Sicherheitshinweise Kataloge Plakate	
Plenum Gruppenarbeit Plenum	Die TN lesen in *Wussten Sie schon?*, dass das Arbeitsschutzgesetz die Arbeitssicherheit in einem Betrieb regelt. Der Arbeitgeber muss eine Schutzausrüstung für die Arbeitnehmer zur Verfügung stellen. **INTERKULTURELLES:** Fragen Sie die TN, ob sie wissen, wie der Arbeitsschutz in ihren Heimatländern geregelt ist. Sind Arbeitgeber verpflichtet, Schutzausrüstungen zur Verfügung zu stellen? Gibt es je nach Branche Unterschiede (z. B. *Bau* vs. *Pflege?*) c) Die TN diskutieren in Kleingruppen, welche Ausrüstung bei den genannten Gefahren sinnvoll wäre. Anschließend präsentiert eine/ein TN der Gruppe die Ergebnisse im Plenum. *Lösung: Schnee / Glätte: Sicherheitsschuhe, Schutzhelm; Rauch / Dämpfe: Atemschutzgerät; Strom / Elektrizität: Sicherheitsschuhe; Feuer / Brand: Sicherheitsschuhe, Atemschutzgerät; Wasser: Sicherheitsschuhe; Laute Baumaschinen: Gehörschutz, Warnkleidung*		

Plenum	d) Die TN berichten über die Sicherheitsbestimmungen, die in ihrem Arbeitsumfeld oder in ihren Wunschberufen gelten.		

2 Einen Arbeitsunfall melden

SOZIALFORM	ABLAUF	MATERIAL	ZEIT
Plenum Einzelarbeit Plenum	Fordern Sie die TN zur Vorentlastung von Aufgabe 2a auf, das Buch zu schließen. Schreiben Sie das Wort Arbeitsunfall an die Tafel. Fragen Sie die TN, was sie beachten müssen, wenn sie einen Arbeitsunfall/Unfall melden und beispielsweise einen Krankenwagen rufen. Schreiben Sie Stichpunkte an die Tafel. a) Die TN lesen die Punkte zur Unfallmeldung und vergleichen sie mit ihren Antworten. Anschließend hören sie die Unfallmeldung und markieren die Punkte, über die im Gespräch etwas gesagt wurde. Kontrolle im Plenum. *Lösung: 2, 3, 4, 6*	1 🔊 12	
Einzelarbeit Plenum	b) Die TN lesen zunächst die Anweisungen und hören das Telefongespräch erneut. Anschließend markieren sie, was Belma tun soll. Kontrolle im Plenum. *Lösung: zum Durchgangsarzt gehen, eine Bescheinigung des Durchgangsarztes an die Personalabteilung schicken, auf das Eintreffen der Kollegen warten, Herrn Maier nach der Untersuchung erneut anrufen*	1 🔊 12	
Plenum	Die TN lesen in *Wussten Sie schon?*, dass bei einem Arbeitsunfall der Durchgangsarzt und nicht der Hausarzt für das Unfallopfer zuständig ist. **VERTIEFUNG:** Fragen Sie die TN, wie ein Arbeitsunfall in ihren Ländern gehandhabt wird. Wer kommt für die Arzt- bzw. Krankenhauskosten auf? Wie läuft die Rehabilitation ab? Wie ist eine Eingliederung nach längerer Krankheit geregelt?		
Einzelarbeit Partnerarbeit	c) Die TN schauen sich die Arbeitsunfähigkeitsbescheinigung an und ergänzen die Wörter aus dem Schüttelkasten. Anschließend kontrollieren sie ihre Einträge mit der Lernpartnerin/dem Lernpartner. Gehen Sie von Gruppe zu Gruppe und greifen sie nur ein, wenn es Schwierigkeiten gibt. *Lösung:* Krankenkasse bzw. Kostenträger: *Deutsche Gesetzliche Unfallversicherung (DGVU);* Name, Vorname des Versicherten: *Spahic, Belma;* geb. am: *02.04.1978;* Status: *Bauingenieurin*		
Partnerarbeit Plenum	d) Die TN tauschen sich mit ihrer Lernpartnerin/ihrem Lernpartner aus, welche weiteren Punkte in der Arbeitsunfähigkeitsbescheinigung angegeben sind. **VERTIEFUNG:** Gehen Sie auf das Thema *Krankmeldung* ein und fragen Sie die TN, wie eine reguläre Krankmeldung als Arbeitnehmer erfolgen muss. Fragen Sie: Wie und wann müssen Sie Ihren Arbeitgeber benachrichtigen? Wann muss spätestens die Arbeitsunfähigkeitsbescheinigung beim Arbeitgeber vorliegen? Gibt es Unterschiede zur Praxis in den Heimatländern der TN?		
Plenum	e) Die TN berichten welche Unfälle in ihrem Arbeitsumfeld passieren könnten und, wer möchte, über tatsächlich erlebte Arbeitsunfälle. Achten Sie dabei auf jeden Fall auf einen sensiblen Umgang mit der Thematik.		

3 Sich nach einem Arbeitsunfall richtig verhalten

SOZIALFORM	ABLAUF	MATERIAL	ZEIT
Einzelarbeit Plenum	a) Die TN lesen die Informationsbroschüre über Arbeitsunfälle und ordnen die Überschriften aus dem Schüttelkasten den einzelnen Absätzen zu. Kontrolle im Plenum. *Lösung: Was zählt als Arbeitsunfall?, Welcher Arzt ist der richtige?, Muss der Arbeitgeber informiert werden?, Wann sollte man Widerspruch einlegen?*		
Plenum	b) Die TN lesen die kuriosen Unfallsituationen und mutmaßen, ob es sich jeweils um einen Arbeitsunfall handelt oder nicht. Selbstkontrolle anhand der Lösung im Kursbuch. **VERTIEFUNG:** Die TN recherchieren weitere kuriose Unfallsituationen zunächst in Einzelarbeit und erstellen Quizfragen auf Kärtchen. Jeder TN schreibt ein Kärtchen. Anschließend gehen die TN im Raum herum. Auf ein Signal hin finden sie ein Partner/eine Partnerin und stellen dem/der jeweils anderen ihre Quizfrage. Danach laufen wieder alle im Raum herum und finden sich zu neuen Zweiergruppen zusammen, bis jeder TN alle Quizfragen beantwortet hat. (**„Raumlauf" Glossar → S. 146)**		
Einzelarbeit	c) Die TN recherchieren, wo es in ihrer Umgebung einen Durchgangsarzt gibt; auch als Hausaufgabe geeignet.		

4 Einen Unfallbericht schreiben

SOZIALFORM	ABLAUF	MATERIAL	ZEIT
Einzelarbeit Plenum	a) Die TN lesen den Unfallbericht und ergänzen die Wörter aus dem Schüttelkasten. Kontrolle im Plenum. *Lösung: 1 Schlossallee 26, 2 Baufortschritt, 3 Sturz, 4 Schwindelgefühl, 5 Durchgangsarzt, 6 Schürfwunden, 7 Schmerztabletten, 8 Berufsgenossenschaft*		
Plenum	Die TN lesen den Infotext über das korrekte Schreiben eines Unfallberichtes. Fragen Sie die TN, ob sie schon einmal einen Unfallbericht verfassen mussten. Welche Situation war das? Wie war der Aufbau?		
Einzelarbeit Gruppen-arbeit	b) Die TN schreiben einen Unfallbericht mithilfe der Stichworte. Teilen Sie dann den Kurs in Vierergruppen ein und lassen Sie die TN die Texte untereinander austauschen und korrigieren. **(„Kommentarlawine" Glossar → S. 145)** *Lösungsvorschlag: Am 10. August half ich beim Umzug unseres Startup-Unternehmens. Beim Beladen des LKWs ist mir ein Karton auf den Fuß gefallen. Er enthielt Bücher und war entsprechend sehr schwer. Da ich nicht mehr richtig auftreten konnte, fuhr ein Kollege mit mir sofort zum Durchgangsarzt. Dieser diagnostizierte, dass der Fuß geprellt war. Zum Glück hatte ich nur blaue Flecken und keinen Bruch. Er verschrieb mir Schmerztabletten und ein Gel zur Kühlung. Zudem war ich eine Woche krank geschrieben.*		

EINSTIEG

Vor dem Öffnen des Buches

SOZIALFORM	ABLAUF	MATERIAL	ZEIT
Partnerarbeit	Aktivieren Sie anhand einer Small-Talk-Runde das Vorwissen der TN zum Lektionsthema *Intelligenz und Wissen*. Die TN unterhalten sich zu zweit jeweils zwei Minuten zu vorgegebenen Fragen. (Mögliche Fragen: *Was ist Intelligenz? Wie kann die Intelligenz im Kindesalter gefördert werden? Kann man Intelligenz lernen? Wie kann man Intelligenz messen? Wie intelligent sind Tiere?*) Nach jeder Runde wechselt die Lernpartnerin/der Lernpartner. Eine Kontrolle im Plenum findet nicht statt. **(„Speed-Dating", Glossar → S. 147)**	Stoppuhr	

1 Wissensquiz

SOZIALFORM	ABLAUF	MATERIAL	ZEIT
Partnerarbeit Plenum	Die TN arbeiten zu zweit, markieren die richtige Lösung und vergleichen ihre Ergebnisse mit der Lösung (AB 95). *Lösung: 1 in der Steinzeit, 2 Jäger und Sammler, 3 Geschicklichkeit und Vorsicht* **VERTIEFUNG:** Fragen Sie: *Was wissen Sie noch über die Steinzeit? (Die Steinzeit ist die früheste Epoche der Menschheitsgeschichte und erhielt durch den Fund von Steinwerkzeugen ihren Namen. Sie begann mit den ältesten gefundenen Werkzeugen vor etwa 2,6 Millionen Jahren in Afrika) Welche Epochen der Erdgeschichte kennen Sie außerdem? (Eiszeit, Mittelalter, Neuzeit)*		

2 Ihre Meinung

SOZIALFORM	ABLAUF	MATERIAL	ZEIT
Gruppen-arbeit Plenum	Die TN arbeiten in Kleingruppen zusammen und schreiben anhand der Fragen einen kurzen Text zu dem Bild. Die Gruppen präsentieren ihre Ergebnisse im Plenum. *Lösungsvorschlag: Vor mehreren tausend Jahren standen die Menschen vor existenziellen Herausforderungen. Jeder neue Tag war ein Kampf ums Überleben. Die Menschen brauchten ein gutes Gehör, um mögliche Beutetiere zu finden und sie mussten auch sehr schnell sein, um bei der Jagd erfolgreich zu sein. Außerdem mussten sie sehr vorsichtig sein, weil überall Gefahren lauerten. Sie sind sicher bei Tagesanbruch aufgestanden, um auf die Jagd zu gehen, weil sonst keine Nahrung vorhanden gewesen wäre. Am Mittag waren sie vielleicht schon zurück und haben Holz gehackt, um die erbeuteten Tiere über offenem Feuer zuzubereiten. Am Nachmittag haben sie ihre Werkzeuge hergestellt oder repariert. Bei Sonnenuntergang haben sie sich in ihren Behausungen schlafen gelegt.*		
Einzelarbeit	**AB 29/Ü1** Wortschatzübung, die auf die folgenden Einheiten des Kapitels vorbereitet; auch als Hausaufgabe geeignet.		
Einzelarbeit Plenum	**AB 29/Ü2** Diese Übung eignet sich gut zur Vertiefung des Themas *Steinzeit*. Die TN ordnen die Informationen den Beispielen zu und verfassen einen Text über das Leben in der Steinzeit. Kontrolle im Plenum.		

LESEN

1 Menschliche Fähigkeiten im Wandel

SOZIALFORM	ABLAUF	MATERIAL	ZEIT
Partnerarbeit Plenum	a) Die TN sehen sich zu zweit das Foto an und diskutieren, was die Menschen heute im Gegensatz zu früher beherrschen müssen. *Lösungsvorschlag: <u>heute wichtig:</u> Kommunikationsfähigkeit, Flexibilität, technisches Wissen, geistigen Fähigkeiten, Mobilität …; <u>heute weniger wichtig:</u> handwerkliche Fähigkeiten, Kampftechniken, Fähigkeiten als Jäger, physische Kraft …* **TIPP:** Bei dieser Aufgabe können Sie die TN noch einmal auf Lektion 1 *(Digitaler Wandel)* hinweisen. Wie unterscheidet sich der Alltag in der Steinzeit zur heutigen Zeit? Vergleichen Sie die Ergebnisse im Plenum. **VERTIEFUNG:** Die TN vergleichen ihre Ergebnisse mithilfe des Schneeballprinzips. Die Zweiergruppen einigen sich jeweils auf vier Punkte, die heute wichtig bzw. heute weniger wichtig sind, finden sich mit einem anderen Zweierteam zusammen und einigen sich auf die wichtigsten sechs Punkte. **(„Schneeballprinzip", Glossar → S. 147)**		
Plenum	b) Diskutieren Sie im Plenum, ob die Menschen heute intelligenter sind als früher. Sammeln Sie die Ergebnisse an der Tafel.		

2 Vom Jäger zum User

SOZIALFORM	ABLAUF	MATERIAL	ZEIT
Einzelarbeit Plenum Einzelarbeit Plenum Einzelarbeit	Die TN lesen den Text „Der Mensch ist heute anders intelligent als früher". Diskutieren Sie danach im Plenum: *Haben sich die Vermutungen aus 1b bestätigt? Was ist mit „anders intelligent" gemeint?* Anschließend lesen die TN die Textzusammenfassung auf der nächsten Seite oben und ergänzen die fehlenden Wörter. Kontrolle im Plenum. **→ G C1, Les1** **TIPP:** Machen Sie die TN auch auf den Lerntipp (KB 31) aufmerksam: Bei den zu ergänzenden Wörtern findet sich nicht immer der genau passende Begriff im Text, manchmal muss auch ein Synonym für den Begriff im Originaltext eingesetzt werden. Machen Sie den TN deutlich, dass es sich beim Finden von Schlüsselwörtern und Synonymen um eine Lesestrategie handelt. **(Strategie-Überblick → S. 149)** *Lösungsvorschlag: 1 dümmer, 2 überlebten, 3 Nachkommen/Kinder, 4 weniger intelligente Menschen, 5 anpassen, 6 Entwicklung, 7 erinnern, 8 Intelligenz, 9 Wissenschaftler, 10 neugierig* **VERTIEFUNG:** Die TN schreiben nach dem ersten Lesen des Textes zuerst eine eigene Textzusammenfassung und vergleichen ihr Ergebnis mit der Zusammenfassung (KB 31). Erst dann ergänzen sie die Wörter in der Textzusammenfassung. **TIPP:** Machen Sie den TN deutlich, dass es sich bei einer Textzusammenfassung um eine Lesestrategie handelt. **(Strategie-Überblick → S. 149)**		
Einzelarbeit	**AB 30/Ü3** Wortschatzübung zur Entwicklung des Homo sapiens; auch als Hausaufgabe geeignet. **→ G C1, Les3; t C1, Spra**		

3 Umschreibung der Modalverben *können, müssen* oder *wollen*

SOZIALFORM	ABLAUF	MATERIAL	ZEIT
Einzelarbeit Plenum Plenum Partnerarbeit Plenum	a) Die TN schreiben die Sätze neu und verwenden dabei die passenden Modalverben. Kontrolle im Plenum. *Lösung: 2 Wer hingegen Tiere nicht erlegen konnte, ... 3 Man musste nicht mehr intelligent sein, um zu überleben. 4 Durch Intelligenz kann man sich an die Außenwelt anpassen. 5 ... ohne dass er seine Erinnerung bemühen muss. 6 ... wohin der Finger geschoben werden muss, um ... 7 Die Menschen wollten das eigenständige Denken nicht einstellen ...* **FOKUS GRAMMATIK:** Die TN nennen Umschreibungen von *können, müssen* und *wollen* mit dem erweiterten Infinitiv. Halten Sie die Beispiele an der Tafel fest: *Er ist in der Lage, sich anzupassen (können); Sie ist gezwungen, sich anzustrengen (müssen); Er hat vor, sich damit zu beschäftigen (wollen).* Sprechen Sie mit den TN über die Bedeutung von *können, müssen* und *wollen (können bedeutet in der Lage zu sein oder die Möglichkeit für etwas zu haben; bei müssen ist etwas erforderlich, jemand ist gezwungen oder es besteht eine Notwendigkeit; bei wollen beabsichtigt jemand etwas).* Verweisen Sie auch auf die Grammatikübersicht im Kursbuch (→ KB 40/1). **VERTIEFUNG:** Die TN schreiben jeweils zwei Sätze mit Umschreibungen der Modalverben *können, müssen, wollen* (insgesamt sechs Sätze) über sich selbst. (z. B. *Ich bin in der Lage, mit drei Bällen zu jonglieren; Ich wurde letztes Jahr verpflichtet, eine Strafe wegen zu schnellen Fahrens zu zahlen; Ich habe den Wunsch, einmal nach Grönland zu reisen.*) Dabei ist einer der Sätze eine Lüge. Die Lernpartnerin/Der Lernpartner rät, welcher Satz nicht stimmt. Anschließend präsentiert jede/jeder TN die Lüge der Lernpartnerin/des Lernpartners im Plenum, indem sie/er das richtige Modalverb gebraucht *(Sie/Er kann nicht mit drei Bällen jonglieren).* **(„Wahrheit oder Lüge?“, Glossar → S. 148)**		
Einzelarbeit	**AB 31/Ü4** Wiederholungsübung zur Umschreibung der Modalverben *können, müssen* und *wollen*; auch als Hausaufgabe geeignet.		
Einzelarbeit	**AB 31/Ü5** Die TN wiederholen Passiv-Ersatzformen mit den Modalverben *können* und *müssen*; auch als Hausaufgabe geeignet.		
Einzelarbeit	**AB 32/Ü6** Die TN ordnen die Ausdrücke dem richtigen Modalverb zu, das sie umschreibt, und entdecken dabei die verschiedenen Ausdrucksmöglichkeiten; auch als Hausaufgabe geeignet.		
Einzelarbeit	**AB 32/Ü7** Die TN wenden nun die zuvor erlernten und in Ü6 sortierten Umschreibungen in einem Lesetext über Gehirnjogging an; auch als Hausaufgabe geeignet.		

Ich kann jetzt ...

SOZIALFORM	ABLAUF	MATERIAL	ZEIT
Einzelarbeit	Die TN markieren, was auf sie zutrifft.		

SCHREIBEN

1 Sinnvolle Frühförderung?

SOZIALFORM	ABLAUF	MATERIAL	ZEIT
Plenum	Sprechen Sie mit den TN als Einstimmung im Plenum über das Thema *Frühförderung. Haben Sie Erfahrung mit diesem Thema? Wenn ja, welche? Gibt es Frühförderung in den Heimatländern der TN?* **TIPP:** Unter *Frühförderung* versteht man hier pädagogische Hilfe (oft durch spielerische Methoden) bei der Entwicklung von Kleinkindern. In anderen Kontexten ist mit *Frühförderung* auch oft die pädagogische und therapeutische Unterstützung von Kindern mit einer Behinderung gemeint.		
Partnerarbeit Plenum	a) Die TN sehen sich zu zweit die Fotos an und diskutieren, um welche Art der *Frühförderung* es sich handeln könnte. Vergleichen Sie die Ergebnisse im Plenum. *Lösung: A Berühren und Zuordnen, B Reflexübungen in Bauchlage, C Kreative Ausdrucksformen*		
Einzelarbeit Plenum Gruppen-arbeit	b) Die TN ordnen die Texte den Fotos zu. Kontrolle im Plenum. *Lösung: A3, B1, C2* **VERTIEFUNG:** Bilden Sie Vierergruppen. Die TN diskutieren in Gruppen zunächst die positiven Effekte der aufgeführten Beispiele der *Frühförderung*. Anschließend diskutieren sie darüber, welche weiteren Förderungen sie für sinnvoll halten. *Lösungsvorschlag: 1 Reflexbewegungen werden stimuliert, Koordination wichtiger Nerven wird aktiviert und stabilisiert, Muskulatur wird aktiviert; 2 Vorbereitung auf Instrumentalunterricht, Erleben und Fördern von kreativen Ausdrucksformen; 3 Spielerisches Einprägen der Symbole durch Berühren und Zuordnen, Kinder machen sich früh mit später alltäglichen Dingen vertraut.* **TIPP:** Damit die TN sich in Diskussionen auch wirklich aufeinander beziehen, wiederholen sie in dieser Diskussionsrunde das Argument ihrer Vorrednerin/ihres Vorredners, bevor sie ein neues Argument anbringen. Verweisen Sie dabei auf die Redemittel („auf etwas Bezug nehmen") auf der nächsten Seite. **(„Echo-Sprechen", Glossar → S. 144)**		

2 Ein Elternforum

SOZIALFORM	ABLAUF	MATERIAL	ZEIT
Einzelarbeit Plenum	Die TN lesen zunächst die Aussagen und dann die Forumseinträge. Anschließend ordnen sie die aussagen den Beiträgen zu. Kontrolle im Plenum. *Lösung: 1 Sie kritisiert die intensive Frühförderung von Kleinkindern als übertrieben. 2 Sie findet es falsch, den Spieltrieb der Kinder zu unterbinden. 3 Er ist der Meinung, man sollte sich an der internationalen Konkurrenz orientieren.*		
Einzelarbeit Plenum	**AB 33/Ü8** Die TN machen die Wortschatzübung; auch als Vorbereitung auf ihren eigenen Forumsbeitrag in Aufgabe 3 im Kursbuch geeignet. Kontrolle im Plenum.		

3 Einen Forumsbeitrag verfassen

SOZIALFORM	ABLAUF	MATERIAL	ZEIT
Einzelarbeit Plenum Plenum	Die TN schreiben einen Forumsbeitrag und benutzen dabei die vorgegebenen Redemittel. Sie gehen dabei auf die drei Fragen ein. Die TN präsentieren ihre Beiträge im Plenum. **VERTIEFUNG:** Die TN hängen ihre Beiträge im Raum auf. Anschließend gehen sie durch den Raum und lesen die Texte. Auf den Beitrag, der sie am meisten inspiriert (nicht den eigenen), schreiben die TN einen Antwortbeitrag; auch als Hausaufgabe geeignet. **(„Kursausstellung“, Glossar → S. 145)**		
Einzelarbeit	**AB 33/Ü9** Die TN üben die Redemittel anhand von alternativen Formulierungen; auch als Hausaufgabe geeignet.		

4 Umschreibung der Modalverben *dürfen* und *sollen*

SOZIALFORM	ABLAUF	MATERIAL	ZEIT
Einzelarbeit Plenum Gruppenarbeit Plenum	Die TN schreiben die Sätze aus den Forumsbeiträgen neu und umschreiben sie mit den richtigen Modalverben. Kontrolle im Plenum. *Lösung: 2 Kinder sollen durch den unmittelbaren Kontakt zur Natur mehr erleben als in einem herkömmlichen Kindergarten. 3 Wir dürfen unseren Kindern nicht schon vor Schulbeginn Leistung abverlangen. 4 Meine Kinder sollen die besten Chancen im Leben haben. 5 Eltern sollen ihren Nachwuchs frühzeitig nicht nur musikalisch, sondern auch in Fremdsprachen und logischem Denken fördern.* **VERTIEFUNG:** Ein kurzes Spiel zum Einstieg: Schreiben Sie die Modalverben *dürfen, nicht dürfen, sollen* und *sollten* an die Tafel. Die TN finden (ohne Hilfsmittel) in Dreiergruppen in fünf Minuten möglichst viele alternative Formulierungen zu den Modalverben. Die Gruppe mit den meisten Alternativen gewinnt. Halten Sie alle genannten Alternativen an der Tafel fest und ergänzen Sie ggf. noch fehlende Umschreibungen. *Lösungsvorschlag: dürfen: das Recht / die Erlaubnis / die Genehmigung haben; es ist erlaubt / gestattet; nicht dürfen: es ist verboten / untersagt; sollen: erwarten / den Auftrag haben/ die Pflicht haben; sollten: es wäre empfehlenswert / besser / ratsam* **FOKUS GRAMMATIK:** Sprechen Sie mit den TN über die Bedeutung von *(nicht) dürfen, sollen* und *sollten* im Plenum (dürfen *bedeutet, das Recht oder die Erlaubnis für etwas zu haben,* nicht dürfen *drückt ein Verbot aus;* sollen *bedeutet, dass jemand den Auftrag von jemand anderem bekommen hat; bei* sollten *gibt es eine Empfehlung / einen Ratschlag).* Verweisen Sie auch auf die Grammatikübersicht im Kursbuch (→ KB 40/1). **TIPP:** Machen Sie die TN in diesem Zusammenhang noch einmal auf den Unterschied zwischen *müssen* und *sollen* aufmerksam. Oft werden diese Verben verwechselt. Bei *müssen* besteht **für mich selbst** die Notwendigkeit oder Pflicht, etwas zu tun („Ich muss die Arbeit erledigen.“), bei *sollen* habe ich den Auftrag **von jemand andere**m bekommen („Mein Chef sagt, ich soll die Arbeit erledigen.“). Ich kann aber auch selbst die Instanz sein, die einen Auftrag erteilt („Du musst die Arbeit erledigen.“).	 Stoppuhr	

Einzelarbeit	**AB 34/Ü10** Entdeckende Übung zur Umschreibung der Modalverben *dürfen* und *sollen* anhand eines Interviews. Die TN suchen die Umschreibungen heraus und ordnen sie je nach Bedeutung einem Modalverb zu *(dürfen, nicht dürfen, sollen, sollten)*; auch als Hausaufgabe geeignet.		
Einzelarbeit	**AB 34/Ü11** Anwendungsübung zur Umschreibung der Modalverben *dürfen* und *sollen*; auch als Hausaufgabe geeignet.		

Ich kann jetzt ...

SOZIALFORM	ABLAUF	MATERIAL	ZEIT
Einzelarbeit	Die TN markieren, was auf sie zutrifft.		
Plenum	Überprüfen Sie zum Ende dieser Einheit hin noch einmal die komplette Liste der Modalverben und ihre Umschreibungen. Bereiten Sie ausreichend Kärtchen mit den Modalverben *können, müssen, wollen, dürfen, sollen/sollten* vor, sodass jede/jeder TN ein Verb bekommt. Jede/Jeder TN schreibt einen Satz mit diesem Modalverb zum Thema *Intelligenz und Wissen*. Anschließend beginnt eine/ein TN, liest den Satz laut vor und wirft den Ball zu einer/einem anderen TN. Die Lernpartnerin/Der Lernpartner wiederholt den Satz und ersetzt das Modalverb mit einer der erlernten Umschreibungen. **(„Ball", Glossar → S. 144)**	Kärtchen Ball	

HÖREN

1 Kann das stimmen?

SOZIALFORM	ABLAUF	MATERIAL	ZEIT
Gruppenarbeit Plenum	Die TN schauen sich in Kleingruppen die Fotos an und diskutieren die zwei Fragen. Vergleichen Sie die Ergebnisse im Plenum. **TIPP:** Animieren Sie die TN, in ihren Diskussionen nach der Methode **Echo-Sprechen (Glossar → S. 144)** auf die Vorrednerin/den Vorredner einzugehen und dabei das Argument der Vorrednerin/des Vorredners zu wiederholen.		

2 Neue Erkenntnisse

SOZIALFORM	ABLAUF	MATERIAL	ZEIT
Einzelarbeit Plenum	a) Die TN lesen zunächst die Aussagen und hören dann den Vortrag zweimal. Während des Hörens markieren sie die richtigen Aussagen. Kontrolle im Plenum. *Lösung: 1c, 2b, 3c, 4b, 5a, 6a* **TIPP:** Die TN unterstreichen vor dem Hören in den Fragen und Antworten die Schlüsselwörter. Vergleichen Sie die Ergebnisse im Plenum. Machen Sie die TN darauf aufmerksam, dass es sich beim Unterstreichen von Schlüsselwörtern um eine Hörstrategie handelt. Diskutieren Sie im Plenum: *Was könnte der Vorteil dieser Strategie sein? (Schlüsselwörter kommen in Hörtexten wiederholt und meistens schon am Anfang vor, sie werden besonders betont, wodurch man dem Text besser folgen kann und sich auf die wichtigsten Passagen konzentriert.)* Fragen Sie die TN bei Übungen zum Hörverstehen immer wieder: *Welche Strategien wenden Sie an? Welche Hörstrategien kennen Sie noch?* **(Strategie-Überblick → S. 150)**	1 🔊 13	
Gruppen-arbeit Plenum	b)+c) Die TN arbeiten in Kleingruppen, lesen die Zeitungsüberschriften und berichten von weiteren Erkenntnissen, die sie gehört oder gelesen haben. Die interessantesten Erkenntnisse präsentieren sie im Plenum. (z. B. *„Neueste Erkenntnisse haben gezeigt, dass auf unseren Genen persönliche Erfahrungen gespeichert werden, die an unsere Nachkommen übertragen werden können"; „Neue wissenschaftliche Erkenntnisse belegen: Smartphones schädigen Kinder an Geist und Körper"*) **VERTIEFUNG:** Die Gruppen formulieren eine Zeitungsüberschrift für die interessanteste Erkenntnis, die sie gefunden haben, und hängen sie im Kursraum auf. Die anderen TN lesen die Texte und kommentieren diese mit Post-its *(Davon habe ich auch schon gehört. Diese Erkenntnis ist neu für mich. Das kann ich wirklich nicht glauben!).* **(„Kursausstellung" Glossar → S. 145)**	Post-its	
Einzelarbeit	**AB 35/Ü12** Die TN lesen noch weitere Erkenntnisse, stellen Vermutungen darüber an, ob diese richtig oder falsch sind (a) und vergleichen ihre Vermutungen mit den Erklärungen im Lesetext (b); auch als Hausaufgabe geeignet.		

3 Irreale Folgesätze

SOZIALFORM	ABLAUF	MATERIAL	ZEIT
Einzelarbeit Plenum	a) Die TN lesen die Aussagen und markieren die richtigen Antworten. Kontrolle im Plenum. *Lösung: 1 Du bist im Moment sehr angespannt, deshalb kannst du keine richtige Entscheidung treffen. 2 Der Büroalltag ist häufig so stressig, dass man gute Vorsätze wie gesündere Ernährung und mehr Sport nicht so einfach umsetzen kann.*		
Einzelarbeit Plenum	b) Die TN verbinden die Sätze. Kontrolle im Plenum. *Lösung: 2 Nach dem verlorenen Fußballspiel war der Trainer zu wütend, um mit den Journalisten zu sprechen. 3 Die Jugendlichen fanden die Dokumentation zu langweilig, um sich den zweiten Teil noch anzusehen.*		

Einzelarbeit Plenum Plenum	c) Die TN verbinden die Sätze. Kontrolle im Plenum. *Lösung: 2 Kinder im Vorschulalter sind noch zu verspielt, als dass man ihnen trockene Lernaufgaben vorsetzen könnte. 3 Die Ergebnisse der Testreihe waren zu uneinheitlich, als dass man klare Schlussfolgerungen daraus ziehen könnte. 4 Meine Arbeit ist zu anstrengend, als dass ich sie wegen jeder Kleinigkeit unterbrechen könnte.* **FOKUS GRAMMATIK:** Irrealen Folgesätze mit *zu ... als dass* und *um ... zu* verdeutlichen, dass es von einem Sachverhalt (im Hauptsatz) zu viel oder zu wenig gibt – darum kann eine bestimmte Folge nicht eintreffen *(es ist zu kalt, als dass ich schwimmen gehen könnte;* oder: *es ist zu kalt, um schwimmen gehen zu können).* Bei der *um ... zu*-Konstruktion kann *können* auch wegfallen *(es ist zu kalt, um schwimmen zu gehen).* Diese Variante ist die sprechüblichere. Verweisen Sie auch auf die Grammatikübersicht im Kursbuch (→ KB 40/2). **VERTIEFUNG:** Schreiben Sie Sätze mit *so + Adjektiv, dass ...* an die Tafel, die eine Folge ergeben *(Bürolärm ist so störend, dass man nicht konzentriert arbeiten kann).* Schreiben Sie die erlernten Konstruktionen *(zu + Adjektiv, als dass + Konjunktiv II / zu + Adjektiv, um zu)* jeweils ausreichend oft auf Kärtchen. Jeder der TN zieht eines und formuliert den Satz entsprechend um. *Lösungsvorschlag: Bürolärm ist zu störend, als dass man konzentriert arbeiten könnte. Bürolärm ist zu störend, um konzentriert zu arbeiten/arbeiten zu können.*	Kärtchen	
Einzelarbeit	AB 36/Ü13 Wiederholungsübung zu Sätzen mit *so ... dass* oder *sodass*; auch als Hausaufgabe geeignet.		
Einzelarbeit	AB 36/Ü14 Entdeckende Übung zu den irrealen Folgesätzen. Die TN markieren die Unterschiede in jeweils zwei gegenüberstehenden Satzkonstruktionen und ergänzen die Grammatikregel selbst; auch als Hausaufgabe geeignet.		
Einzelarbeit	AB 37/Ü15 Übung zu irrealen Folgesätzen; auch als Hausaufgabe geeignet.		

Ich kann jetzt ...

SOZIALFORM	ABLAUF	MATERIAL	ZEIT
Einzelarbeit	Die TN markieren, was auf sie zutrifft.		
Gruppenarbeit Plenum	Die TN erklären sich in Kleingruppen noch einmal die irrealen Folgesätze. Jede Gruppe formuliert eine kurze Definition der Regel (in eigenen Worten (!) und mit Beispielsätzen). Danach tauschen die Kleingruppen ihre Definitionen aus und ergänzen/korrigieren sich gegenseitig. Besprechen Sie die Regel danach noch einmal gemeinsam im Plenum.		

SPRECHEN

1 Wie intelligent sind Sie?

SOZIALFORM	ABLAUF	MATERIAL	ZEIT
Einzelarbeit Plenum	a) Die TN lösen den Intelligenztest in der vorgegebenen Zeit (drei Minuten), vergleichen ihre Lösungen im Plenum und lesen die Auflösung (AB 95). **TIPP:** Planen Sie ausreichend Zeit ein, die Ergebnisse des Tests im Nachhinein zu erläutern und zu diskutieren. Lassen Sie hierzu einzelne TN, die sich leicht getan haben, den Test zu lösen, die Lösungen erläutern. Stellen Sie sicher, dass alle TN die Lösungen verstanden haben, um niemanden im Kurs auszugrenzen.	Stoppuhr	
Plenum Gruppenarbeit Plenum	b) Fragen Sie: *In welchen Bereichen und wofür werden Intelligenztests durchgeführt?* Halten Sie die Ergebnisse an der Tafel fest. *Lösungsvorschlag: im Bereich Personalwesen, um geeignete Bewerber zu finden; bei Gutachten vor Gericht, um die Zurechnungsfähigkeit von Straftätern zu bestimmen; von Psychologen, um die Patienten besser einzuschätzen; bei Kindern, um ihre geistigen Fähigkeiten festzustellen ...* **VERTIEFUNG:** Die TN lösen in Kleingruppen ein weiteres Rätsel: Ein Mann will in seinem Boot einen Fluss überqueren und dabei **ein Schaf, einen Kohlkopf** und **einen Wolf** zum anderen Ufer transportieren. Er kann leider nur ein Tier/eine Sache alleine befördern, da sein Boot zu klein ist. Außerdem darf das Schaf nicht mit dem Kohlkopf und der Wolf nicht mit dem Schaf alleine bleiben, das Schaf würde sonst den Kohlkopf und der Wolf das Schaf fressen. Was macht der Mann? *Lösung: 1. das Schaf transportieren, 2. alleine zurück, 3. den Wolf transportieren, 3. mit dem Schaf zurück, 4. den Kohlkopf transportieren, 5. alleine zurück, 6. das Schaf transportieren (das Schaf wird also dreimal alleine transportiert!)* Vergleichen Sie die Ergebnisse im Plenum. Fragen Sie: *Haben Sie schon einmal einen Intelligenztest gemacht? Kennen Sie noch weitere Intelligenztests (aus ihrem Heimatland)?*		

2 Eignungstests im Visier

SOZIALFORM	ABLAUF	MATERIAL	ZEIT
Partnerarbeit Plenum	a) Die TN lesen sich den Text und die beiden Stellungnahmen zu zweit abwechselnd laut vor. Anschließend ergänzen sie die Argumente in der Tabelle. Halten Sie die Ergebnisse in einer Tabelle an der Tafel fest. *Lösungsvorschlag:* <u>Argumente FÜR Eignungstests:</u> *Online-Intelligenztests sind heutzutage bei der Jobsuche schon weit verbreitet und haben sich bewährt; Man kann eine grundsätzliche Eignung für einen Tätigkeitsbereich feststellen; Unternehmen erleben keine größeren Enttäuschungen mehr; Auch für Bewerber kann die Rückmeldung von Vorteil sein, ob sie auf eine bestimmte Stelle passen.* <u>Argumente GEGEN Eignungstests:</u> *Sie sagen nichts über Eigenschaften wie Zuverlässigkeit, Empathie oder Motivationsfähigkeit der Bewerber aus.*		

Gruppen-arbeit Plenum	b) Die TN nehmen Stellung zur Idee der SB-Bank, neue Bewerber einen Eignungstest absolvieren zu lassen und wägen die Vorteile und Nachteile ab. Lassen Sie die TN zuerst in Kleingruppen diskutieren, anschließend äußerst jeder TN seinen Standpunkt und begründet diesen. → **dT Spr2** *Lösungsvorschlag:* Vorteile von Eignungstests: *weniger Aufwand für das Unternehmen, weil ungeeignete Bewerber schon früh aussortiert werden; Zeitersparnis: Der Bewerbungsprozess wird abgekürzt; besonders intelligente Mitarbeiter bringen neue Ideen und Verbesserungsvorschläge mit ins Unternehmen;* Nachteile von Eignungstests: *ein Intelligenztest ersetzt kein persönliches Gespräch; das Unternehmen wirkt dadurch unpersönlich; Talente könnten unentdeckt bleiben ...*		

3 Diskussion

SOZIALFORM	ABLAUF	MATERIAL	ZEIT
Einzelarbeit Plenum	a) Die TN ordnen die Redemittel den Kategorien zu. Achtung: Manche Redemittel können in mehrere Kategorien passen, es kommt dabei auf die Sprechabsicht an. Kontrolle im Plenum. *Lösung:* Argumente anführen: *2, 3, 8, 15;* auf ein Argument eingehen: *4, 5, 6, 9, 10, 12, 14;* Einleitung: *1;* Diskussionsführung: *7, 16, 17;* Abschluss: *11, 13* **VERTIEFUNG:** Schreiben Sie die Oberbegriffe *Argumente anführen, auf ein Argument eingehen, Einleitung, Diskussionsführung, Abschluss* an die Tafel. Die TN finden noch weitere Redemittel zu den Kategorien, schreiben sie auf Kärtchen und kleben sie an die Tafel. Lassen Sie die Redemittel während der anschließenden Diskussion gut sichtbar an der Tafel hängen. Verweisen Sie auch auf *Wichtige Redemittel/Kommunikation* im Anhang (AB 92–95).	Kärtchen	
Gruppen-arbeit	b) Bilden Sie Gruppen und führen Sie die Diskussion durch. Achten Sie dabei darauf, dass leistungsstarke und leistungsschwache TN gut verteilt werden. Jede/Jeder TN soll mindestens drei der erlernten Redemittel während der Diskussion einsetzen. **VERTIEFUNG 1:** Die TN entscheiden sich, ob sie Eignungstests überwiegend pro, kontra oder neutral gegenüber eingestellt sind. Die Vertreter einer Richtung versammeln sich in einer Ecke, einigen sich auf die besten Argumente und präsentieren sie den anderen TN. **(„Ecken-Diskussion", Glossar → S. 144)** **VERTIEFUNG 2:** Damit während der Diskussion auch alle TN zu Wort kommen bzw. leistungsstarke TN nicht das Gespräch an sich reißen, können Sie bunte Redekärtchen mit vorgegebener Redezeit einsetzen. **(„Redekarten", Glossar → S. 147)** **TIPP:** Halten Sie sich bei der Diskussion im Hintergrund und geben Sie die Verantwortung an die Diskussionsleitung ab. Notieren Sie sich alles *(Anwendung der Redemittel, Argumentation, Aussprache, Grammatik)*, was Ihnen während der Diskussionsrunde auffällt und nehmen Sie sich anschließend Zeit für eine Feedback-Runde im Plenum.	bunte Kärtchen	
Einzelarbeit	**AB 37/Ü16** Hörverstehensübung zum Thema *Erstwähler* aus einer Diskussionsrunde; auch als Hausaufgabe geeignet.	3 🔊 16–19	
Einzelarbeit	**AB 38/Ü17** Die TN trainieren die Redemittel zur Argumentation und Moderation von Diskussionen; auch als Hausaufgabe geeignet. Die TN können ihre Lösungen anhand der Radiosendung aus Übung 16 selbst kontrollieren.	3 🔊 16–19	

4 Adjektivdeklination nach Artikelwörtern und nach Adjektiven/unbestimmten Zahlwörtern

<table>
<tr><th>SOZIALFORM</th><th>ABLAUF</th><th>MATERIAL</th><th>ZEIT</th></tr>
<tr><td>Einzelarbeit
Plenum</td><td>a) Die TN suchen die Wörter im Text und ergänzen die Endung. Kontrolle im Plenum.
Lösung:
<table>
<tr><th>Artikelwort</th><th>Adjektive / unbestimmte Zahlwörter</th><th>Adjektive</th><th>Nomen</th></tr>
<tr><td>*keine*</td><td></td><td>*größ**eren***</td><td>*Enttäuschungen*</td></tr>
<tr><td>*solche*</td><td></td><td>*standardisiert**en***</td><td>*Tests*</td></tr>
<tr><td>*alle / sämtliche*</td><td></td><td>*neu**en** / interessiert**en***</td><td>*Mitarbeiter / Bewerber*</td></tr>
<tr><td></td><td>*viele*</td><td>*anspruchsvoll**e***</td><td>*Aufgaben*</td></tr>
<tr><td></td><td>*zahlreiche*</td><td>*aufwendig**e***</td><td>*Bewerbungsgespräche*</td></tr>
<tr><td></td><td>*folgende*</td><td>*aktuell**e***</td><td>*Fragestellungen*</td></tr>
<tr><td></td><td>*einige*</td><td>*wichtig**e***</td><td>*Eigenschaften*</td></tr>
<tr><td></td><td>*mehrere*</td><td>*renommiert**e***</td><td>*Unternehmen*</td></tr>
<tr><td></td><td>*verschiedene*</td><td>*intellektuell**e***</td><td>*Bereiche*</td></tr>
</table>
</td><td></td><td></td></tr>
<tr><td>Gruppen-arbeit
Plenum

Plenum</td><td>b) Die TN besprechen in Kleingruppen, nach welchen Wörtern welche Endung kommt. Vergleichen Sie die Ergebnisse im Plenum. Verweisen Sie auch auf die Grammatikübersicht im Kursbuch (→ KB 40/3).
Lösung:
– ***en** nach Artikelwörtern (wie nach dem bestimmten Artikel)*
– ***e** nach unbestimmten Zahlwörtern / Adjektiven (wie nach dem unbestimmten Artikel / Nullartikel)*
VERTIEFUNG: Veranstalten Sie mithilfe der Kopiervorlage (Lektion 3/1 → S. 119) eine „Begriffe-Tauschbörse". Schneiden Sie die Karten aus, jede/jeder TN bekommt eine Karte und möchte ihren/seinen Begriff mit dem einer/eines anderen TN tauschen. Dabei gebraucht sie/er die korrekte Form von Artikelwort/unbestimmtem Zahlwort, Adjektiv und Nomen. Auf der oberen Hälfte der Karte steht der Begriff, den die TN tauschen möchten, unten der Begriff, den sie suchen. Sie formulieren ihr Tauschgesuch nach folgender Struktur:
TN 1: „Ich tausche keine langen Bewerbungsgespräche **(Akkusativ) mit** vielen anspruchsvollen Aufgaben **(Dativ). Wer hat** viele anspruchsvolle Aufgaben **(Akkusativ)?"**
TN 2: „Das sind viele anspruchsvolle Aufgaben **(Nominativ). Ich tausche** viele anspruchsvolle Aufgaben **(Akkusativ) mit …"**
So geht es weiter, bis jede/jeder TN seinen Begriff „getauscht" hat. Notieren Sie als Hilfestellung die fettgedruckten Satzteile und die Kasus an der Tafel.</td><td>

Kopiervorlage Lektion 3/1</td><td></td></tr>
<tr><td>Einzelarbeit</td><td>**AB 39/Ü18** Wiederholungsübung zu den Adjektivendungen anhand eines Lesetexts über Eignungstests; auch als Hausaufgabe geeignet.</td><td></td><td></td></tr>
</table>

Einzelarbeit	**AB 39/Ü19** Entdeckende Übung zur Adjektivdeklination nach Adjektiven und unbestimmten Zahlwörtern. Die TN markieren die Artikelwörter, Zahlwörter und Adjektive farbig im Text (a, b). Anschließend erarbeiten die TN die Regeln (c); auch als Hausaufgabe geeignet.		
Einzelarbeit	**AB 40/Ü20** Festigungsübung zu den Adjektivendungen. Die TN ergänzen die Endungen und schreiben die Sätze neu; auch als Hausaufgabe geeignet.		

Ich kann jetzt ...

SOZIALFORM	ABLAUF	MATERIAL	ZEIT
Einzelarbeit	Die TN markieren, was auf sie zutrifft.		
Partnerarbeit	Die TN diskutieren zu zweit *Pro* und *Kontra* zu einem Thema aus dem Themengebiet *Wissen/Intelligenz* und verwenden dabei die gelernten Redemittel. Die TN erhalten je eine Kopiervorlage und markieren zunächst für sich, welche Themen sie am interessantesten finden. Sie einigen sich dann mit der Lernpartnerin/dem Lernpartner auf ein Thema, das sie diskutieren wollen (Kopiervorlage Lektion 3/2 → S. 120). Geben Sie eine Zeit vor, die Zweiergruppen werden nach Ablauf der Zeit neu zusammengesetzt. Gut geeignet dafür ist die Methode „Kugellager". **(„Kugellager", Glossar → S. 145)**	Kopiervorlage Lektion 3/2 Stoppuhr	

WORTSCHATZ

1 Tierische Intelligenz

SOZIALFORM	ABLAUF	MATERIAL	ZEIT
Gruppen-arbeit	a) Die TN diskutieren in Kleingruppen, welche Eigenschaften sie einem Raben und einem Fuchs zuordnen würden. Sie gehen dabei auch auf die Zeichnung ein: *Wie sind die beiden Tiere dargestellt?* *Lösungsvorschlag:* <u>Rabe:</u> *überheblich, eitel, intelligent, dreist;* <u>Fuchs:</u> *schlau, hinterhältig, durchtrieben* **VERTIEFUNG:** Die TN diskutieren in ihren Kleingruppen: *Was ist eine Fabel?* Sie verfassen eine kurze Definition oder stellen Vermutungen darüber an. Danach lesen sie den Text *Wussten Sie schon?* und vergleichen die Erklärung mit ihren Vermutungen.		
Einzelarbeit Plenum	b) Die TN lesen den Text und finden Adjektive und Nomen, die für die beiden Tiere im Text angewendet werden. Kontrolle im Plenum. *Lösung:* ***Rabe:*** *zufrieden, Ruhe, eitel, Herz, Freude, stolz, naiv, töricht;* ***Fuchs:*** *hungrig, Idee, freundlich, schlau, listig, schnell, überlegen*		
Plenum	c) Klären Sie im Plenum das Wort „Moral" *(aus kultureller und religiöser Erfahrung gebildetes Regel-, Normen- und Wertesystem)* und diskutieren Sie, was die Moral dieser Fabel sein könnte. *Lösungsvorschlag: Man sollte sich vor Eitelkeit in Acht nehmen.*		

Einzelarbeit Plenum	d) Die TN finden die passenden Adjektive im Text. Kontrolle im Plenum. *Lösung:* <u>große geistige Fähigkeiten:</u> *schlau, listig, schnell, überlegen;* <u>geringe geistige Fähigkeiten:</u> *eitel, stolz, naiv, töricht*		
Gruppen- arbeit Plenum	e) Die TN diskutieren in Kleingruppen, welche Fabeltiere sie noch kennen, welche Eigenschaften diese haben und welche Eigenschaften Tieren in anderen Kulturen zugeordnet werden. Vergleichen Sie die Ergebnisse im Plenum. **INTERKULTURELLES:** In multikulturellen Lerngruppen vergleichen die TN Eigenschaften, die den Tieren zugeordnet werden. Welche Tiere kommen in bestimmten Kulturkreisen vor? Werden ihnen die gleichen Eigenschaften zugeschrieben? Welche Moralvorstellungen herrschen in unterschiedlichen Kulturkreisen vor?		
Einzelarbeit Plenum	**AB 41/Ü21** Die TN lesen die Fabel vom Frosch und der Maus und schreiben eine Interpretation; auch als Hausaufgabe geeignet. Vergleichen Sie die Ergebnisse im Plenum.		
Gruppen- arbeit	f) Die TN erzählen sich in Kleingruppen Fabeln, die sie kennen und vergleichen, ob es diese Geschichten auch in ihren Heimatländern so oder so ähnlich gibt.		
Einzelarbeit	**AB 41/Ü22** Die TN hören die Fabel *Die Sonne und der Wind* und beenden die Sätze sinngemäß.	3 🔊 20	
Einzelarbeit	**AB 42/Ü23** Wortschatzübung, in der Adjektive für Charaktereigenschaften zugeordnet werden; auch als Hausaufgabe geeignet.		

Ich kann jetzt ...

SOZIALFORM	ABLAUF	MATERIAL	ZEIT
Einzelarbeit	Die TN markieren, was auf sie zutrifft.		
Partnerarbeit Plenum	Die TN schreiben in Partnerarbeit eine eigene Fabel. Sie einigen sich zunächst im Plenum auf eine gemeinsame Moral für ihre Fabeln (z. B. *Du sollst nicht lügen, Der Fleißige wird belohnt, Diebstahl lohnt sich nicht*). Zwei Protagonisten sollen sich in der Geschichte durch große bzw. geringe geistige Fähigkeiten unterscheiden. Motivieren Sie die TN, so viele der gesammelten Adjektive wie möglich zu verwenden. Die Lernpartnerinnen/Lernpartner präsentieren anschließend ihre Fabeln im Plenum. Die Fabeln werden danach im Kursraum aufgehängt und die TN bekommen Zeit, sich die Texte noch einmal durchzulesen. Jede/Jeder TN bekommt einen Sticker und prämiert die aus ihrer/seiner Sicht beste Fabel (nicht die eigene). Die Fabel mit den meisten Stickern gewinnt. **(„Kursausstellung“, Glossar → S. 145)**	Sticker	

SEHEN UND HÖREN

1 Intelligenzquotient und Verhalten

SOZIALFORM	ABLAUF	MATERIAL	ZEIT
Partnerarbeit Gruppenarbeit Plenum	a) Die TN sehen sich das Bild an und mutmaßen, worum es in der Reportage gehen könnte. Vergleichen Sie die Ergebnisse im Plenum. **VERTIEFUNG:** Die TN arbeiten in Kleingruppen und entwerfen anhand ihrer Vermutungen eine kurze Inhaltsangabe (maximal fünf Sätze) für den Film. *Was könnte passieren?* Weisen Sie die TN daraufhin, dass es sich um einen Kurzfilm handelt. Sie sollen wirklich nicht mehr als fünf Szenen beschreiben. Vergleichen Sie die Ergebnisse im Plenum.		
Plenum Gruppenarbeit	b) Abschnitt 1: Die TN sehen sich den ersten Abschnitt der Reportage an und beantworten die Fragen. *Lösung: 1 besitzen logisches Denkvermögen, können sich schnell auf Ungewohntes einstellen, verfügen über Strategien zur Problemlösung, haben eine gute Merkfähigkeit; 2 Die Zahlen stehen für den Intelligenzquotienten. Wenn der IQ zwischen 85 und 115 liegt, gelten Menschen als „normal intelligent". Der IQ von 100 ist der Durchschnitt.* Abschnitt 2: Die TN sehen den zweiten Abschnitt der Reportage an. Bilden Sie Kleingruppen. Die TN lesen die Fragen und tauschen sich in der Gruppe darüber aus. *Lösung: Ordnung: Weniger intelligente Menschen sind ordentlicher, intelligentere Menschen beherrschen das Chaos; Schlafenszeit: Weniger intelligente Menschen gehen eher früh ins Bett, intelligentere Menschen hingegen eher spät; Sport: Weniger intelligente Menschen trainieren am liebsten im Fitnessstudio, während intelligentere vielseitig sportlich unterwegs sind; Lebens- und Genussmittel: Weniger intelligente Menschen trinken mehr Alkohol und essen mehr Fleisch als intelligentere Menschen. Intelligentere Menschen rauchen auch weniger; Zufriedenheit: Intelligentere Menschen sind zufriedener als weniger intelligente Menschen; Einkommen: Intelligentere Menschen verdienen mehr als weniger intelligente Menschen* Abschnitt 3: Die TN ordnen die Berufe den Protagonisten Tim und Lea zu, bevor sie sich den dritten Abschnitt der Reportage ansehen. Anschließend vergleichen sie ihre Vermutungen im Plenum und sprechen über die im ersten Abschnitt genannten Fähigkeiten, die für die Berufe gebraucht werden. *Lösung: Tim: Taxifahrer, Elektriker, Polizist; Lea: Lehrerin, Anwältin, Krankenschwester* **VERTIEFUNG:** Die TN diskutieren in Kleingruppen, welche weiteren Fähigkeiten man für die genannten Berufsgruppen braucht. Sie können auch die TN nach ihren Berufen fragen und im Kurs diskutieren, ob der Beruf für Tim, für Lea oder für beide geeignet wäre.	8 9 10	

2 Ihre Meinung

SOZIALFORM	ABLAUF	MATERIAL	ZEIT
Einzelarbeit	a) Die TN lesen die drei Thesen und markieren, welche These im letzten Abschnitt der Reportage erwähnt werden könnte. Anschließend schauen sie sich die Reportage nochmal komplett an. *Lösung: Das Risiko, eine schwere Krankheit zu bekommen, ist bei weniger intelligenten Menschen höher; Intelligente Menschen arbeiten weniger hart und leben länger als weniger intelligente Menschen.*	11	
Plenum	b) Die TN tauschen sich darüber aus, ob sie den Thesen in 2a zustimmen oder nicht. Danach berichten sie über Personen, auf die die Thesen (nicht) zutreffen. Dabei finden sich die TN, die einer Meinung sind, in Gruppen wieder. **(„Ecken-Diskussion“, Glossar → S. 144)** **VERTIEFUNG:** Die TN verfassen selbst oder recherchieren im Internet weitere Thesen zum Thema *Arbeit und Intelligenz*. Danach diskutieren sie die weiteren Thesen in Partnerarbeit. **(„Kugellager“, Glossar → S. 145)**		
Einzelarbeit	**AB 42/Ü24** Wortschatzübung zur Reportage „Intelligenz und Verhalten“; auch als Hausaufgabe geeignet.		

Mein Dossier

SOZIALFORM	ABLAUF	MATERIAL	ZEIT
Einzelarbeit Partnerarbeit	**AB 42/Ü25** Die TN ergänzen die Satzanfänge und tauschen sich danach über ihre Meinungen aus.		

Ich kann jetzt ...

SOZIALFORM	ABLAUF	MATERIAL	ZEIT
Einzelarbeit	Die TN markieren, was auf sie zutrifft.		

LERNWORTSCHATZ (Arbeitsbuch → AB 43)

SOZIALFORM	ABLAUF	MATERIAL	ZEIT
Plenum	Stellen Sie den TN die **Karteikarten-Methode** vor: Die TN benötigen einen Karteikasten mit drei Fächern und einen Stapel Karteikarten. Auf die Vorderseite schreiben die TN das neue Wort und ggf. Beispielsätze, auf die Rückseite die Übersetzung in ihrer Muttersprache. Die TN stecken die beschrifteten Kärtchen ins erste Fach. Wenn die TN den neuen Wortschatz wiederholen, nehmen sie sich einfach eine Karte aus dem ersten Fach und übersetzen sich das Wort in ihre Muttersprache (oder andersherum). Haben sie richtig übersetzt, wandert die Karte direkt ins dritte Fach. Ist die Antwort richtig, aber die/der TN brauchte länger, kommt die Karte ins zweite Fach und wird später noch einmal wiederholt. Motivieren Sie die TN, den Karteikasten mit den neuen Wörtern dieser Lektion auszuprobieren. **TIPP:** Auf der Niveaustufe C1 bietet es sich an, die neuen Wörter nicht einfach zu übersetzen, sondern auf der Rückseite der Karteikarten den Begriff mit Synonymen zu umschreiben.	Karteikarten / Karteikasten	

LEKTIONSTEST 1 (Arbeitsbuch → AB 44)

SOZIALFORM	ABLAUF	MATERIAL	ZEIT
Einzelarbeit	Mithilfe des Lektionstests haben die TN die Möglichkeit, ihr neues Wissen in den Bereichen Wortschatz, Grammatik und Redemittel zu überprüfen. Wenn die TN mit einzelnen Bereichen noch Schwierigkeiten haben, können sie gezielt noch einmal einzelne Module wiederholen.		

REFLEXION DER LEKTION

SOZIALFORM	ABLAUF	MATERIAL	ZEIT
Gruppen-arbeit	Die TN arbeiten in Gruppen und bekommen Themen oder Fragen zu Lektion 3. *Beispiel: Was ist eine Fabel? Welches Wissen ist heute gefragt, welches war in der Steinzeit gefragt? Welche Redemittel zur Moderation einer Diskussion gibt es? Was sind die alternativen Umschreibungen von dürfen* und *sollen?* Eine/Ein TN gibt eine Antwort und muss kurz und komprimiert in der Zeit antworten, in der ein Streichholz abbrennt. (**„Flammende Rede", Glossar → S. 144)**	Streichhölzer	

EINSTIEG

Vor dem Öffnen des Buches

SOZIALFORM	ABLAUF	MATERIAL	ZEIT
Partnerarbeit Plenum	Als Einstieg in die neue Lektion arbeiten die TN zu zweit und interviewen sich gegenseitig. Jede/Jeder TN erstellt einen kurzen Steckbrief über die Arbeitsstelle (oder zukünftige Arbeitsstelle) der Lernpartnerin/des Lernpartners (z. B. *Name der Arbeitsstelle, Tätigkeit, Ort, Zeit, wie viele Kollegen*). Anschließend präsentieren die TN anhand des Steckbriefes ihre Lernpartnerinnen/Lernpartner im Plenum. **TIPP:** Achten Sie darauf, dass sich die TN bei ihren Antworten kurz fassen. Die Informationen werden in *Lesen 1* noch einmal aufgegriffen und erweitert *(Erfüllung, Verdienst, Aufgaben, Stimmung, Weg zur Arbeit, Kollegen)*.		
Partnerarbeit Plenum	**AB 45/Ü1** Zur Wiederholung des Wortschatzes zum Lektionsthema lösen die TN zu zweit das Kreuzworträtsel. Kontrolle im Plenum.		

1 Stationen eines Berufslebens

SOZIALFORM	ABLAUF	MATERIAL	ZEIT
Einzelarbeit Plenum Gruppen- arbeit	Die TN stellen Vermutungen an, welchen Beruf die Personen auf dem Foto ausüben. Vergleichen Sie die Ergebnisse im Plenum. *Lösungsvorschlag: Aufgrund des Computers und der sonstigen Hardware ist anzunehmen, dass die Personen im Bereich Technik / Informatik arbeiten.* **VERTIEFUNG 1:** Die TN überlegen sich eine fiktive Biografie für eine Person auf dem Foto und präsentieren ihre Ergebnisse im Plenum. **VERTIEFUNG 2:** Die TN überlegen sich in Kleingruppen einen Beruf und stellen ihn gemeinsam pantomimisch mit einem „lebenden Foto" dar. Wenn der „Auslöser" gedrückt wird, verharren alle in der Pose. Die anderen raten, um was für einen Beruf es sich handelt. **(„Lebendes Foto", Glossar → S. 145)**		

2 Zwei Wörter, ein Satz, ein Text

SOZIALFORM	ABLAUF	MATERIAL	ZEIT
Gruppen- arbeit	a) Die TN arbeiten in Dreiergruppen zusammen, jede/jeder bildet einen Satz mit einem Nomen und einem Verb aus dem Kasten. *Lösungsvorschlag: Es lohnt sich, in einen neuen Beruf erst einmal hineinzuschnuppern; für die Balance zwischen Arbeit und Freizeit sollte man auch mal ausspannen. ...*		
Gruppen- arbeit	b) In einem zweiten Schritt werden alle Sätze der Gruppen eingesammelt und neu an die Gruppen verteilt. Die Gruppe verbindet die Sätze zu einem sinnvollen Text. *Lösungsvorschlag: Nur wenige Menschen empfinden ihren Beruf als Berufung. Vielleicht waren sie nicht gut genug informiert, welche Tätigkeiten der Job umfasst. Darum lohnt es sich, in einen neuen Beruf erst einmal hineinzuschnuppern.*		

Plenum	c) Die TN präsentieren ihre Ergebnisse und wählen die zwei originellsten Texte aus. Alle Texte werden in einer „Kursausstellung“ im Raum aufgehängt. Die TN gehen von Text zu Text, machen sich Notizen und wählen aus. (**„Kursausstellung“, Glossar → S. 145**)		
Einzelarbeit	**AB 45/Ü2** Übung zum neuen Wortschatz; auch als Hausaufgabe geeignet.		

LESEN 1

1 Ein Beruf, der zu mir passt

SOZIALFORM	ABLAUF	MATERIAL	ZEIT
Gruppen-arbeit Plenum	a) Die TN unterhalten sich in Kleingruppen (anhand der Steckbriefe, die schon beim Einstieg in die Lektion erstellt wurden) über ihren derzeitigen Beruf und wie zufrieden sie damit sind. Fragen Sie: *Bedeutet Ihr Beruf für Sie Erfüllung?* Klären Sie ggf. die Bedeutung von „Erfüllung“ *(Befriedigung, vollkommene Zufriedenheit).* **TIPP:** Bei Gruppen mit TN, die noch nicht im Berufsleben stehen, fragen Sie: *Wie stellen Sie sich einen erfüllenden Job im späteren Berufsleben vor?* Oder die TN berichten über die Berufe ihrer Eltern oder Geschwister. **INTERKULTURELLES:** Fragen Sie: *Welche Bedeutung hat Arbeit in Ihrem Heimatland im Vergleich zu den deutschsprachigen Ländern?*		
Gruppen-arbeit	b) In den Kleingruppen diskutieren die TN: *Welche Faktoren betrachten Sie als erfüllend?* Sie beziehen sich dabei auf die Aspekte im Kasten und fügen ggf. auch noch eigene hinzu.		
Partnerarbeit Plenum	c) Die TN sprechen zu zweit über die berufliche Tätigkeit auf dem Foto und darüber, ob sie hauptberuflich oder nebenberuflich ausgeübt wird und begründen ihre Meinung. Anschließend vergleichen die TN ihre Ergebnisse. *Lösungsvorschlag: Das Bild zeigt eine Yoga- oder Meditationslehrerin. Die Beschäftigung kann sowohl in Vollzeit, also hauptberuflich, als auch als Nebenerwerb ausgeübt werden.* **VERTIEFUNG:** Die TN überlegen sich weitere Tätigkeiten. Jeder TN notiert eine Tätigkeit auf ein Kärtchen. Anschließend diskutieren sie im Kreis, ob es sich um eine eher nebenberufliche oder hauptberufliche Tätigkeit handelt. (**„Kugellager“, Glossar → S. 145**)		

2 Die richtige Mischung macht's!

SOZIALFORM	ABLAUF	MATERIAL	ZEIT
Einzelarbeit Plenum	a) Die TN lesen den Text, unterstreichen die Schlüsselwörter und vergleichen diese anschließend im Kurs. **VERTIEFUNG:** Die TN diskutieren vor dem Lesen im Plenum, welche Leseerwartungen sie nur anhand der Überschrift an den Text haben. Halten Sie die Vermutungen an der Tafel fest.		

Partnerarbeit Plenum Einzelarbeit Plenum	b) Die TN schreiben die wichtigsten Aussagen zu jedem Abschnitt in eigenen Worten. Kontrolle im Plenum. *Lösungsvorschlag:* Absatz 2: *Spezialisierte Fachkräfte sind sehr gefragt, aber nicht unbedingt zufrieden;* Absatz 3: *Vielseitig begabte Menschen sollten sich beruflich möglichst breit aufstellen;* Absatz 4: *Trotz festem Job ist es möglich, andere Berufe auszuprobieren;* Absatz 5: *Wer nicht zufrieden mit seinem Job ist, sollte überlegen, was er verändern kann.* **TIPP:** Verdeutlichen Sie den TN, dass „Schlüsselwörter finden" und „Textabschnitte zusammenfassen" Lesestrategien sind. Fragen Sie: *Welche Lesestrategien kennen Sie noch?* **(Strategie-Überblick → S. 149)** **VERTIEFUNG 1:** Die TN schreiben anhand ihrer Schlüsselwörter und den Aussagen zu den Abschnitten eine kurze Textzusammenfassung; auch als Hausaufgabe geeignet. **VERTIEFUNG 2:** Die TN notieren sich nach dem Lesen Quizfragen zum Text. (z. B. *Was sind die meisten Menschen von ihrem Wesen her? Lösung: Generalisten*) Führen Sie danach ein Quiz im Plenum durch. Eine/Ein TN stellt die erste Frage. Wer die richtige Antwort weiß, stellt die nächste Frage. **(„Quiz", Glossar → S. 146)**		
Plenum Gruppen- arbeit	c) Die TN diskutieren im Plenum, ob sie dem Text eher zustimmen oder dessen Aussage eher ablehnen. Lassen Sie die TN bei ihrer Begründung dabei auch anführen, welche Erfahrungen sie selbst gemacht haben. **INTERKULTURELLES:** Diskutieren Sie auch: *Welche Arbeitsformen gibt es in den Heimatländern? Sind Arbeitnehmer eher selbstständig oder festangestellt? Gibt es bei Anstellung zeitliche Befristungen?* **VERTIEFUNG:** Die TN führen in Kleingruppen ein „Schreibgespräch" durch. Das Thema wird in die Mitte eines Plakats geschrieben. Die TN diskutieren schreibend (ohne zu sprechen). Sie schreiben ihre Meinungen auf und reagieren schriftlich aufeinander. Anhand der Aufzeichnungen präsentieren die Gruppen anschließend (mündlich) den Verlauf des „Schreibgespräches" im Plenum. **(„Schreibgespräch", Glossar → S. 147)**		
	d) Lesen Sie zuerst die beschriebene Ausgangssituation gemeinsam im Kurs und versichern Sie sich, dass alle TN die Problematik verstanden haben. Lassen Sie die TN anschließend zu zweit darüber sprechen. Gehen Sie von Lernpaar zu Lernpaar und überprüfen Sie, ob die TN sowohl Vorteile als auch Nachteile anbringen und ihre Entscheidung begründen.		
Einzelarbeit	**AB 46/Ü3** Wortschatzübung zum Thema *Berufswahl*; auch als Hausaufgabe geeignet.		

3 *Es* als nicht-obligatorisches Satzelement

SOZIALFORM	ABLAUF	MATERIAL	ZEIT
Einzelarbeit Plenum	a) Die TN vergleichen die Sätze in den Spalten 1 und 2 und unterstreichen jeweils die Nebensätze. Sie beschreiben die Veränderungen in der Satzstellung. Fragen Sie: *Warum wird in Spalte 2 das Pronomen „es“ benötigt?* *Lösung: Ob Menschen ...; Gleich zu kündigen, ...* **FOKUS GRAMMATIK:** Das Pronomen „es“ ersetzt in Beispielsatz 3 als nicht-obligatorisches Satzelement den Infinitivsatz *(Gleich zu kündigen)* und in Beispielsatz 2 den indirekten Fragesatz *(Ob Menschen ...)*. Auch bei dass-Sätzen *(Es ist wunderbar, dass du kommst. → Dass du kommst, ist wunderbar.)* ist das Pronomen „es“ nicht obligatorisch. In all diesen nicht-obligatorischen Sätzen (ohne „es“) wird der Infinitiv- oder Nebensatz vorangestellt. Schreiben Sie weitere Beispielsätze an die Tafel *(Es ist heutzutage möglich, unsere Arbeit unserem Leben anzupassen. → Unsere Arbeit unserem Leben anzupassen, ist heutzutage möglich. / Es ist aber nicht sicher, ob das immer machbar ist. → Ob das immer machbar ist, ist nicht sicher. / Es ist aber wichtig, dass wir diese Chance nutzen. → Dass wir diese Chance nutzen, ist wichtig.)*. Verweisen Sie auch auf die Grammatikübersicht im Kursbuch (→ KB 52/1a). „Es“ als obligatorisches Satzelement wird in dieser Lektion in *Lesen 2* behandelt.		
Einzelarbeit Plenum	b) Die TN schreiben die Sätze ohne „es“. Kontrolle im Plenum. *Lösung: 1 Dass sich so viele Möglichkeiten bieten, ist wunderbar. 2 Im Leben mehrmals den Job zu wechseln, ist normal. 3 Sein Leben lang einen ungeliebten Job auszuüben, macht keinen Sinn.*		
Einzelarbeit	**AB 46/Ü4** Die TN markieren alle Sätze, in denen „es“ nicht-obligatorisch ist (a) und schreiben die Sätze neu ohne „es“ (b). **TIPP:** In allen anderen Sätzen ist „es“ obligatorisch, die TN können hier schon selbst versuchen, eine Regel zu erkennen; näher behandelt wird „es“ als obligatorisches Satzelement in *Lesen* 2; auch als Hausaufgabe geeignet.		
Einzelarbeit	**AB 47/Ü5** Die TN markieren, worauf „es“ als nicht-obligatorisches Satzelement verweist (a), anschließend schreiben sie die Sätze ohne „es“ (b); auch als Hausaufgabe geeignet.		
Einzelarbeit	**AB 47/Ü6** Die TN schreiben die Sätze mit oder ohne „es“; auch als Hausaufgabe geeignet.		

Ich kann jetzt ...

SOZIALFORM	ABLAUF	MATERIAL	ZEIT
Einzelarbeit	Die TN markieren, was auf sie zutrifft.		
Gruppen- arbeit	**VERTIEFUNG:** Die TN setzten sich in Kleingruppen zusammen. Jede/Jeder schreibt einen Infinitiv-, dass- oder indirekten Fragesatz ohne „es“ zum Thema der Einheit auf ein Kärtchen. (z. B. *Ihre Arbeit selbst zu gestalten, ist Katja sehr wichtig.*) Die/Der erste TN liest ihren/seinen Satz vor, die/der nächste wiederholt den Satz mit „es“. *(Katja ist es sehr wichtig, ihre Arbeit selbst zu gestalten.)* So geht es reihum.	Kärtchen	

SPRECHEN

1 Gute Arbeitgeber

SOZIALFORM	ABLAUF	MATERIAL	ZEIT
Gruppen-arbeit	a) Die TN bilden Gruppen und sehen sich die Fotos gemeinsam an. Sie äußern zunächst, wo sie persönlich lieber arbeiten würden und warum.		
Plenum	b) Die TN sprechen im Kreis, welche Vorteile Kleinunternehmen bzw. Großkonzerne haben. Hierzu eignet sich die Methode Kugellager (**„Kugellager", Glossar → S. 145**). Machen Sie jeweils kurze und schnelle Runden, sodass die TN spontan ihre Gedanken äußern können. Sammeln Sie zum Schluss alle gefundenen Argumente der TN im Plenum und vergleichen Sie. *Lösung: Kleines Unternehmen: viel Verantwortung, großes Aufgabenspektrum, familiäre Arbeitsatmosphäre; Großes Unternehmen (Konzern): Gehalt und Zulagen, Entwicklungsmöglichkeiten / Karriere* **VERTIEFUNG:** Schreiben Sie firmenbezogene Begriffe an die Tafel, die für Arbeitgeber wichtig sind z. B. *Betriebsklima, Umgangston, Mitspracherecht, Honorierung von Leistungen, Arbeitszeit, Vertragssituation, Spaßfaktor, Homeoffice* etc. Bilden Sie Zweiergruppen. Die TN erklären sich die Begriffe in eigenen Worten und geben Beispiele. Vergleichen Sie die Ergebnisse im Plenum. Die Übung dient als Vorbereitung auf Aufgabe 2. **TIPP:** Achten Sie gerade bei sprachlich homogenen Gruppen darauf, dass die TN neue Wörter nicht zu schnell in die Muttersprache übersetzen. Motivieren Sie die TN dazu, zunächst Synonyme auf Deutsch zu finden, bevor sie im Wörterbuch nachschauen. Weitere Tipps zur Wortschatzarbeit gibt es jeweils am Ende der Lektion in diesem Lehrerhandbuch.		

2 Eine Mitarbeiterbefragung

SOZIALFORM	ABLAUF	MATERIAL	ZEIT
Partnerarbeit	a) Die TN lesen zunächst die Redemittel und wählen dann zu zweit eine der genannten Kategorien und formulieren dazu drei Fragen. *Lösungsvorschlag: Betriebsklima: Wie verstehen sich die Mitarbeiter/Vorgesetzten untereinander? Was kann das Betriebsklima verbessern? Ist die Arbeitsumgebung wichtig für ein gutes Betriebsklima?; Umgangston: Wie ist die Art und Weise, wie die Kollegen miteinander sprechen? Herrscht im Unternehmen ein lockerer Umgangston? Wie ist der Umgangston der Vorgesetzten den Mitarbeitern gegenüber? Mitspracherecht: Können die Mitarbeiter bei wichtigen Fragen zur Firmenentwicklung mitentscheiden? Haben die Mitarbeiter ein Mitspracherecht bei z. B. Teambildung?; Honorierung von Leistungen: Ist die Bezahlung angemessen (zur Position/zur erbrachten Leistung)? Ist die Bezahlung gerecht (männlich / weibliche Arbeitnehmer mit vergleichbaren Ausbildungen)? Bekommen die Mitarbeiter einen Bonus für besonderes Engagement? Gibt es Sonderzahlungen (Urlaubsgeld/Weihnachtsgeld)? Werden Mitarbeiter am Gewinn des Unternehmens beteiligt?; Arbeitszeit: Wann ist der Arbeitsbeginn, wann ist Arbeitsende? Gibt es flexible Arbeitszeitmodelle? Ist Teilzeit möglich? Ist die Arbeitszeit mit der Familie vereinbar?; Spaßfaktor: Was bereitet bei der Arbeit Freude?*		

	Mache ich meine Arbeit gerne?; Vertragssituation: Mit welchen Konditionen sind die Mitarbeiter angestellt? Gibt es befristete Arbeitsverträge? Werden Mitarbeiter nach Ablauf der befristeten Verträge übernommen?; Homeoffice: Gibt es für Mitarbeiter die Möglichkeit, im Homeoffice zu arbeiten?		
Partnerarbeit	b) Bauen Sie im Kursraum so viele Stationen auf, dass jede Zweiergruppe ein Unternehmen repräsentiert. Eine Partnerin/Ein Partner bleibt an die/der Station, der andere geht von Unternehmen zu Unternehmen und beantwortet die Fragen. Anschließend wird gewechselt.		
Plenum Gruppenarbeit Einzelarbeit	c) Die Ergebnisse der Umfrage werden im Plenum zusammengetragen. **VERTIEFUNG 1:** Bilden Sie Vierergruppen. Die TN entscheiden sich in der Gruppe für eine Unternehmensform und diskutieren über Maßnahmen, die ihr Unternehmen attraktiv für die Mitarbeitenden macht. Anschließend gestalten die vier Lernpartnerinnen/Lernpartner zusammen ein Plakat, das sie wie in der Abbildung unten aufteilen. Jede/Jeder TN bekommt eine Ecke, in die sie/er ihre/seine Maßnahmen notiert, durch die das Unternehmen attraktiv für neue Mitarbeiter wird. In der Mitte sammelt die Gruppe anschließend die besten Ideen. **(„Placemat", Glossar → S. 146)**  **INTERKULTURELLES:** Fragen Sie bei multikulturellen Lerngruppen: *Welche Unternehmensform ist in Ihren Heimatländern vorwiegend vorhanden?* **VERTIEFUNG 2:** Die TN recherchieren Stellenanzeigen im Internet oder in deutschen Tageszeitungen. Wie stellt sich das Unternehmen dar? Welche Unternehmensform kommt am häufigsten vor? Auch als Hausaufgabe geeignet.	Plakate	
Einzelarbeit	**AB 48/Ü7** Die TN lesen einen Praktikumsbericht und ergänzen den neuen Wortschatz; auch als Hausaufgabe geeignet.		
Einzelarbeit	**AB 48/Ü8** Die TN ergänzen in einem Zeitungsbericht über mittelständische Unternehmen die Redemittel aus dem Kursbuch (→ KB 44); auch als Hausaufgabe geeignet.		

Ich kann jetzt ...

SOZIALFORM	ABLAUF	MATERIAL	ZEIT
Einzelarbeit	Die TN markieren, was auf sie zutrifft.		
Partnerarbeit Plenum	**VERTIEFUNG:** Die TN entwerfen zu zweit eine Stellenanzeige für eine fiktive Firma, in der sie diese anpreisen. Die Stellenanzeigen werden anschließend im Kursraum ausgehängt. Die anderen TN entscheiden sich für einen Arbeitgeber, bei dem sie gern arbeiten würden.		

HÖREN

1 Arbeitnehmer mit Migrationshintergrund

SOZIALFORM	ABLAUF	MATERIAL	ZEIT
Gruppenarbeit Plenum	a) Die TN schauen sich in Kleingruppen die Fotos an und stellen Vermutungen über die Berufe der Personen an. Kontrolle im Plenum. *Lösungsvorschlag:* Foto A: *Die Person arbeitet vielleicht als Bibliothekar in einer Bücherei, als Wissenschaftler oder als Journalist;* Foto B: *Die Person arbeitet vermutlich als Haushaltshilfe in einem Privathaushalt;* Foto C: *Die Person arbeitet vielleicht als Elektriker/Techniker oder Hausmeister in einem Unternehmen*		
Einzelarbeit Gruppenarbeit	**VERTIEFUNG 1:** Als Vertiefung (oder als Hausaufgabe) beantworten die TN die Frage: *Was fühlen / riechen / sehen / hören die Personen auf den Fotos?* **(„Mit allen Sinnen", Glossar → S. 146)** **VERTIEFUNG 2:** Die TN arbeiten in Kleingruppen zusammen und spielen „Scharade" zum Thema *Berufe*. Jeder TN schreibt mindestens fünf Berufe auf je ein Kärtchen. Motivieren Sie die TN, möglichst ausgefallene und schwierige Berufe zu notieren. Die Kärtchen werden gemischt. Die TN decken nacheinander ein Kärtchen auf und erklären den Beruf. Dazu würfeln sie: 1–2: Pantomime (die TN erklären den Beruf pantomimisch); 3–4: Sprechen (die TN erklären den Beruf, ohne das Wort zu nennen); 5–6: Zeichnen (die TN zeichnen den Beruf, ohne Buchstaben oder Zahlen zu verwenden) **(„Scharade", Glossar → S. 147)**		
Plenum Einzelarbeit	b) Die TN diskutieren: *Welche Erfahrungen machen Arbeitnehmerinnen und Arbeitnehmer mit Migrationshintergrund wohl auf dem deutschsprachigen Arbeitsmarkt? Hat jemand schon Erfahrungen bei der Jobsuche im deutschsprachigen Raum gemacht? Welche Jobs finden Sie am ehesten? Welche Gründe könnte das haben?* Halten Sie die Ergebnisse an der Tafel fest. Anschließend lesen TN lesen den Text *Wussten Sie schon?* über Minijobs. Diskutieren Sie im Plenum: *Was halten Sie von solchen Minijobs? Was könnte der Grund für die Einführung von Minijobs gewesen sein? Was für Vor- und Nachteile haben Minijobs? Gibt es vergleichbare Modelle in Ihren Heimatländern?* **VERTIEFUNG:** Die TN recherchieren im Internet, welche Voraussetzungen Arbeitnehmer und Arbeitgeber erfüllen müssen, um einen Minijob aufnehmen bzw. anbieten zu können und präsentieren ihre Ergebnisse anschließend im Plenum. Gut geeignet hierfür sind die Webseiten der Arbeitsagentur oder der Minijobzentrale.		
Einzelarbeit	**AB 49/Ü9** Wortschatzübung zum Thema *Volontariat*; auch als Hausaufgabe geeignet. **→ G C1, Les3; t C1, Spra**		
Einzelarbeit	**AB 49/Ü10** Höraufgabe zu *Wussten Sie schon?* Die TN hören den Anruf bei der Minijobzentrale und markieren die richtigen Antworten; auch als Hausaufgabe geeignet. **→ G C1, Hör2; t C1, Hör2**	3 🔊 21	

2 Erfahrungsberichte

SOZIALFORM	ABLAUF	MATERIAL	ZEIT
Einzelarbeit Plenum	Die TN lesen zuerst die Aussagen (a-g) und markieren Schlüsselwörter. Anschließend hören sie die Meinungen der Personen und ordnen die Aussagen den Personen (1–5) zu. Kontrolle im Plenum. **→ t C1, Hör1** *Lösung: 1g, 2d, 3b, 4c, 5f (Keine Lösung: a und e)*	1 🔈 14–18	
Plenum	**VERTIEFUNG 1:** Fragen Sie die TN vor dem Hören: *Mit welcher Hörstrategie gehen Sie an diese Aufgabe heran? Welche Hörstrategien kennen die TN schon?* **(Strategie-Überblick → S. 150)** *Lösungsvorschlag: Die TN hören selektiv und konzentrieren sich auf bestimmte Schlüsselwörter zu den gelesenen Aussagen.* **VERTIEFUNG 2:** In berufsvorbereitenden Deutschkursen oder mit TN, die schon im deutschsprachigen Raum arbeiten, können Sie eine Umfrage im Kurs über die Arbeitserfahrung der TN starten.		
Einzelarbeit	**AB 50/Ü11** Leseübung zum Thema *Bewerbertraining*; auch als Hausaufgabe geeignet. **→ G C1, Les1**		

3 Meine Berufserfahrung

SOZIALFORM	ABLAUF	MATERIAL	ZEIT
Plenum	a) Die TN berichten im Kurs knapp über ihre beruflichen Erfahrungen in deutschsprachigen Ländern, indem sie einen kleinen Einblick in ihren Arbeitsalltag geben. Achten Sie darauf, dass die TN nur einen Einblick geben und dass alle TN berichten. Dazu können Sie die Methode Blitzlicht anwenden. **(„Blitzlicht", Glossar → S. 144)** **TIPP:** Bei TN, die bisher keine Erfahrungen in deutschsprachigen Ländern oder noch keine Berufserfahrung haben, können diese ihre Erwartungen, Wünsche und Pläne äußern.		
Partnerarbeit Plenum	b) Bilden Sie Zweiergruppen. Die Lernpartnerinnen/Lernpartner tauschen sich darüber aus, welche der in Aufgabe 2 erwähnten Aspekte auch in ihrem Berufsleben eine Rolle spielen. Anschließend präsentieren die TN die Aspekte ihrer Lernpartnerin/ihres Lernpartners dem Plenum. Aber anstatt den Namen oder den Personalpronomen (sie/er) zu nennen, sagen die TN das Wort „ZONK". Die anderen TN raten anschließend, um wen es sich bei ZONK handelt. **(„ZONK", Glossar → S. 148)** **TIPP:** Mischen Sie die Lerngruppe gut, damit sich die TN später nicht daran erinnern, wer mit wem zusammengearbeitet hat.		
Einzelarbeit	**AB 51/Ü12** Übung zum Schreiben einer E-Mail mit Anekdoten aus der eigenen beruflichen Laufbahn; auch als Hausaufgabe geeignet.		

Ich kann jetzt ...

SOZIALFORM	ABLAUF	MATERIAL	ZEIT
Einzelarbeit	Die TN markieren, was auf sie zutrifft.		

Gruppen-arbeit Plenum	**VERTIEFUNG:** Die TN recherchieren im Internet: *Welche Voraussetzungen und Vorgaben gibt es für Arbeitskräfte mit Migrationshintergrund im deutschsprachigen Raum? Was ist die erste Anlaufstelle für diese Arbeitnehmer und Arbeitnehmerinnen? Welche Zeugnisse werden anerkannt? Welche Arbeitsvisa gibt es?* Die TN präsentieren ihre Ergebnisse im Plenum.		

WORTSCHATZ

1 Beruflicher Status und Verdienst

SOZIALFORM	ABLAUF	MATERIAL	ZEIT
Gruppen-arbeit Plenum	a) Die TN diskutieren in Kleingruppen, welchen beruflichen Status die Leute haben und ordnen die Begriffe zu. Kontrolle im Plenum. *Lösung: A Angestellte, B Freiberufler, C Aushilfe*		
Gruppen-arbeit Plenum	b) Die TN ordnen das Arbeitsentgelt zu. Kontrolle im Plenum *Lösung:* *A Gehalt, C Stundenlohn*		
Gruppen-arbeit Plenum	c) Die TN sprechen darüber, welche der drei Bezahlungen monatlich, fest und regelmäßig ist. Kontrolle im Plenum. *Lösung: Das Gehalt ist monatlich, fest und regelmäßig. Honorar und Stundenlohn sind es nicht.* **VERTIEFUNG:** Führen Sie eine Gruppenumfrage durch: *In welchem beruflichen Status haben Sie schon gearbeitet, welches Entgelt und welche Art der Bezahlung haben Sie erhalten? Wer hat schon einmal Honorar, Gehalt und Stundenlohn erhalten?* Fragen Sie die TN nach ihren Vermutungen: *Welcher Berufsstatus ist in Deutschland am weitesten verbreitet?* *Lösung: In Deutschland arbeiteten 2018 90 % der Menschen in einem Angestelltenverhältnis, rund 5 % waren als Selbstständige tätig.*		

2 Lohn- und Gehaltsabrechnung

SOZIALFORM	ABLAUF	MATERIAL	ZEIT
Einzelarbeit Plenum Gruppen-arbeit Plenum	Die TN sehen sich die Lohn- und Gehaltsabrechnung an und beantworten, wie hoch die Abzüge insgesamt sind (1), aus welchen Posten sie sich zusammensetzen (2) und wie viel Prozent des Bruttoeinkommens am Ende übrig bleibt (3). Kontrolle im Plenum. *Lösung: 1 Die Abzüge betragen: 987,66 Euro; 2 Die Abzüge setzen sich aus folgenden Posten zusammen: Lohnsteuer, Kirchensteuer, Solidaritätszuschlag, Krankenversicherung, Rentenversicherung, Arbeitslosenversicherung, Pflegeversicherung; 3 ca. 65 %* **VERTIEFUNG:** Die TN arbeiten in Kleingruppen und versuchen, eine Definition für die Abzüge (aus Frage 2) zu finden und ggf. Vermutungen anzustellen. *Was wird mit den Abgaben finanziert?* Anschließend bearbeiten sie Aufgabe 3 zum Thema *Abgaben* und vergleichen ihre Ergebnisse im Plenum.		

3 Abgaben

SOZIALFORM	ABLAUF	MATERIAL	ZEIT
Einzelarbeit Plenum	a) Die TN ordnen die Begriffe den Definitionen zu. Kontrolle im Plenum. *Lösung: 2C, 3E, 4F, 5D, 6A* **VERTIEFUNG:** Die TN vergleichen die Ergebnisse mit ihren Vermutungen in Aufgabe 2.		
Einzelarbeit	**AB 51/Ü13** Wortschatzübung zum Thema *Steuern, Versicherungen und Zuschläge*. Die TN ergänzen die Verben und vervollständigen die richtige Abgabe. Dabei achten sie auf die Fugenelemente; auch als Hausaufgabe geeignet.		
Einzelarbeit	**AB 52/Ü14** Hörverstehen zum Thema *Gehaltszettel*. Die TN hören die Unterhaltung und markieren die richtigen Nomen; auch als Hausaufgabe geeignet.	3 🔊 22	
Plenum	b) Diskutieren Sie mit den TN: *Welche Abgaben gibt es auch in anderen Ländern? Welche nicht?* Fragen Sie die TN, ob es in ihren Heimatländern Abgaben gibt, die hier nicht erwähnt sind.		

4 Mehr Netto vom Brutto

SOZIALFORM	ABLAUF	MATERIAL	ZEIT
Gruppen-arbeit Plenum	a) Die TN diskutieren in Kleingruppen, um welche Leistungen eines Arbeitgebers es geht und präsentieren ihre Ergebnisse im Plenum. *Lösungsvorschlag: <u>links:</u> Kinderbetreuung während der Arbeitszeit (Betriebskindergarten); <u>rechts:</u> Moderner Arbeitsplatz / Openspace-Büros* **VERTIEFUNG:** Die TN sammeln in den Kleingruppen weitere Leistungen, die ein Arbeitgeber anbieten könnte (z. B. *Kantinenessen, Sportkurse, Weiterbildungen*). Fragen Sie: *Welche Leistungen haben Sie selbst schon erhalten?* Halten Sie die Ergebnisse an der Tafel fest.		
Einzelarbeit Plenum Plenum	b) Die TN lesen die beiden Texte und ergänzen die Verben in der richtigen Form. Kontrolle im Plenum. *Lösung: <u>Text 1:</u> 1 bezeichnet, 2 abgezogen, 3 angegeben, 5 bedeutet, 6 steht, 7 bleibt <u>Text 2:</u> 1 binden, 2 angeboten, 4 eröffnen, 5 erhält, 6 sind ... willkommen, 7 gehören, 8 übrig bleibt* **TIPP:** Die TN lesen den Lerntipp. Fragen Sie: *Welche Strategien kennen Sie noch, um sich Wörter einzuprägen?*		
Einzelarbeit	**AB 52/Ü15** Übung zum Wortschatz; auch als Hausaufgabe geeignet.		

Ich kann jetzt ...

SOZIALFORM	ABLAUF	MATERIAL	ZEIT
Einzelarbeit	Die TN markieren, was auf sie zutrifft.		
Plenum	**VERTIEFUNG:** Überprüfen Sie den Lernwortschatz dieser Einheit mit der Methode „Sonnenaufgang“. Die TN bilden zwei Gruppen und nennen Buchstaben. Jeder richtig genannte Buchstabe wird zu einem weiteren Strahl der Sonne. **(„Sonnenaufgang“, Glossar → S. 147)**		

LESEN 2

1 Die lieben Kollegen

SOZIALFORM	ABLAUF	MATERIAL	ZEIT
Gruppen-arbeit Plenum	Die TN diskutieren in Kleingruppen, welcher Kollegentyp jeweils dargestellt ist und berichten, ob sie schon einmal mit einem dieser Kollegen-Typen zusammengearbeitet haben. Sie beschreiben diesen Kollegen. Kennen die TN noch weitere Typen? (z. B. *den Faulen, den Hilfsbereiten*) Vergleichen Sie die Ergebnisse im Plenum. *Lösungsvorschlag: Links: Der stämmige Mann mit dem roten Kopf könnte ein Choleriker sein. Einer, der bei jeder Kleinigkeit in die Luft geht; Mitte: Die blonde Frau könnte eine Quasselstrippe sein. Eine, die mehr redet als arbeitet. Rechts: Der Mann mit Sonnenbrille könnte ein Hochstapler sein. Einer, der sich wichtig macht.*		

2 Wer spricht?

SOZIALFORM	ABLAUF	MATERIAL	ZEIT
Einzelarbeit Plenum Plenum	a) Die TN lesen die Charakterisierung und ordnen sie den Beschreibungen zu. Kontrolle im Plenum. Machen Sie den TN deutlich, dass die verschiedenen Typen nicht statisch sind. Die *Büromama* kann auch gleichzeitig eine *Quasselstrippe* sein, der *Streber* gleichzeitig ein *Hochstapler*. *Lösung: (von oben nach unten) E, F, D, C, B* **VERTIEFUNG:** Die TN spielen das Rollenspiel mithilfe der Kopiervorlage. Schneiden Sie die sechs Rollenanweisungen aus. Suchen Sie sechs „Freiwillige“ im Kurs. Sie bekommen eine Rollenkarte, die festlegt, was sie/er für ein Kollegentyp ist, und was ihre/seine Aufgabe ist. Die sechs TN spielen die Situation „Sechs Kolleginnen und Kollegen treffen sich mittags in der Kantine“ den anderen im Plenum vor. Geben Sie eine bestimmte Zeit vor. Die anderen TN, die nicht mitspielen, machen sich Notizen und geben anschließend Feedback: *Wer hat welchen Kollegentyp gespielt? Wer hat am besten geschauspielert? Wer hat am überzeugendsten sein Anliegen vorgebracht?* (Kopiervorlage Lektion 4/1 → S. 121)	 Kopiervorlage Lektion 4/1	
Gruppen-arbeit Plenum	b) Die TN diskutieren in Kleingruppen, wie man mit bestimmten Kollegen auskommt und geben sich Ratschläge. Vergleichen Sie die Ergebnisse im Plenum. *Lösungsvorschlag: Wenn ein Kollege schreit, sollte man Ruhe bewahren. Einer Quasselstrippe würde ich deutlich machen, dass ich mich konzentrieren muss. Der Büromama sollte man nicht zu viel Aufmerksamkeit schenken ...*		
Einzelarbeit	**AB 52/Ü16** Wortschatzübung zum Thema *Kollegentypen*; auch als Hausaufgabe geeignet.		

3 *Es* als obligatorisches Satzelement

SOZIALFORM	ABLAUF	MATERIAL	ZEIT
Einzelarbeit Plenum	a) Die TN markieren, was „es“ in den Beispielsätzen ersetzt. Kontrolle im Plenum *Lösung: 2 Nomen, 3 Adjektiv*		
Einzelarbeit Plenum	b) Die TN notieren die feste Verbindung, die „es“ mit Verben oder Adjektiven eingeht, im Infinitiv. Kontrolle im Plenum. *Lösung: 2 es eilig haben, 3 es weit bringen, 4 es nicht leicht haben*		
Einzelarbeit Plenum	c) Die TN markieren die Sätze, in denen „es“ fehlt. Kontrolle im Plenum. *Lösung: 3, 5*		
Einzelarbeit Plenum	d) Die TN schreiben die falschen Sätze aus c) neu. Kontrolle im Plenum. *Lösung: 3 Es kann schwierig sein, mit solchen Menschen zurechtzukommen. 5 Bei manchen handelt es sich um echte Problemfälle.* **FOKUS GRAMMATIK:** „Es“ als obligatorisches Satzelement kann als Pronomen vorkommen und ein Nomen, Adjektiv oder einen ganzen Satzteil ersetzen. „Es“ kann auch als unpersönliches Subjekt vorkommen und wird verwendet beim Wetter *(es regnet)*, bei Zeitangaben *(es ist neun Uhr)*, im Zusammenhang mit persönlichem Befinden *(es geht mir gut)*, bei Sinneseindrücken *(es schmeckt nicht)*, Geräuschen *(es klingelt)* oder bei Aussagen über ein Thema *(es geht um ...)*. „Es“ als unpersönliches Objekt wird bei festen Ausdrücken *(er hat es eilig)* verwendet. In all diesen Fällen ist „es“ obligatorisch im Gegensatz zu „es“ als nicht-obligatorisches Satzelement (siehe *Lesen 1*). Verweisen Sie auch auf die Grammatikübersicht im Kursbuch (→ KB 52/1b). **VERTIEFUNG:** Schreiben Sie die einzelnen Wörter eines Satzes, der „es“ als obligatorisches Satzelement beinhaltet, auf Kärtchen. Alle Wörter schreiben Sie auf weiße Kärtchen, nur „es“ auf ein farbiges Kärtchen. Verteilen Sie die Kärtchen an genauso viele TN wie es Kärtchen gibt. Die TN mit den Wörtern auf weißen Kärtchen verteilen sich im Raum. Die/Der TN mit „es“ sucht sich nun die passenden TN, mit denen sie/er einen sinnvollen Satz bilden kann. *An welcher Stelle steht „es“?* Anschließend präsentieren alle TN ihren Satz, indem sie sich nebeneinander in der richtigen Reihenfolge des Satzes aufstellen und ihren Satz laut vorlesen.	weiße und farbige Kärtchen	
Einzelarbeit	**AB 53/Ü17** Wiederholungsübung für „es“ als obligatorisches Satzelement, das ein Nomen ersetzt; auch als Hausaufgabe geeignet.		
Einzelarbeit	**AB 53/Ü18** Übung zum Selbstentdecken der Grammatik. Die TN erkennen „es“ als obligatorisches Satzelement, finden sein Bezugswort (a) und die richtige Regel (b). Sie formulieren Sätze um (c) und schreiben die festen Verbindungen mit „es“ heraus (d).		
Einzelarbeit	**AB 54/Ü19** Übung zur Bedeutung von Ausdrücken mit „es“; auch als Hausaufgabe geeignet.		
Einzelarbeit	**AB 54/Ü20** Übung zum richtigen Ergänzen von „es“ und Schreiben eigener Sätze; auch als Hausaufgabe geeignet.		

Ich kann jetzt ...

SOZIALFORM	ABLAUF	MATERIAL	ZEIT
Einzelarbeit	Die TN markieren, was auf sie zutrifft.		

SCHREIBEN

1 Interne Kommunikation

SOZIALFORM	ABLAUF	MATERIAL	ZEIT
Einzelarbeit Plenum Partnerarbeit	Die TN lesen die beiden E-Mails und ergänzen die Lücken in der zweiten Mail. Kontrolle im Plenum. **→ G C1, Schr2** *Lösung: 2 berichtet, 3 bemühen, 4 versendet, 5 Vorschlag, 6 tätig, 7 Einarbeitung, 8 einverstanden, 9 Kontakt, 10 freundlichen* **VERTIEFUNG:** Die TN arbeiten zu zweit und schreiben jeweils als Herr Meier eine Antwort, bedanken sich für die Informationen und erkundigen sich noch einmal nach Details. Danach können die Zweiergruppen ihre Mails austauschen und wiederum eine Antwort formulieren; auch als Hausaufgabe geeignet.		
Einzelarbeit	**AB 55/Ü21** Hörverstehen zu Anredeformen in E-Mails; auch als Hausaufgabe geeignet.	3 🔊 23	
Einzelarbeit	**AB 55/Ü22** Übung zu den Regeln für geschäftliche E-Mails; auch als Hausaufgabe geeignet.		

2 Wortbildung: Graduierung von Adjektiven

SOZIALFORM	ABLAUF	MATERIAL	ZEIT
Einzelarbeit Plenum	a) Die TN lesen die Mail von Gloria erneut und unterstreichen die graduierten Wortteile in den Adjektiven. Zudem markieren die TN, welche der Adjektive besonders positiv sind. Kontrolle im Plenum. *Lösung: riesengroß (positiv), superschnell (positiv), top eingearbeitet (positiv), sündteuer, megadringend* **VERIEFUNG:** Die TN suchen noch weitere Kennzeichen für einen umgangssprachlichen Sprachstil in Glorias Mail. Vergleichen Sie die Ergebnisse im Plenum.		
Einzelarbeit Plenum Gruppen-arbeit	b) Die TN streichen die Adjektive durch, die nicht verstärkt sind. Verweisen Sie auch auf die Grammatikübersicht im Kursbuch (→ KB 52/2). Kontrolle im Plenum. *Lösung: langfristig, vollbeschäftigt, termingerecht (eigenständige Adjektive).* **VERTIEFUNG:** Die TN spielen in Kleingruppen ein Würfelspiel (Kopiervorlage Lektion 4/2 → S. 122). Alle Spielsteine beginnen bei „Start". Durch Würfeln gelangt die/der erste TN auf ein Nomen und bildet zusammen mit einem Adjektiv und einer Graduierung einen sinnvollen Satz. *(Augenzahl 1 – Nomen: „Reifen" – „Mein Auto hat superbreite Reifen.")* Die anderen TN korrigieren: Ist der Satz korrekt, bleibt die/der TN stehen, ist der Satz nicht korrekt, muss sie/er zum Ausgangspunkt zurück. Wer zuerst das Ziel erreicht, hat gewonnen.	Kopiervorlage Lektion 4/2, Würfel, Spielsteine	
Einzelarbeit	**AB 56/Ü23** Übung zu förmlichen E-Mails, in der Nominalstil geübt wird; auch als Hausaufgabe geeignet.		
Einzelarbeit	**AB 56/Ü24** Die TN bilden graduierte Adjektive (a) und verwenden sie in einer E-Mail von Gloria an ihre Freundin Selma (b); auch als Hausaufgabe geeignet.		

Ich kann jetzt ...

SOZIALFORM	ABLAUF	MATERIAL	ZEIT
Einzelarbeit	Die TN markieren, was auf sie zutrifft.		
Plenum	Die TN schreiben im Plenum selbst eine informelle E-Mail zu einem freien Thema, wenden den umgangssprachlichen Sprachstil an und gebrauchen möglichst viele graduierte Adjektive (z. B. *supercool, steinalt, todlangweilig*). Die TN schreiben einen ersten Satz und geben ihn an die/den TN neben sich weiter. Sie/Er schreibt den nächsten Satz, knickt das Papier so um, dass nur der letzte Satz sichtbar bleibt und gibt den Satz weiter. So geht es sechs bis acht Mal weiter. Am Ende werden die fertigen E-Mails im Plenum vorgelesen. **(„Umknicktext", Glossar → S. 148)**		

SEHEN UND HÖREN

1 Meine Zahl

SOZIALFORM	ABLAUF	MATERIAL	ZEIT
Plenum Gruppen- arbeit	Die TN überlegen sich eine Zahl, die mit ihren persönlichen Bewerbungen zu tun hat (z. B. *die Anzahl der geschrieben Bewerbung, die Anzahl der ausgewählten Stellenanzeigen, die Zahl der Absagen oder Einladungen zum Vorstellungsgespräch*). Mit der Zahl bilden sie einen Satz. **VERIEFUNG:** Teilen Sie den Kurs in Vierergruppen ein. Jede Gruppe überlegt sich Fragen zum Thema *Bewerbungen* (z. B. *Wie viele Bewerbungen hast du schon geschrieben? Wie oft hast du dich beworben? Bei wie vielen Firmen hast du schon gearbeitet?*) Anschließen stellen sich die TN die Fragen in einem Speed-Dating. **(„Speed-Dating", Glossar → S. 147)**		

2 Chancen auf dem Arbeitsmarkt

SOZIALFORM	ABLAUF	MATERIAL	ZEIT
Plenum Gruppen- arbeit	a) Die TN lesen das Zitat und mutmaßen, was damit gemeint ist. **VERTIEFUNG:** Die TN berichten in Kleingruppen, welche Erfahrungen sie mit einem ausländischen Namen auf dem deutschsprachigen Arbeitsmarkt gemacht haben.		
Einzelarbeit Plenum	b) Die TN sehen den Anfang des Films und notieren sich Stichpunkte zur Hauptperson. Fragen Sie anschließend, wer Thomas Liebig ist und auf welchem Gebiet er Experte ist. Fragen sie dann, welche Zahl er gewählt hat. *Lösung: Thomas Liebig ist Migrationsexperte in der Abteilung für internationale Migration. Seine Zahl ist die 3, weil Menschen mit einem ausländisch klingenden Namen in vielen OECD-Ländern bis zu dreimal so viele Bewerbungen schreiben müssen wie Menschen, die einen inländisch klingenden Namen haben.*	12	
Einzelarbeit Plenum	c) Die TN sehen den Film ganz. Anschließend ordnen sie die genannten Begriffe den Definitionen zu. Kontrolle im Plenum. *Lösung: 1 Schulbildung, 2 Chancengleichheit, 3 OECD, 4 Qualifikation, 5 Experte*	13	

Plenum	d) Die TN sehen den Film erneut und diskutieren anschließend über das angesprochene Problem und was die OECD ändern möchte. *Lösung: Das Problem ist, dass Menschen benachteiligt werden, die eigentlich die gleichen Voraussetzungen mitbringen. Thomas Liebig plädiert deshalb für Chancengleichheit, das heißt, dass die Menschen nur danach bewertet werden, was sie können und nicht danach, woher ihre Eltern stammen.*	13	
Einzelarbeit	**AB 57/Ü25** Lese- und Zuordnungsübung zum Thema *Chancengleichheit*; auch als Hausaufgabe geeignet.		

3 Diskussion

SOZIALFORM	ABLAUF	MATERIAL	ZEIT
Partnerarbeit	a) Die TN überlegen sich je eine weitere Zahl, die sie sich – bezogen auf das Themenfeld Bewerbung – zum Ziel machen. Jede/Jeder teilt seiner Lernpartnerin/seinem Lernpartner die Zahl mit und sagt auch dazu, was die damit verbundenen Ziele sind. Animieren Sie die TN, sich kurzzufassen und auf das Wesentliche zu konzentrieren. Hierzu eignet sich die Methode „Flammende Rede". **(„Flammende Rede", Glossar → S. 144)**		
Gruppenarbeit Plenum	b) die TN diskutieren in Gruppen ihre Meinungen und Erfahrungen zum Thema *Chancengleichheit*. Anschließend berichten sie im Plenum. **VERTIEFUNG:** Fragen Sie die TN, wie die Chancengleichheit in ihren Heimatländern sind. Sind alle Menschen gleichberechtigt? Fragen Sie, sofern Ungerechtigkeiten vorliegen sollten, welche Maßnahmen man ergreifen könnte, sodass in Zukunft alle die gleichen Chancen hätten.		

Mein Dossier

SOZIALFORM	ABLAUF	MATERIAL	ZEIT
Gruppenarbeit	**AB 57/Ü26** Die TN gründen fiktiv in Kleingruppen ein Unternehmen. Sie überlegen sich ein Startkapital, eine Firmenidee und eine Firmenart (z. B. *Kleinunternehmen, Startup*). Sie gehen dabei auf folgende Fragen ein: *Welche Geschäftsidee wäre erfolgsversprechend? Welche Kunden möchten sie ansprechen? Wie würden sie das Geld investieren? Wer übernimmt welche Funktion/Aufgaben in dem Unternehmen? Welche Unternehmenskultur streben sie an? Gibt es ähnliche Unternehmen schon am Markt? Wie grenzen sie sich von der Konkurrenz ab?* Anschließend präsentieren die Kleingruppen ihre Geschäftsidee auf Plakaten oder bereiten eine digitale Präsentation vor. Im Plenum wird abgestimmt: Wer hat die beste Geschäftsidee? **(„Kursausstellung", Glossar → S. 145)**	Plakate/ Beamer	

Ich kann jetzt ...

SOZIALFORM	ABLAUF	MATERIAL	ZEIT
Einzelarbeit	Die TN markieren, was auf sie zutrifft.		

AUSSPRACHE: AUSLASSUNGEN UND VERSCHLEIFUNGEN, RHYTHMUS UND SPRECHFLÜSSIGKEIT

1 Auslassungen hören

SOZIALFORM	ABLAUF	MATERIAL	ZEIT
Partnerarbeit Plenum	a) Die TN betrachten zu zweit die Zeichnung, lesen die Sprechblasen und beschreiben die Situation in eigenen Worten. Sammeln Sie die Ergebnisse im Plenum. *Lösungsvorschlag: In der Küche einer Abteilung gibt es keine Kaffeetassen mehr. Mit den lieben Kollegen sind nette Kollegen gemeint, die für alle Kaffee kochen und dafür alle Tassen gebraucht haben. In den Sprechblasen fehlt bei manchen Endungen das „e“. Es ist nach unten rausgefallen.* Die TN hören den Text und lesen stumm mit. Sie achten auf die Aussprache des Buchstaben „e“ und markieren alle „e“, die in der gesprochenen Form nicht hörbar sind. Kontrolle im Plenum. *Lösung: Die lieben Kollegen Liebe Kollegen musst du nicht lange bitten, wenn du Hilfe brauchst. Sie legen sich für dich mit dem Chef an und schicken dir zum Geburtstag und zu Weihnachten Karten. Einen Haken haben die lieben Kollegen aber doch: Sie erwarten, dass du nach der Arbeit mit ihnen noch was trinken gehst.* **FOKUS PHONETIK:** Machen Sie die TN darauf aufmerksam, dass in der unbetonten Endung „-en“ der Vokal meistens nicht ausgesprochen wird.	 3 🔊 24	
Einzelarbeit	b) Die TN lesen den Text einzeln oder im Chor laut vor und achten darauf, die unterstrichenen „e“ nicht auszusprechen.		

2 Gedichte

SOZIALFORM	ABLAUF	MATERIAL	ZEIT
Einzelarbeit Plenum	Die TN hören die beiden Gedichte. Anschließend sprechen die TN die Gedichte rhythmisch im Chor und klatschen bei den betonten Silben in die Hände. Geben Sie ein Tempo vor und variieren Sie es, sodass es mal schnell ist (wodurch die unbetonten Silben stärker verschliffen werden) und mal langsam (sodass alle Silben deutlicher artikuliert werden). *Lösung betonte Silben:* ***Die Köche*** *Was* ***ma****chen die* ***Kö****che? Sie* ***ko****chen und* ***ba****cken,* ***schnei****den und* ***ha****cken,* ***kne****ten und* ***wür****zen, tragen* ***Müt****zen und* ***Schür****zen.* ***Die Chefs*** *Was* ***ma****chen die Chefs? Sie befehlen und* ***or****dern,* ***lo****ben und* ***for****dern, be****för****dern und ent****las****sen, trinken aus* ***Tas****sen.*	3 🔊 25–26	

3 Betonung in Komposita

SOZIALFORM	ABLAUF	MATERIAL	ZEIT
Einzelarbeit Plenum	a)+b) Die TN hören die Wortreihen und markieren in allen Wörtern die Silbe, die die Hauptbetonung trägt. Sie sprechen im Chor die Wortreihen aus und klatschen bei der Hauptbetonung in die Hände. *Lösung: 1* ***Kir****che –* ***Steu****er –* ***Kir****chensteuer, 2* ***Steu****er – Er****klä****rung –* ***Steu****ererklärung, 3* ***Ren****te – Ver****si****cherung –* ***Ren****tenversicherung, 4 Ver****si****cherung –* ***Be****trag – Ver****si****cherungsbetrag*	3 🔊 27	

Einzelarbeit	c) Die TN kreuzen an, welches Wort in deutschen Komposita die Hauptbetonung trägt. *Lösung: 2 Bestimmungswort* **FOKUS PHONETIK:** Weisen Sie die TN darauf hin, dass auch bei mehrteiligen Komposita immer das Bestimmungswort betont wird.		
Plenum	d) Schreiben Sie das Wort „Rentenversicherungsbeitragsberechnungsgrundlage" in folgenden Schritten an die Tafel. Die TN sprechen im Chor: „Grundlage" → „Berechnungsgrundlage" → „Beitragsberechnungsgrundlage" → „Versicherungsbeitragsberechnungsgrundlage" → „Rentenversicherungsbeitragsberechnungsgrundlage"	3 🔈 28	
Partnerarbeit Plenum	e) Die TN bilden zu zweit möglichst lange Komposita und notieren sie auf Kärtchen. Sie lesen ihre Komposita mit der richtigen Betonung im Kurs vor. Das Team, das das längste Kompositum gebildet und richtig ausgesprochen hat, gewinnt.	Kärtchen	

LERNWORTSCHATZ (Arbeitsbuch → AB 59)

SOZIALFORM	ABLAUF	MATERIAL	ZEIT
Plenum	Auch auf der Niveaustufe C1 stellt das Genus der deutschen Sprache für die TN eine Herausforderung dar. Machen Sie den TN deutlich, dass man durch farbige Markierung das Genus besser lernt: Die TN markieren neue Wörter farbig. Beispielsweise rot für Femininum, blau für Maskulinum und grün für Neutrum. Oder die TN legen sich farbige Vokabellisten zu, auf die sie neue Wörter notieren. Mit dieser Methode werden vor allem visuelle Lernertypen angesprochen.	Farbstifte / farbiges Papier	

LEKTIONSTEST 4 (Arbeitsbuch → AB 60)

SOZIALFORM	ABLAUF	MATERIAL	ZEIT
Einzelarbeit	Mithilfe des Lektionstests haben die TN die Möglichkeit, ihr neues Wissen in den Bereichen Wortschatz, Grammatik und Redemittel zu überprüfen. Wenn die TN mit einzelnen Bereichen noch Schwierigkeiten haben, können sie gezielt noch einmal einzelne Module wiederholen.		

REFLEXION DER LEKTION

SOZIALFORM	ABLAUF	MATERIAL	ZEIT
Einzelarbeit Plenum	Die TN wählen ihre drei Lieblingswörter aus verschiedenen Einheiten der Lektion aus. Sie werden auf Kärtchen geschrieben und insgesamt neu gemischt. Jede/Jeder TN zieht drei Wörter (nicht die eigenen) und schreibt dazu eine kurze Geschichte. Anschließend präsentiert jede/jeder TN ihre/seine Geschichte im Plenum. Die originellste wird prämiert.	Kärtchen	

Situationstext

SOZIALFORM	ABLAUF	MATERIAL	ZEIT
Plenum	Die TN lesen den Situationstext und die Checkliste zum Thema *Beruf und Familie*. Alternative Herangehensweise: Bei geschlossenen Büchern an der Tafel sammeln lassen, welche Aspekte bei diesem Thema infrage kommen können.		

1 Glückwünsche zur Geburt verstehen

SOZIALFORM	ABLAUF	MATERIAL	ZEIT
Einzelarbeit Plenum	a) Die TN ergänzen die Glückwunschkarten mit den Wörtern aus dem Schüttelkasten. Kontrolle im Plenum. *Lösung: 1 Glückwunsch, 2 freudigen, 3 Wünsche, 4 Gute, 5 Hurra, 6 neugeborenen, 7 erdenklich, 8 Glück, 9 Eltern, 10 Geburt, 11 begrüßen, 12 Sonnenschein* **VERTIEFUNG:** Bringen Sie verschiedene Glückwunschkarten mit und fragen sie die TN, zu welchen Anlässen Glückwunschkarten geschrieben werden. Fragen sie die TN, ob sich die Glückwunschkarten von denen aus ihren Ländern unterscheiden.	Glückwunsch-karten	
Einzelarbeit Plenum Partnerarbeit Gruppen-arbeit	b) Die TN lesen die Glückwunschkarten erneut und ordnen sie den Absendern zu. Kontrolle im Plenum. *Lösung: B eine Bewohnerin des Alternheims, A Gideons Chef, C Gideons Arbeitskollegen* **VERTIEFUNG 1:** Die TN diskutieren zu zweit, welche Sprachelemente charakteristisch für Glückwunschkarten sind. Gibt es Unterschiede zu formellen Glückwünschen, z B. an Firmenkunden zu Weihnachten oder zur Eröffnung einer Filiale? **VERTIEFUNG 2:** Die TN erstellen und schreiben in Gruppenarbeit eine Glückwunschkarte an eine fiktive Kollegin/einen fiktiven Kollegen. Kündigen Sie an, dass alle Karten ausgestellt werden. Die originellste Karte gewinnt. **(„Kursaustellung“ Glossar → S. 145)**	Papier und Bastel-material	
Gruppen-arbeit Plenum	c) Bilden Sie Vierergruppen. Die TN diskutieren in der Gruppe über die Tradition, Kollegen Glückwunschkarten zu schreiben. Sie berichten, ob sie schon einmal eine Glückwunschkarte von den Kollegen erhalten haben und zu welchem Anlass. Damit alle TN die gleiche Redezeit haben, setzten Sie Redekarten ein. **(„Redekarten“, Glossar → S. 147)** **VERTIEFUNG:** Schreiben Sie weitere Anlässe, an denen man Kollegen Glückwunschkaten schreibt (z. B. *Firmenjubiläum, Pensionierung, runder Geburtstag*), an die Tafel. Die TN diskutieren im Kurs, zu welchen Anlässen sie bereits Kollegen eine Glückwunschkarte geschrieben haben. Fragen Sie die TN, ob es in ihren Ländern üblich ist, dass die Kollegen zu einem besonderen Anlass Geld sammeln und/oder ein gemeinsames Geschenk kaufen.		

2 Sich über Mutterschutz und Elternzeit informieren

SOZIALFORM	ABLAUF	MATERIAL	ZEIT
Gruppen-arbeit Einzelarbeit Plenum	**VORENTLASTUNG:** Bilden Sie Murmelgruppen und fragen Sie die TN, was sie über Mutterschutz und Elternzeit wissen. (**„Murmelgruppen“, Glossar → S. 146)** a) Die TN lesen die Aussagen und den Text zum Thema *Mutterschutz*. Sie markieren, ob die Aussagen richtig oder falsch sind. Kontrolle im Plenum. *Lösung: 1F, 2R, 3R, 4F, 5R, 6F, 7F, 8R*		
Einzelarbeit Plenum	b) Die TN lesen den Text erneut. Anschließend sprechen sie über die Möglichkeiten, Elternzeit zu nehmen. Kontrolle im Plenum. *Lösung: Eva und Gideon können Elternzeit nehmen, und zwar entweder getrennt voneinander und somit insgesamt 3 Jahre am Stück oder gleichzeitig, wodurch sich der Zeitraum auf 1,5 Jahre verkürzt.*		
Plenum	Die TN lesen in *Wussten Sie schon?* über die Unterschiede bei der Elternzeit in den deutschsprachigen Ländern. **VERTIEFUNG:** Fragen Sie die TN, wie der Mutterschutz und die Elternzeit in ihren Ländern geregelt ist. Gibt es Unterschiede zu den deutschsprachigen Ländern? Dürfen auch Männer Elternzeit in Anspruch nehmen? Und ist es üblich, dass Männer Elternzeit nehmen?		
Plenum	c) Die TN berichten über ihre Erfahrungen, die sie in ihrem Mutterschutz bzw. in ihrer Elternzeit gemacht haben. TN, die noch keine eigenen Erfahrungen haben, können über Kolleginnen oder Kollegen berichten. **VERTIEFUNG:** Machen Sie eine Abstimmung / Diskussion im Kurs, ob die Mehrheit der TN die gesetzlichen Regelungen gut findet oder eher kritisch sieht. Was würden sie ändern? Warum? Die TN versammeln sich hierzu in der Raumecke, deren Meinung sie vertreten. (**„Ecken-Diskussion“, Glossar → S. 144)**		

3 Elternzeit in Anspruch nehmen

SOZIALFORM	ABLAUF	MATERIAL	ZEIT
Partnerarbeit Plenum	a) Die TN hören das Gespräch und tauschen sich mit ihrer Lernpartnerin / ihrem Lernpartner über die Fragen aus. Kontrolle im Plenum. *Lösung: Gideon spricht mit zwei Arbeitskollegen; Sie haben noch nicht entschieden, ob Eva oder Gideon in Elternzeit geht; Mutterschutz, Anspruch von Mutter / Vater auf Elternzeit, Elternzeit und Teilzeitarbeit, Gehalt während der Elternzeit / Elterngeld und ElterngeldPlus*	1 🔊 19	
Einzelarbeit Plenum	b)+c) Die TN lesen zunächst die Fragen und hören das Gespräch erneut. Während des Hörens notieren sie Stichpunkte zu den Fragen. Kontrolle im Plenum. *Lösung: 1 Nach dem Mutterschutz möchten Gideon und Eva Elternzeit nehmen und ggf. noch in Teilzeit arbeiten; 2 Es tut den meisten Vätern gut, für längere Zeit mit dem Baby zu Hause zu bleiben und den Haushalt zu machen; 3 Er versteht es, findet es aber nicht so gut, weil er sich nun um eine Vertretung kümmern muss; 4 Er möchte in Teilzeit bei seinem Arbeitgeber arbeiten und auch selbstständig als Altenpfleger tätig sein; 5 Sie beziehen Elterngeld bzw. ElterngeldPlus*	1 🔊 19	

Gruppen-arbeit Plenum	d) Bilden Sie Vierergruppen. Die Gruppen fassen die Meinungen von Gideon und seinen Arbeitskollegen Hermann und Elke zusammen. Kontrolle im Plenum. *Lösung: Elke denkt, dass es sich auf jeden Fall lohnt, wenn Gideon darüber nachdenkt, ob er in Elternzeit geht. Hermann ist der Ansicht, Gideon sollte unbedingt eine Zeit lang mit seiner Tochter zu Hause bleiben, da es den beiden guttun würde und er so eine enge emotionale Beziehung zu seiner Tochter aufbauen kann.*		
Plenum	Die TN lesen in *Wussten Sie schon?*, dass zwar immer mehr Männer in Deutschland Elternzeit nehmen, trotzdem aber nach wie vor überwiegend Frauen in Elternzeit gehen. **VERTIEFUNG:** Fragen Sie die TN, welche Gründe es wohl dafür gibt, dass mehr Frauen als Männer die Elternzeit in Anspruch nehmen. Die TN äußern ihre Vermutungen.		
Plenum	e) Die TN äußern ihre Meinung zur Elternzeit.		

4 Eine Elternzeitvertretung organisieren

SOZIALFORM	ABLAUF	MATERIAL	ZEIT
Einzelarbeit Partnerarbeit Plenum Einzelarbeit Plenum	a) Die TN lesen die Stellenanzeigen und markieren die Schlüsselbegriffe. Anschließend notieren sie zu zweit die Gemeinsamkeiten und die Unterschiede in den Stellenanzeigen. Kontrolle im Plenum. *Lösung: <u>Gemeinsamkeiten:</u> Alle Stellenanzeigen sind befristet bzw. es wird eine Elternvertretung gesucht. <u>Unterschiede:</u> verschiedene Arbeitsstellen / Berufe; Teilzeit bzw. Vollzeit; eine Stelle mit der Möglichkeit der unbefristeten Übernahme.* **VERTIEFUNG:** Die TN recherchieren Stellenanzeigen zur Elternzeitvertretung, die auf ihr berufliches Profil passen. Gerade für Berufsanfänger ist eine Elternzeitvertretung oftmals ein guter Einstieg ins Berufsleben. Anschließend präsentieren sie ihre Ergebnisse in Form einer kleinen Präsentation im Plenum. Animieren Sie die TN auch, eine Bewertung ihrer Recherchen vorzunehmen *(Die Stelle kommt für mich infrage. Diese hier eher nicht, weil …)*; auch als Hausaufgabe geeignet.		
Einzelarbeit Plenum Partnerarbeit	b) Die TN lesen Gideons E-Mail an seine Kollegen und ordnen die Vor- und Nachteile den Personen zu. Kontrolle im Plenum. *Lösung: D Überforderung, A Viel Zeit, C Zusätzliche Arbeitsbelastung, B Vertretungssuche* **VERTIEFUNG:** Die TN schreiben ihrer Lernpartnerin/ihrem Lernpartner eine E-Mail aus der Elternzeit. Dabei nimmt die/der andere die Rolle der Kollegin/des Kollegen ein; auch als Hausaufgabe geeignet.		
Gruppen-arbeit Plenum	c) Bilden Sie Vierergruppen. Die TN diskutieren in der Gruppe die Konsequenzen der Elternzeit für den Arbeitgeber und die Kollegen. Sammeln sie anschließend alle Gruppenergebnisse im Plenum.		
Partnerarbeit Plenum	d) Die TN diskutieren zu zweit die Maßnahmen, die ein Arbeitgeber ergreifen kann, um einen Mitarbeiter den Wiedereinstieg zu erleichtern. Teilen Sie Moderationskarten aus. Die TN sollen jede Idee auf eine Karte notieren. Hängen Sie anschließend die Karten im Kursraum auf. Die TN lesen alle Karten und tauschen sich anschließend im Plenum darüber aus, welche Idee realisierbar ist und welche nicht.	Moderations-karten	

EINSTIEG

Vor dem Öffnen des Buches

SOZIALFORM	ABLAUF	MATERIAL	ZEIT
Plenum	Die TN bringen zur ersten Unterrichtseinheit ihr Lieblingskunstwerk von ihrem Lieblingskünstler aus ihrem Heimatland mit in den Unterricht (als Postkarte, Plakat oder digital). Jede/Jeder TN bereitet eine kurze Präsentation vor und erklärt im Plenum, was sie/ihn an dem Kunstwerk so begeistert. Sie/Er gibt Informationen zur/zum: – Künstlerin/Künstler – Namen des Kunstwerkes – Entstehungsgeschichte – Gegenstand des Werkes – Epoche Die anderen TN stellen ggf. Fragen und schildern den Eindruck, den das Kunstwerk auf sie macht. Hängen Sie danach alle Bilder Ihres Kurses auf (oder digital als Diashow) und machen Sie Ihren Unterrichtsraum zur Kunstgalerie. **(„Kursausstellung“, Glossar → S. 145)** **INTERKULTURELLES:** Hängen Sie in multikulturellen Lerngruppen die Lieblingskunstwerke der TN zunächst kommentarlos im Unterrichtsraum auf oder präsentieren Sie die Bilder digital über Beamer. Die anderen TN raten, aus welchem Land das Kunstwerk kommen könnte und wer es ausgewählt hat. Anschließend präsentiert jede/jeder TN sein Kunstwerk.	Lieblings-kunstwerke	
Einzelarbeit	**AB 61/Ü1** Wortschatzübung zum Thema *Kunst* als Einstimmung auf das neue Thema; auch als Hausaufgabe geeignet.		

1 Bildinterpretation

SOZIALFORM	ABLAUF	MATERIAL	ZEIT
Partnerarbeit Plenum	a) Die TN arbeiten zu zweit und einigen sich auf einen Titel für das Bild. Vergleichen Sie die Ergebnisse im Plenum.		
Partnerarbeit Plenum	b) Die TN verfassen zusammen mit ihrer Lernpartnerin/ihrem Lernpartner einen kurzen Text, in dem sie das Bild und seine Wirkung beschreiben. Anschließend präsentieren sie ihre Ergebnisse im Plenum. Motivieren Sie die TN, dabei möglichst frei und kreativ vorzugehen, frei nach Motto: In der Kunst gibt es keine richtige oder falsche Interpretation.		
Plenum	**VERTIEFUNG:** Die TN sammeln zunächst im Plenum Adjektive, die ihnen beim Verfassen des Textes helfen können, um die Wirkung eines Kunstwerks zu beschreiben. Halten Sie die Adjektive an der Tafel fest. *Beispiel: Das Kunstwerk wirkt auf mich …* negativ: *bemüht, platt, überfrachtet, angsteinflößend, unausgegoren, verwirrend;* positiv: *inspirierend, intensiv, spannend, visionär, subtil, ergreifend, präzise, beruhigend*		
Plenum	c) Die TN stellen mit ihrer Lernpartnerin/ihrem Lernpartner Vermutungen über die Künstlerin/den Künstler an. *Wie alt ist sie/er, wo lebt sie/er, welche Stilrichtung verfolgt sie/er?*		
Einzelarbeit	**AB 61/Ü2** Inhaltsangabe einer Dokumentation über einen Kunstfälscher. Die TN lesen den Text, ergänzen die Wörter (a) und stellen/beantworten W-Fragen zum Film (b); auch als Hausaufgabe geeignet.		

Einzelarbeit	**AB 62/Ü3** Leseverstehen zur wissenschaftlichen Untersuchung über die Wirkung von Kunst; auch als Hausaufgabe geeignet. **→ t C1, Les3; Ö C1, Les1, T Les2**		

2 Kunst, die mir gefällt

SOZIALFORM	ABLAUF	MATERIAL	ZEIT
Plenum	Die TN berichten, welche Art von Bildern ihnen gefällt und begründen ihre Meinung. Lassen Sie die TN dabei auch ausführlich die Malweise, die Größe und den Inhalt der Kunstwerke beschreiben.		

SEHEN UND HÖREN

1 Die Wirkung von Kunst

SOZIALFORM	ABLAUF	MATERIAL	ZEIT
Partnerarbeit Plenum	a) Die TN sehen sich zu zweit das Foto der Malerin Olivia Hayashi an, nehmen sich noch einmal deren Bild (→ KB 57) vor und lesen die zwei Aussagen. Zu zweit entscheiden sie sich für eine Aussage und begründen ihre Wahl im Plenum. Die TN stellen zunächst nur Vermutungen an. Die Auflösung erhalten sie in Aufgabe 2, nachdem sie das Videoporträt angesehen haben. *Lösung: „Was für mich wichtig ist und was mir aber nicht immer gelingt, ist so eine bestimmte Lebensvitalität, Leichtigkeit, Freude mit meinen Farben.“*		
Partnerarbeit Plenum Partnerarbeit	b) Die TN sammeln zu zweit Fragen, anhand derer sie mehr über Olivia Hayashi erfahren können. Vergleichen Sie die Ergebnisse im Plenum. *Lösungsbeispiel: Seit wann malt sie? Aus welchem Land kommt sie? Hat sie Kunst studiert? Arbeitet Sie in einem Atelier oder von zu Hause aus? Kann sie von ihrer Malerei leben?* **VERTIEFUNG:** Die Zweiergruppen tauschen die Fragen untereinander aus und beantworten sie, indem sie eine kurze fiktive Biografie (z. B. *Heimatland, Atelier, Familienhintergrund, Wunsch als Kind, Lebensunterhalt*) über die Künstlerin schreiben. Anhand des Videoporträts in Aufgabe 2 können die TN dann ihre Vermutungen vergleichen.		

2 Die Malerin Olivia Hayashi

SOZIALFORM	ABLAUF	MATERIAL	ZEIT
Einzelarbeit Plenum	Abschnitt 1: Die TN sehen den ersten Abschnitt des Videoportraits und machen sich Notizen zu den Stichpunkten. Kontrolle im Plenum. *Lösung: Heimatland: Mexiko; Atelier: Sie teilt sich ihr Atelier mit fünf anderen Künstlern; Familienhintergrund: Sie hat einen japanischen Großvater; Wunsch als Kind: Sie wollte später malen und Kunst studieren (aber nicht so arm und verrückt enden wie Van Gogh); Lebensunterhalt: Sie kann von ihrer Malerei leben.*	14	

Einzelarbeit Plenum	<u>Abschnitt 2:</u> Die TN sehen nun den zweiten Abschnitt und beantworten die Fragen. Geben Sie den TN Zeit, sich zuerst die Fragen durchzulesen. Die TN vergleichen ihre Lösungen mit den Vermutungen, die sie in Aufgabe 1a angestellt haben. Kontrolle im Plenum. Lösung: *1 Die Künstlerin sagt im Film: „Was für mich wichtig ist und was mir aber nicht immer gelingt, ist so eine bestimmte Lebensvitalität, Leichtigkeit, Freude mit meinen Farben."* *2 Wenn es ihr nicht gut geht, malt sie ein Bild mit Farben, die ihr guttun und Freude bereiten. Sie malt im Stil des Expressionismus. Bei Malblockaden macht die Künstlerin auch einfach mal Pause. Sie malt mit Pinsel, Spachtel und ihren Händen. Nach Fertigstellung eines Bildes kocht sie sich einen Tee oder Kaffee und betrachtet ihr Kunstwerk lange, um dann ggf. noch Änderungen vorzunehmen.*	15	
Gruppenarbeit Plenum	**VERTIEFUNG:** Die Künstlerin erzählt im Videoporträt, dass sie im Stil des Expressionismus arbeitet. Die TN recherchieren in Kleingruppen, was charakteristisch für diesen Malstil ist. *Wer sind die wichtigsten Vertreter? Welche Kunststile kennen die TN noch? Was sind ihre spezifischen Merkmale?* Vergleichen Sie die Ergebnisse im Plenum; auch als Hausaufgabe geeignet. *Lösung: Der Expressionismus ist eine Stilrichtung in der Kunst im frühen 20. Jahrhundert. Im Expressionismus überwiegt die subjektive Sichtweise, der Künstler möchte sein persönliches Erleben für den Betrachter darstellen. In expressionistischen Bildwerken werden Farben und Formen frei verwendet. Die Anfänge gehen auf Vincent van Gogh und Edvard Munch zurück. Weitere bekannte Kunststile sind beispielsweise: Impressionismus, Kubismus, Futurismus, Surrealismus*		
Einzelarbeit	**AB 63/Ü4** Wortschatzübung zum Thema *Kunst*; auch als Hausaufgabe geeignet.		

3 Gedächtnisspiel

SOZIALFORM	ABLAUF	MATERIAL	ZEIT
Gruppenarbeit Plenum	Die TN arbeiten in Kleingruppen und erinnern sich noch einmal, was sie von dem Videoporträt behalten haben. Jede/Jeder TN der Kleingruppe äußert einen Satz. Zur anschließenden Kontrolle sehen sie die beiden Abschnitte des Porträts noch einmal im Plenum.	14–15	

Ich kann jetzt ...

SOZIALFORM	ABLAUF	MATERIAL	ZEIT
Einzelarbeit	Die TN markieren, was auf sie zutrifft.		
Plenum	**VERTIEFUNG:** Die TN recherchieren im Internet weitere Bilder von Olivia Hayashi. Sie führen zu zweit ein „Mal-Diktat" durch. Eine/Ein TN beschreibt ein Bild, die/der andere TN fertigt nach der Beschreibung eine Skizze an. Abschließend vergleichen die TN zu zweit die Skizze mit dem Original. **(„Maldiktat", Glossar → S. 145)**	Bilder von Olivia Hayashi	

WORTSCHATZ

1 Wortbildung: Vorsilbe *be-*

SOZIALFORM	ABLAUF	MATERIAL	ZEIT
Partnerarbeit	a) Die TN arbeiten zu zweit und beschreiben sich gegenseitig die Bilder. *Lösungsvorschlag: A Ein Mann mit Aktentasche und Brille steht vor mehreren Kunstgemälden und macht sich Notizen auf einem Zettel. B Ein Mann im türkisen Arbeitsoverall mit Schal und Brille hält eine Farbpalette in der Hand und bemalt eine Leinwand. C Eine Frau mit Brille und Arbeitsoverall kniet auf dem Boden und bespannt eine Leinwand, in der Hand hält sie einen Hammer. D Eine blonde Frau mit Brille bearbeitet mit einem Meißel und einem Hammer eine Steinskulptur, die einen Menschenkopf darstellt.*		
Partnerarbeit Plenum	b) Die TN ergänzen zu zweit die Verben und ordnen die Sätze den Bildern aus a) zu. Kontrolle im Plenum. *Lösung: C Der Maler bespannt den Rahmen mit der Leinwand. B Dann bemalt er die Leinwand. D Die Bildhauerin bearbeitet die Skulptur mit Hammer und Meißel. A Der Kritiker beurteilt die Kunstwerke.*		
Partnerarbeit Plenum	c) Die TN formen zusammen mit ihrer Lernpartnerin/ihrem Lernpartner die Sätze aus b) um und verwenden dabei die Präpositionen *an*, *auf* oder *über*. Kontrolle im Plenum. *Lösung: 2 Dann malt er das Bild auf die Leinwand. 3 Die Bildhauerin arbeitet mit Hammer und Meißel an der Skulptur. 4 Der Kritiker urteilt über die Kunstwerke.* **FOKUS GRAMMATIK:** Verben mit der untrennbaren Vorsilbe *be- (bearbeiten)* können mit dem Stammverb ohne Vorsilbe *(arbeiten)* und einer Präposition umgeformt werden *(arbeiten an)*. Machen Sie den TN deutlich, dass dies nicht bei allen Verben mit der Vorsilbe *be-* funktioniert *(beteiligen, benutzen, beschleunigen)*. Verweisen Sie auch auf die Grammatikübersicht im Kursbuch (→ KB 68/1a).		
Einzelarbeit	**AB 63/Ü5** Übung zu Verben mit der Vorsilbe *be-*. Die TN bilden Wörter mit *be-* (a), ergänzen die Verben im Text *Florale Kunst* (b) und finden äquivalente Verben mit Präpositionen (c); auch als Hausaufgabe geeignet.		
Einzelarbeit	**AB 64/Ü6** Übung zu Verben mit der Vorsilbe *be-*. Die TN bilden sowohl Verben mit *be-* als auch neue Sätze mit Akkusativ-Ergänzung (a). Die TN bilden weitere Verben mit *be-* und schreiben Sätze mit Akkusativ-Ergänzung und *mit* (b); auch als Hausaufgabe geeignet.		

2 Wortbildung: Vorsilbe *ver-*

SOZIALFORM	ABLAUF	MATERIAL	ZEIT
Einzelarbeit Plenum	a) Die TN lesen die Geschichte und markieren alle Verbformen mit der Vorsilbe *ver-*. Kontrolle im Plenum. *Lösung: verändert, verwirrt, verschönert, vergrößert, verlief, verwählte, verspätet, versäumt*		

<table>
<tr><td>Einzelarbeit
Plenum</td><td>b) Die TN finden die Bedeutungen von ver- und ergänzen die Tabelle. Kontrolle im Plenum.
Lösung:
<table>
<tr><th>Was misslingt dem Erzähler? Was geht schief?</th><th>Was hat sich in seiner Heimatstadt verändert?</th></tr>
<tr><td>verlief</td><td>verwandelt</td></tr>
<tr><td>verwählte</td><td>verändert</td></tr>
<tr><td>verspätet</td><td>verschönert</td></tr>
<tr><td>versäumt</td><td>vergrößert</td></tr>
</table>
FOKUS GRAMMATIK: Verben mit der Vorsilbe ver- können bedeuten, dass das Resultat der Handlung unerwünscht ist (sich verspäten), oder dass das Resultat der Handlung den Zustand verändert (vergrößern). Daneben gibt es aber auch Verben mit der Vorsilbe ver-, die eine neutrale Bedeutung haben (verbringen). Verweisen Sie auch auf die Grammatikübersicht im Kursbuch (→ KB 68/1b).</td><td></td><td></td></tr>
<tr><td>Partnerarbeit
Plenum

Partnerarbeit

Plenum</td><td>c) Die TN arbeiten zu zweit und schreiben mit ihrer Lernpartnerin/ihrem Lernpartner Sätze mit den Verben im Kasten.
Lösungsvorschlag: Fahrradfahren kann man nicht verlernen. Ich muss meine Deutschkenntnisse verbessern. Das hast du sicher nicht gesagt, da habe ich mich wohl verhört? Mit deinem Geldgewinn wirst du dir die Zukunft vergolden. Die Erklärung ist viel zu kompliziert, die musst du vereinfachen! Eine Raupe verwandelt sich in einen Schmetterling. Sie fordern vom Chef, die Arbeitszeit zu verkürzen.
VERTIEFUNG: Die TN schreiben zu zweit eine Geschichte, in der „etwas schief geht“ und „sich verändert“ und verwenden die vorgegebenen Wörter. Die Geschichten werden anschließend im Unterrichtsraum ausgestellt und die beste wird prämiert. („Kursausstellung“, Glossar → S. 145)</td><td></td><td></td></tr>
<tr><td>Einzelarbeit</td><td>AB 64/Ü7 Übung zu den Verben mit der Vorsilbe ver-. Die TN ordnen den Verben die Bedeutung zu (a) und schreiben dann mit den Verben eine Geschichte (b), die sie anschließend im Plenum vortragen; auch als Hausaufgabe geeignet.</td><td></td><td></td></tr>
<tr><td>Einzelarbeit</td><td>AB 65/Ü8 Übung zu Verben mit der Vorsilbe ver-. Die TN bilden die Sätze mit einem Verb mit ver- neu; auch als Hausaufgabe geeignet.</td><td></td><td></td></tr>
</table>

Ich kann jetzt …

SOZIALFORM	ABLAUF	MATERIAL	ZEIT
Einzelarbeit	Die TN markieren, was auf sie zutrifft.		

LESEN 1

1 Was ist Kunst?

SOZIALFORM	ABLAUF	MATERIAL	ZEIT
Gruppen-arbeit	Teilen den Kurs in Dreiergruppen auf. Die TN schauen sich die Bilder an und diskutieren in der Gruppe, welche der Bilder ihnen gefallen und welche sie (nicht) als Kunst verstehen. **TIPP:** Fragen Sie die TN auch, welche der Kunstwerke sie kennen bzw. einer Künstlerin/einem Künstler oder einem bestimmten Stil zuordnen können. Regen Sie dadurch ein Gespräch an, um herauszufinden, wie intensiv sich die TN bislang mit unterschiedlichen Kunstrichtungen auseinandergesetzt haben. **VERTIEFUNG:** Bringen Sie weitere Kunstbilder, Kunstbücher oder Bildbände in den Unterricht mit. Jeder TN sucht sich ein Bild aus und schreibt einen kleinen Text über das ausgesuchte Bild: *Warum hat sie/er das Bild ausgewählt? Was gefällt ihr/ihm an dem Bild? Wer ist die Künstlerin/der Künstler?* Die TN tauschen anschließend die Texte aus und korrigieren sich untereinander. **(„Kommentarlawine", Glossar → S. 145)**	Kunstbilder / Kunstbücher / Bildbände	

2 Moderne Kunst

SOZIALFORM	ABLAUF	MATERIAL	ZEIT
Einzelarbeit Plenum Gruppen-arbeit Plenum	Die TN lesen zunächst die Fragen. Anschließend lesen sie den Text und ordnen die Fragen den Abschnitten im Text zu, in dem die gesuchten Informationen vermerkt sind. Kontrolle im Plenum. **→ t C1, Les2** *Lösung: 1B, 2B, 3D, 4C, 5A, 6B, 7C* **TIPP:** Fragen Sie die TN, wie sie vorgegangen sind und welche Lesestrategien sie angewandt haben. Machen Sie die TN darauf aufmerksam, dass man den Inhalt eines Textes besser erschließen kann, wenn man vor dem Lesen Fragen formuliert **(Strategie-Überblick → S. 149).** **VERTIEFUNG:** Schreiben Sie die Wörter *documenta* und *Kassel* an die Tafel. Fragen Sie die TN, ob sie schon einmal von der *documenta* gehört haben. Die TN berichten oder äußern ihre Vermutungen im Plenum. Anschließend recherchieren die TN in Gruppen im Internet, was die *documenta* ist, wo sie stattfindet und wann sie das nächste Mal stattfinden wird. Fragen Sie in Bezug auf die nächste *documenta: Was ist der Schwerpunkt der nächsten documenta? Gibt es schon ein Konzept? Welche Künstler werden eingeladen?* Die TN präsentieren die Ergebnisse ihrer Recherche im Plenum.		
Einzelarbeit	**AB 65/Ü9** Hörverstehen zur *documenta*; als Hausaufgabe geeignet. **→ G C1, Hör2; t C1, Hör2**	3 🔊 29	

3 Zitate zur Kunst

SOZIALFORM	ABLAUF	MATERIAL	ZEIT
Partnerarbeit Plenum	a) Die TN lesen die Zitate berühmter Personen über Kunst, entscheiden sich dann mit ihrer Lernpartnerin/ihrem Lernpartner für ein Zitat und versuchen seine Bedeutung zu erklären. Anschließend präsentieren sie ihre Ergebnisse im Kurs. *Lösungsvorschlag: JOHANN WOLFGANG VON GOETHE: Durch Kunst hat man die Möglichkeit, etwas zu sagen, das anders nicht auszudrücken ist; JEAN PAUL: Von Kunst kann man sich nicht ernähren, Kunst ist eher ein Genussmittel; PAUL KLEE: Kunst zeigt uns, was sich hinter der Oberfläche verbirgt. Durch Kunst bekommt auch Alltägliches eine zweite Bedeutungsebene; PICASSO: Durch Kunst können wir uns aus dem Alltag befreien und sind offen für neue Eindrücke; KNEF: Wenn man sich für ein Leben als Künstlerin/Künstler entscheidet, muss man auch mit der Kritik leben, denn sie ist automatisch dabei.* **VERTIEFUNG:** Die Lernpartnerinnen/Lernpartner recherchieren über das Leben und Werk der Künstlerin/des Künstlers, deren/dessen Zitat sie gewählt haben. *Wer war diese Person? Wann hat sie gelebt? Aus welchem Land kam sie? Welche Art von Kunst repräsentiert sie (z. B. Schauspielkunst, Literatur, Malerei)?* Anschließend stellen die die Lernpartnerinnen/Lernpartner die/den von ihnen gewählte Künstlerin/gewählten Künstler dem Kurs vor.		
Plenum	b) Die TN vergleichen nach den Präsentationen die Aussprüche miteinander. Fragen Sie anschließend die TN, ob sie Zitate kennen, die etwas Ähnliches aussagen. Sammeln Sie die Antworten an der Tafel. **VERTIEFUNG 1:** Bilden Sie Vierergruppen. Die TN recherchieren weitere Zitate oder Volkssprüche über Kunst und Kultur im Internet. Tragen Sie alle Zitate und Sprüche zusammen. Fragen Sie anschließend, ob es ähnliche Sprüche in den Kulturkreisen der TN gibt. **VERTIEFUNG 2:** Die TN überlegen sich in ihren Vierergruppen eigene originelle Zitate zum Thema *Kunst*. Die besten werden im Plenum präsentiert und an der Tafel gesammelt.		
Einzelarbeit	**AB 66/Ü10** Wortschatzübung zum Thema *Kunst*; auch als Hausaufgabe geeignet.		

4 Redewiedergabe mit *nach, laut, zufolge* und *wie*

SOZIALFORM	ABLAUF	MATERIAL	ZEIT
Einzelarbeit Plenum	a) Die TN lesen Pablo Picassos Ausspruch in 3a noch einmal und geben diesen wieder, indem sie die Präpositionen ergänzen. Kontrolle im Plenum. *Lösung: 1 Laut, 2 nach / zufolge, 3 Wie* **FOKUS GRAMMATIK:** Redewiedergaben werden mit Präpositionen *(nach, laut, zufolge)* im Hauptsatz oder mit dem Fragewort wie im Nebensatz gebildet. Verweisen Sie auch auf die Grammatikübersicht im Kursbuch (→ KB 68/2).		

Einzelarbeit Plenum	b) Die TN vergleichen die drei Varianten der Redewiedergabe und markieren in der Tabelle, was zutrifft. Kontrolle im Plenum. Lösung: <table><tr><td></td><td>nach</td><td>laut</td><td>zufolge</td><td>wie</td></tr><tr><td>Ist eine Präposition mit Dativ:</td><td>X</td><td>X</td><td>X</td><td></td></tr><tr><td>Leitet einen Nebensatz ein:</td><td></td><td></td><td></td><td>X</td></tr><tr><td>Kann auch nachgestellt werden:</td><td>X</td><td></td><td>X</td><td></td></tr><tr><td>Man kann den Artikel danach weglassen.</td><td>X</td><td>X</td><td></td><td></td></tr><tr><td>Am Ende des Ausdrucks steht ein Verb des „Sagens“:</td><td></td><td></td><td></td><td>X</td></tr></table>		
Einzelarbeit Plenum	c) Die TN bilden weitere Varianten der Zitate aus 3a mit den Präpositionen. Vergleichen Sie die Ergebnisse im Plenum. *Lösungsvorschlag: Nach der Meinung von Goethe ist die Kunst eine Vermittlerin des Unaussprechlichen; Dem Künstler Jean Paul zufolge ist Kunst zwar nicht das Brot, aber wohl der Wein des Lebens; Wie Paul Klee meinte, gibt Kunst nicht das Sichtbare wieder, sondern macht sichtbar.* **VERTIEFUNG:** Die TN bilden mit den in der Vertiefung zu 3b recherchierten bzw. selbst geschriebenen Zitate neue Sätze mit *nach, laut, zufolge* und *wie*. Jeder TN schreibt ein Zitat auf ein Kärtchen. Anschließend bilden die TN zwei Kreise. Jeder TN bildet mit dem Zitat des anderen TN einen neuen Satz. **(„Kugellager“, Glossar → S. 145)**		
Einzelarbeit	**AB 66/Ü11** Übung zu Redewiedergabe mit *laut, nach, zufolge* und *wie*; auch als Hausaufgabe geeignet.		
Einzelarbeit	**AB 67/Ü12** Übung zu Redewiedergabe: Die TN schreiben die Sätze mit *laut, nach, zufolge* und *wie* um; auch als Hausaufgabe geeignet.		
Einzelarbeit	**AB 67/Ü13** Schreibübung zum Lektionsthema *Kunst:* Die TN wählen ein Zitat aus dem Kursbuch (→ KB 61) und schreiben eine kurze Stellungnahme dazu; auch als Hausaufgabe geeignet.		

Ich kann jetzt ...

SOZIALFORM	ABLAUF	MATERIAL	ZEIT
Einzelarbeit	Die TN markieren, was auf sie zutrifft.		
Einzelarbeit	**VERTIEFUNG:** Die TN stellen sich im Kreis auf und bilden eine „Wortkette“ mit allen Zitaten aus Aufgabe 3 und 4. Die/Der erste TN gibt ein Zitat wieder *(Laut Pablo Picasso ...)* und wirft den Ball zur/zum nächsten TN, diese/dieser wiederholt das Zitat und fügt ein nächstes hinzu *(Laut Pablo Picasso ...; Nach Hildegard Knef ...)*. Die/Der nächste TN wiederholt die letzten zwei Zitate und fügt ein Neues an. Wer nicht mehr alle Zitate, die bereits genannt wurden, wiederholen kann, scheidet aus. Setzen Sie die Merkkette so lange fort, bis sich nur noch einer der TN an alle Zitate erinnert. **(„Merkkette“, Glossar → S. 145)**	Kärtchen Ball	

SPRECHEN

1 Ein sehenswertes Museum

SOZIALFORM	ABLAUF	MATERIAL	ZEIT
	Diese Einheit benötigt besondere Vorbereitungszeit und kann über einen längeren Zeitraum unterrichtsbegleitend durchgeführt werden. Einen Großteil der Recherche erledigen die TN außerhalb des eigentlichen Unterrichts. **→ t C1, Spr1**		
Partnerarbeit	Schritt 1: Die TN recherchieren zu zweit ein Museum in ihrer Nähe, welches sie interessant finden und gerne besuchen würden. In ländlichen Gebieten können sich die TN auf eine nah gelegene Stadt einigen, die als Tagesausflug erreichbar ist. Kontrollieren Sie die Gruppen, dass möglichst verschiedene Museen ausgesucht werden und sich kein Museum doppelt. **INTERKULTURELLES:** Achten Sie in multikulturellen Lerngruppen darauf, dass die TN möglichst kein Thema aus ihrem eigenen Kulturkreis wählen. Spannender ist es, wenn die TN sich mit Inhalten beschäftigen, die ihnen neu sind.		
Partnerarbeit	Schritt 2: Die TN recherchieren zu zweit Informationen zu dem von ihnen ausgewählten Museum und sammeln Material. Dabei sollten sie ihrer Recherche die im Kursbuch genannten Aspekte zugrunde legen.		
Plenum	**TIPP:** Bei ihrer Recherche sollten die TN möglichst auf verschiedene Quellen und Medien zurückgreifen (*Bücherei, Buchhandlung, Webseiten, Recherche vor Ort, Tourismusinformation, Stadtseite, Stadtmagazine ...*). Gerade bei der Internetrecherche sollten sie auf aktuelle und seriöse Informationen (z. B. *Besucherzahlen, Öffnungszeiten*) achten.		
Partnerarbeit	Schritt 3: Die Lernpartnerinnen/Lernpartner erarbeiten eine Gliederung ihrer Präsentation und berücksichtigen die Tipps, die zu den Teilen Einstieg, Hauptteil und Schluss im Kursbuch genannt werden. **TIPP:** Machen Sie die TN auf den Infotext *Wussten Sie schon...?* zum Thema Plagiat am Ende der Seite aufmerksam. Erwähnen Sie, dass die TN bei ihrer Präsentation die Texte und Beschreibungen zu den Museen selbst verfassen sollen und diese nicht wörtlich kopieren dürfen.		
Partnerarbeit	Schritt 4: Die TN erstellen Folien für ihre Präsentation. Wichtig ist dabei vor allem, eine Folie voranzustellen, die den Inhalt der Präsentation deutlich macht. Gehen Sie im Kursbuch kurz das Beispiel zum DDR-Museum durch. **TIPP 1:** Verdeutlichen Sie den TN, dass gute Folien den Vortrag unterstützen, aber nicht ersetzen sollen. Das Hauptaugenmerk der Präsentation sollte auf dem gesprochenen Vortrag liegen. Außerdem sollten die Folien nicht überfrachtet werden, bitten Sie die TN, sich wirklich nur auf die wichtigsten Informationen zu beschränken. **TIPP 2:** Wenn im Klassenraum die technischen Voraussetzungen gegeben sind, sollten Sie ihre TN dazu animieren, eine Powerpoint-Präsentation zu erstellen, die dann mittels Beamer präsentiert wird. Powerpoint-Präsentationen sind authentischer und insbesondere im Berufsleben eine gängige Praxis.	Folien für Präsentation, Beamer, Laptop	

Partnerarbeit Plenum	Schritt 5: Die TN ordnen zuerst die Redemittel den Sprechabsichten zu. Anschließen schreiben sie sich Stichpunkte für ihre eigene Präsentation unter Verwendung der vorgegebenen Redemittel. *Lösung: B4, C2, D6, E5, F1* **TIPP:** Motivieren Sie die TN dazu, ihre Präsentation nicht vollständig auszuformulieren, sondern sich auf die wichtigsten Stichpunkte und Redemittel zu konzentrieren, damit sie ihren Vortrag später möglichst frei halten können. Schritt 6: Die TN halten mithilfe ihres vorstrukturierten Vortrags eine Präsentation. Die Zuschauer geben anschließend ein Feedback und verwenden die Redemittel im Kursbuch. Lesen Sie vor dem Vortrag die Redemittel gemeinsam im Plenum und halten sie ggf. noch weitere Redemittel an der Tafel fest. Die Übungen im Arbeitsbuch (AB 68–69) zum Thema *Feedback geben* können gut zur Vorbereitung eingesetzt werden. Fragen Sie zunächst die Referenten: *Was fällt Ihnen an Ihrem eigenen Vortrag auf? An welcher Stelle haben Sie sich unsicher gefühlt und warum?* **TIPP 1:** Für das Feedback im Plenum können Sie vorab Expertengruppen bestimmen: Eine Gruppe achtet besonders auf Struktur und Inhalt, die nächste auf Grammatik/Wortschatz, eine andere auf Vortragstechnik/Körpersprache. **TIPP 2:** Damit das anschließende Feedback für die Referenten besser nachvollziehbar ist, wird die Präsentation mit dem Smartphone mitgefilmt. Bei der anschließenden Feedbackrunde schauen Sie sich den Vortrag im Plenum noch einmal Abschnitt für Abschnitt an. **TIPP 3:** Eine komprimierte Übersicht über das Halten von Präsentationen finden Sie auch im Anhang **(Strategie-Überblick → S. 151).**	Smartphone / Beamer	
Einzelarbeit	**AB 68/Ü14** Hörverstehen, in denen Studierende Feedbacks zu einer Präsentation geben; auch als Hausaufgabe geeignet.	3 🔊 30–33	
Einzelarbeit	**AB 68/Ü15** Übung zur Vertiefung der Redemittel zum Feedback-Geben. Die Rückmeldungen aus Übung 14 werden in Form eines Lückentextes noch einmal aufgegriffen, auch als Hausaufgabe geeignet.		
Einzelarbeit	**AB 69/Ü16** Übung, in der die TN schriftlich konstruktive Kritik üben; auch als Hausaufgabe geeignet.		
Einzelarbeit	**AB 69/Ü17** Leseverstehen zum Thema *Plagiat;* auch als Hausaufgabe geeignet.		

Ich kann jetzt ...

SOZIALFORM	ABLAUF	MATERIAL	ZEIT
Einzelarbeit	Die TN markieren, was auf sie zutrifft.		
Plenum	**VERTIEFUNG:** Die TN stellen sich im Kreis auf. Mit der Methode „Blitzlicht“ fassen die TN eine der Präsentationen kurz, prägnant und möglichst in einem Satz zusammen. Nennen Sie noch einmal den Titel des Referats *(Ein sehenswertes Museum)* und geben Sie kurz Zeit, damit sich die TN an die Präsentationen der Museen erinnern können. Werfen Sie einer/einem TN den Ball zu, die/der den Inhalt der Präsentation zusammenfasst: *In der Präsentation von Carlos und Claudine ging es um die Geschichte des DDR-Museums in Berlin und welche Bedeutung es für Deutschland hat.* Fahren Sie mit der nächsten Präsentation fort. So bekommen die Referenten ein Feedback, was von ihrem Vortrag hängen geblieben ist. **(„Blitzlicht“, Glossar → S. 144)**	Ball	

LESEN 2

1 Ein Leben für die Kunst

SOZIALFORM	ABLAUF	MATERIAL	ZEIT
Gruppenarbeit Plenum	a) Bilden Sie Murmelgruppen und lassen Sie die TN darüber spekulieren, was der Ausdruck *brotlose Kunst* bedeuten könnte. Sammeln Sie anschließend alle Aussagen an der Tafel. **(„Murmelgruppen“, Glossar → S. 146)** *Lösungsvorschlag: Der Ausdruck* Brotlose Kunst *bezeichnet berufliche Tätigkeiten, die zwar interessant sind, aber nicht genug Gewinn einbringen, um davon leben zu können.*		
Einzelarbeit Plenum	b) Die TN lesen die Reportage und ergänzen die Lücken. Kontrolle im Plenum. **→ Ö C1, Les4** *Lösung: 1 ersten, 2 sein, 3 über, 4 Personen, 5 wie, 6 sich, 7 wissen, 8 gefragt, 9 zu, 10 wichtig, 11 Gedanken, 12 nichts, 13 angemeldet, 14 anderem, 15 empfahl.* **VERTIEFUNG:** Die TN stellen sich mithilfe der Kopiervorlage gegenseitig noch weitere Fragen zum Thema *Kunst*. Jede/Jeder TN erhält eine Kopie und kreuzt zunächst fünf Fragen an, die sie/er interessant findet (Kopiervorlage Lektion 5/1 → S. 123). Danach gehen die TN durch den Raum und finden sich spontan zu Zweiergruppen zusammen. Geben Sie eine bestimmte Zeit vor, in der die Lernpartnerinnen/Lernpartner sich ihre ausgewählten Fragen gegenseitig stellen und diskutieren (ca. 5 Minuten). Danach gehen die TN wieder durch den Raum und es finden sich neue Zweierteams. **(„Raumlauf“, Glossar → S. 146)**	Kopiervorlage Lektion 5/1	
Gruppenarbeit Plenum	c) Die TN diskutieren in Dreiergruppen, welche anderen Erwerbsmöglichkeiten unbekannte Künstler haben könnten. Sammeln Sie die Ideen an der Tafel.		
Gruppenarbeit	d) Lesen Sie die Aufgabe und stellen Sie sicher, dass alle TN die Situation verstanden haben. Die TN arbeiten zu zweit. Einer der TN übernimmt die Rolle von Mahdi, die/der andere berät. Anschließend wechseln die TN die Rollen.		

2 Fragen in der indirekten Rede

SOZIALFORM	ABLAUF	MATERIAL	ZEIT
Einzelarbeit Plenum	a) Die TN lesen die indirekte Frage und bilden daraus direkte Fragen. Kontrolle im Plenum. *Lösung: „Was ist Ihnen als Künstlerinnen wichtig? Würden Sie ihre Werke auch verkaufen bzw. haben Sie schon einmal welche verkauft?“*		
Einzelarbeit Plenum	b) Die TN lesen die Reportage erneut und markieren weitere indirekten Fragen im Text. Anschließend vergleichen sie ihre Ergebnisse im Kurs und bilden daraus direkte Fragen. Kontrolle im Plenum. *Lösung: Die Studierenden wurden auch gefragt, ob der Gedanke an den eigenen Broterwerb als Künstler sie manchmal beschäftige oder gar beunruhige: „Beunruhigt oder beschäftigt Sie der Gedanke an den eigenen Broterwerb als Künstler?“ Außerdem bat man sie zu verraten, welche Möglichkeiten sie für sich sähen, ein finanziell einigermaßen abgesichertes Leben zu führen: „Welche Möglichkeiten sehen Sie für sich, ein finanziell einigermaßen abgesichertes Leben zu führen?“*		
Einzelarbeit Plenum	c) Die TN lesen die indirekten Fragen im Text noch einmal und notieren sich die einleitenden Verben und das Fragewort bzw. die Konjunktion. Halten Sie die Ergebnisse an der Tafel fest. *Lösung: 1 … wollten wissen, was … 2 … wurden gefragt, ob…, 3 … bat man zu verraten, welche …*		
Einzelarbeit Plenum Gruppen- arbeit	d) Die TN lesen die zwei Varianten und ordnen zu, welcher Satz umgangssprachlich bzw. in Schriftsprache verfasst ist. Kontrolle im Plenum. *Lösung: <u>Frage 1:</u> Schriftsprache, <u>Frage 2:</u> mündliche Umgangssprache* **VERTIEFUNG 1:** Die TN arbeiten in Kleingruppen und formulieren gemeinsam eine Regel / Definition für indirekte Fragesätze. Sammeln Sie die Ergebnisse an der Tafel und formulieren Sie daraus eine Regel für die indirekten Fragesätze. **FOKUS GRAMMATIK:** Indirekte Fragesätze werden mit einem Verb *(wissen wollen, fragen, erfahren wollen)*, einem Fragewort *(wer, wie, was)* oder der Konjunktion *ob* eingeleitet. Das konjugierte Verb am Satzende steht in der Umgangssprache im Indikativ, in der Schriftsprache meistens im Konjunktiv. Verweisen Sie auch auf die Grammatikübersicht im Kursbuch (→ KB 68/3a) und auf den Infotext *Indirekte Fragen stellen.* An dieser Stelle bietet es sich an, noch einmal den Konjunktiv I zu wiederholen (siehe dazu auch *Sicher in Alltag und Beruf B2.2*, Lektion 7). **VERTIEFUNG 2:** Die TN formulieren in Kleingruppen weitere direkte Fragen und schreiben sie auf Kärtchen. Die Kärtchen werden mit anderen Gruppen ausgetauscht, auf der Rückseite der Kärtchen in indirekte Fragen umformuliert und anschließend schriftlich beantwortet und zurückgegeben. Die Gruppen korrigieren sich nun gegenseitig.	Kärtchen	
Einzelarbeit	**AB 70/Ü18** Wiederholungsübung zur indirekten Rede, in der die TN einen Zeitungsartikel umformulieren; auch als Hausaufgabe geeignet.		
Einzelarbeit	**AB 70/Ü19** Übung zur indirekten Rede, in der die TN die Regel selbst entdecken; auch als Hausaufgabe geeignet.		
Einzelarbeit	**AB 71/Ü20** Übung zu indirekten Fragesätzen anhand eines Blogs über eine Diskussionsrunde zum Thema *Kunst*; auch als Hausaufgabe geeignet.		

Ich kann jetzt ...

SOZIALFORM	ABLAUF	MATERIAL	ZEIT
Einzelarbeit Plenum	Die TN markieren, was auf sie zutrifft. **VERTIEFUNG:** Die TN stellen sich im Kreis auf und machen eine „Wortkette“. Die/Der erste TN stellt eine Frage zum Thema *Kunst* (oder eine freie Frage) und wirft den Ball zur/zum nächsten TN, diese/dieser wiederholt die Frage in der indirekten Rede *(Pablo will wissen, warum ..., Marija fragt, ob ...)* und stellt die nächste Frage. Die/Der nächste TN wiederholt die letzten zwei Fragen und fügt eine neue an. Wer nicht mehr alle Fragen, die bereits genannt wurden, wiederholen kann, scheidet aus. Eine Beantwortung der Fragen findet nicht statt, es geht nur um die Wiederholung der indirekten Rede. **(„Merkkette“, Glossar → S. 145)**	 Ball	

SCHREIBEN

1 Gute Vorbereitung

SOZIALFORM	ABLAUF	MATERIAL	ZEIT
Plenum	Überlegen Sie gemeinsam im Kurs Tipps zur Erstellung einer Bewerbungsmappe für Designstudenten. Besprechen Sie auch, wo sich Bewerbende Tipps holen könnten und sammeln Sie die Tipps an der Tafel. *Lösungsvorschlag: Er könnte Freunde oder Bekannte fragen, die in einem ähnlichen Berufsfeld eine Ausbildung gemacht haben oder arbeiten. Er könnte in einer Bibliothek relevante Bücher zum Thema suchen und sich die Informationen dort zusammensuchen.* **TIPP:** Fragen Sie im Kurs, ob jemand Erfahrung mit Bewerbungen zu künstlerischen Studiengängen hat oder jemanden kennt, der Erfahrungen hat. Erklären Sie den TN, dass bei Bewerbungen zu künstlerischen Studiengängen (z. B. *Bildende Kunst, Werbedesign, Modedesign, Industriedesign, Architektur*). Bewerber nicht nur das übliche Einschreibeprozedere durchlaufen, sondern sich vorher mit Arbeitsproben in Form von Zeichnungen und Bildern mit einer Mappe bewerben müssen. Meist findet dann noch im zweiten Auswahlverfahren ein Eignungstest statt, indem die Bewerber eine künstlerische Aufgabe gestellt bekommen, die sie bearbeiten sollen.		

2 Anmeldung für einen *Mappenkurs*

SOZIALFORM	ABLAUF	MATERIAL	ZEIT
Einzelarbeit Plenum	a) Die TN lesen die Notizen und die E-Mail. Anschließend ordnen sie die Notizen den entsprechenden Absätzen der E-Mail zu. Kontrolle im Plenum. *Lösung: 5, 3, 1, 2, 4*		
Gruppenarbeit	b) Teilen Sie den Kurs in Zweiergruppen auf. Jede Gruppe überlegt sich Argumente, wie Milan seine Notwendigkeit, den Mappenkurs im März zu besuchen, begründen kann. Sammeln Sie die Argumente anschließend im Kurs und schreiben Sie sie an die Tafel.		

Einzelarbeit Gruppen- arbeit	c) Die TN lesen zunächst die Redemittel für das Schreiben einer formellen E-Mail. Anschließend schreiben sie im Namen Milans eine E-Mail an die Veranstalter des Mappenkuses mit dem Ziel, trotz Versäumnissen in der Anmeldung noch am Mappenkurs teilnehmen zu können. Geben Sie den TN eine bestimmte Zeit vor (z. B. 30 Minuten). Motivieren Sie die TN sich zunächst über den Aufbau Stichworte aufzuschreiben. **→ Ö C1, Schr1** **TIPP:** Die TN lesen, kommentieren und korrigieren die E-Mails in Gruppen untereinander. Teilen Sie dazu den Kurs in Vierergruppen auf. **(„Kommentarlawine“, Glossar → S. 145)** *Lösungsvorschlag: Sehr geehrter Herr Vollitsch, soeben erhielt ich Ihre E-Mail mit der Mitteilung, meine Teilnahme am Mappenkurs sei nicht möglich. Es tut mir sehr leid, dass ich mich nicht zurückgemeldet habe. Allerdings habe ich keine Aufforderung erhalten, dass ich mich verbindlich anmelden musste. Den Kurs nicht zu besuchen, würde für mich bedeuten, dass ich meine Mappe nicht rechtzeitig fertigstellen und im Mai abgeben kann. Es wäre für mich deshalb äußerst wichtig, wie geplant an diesem Kurs teilzunehmen. Aus diesem Grund würde ich Sie dringend bitten, mir die Teilnahme zu ermöglichen.* *Vielen Dank für Ihr Verständnis und Ihre Bemühungen.* *Ihr Milan Karbovski*		

3 Imperativ in der indirekten Rede

SOZIALFORM	ABLAUF	MATERIAL	ZEIT
Einzelarbeit Plenum	a) Die TN hören die Sprachnachrichten von Milan und Sara. Sie notieren in Stichpunkten die Ratschläge, die Sara Milan gibt. Kontrolle im Plenum. *Lösung: nach anderen Anbietern für Kurse suchen; nicht zu spät anfangen, Entwürfe für die Mappe zu machen; Fotos schicken, die sie der Cousine zeigen kann, weil diese im Museum für moderne Kunst arbeitet*	1 🔊 20–23	
Einzelarbeit Plenum	b) Die TN hören Saras Ratschläge an Milan erneut und ergänzen die Imperative. Kontrolle im Plenum. *Lösung: Sara sagt(e), Milan solle sich am besten bei anderen Studierenden erkundigen, wie sie sich vorbereitet haben; Sie sagt(e), er müsse unbedingt noch nach anderen Anbietern suchen; Sara meint(e), Milan dürfe auf keinen Fall zu spät anfangen, Entwürfe zu machen; Sara bittet ihn, er möge ihr Fotos seiner Entwürfe schicken. Außerdem meint sie, er solle sich nicht entmutigen lassen, er werde bestimmt genommen.* **FOKUS GRAMMATIK:** Verdeutlichen Sie den TN, dass der Imperativ in der indirekten Rede mit Modalverben vor allem in der geschriebenen Sprache verwendet wird. *Sollen* steht für eine neutrale Bitte / Aufforderung, *mögen* für eine höfliche Bitte / Aufforderung, *müssen* für eine dringende Bitte / Aufforderung und *auf gar keinen Fall dürfen* / *auf gar keinen Fall sollen* für eine dringende / neutrale / negative Bitte / Aufforderung. Wiederholen Sie noch einmal die Regel (wenn nicht schon im Teil LESEN geschehen) für den Konjunktiv I. Machen Sie den TN deutlich, dass der Konjunktiv I durch den Konjunktiv II ersetzt wird, wenn er dem Indikativ entspricht. *(Sara sagte: „Erkundige dich bei anderen.“ – Sara sagte, er solle sich bei anderen erkundigen.)* Verweisen Sie auch auf die Grammatikübersicht im Kursbuch (→ KB 68/3b).	1 🔊 20–23	

Einzelarbeit Plenum	c) Die TN ordnen zu den Sätzen in 3b die Bedeutungen *dringende Aufforderung, höfliche Bitte, neutrale Aufforderung, dringende Aufforderung mit Negation* und *neutrale Aufforderung mit Negation* zu. Kontrolle im Plenum. *Lösung: (von oben nach unten) C, A, D, (B), E* **VERTIEFUNG:** Die TN arbeiten in Kleingruppen und vertiefen den Imperativ in der indirekten Rede anhand der Kopiervorlage. Jede Kleingruppe bekommt einen Satz Karten mit den Imperativsätzen. Sie werden gemischt und verdeckt auf dem Tisch verteilt. Jede/Jeder TN zieht reihum eine Karte und formt den Satz mit dem korrekten Modalverb in die indirekte Rede um. Die TN Würfeln, in welcher Person sie den Satz umformen sollen (Augenzahl *1: ich sage..., 2: du sagst..., 3: er/es/sie sagt..., 4: wir sagen..., 5: ihr sagt..., 6: sie/Sie sagen...; Beispiel für Augenzahl 4: „Wir sagen, wir müssten Sponsoren finden, die uns finanzieren“*). Die anderen TN kontrollieren, ob die Antwort richtig ist. Bei korrekter Antwort darf die/der TN die Karte behalten. Wer am Ende am meisten Karten hat, hat gewonnen. (Kopiervorlage Lektion 5/2 → S. 124)	Kopiervorlage Lektion 5/2, Würfel	
Einzelarbeit	**AB 71/Ü21** Entdeckende Übung zum Imperativ in der indirekten Rede; auch als Hausaufgabe geeignet.		
Einzelarbeit	**AB 72/Ü22** Übung zum Imperativ in der indirekten Rede; auch als Hausaufgabe geeignet.		

Mein Dossier

SOZIALFORM	ABLAUF	MATERIAL	ZEIT
Einzelarbeit	**AB 72/Ü23** Jeder TN verfasst einen Text zu seinem Lieblingskunstwerk und erläutert seine Vorlieben.		

Ich kann jetzt ...

SOZIALFORM	ABLAUF	MATERIAL	ZEIT
Einzelarbeit	Die TN markieren, was auf sie zutrifft.		
Gruppenarbeit	**VERTIEFUNG:** Bilden Sie Dreiergruppen. Die TN formulieren gegenseitig Ratschläge mit den Verben *(nicht) sollen, müssen, mögen, (nicht) dürfen* in der direkten und indirekten Rede. Ein TN fängt an und gibt der/dem rechts von ihm sitzenden Lernpartnerin/Lernpartner einen Ratschlag *(z. B. Du solltest mehr Grammatik lernen).* Dann gibt Partner 2 an Partner 3 den Ratschlag in der indirekte Rede weiter *(Gül meint, ich solle mehr Grammatik lernen.).* Anschließend formuliert sie/er einen neuen Ratschlag an Partner 3. Partner 3 gibt den Ratschlag in der indirekten Rede an Partner 1 weiter und formuliert danach einen neuen Ratschlag.		

LERNWORTSCHATZ (Arbeitsbuch → AB 73)

SOZIALFORM	ABLAUF	MATERIAL	ZEIT
Einzelarbeit	Die TN nehmen sich jeden Tag fünf neue Wörter aus dem Lernwortschatz der Lektion vor und finden Synonyme (gleichbedeutende Wörter) und Antonyme (gegenteilige Wörter) dafür *(„trivial" bedeutet: einfach, flach, banal. Das Gegenteil wäre: intelligent, anspruchsvoll, herausfordernd).* Antonyme zu finden ist schwieriger und funktioniert meist nur bei Adjektiven und Verben.		

LEKTIONSTEST 5 (Arbeitsbuch → AB 74)

SOZIALFORM	ABLAUF	MATERIAL	ZEIT
Einzelarbeit	Mithilfe des Lektionstests haben die TN die Möglichkeit, ihr neues Wissen in den Bereichen Wortschatz, Grammatik und Redemittel zu überprüfen. Wenn die TN mit einzelnen Bereichen noch Schwierigkeiten haben, können sie gezielt noch einmal einzelne Module wiederholen.		

REFLEXION DER LEKTION

SOZIALFORM	ABLAUF	MATERIAL	ZEIT
Gruppenarbeit	Die TN arbeiten in Kleingruppen, wählen ein Wortfeld aus der Lektion aus *(Bildinterpretation, Künstlerbiographie, moderne Kunst, sehenswerte Museen, Studium an der Kunstakademie)* und formulieren mit diesem Wortschatz drei Aufgaben zur Grammatik der Lektion (Vorsilben mit *be-* und *ver-*, Redewiedergabe mit *nach, laut, zufolge* und *wie*) oder Fragen in der indirekten Rede und Imperativ auf drei verschiedene Kärtchen, die Antworten schreiben sie auf die Rückseiten. *(Nenne mir drei Verben mit der Vorsilbe* ver-, *die etwas verändern; Formuliere den Satz: „Lesen Sie bitte die Studienordnung" mit einem Modalverb in die indirekte Rede um. ...)* Die Kärtchen werden nun gut gemischt und unter den Gruppen aufgeteilt. Die Kleingruppen lösen die Aufgaben und fragen ggf. nach, wenn es Verständnisschwierigkeiten gibt.	Kärtchen	

EINSTIEG

Vor dem Öffnen des Buches

SOZIALFORM	ABLAUF	MATERIAL	ZEIT
Gruppen- arbeit Plenum	Die TN arbeiten in Vierergruppen und notieren auf einem Plakat, was ihnen spontan zum Thema *Studium* einfällt. Sie präsentieren sich ihre Ergebnisse und einigen sich zusammen auf die wichtigsten Punkte, die sie in die Mitte des Plakates schreiben. Anschließend präsentieren die TN im Plenum, worauf sie sich geeinigt haben. **(„Placemat", Glossar → S. 146)**	Plakate	

1 Man lernt nie aus

SOZIALFORM	ABLAUF	MATERIAL	ZEIT
Gruppen- arbeit Plenum Gruppen- arbeit Plenum	Die TN arbeiten in Dreiergruppen und finden eine Bildunterschrift zu dem Foto, die sie genauer erläutern. Vergleichen Sie die Ergebnisse der Gruppen im Plenum. *Lösungsvorschlag: „Man lernt nie aus" – man ist nie zu alt, um etwas Neues zu lernen; „Studium im Alter" – ein Studium an einer Universität ist in jedem Alter möglich.* **VERTIEFUNG:** Die TN überlegen sich eine fiktive Biografie für die abgebildete Person. Wo und wie ist sie aufgewachsen? Welche Ausbildung hat sie durchlaufen, welchen Beruf hat sie ausgeübt? Vergleichen Sie die Ergebnisse im Plenum.		
Einzelarbeit	**AB 75/Ü1** Wortschatzübung zum Thema *Studium*, gut geeignet als Einstimmung auf die Lektion; auch als Hausaufgabe geeignet.		

2 Studienziele

SOZIALFORM	ABLAUF	MATERIAL	ZEIT
Gruppen- arbeit Plenum	a) Die TN arbeiten weiter in ihren Dreiergruppen und überlegen sich, welche Beweggründe die abgebildete Person im Vergleich zu „normalen Studierenden" hat, zu studieren. Vergleichen Sie die Ergebnisse im Plenum. *Lösungsvorschlag: Sie langweilt sich in ihrem Beruf und sucht eine neue Herausforderung. Da sie ihre Kinder großziehen musste, hatte sie keine Zeit, ihr „Traumfach" zu studieren. Sie hat viel Freizeit und studiert nur aus Interesse/Neugierde. Sie hatte nie das Geld für ein Studium und holt es jetzt nach.*		
Einzelarbeit Plenum	**AB 75/Ü2** Hörverstehen zum Thema *Studium mit 50*. Kontrolle im Plenum.	3 🔊 34	
Plenum	b) Die TN diskutieren im Plenum, wie sie es fänden, generationsübergreifend mit Menschen aller Alterstufen zu studieren. TN die schon Erfahrungen haben, berichten darüber. **INTERKULTURELLES:** Fragen Sie die TN, ob es in ihren Heimatländern auch ältere Studierende gibt: *Gibt es in Ihrem Heimatland Studienmöglichkeiten für alle Altersgruppen? Gibt es Studienmöglichkeiten für Senioren oder Quereinsteiger? Ist das üblich oder eher unüblich?* Die TN diskutieren und ziehen einen Vergleich zu den deutschsprachigen Ländern.		

Einzelarbeit Plenum	**VERTIEFUNG:** Die TN recherchieren im Internet: *An welchen deutschen Universitäten gibt es spezielle Studienangebote für ältere Menschen? Was sind die Zugangsvoraussetzungen?* Die TN präsentieren ihre Ergebnisse im Plenum. Anschließend diskutieren die TN im Plenum: *Würden Sie im Alter ein solches Studienangebot wahrnehmen? Wie denken junge Studierende wohl über ihre „alten Kommilitonen"?*		

LESEN 1

1 Studienrichtungen

SOZIALFORM	ABLAUF	MATERIAL	ZEIT
Einzelarbeit Partnerarbeit Plenum Einzelarbeit Partnerarbeit Plenum	a) Die TN lesen zunächst jeder für sich die Beschreibungen der Personen und der Studienrichtungen. Danach arbeiten sie zu zweit und ordnen den Personen passende Studienrichtungen zu. Anschließend besprechen die TN im Plenum ihre Zuordnungen und begründen, warum der jeweilige Studiengang zur Person passt. *Lösungsvorschlag: 1 NG, 2 NK, 3 RK, 4 SR, 5 SG* **VERTIEFUNG:** Die TN ordnen zunächst in Einzelarbeit den Personen Studiengängen zu. Danach arbeiten sie zu zweit, klären unbekannten Wortschatz und vergleichen die Ergebnisse. Erst danach findet die Besprechung im Plenum statt. **TIPP:** Achten Sie bei Übungsaufgaben, die Sie zusammen mit den TN im Kurs lösen, auf unterschiedliche Sozialformen, damit der Unterricht abwechslungsreich bleibt. Eine Möglichkeit wäre es, in der Reihenfolge Einzelarbeit – Partnerarbeit/Gruppenarbeit – Plenum vorzugehen. Zunächst bekommen die TN Zeit, sich die Aufgabe alleine zu erschließen, dann tauschen sie sich mit den anderen TN zu zweit oder in Kleingruppen aus, erst ganz am Ende werden die Ergebnisse im Plenum besprochen.		
Einzelarbeit	**AB 76/Ü3–4** Wortschatzübungen zum Thema *Studium*; auch als Hausaufgabe geeignet.		
Einzelarbeit Plenum Gruppen- arbeit Plenum	b) Die TN markieren die Charakteristika der Studienrichtungen, die zu ihren Interessen passen und fassen diese in einem Text zusammen. Dann vergleichen die TN ihre Statements im Kurs. Die TN mit der Tendenz zur selben Fachrichtung setzen sich in Gruppen zusammen und tauschen sich über das Ergebnis und über ihre Wünsche und Vorstellungen aus. **VERTIEFUNG:** Veranstalten Sie im Kurs eine „Studien-Börse". Die Gruppen der einzelnen Fachbereiche machen Werbung für ihren Fachbereich und versuchen die anderen Gruppen davon zu überzeugen, dass ihr Fachbereich der attraktivste ist.		
Einzelarbeit	**AB 77/Ü5** Vertiefendes Leseverstehen zum Thema *Der deutsche Wortschatz*; auch als Hausaufgabe geeignet. → **G C1, Les1**		

2 Präpositionen mit Dativ

SOZIALFORM	ABLAUF	MATERIAL	ZEIT
Einzelarbeit Plenum	a) Die TN ordnen die Präpositionen zu. Kontrolle im Plenum. *Lösung: 1 weit weg von, 2 zusammen mit, 4 für/wegen*		
Einzelarbeit Plenum	b) Die TN ergänzen die Präpositionen. Kontrolle im Plenum. *Lösung: 1 zuliebe, 2 entsprechend, 3 samt, 4 fern* **FOKUS GRAMMATIK:** Machen Sie den TN deutlich, dass diese Präpositionen vorwiegend im gehobenen, schriftlichen Sprachgebrauch, z. B. in wissenschaftlichen Texten oder offiziellen Schreiben, verwendet werden. Noch ein Hinweis: „fern" ist keine typische Präposition mit Dativ, denn sie kann auch mit Genitiv verwendet werden. In Kombination mit „von" steht der Dativ (fern von allem/der Heimat), ansonsten steht der Genitiv (fern des Alltags/der Heimat). Verweisen Sie auch auf die Grammatikübersicht im Kursbuch (→ KB 80/1).		
Einzelarbeit Plenum	**AB 78/Ü6** Übung zu den Präpositionen mit Dativ. Die Präpositionen müssten den TN schon aus *Sicher in Alltag und Beruf! B1+* und *Sicher in Alltag und Beruf! B2* bekannt sein, deshalb ist diese Übung auch gut als Wiederholungsübung geeignet. Kontrolle im Plenum.		
Einzelarbeit	**AB 78/Ü7** Entdeckende Übung zu den Präpositionen mit Dativ. Die TN markieren die Präpositionen im Text (a) und die Regel in der Tabelle (b); auch als Hausaufgabe geeignet.		
Einzelarbeit	**AB 78–79/Ü8** Übung zu den Präpositionen mit Dativ; auch als Hausaufgabe geeignet.		

Ich kann jetzt ...

SOZIALFORM	ABLAUF	MATERIAL	ZEIT
Einzelarbeit	Die TN markieren, was auf sie zutrifft.		
Gruppenarbeit Plenum	**VERTIEFUNG:** Teilen Sie den Kurs in fünf Gruppen auf. Jeder Gruppe wird eine Studienrichtung aus der Einheit *Lesen 1* zugeordnet. Die TN bekommen nun fünf Minuten Zeit, um eine Definition ihres Fachbereichs in einem Satz zu schreiben, in eigenen, leicht verständlichen Worten. Dabei bleibt das Buch geschlossen. Anschließend präsentieren sich die Gruppen gegenseitig ihre Definition. Machen Sie die TN darauf aufmerksam, dass es sich bei Kurzzusammenfassungen um eine Lesestrategie handelt, mit der sich komplexe Texte besser erschließen lassen **(Strategie-Überblick → S. 149).**		

WORTSCHATZ

1 Interessante Forschungsergebnisse

SOZIALFORM	ABLAUF	MATERIAL	ZEIT
Partnerarbeit Plenum	a) Die TN arbeiten zu zweit und finden eine Überschrift für die Schlagzeilen. Vergleichen Sie die Ergebnisse im Plenum. *Lösungsvorschlag: 2 Abnehmen durch Lachen, 3 Weniger Niederschlag in Europa, 4 Erwachsene erkälten sich circa dreimal pro Jahr, 5 Schüler lernen besser in gleichgeschlechtlichen Klassen, 6 Beziehungsstress ist schlecht für die Gesundheit*		
Partnerarbeit Plenum	b) Die TN schreiben in jedem Absatz die Wörter heraus, die die Tätigkeit eines Forschers beschreiben. Kontrolle im Plenum. *Lösung: 2 ermitteln, 3 herausfinden, 4 feststellen, 5 entdecken, 6 ans Tageslicht bringen*		
Gruppen- arbeit Plenum	c) Teilen Sie den Kurs in Vierergruppen auf. Jede Gruppe schreibt die 6 Ausdrücke aus 1b auf Zettel. Nacheinander zieht jeder TN aus der Gruppe einen Zettel und referiert damit ein Forschungsergebnis. **VERTIEFUNG:** Die TN diskutieren im Plenum, welche Charakteristika wissenschaftlicher Sprache sie noch kennen. Dazu wählen sie aus dem Buch oder aus dem Internet einen wissenschaftlichen Text. *Lösungsvorschlag: Wissenschaftliche Texte sind unter anderem gekennzeichnet durch Nominalstil („Zweitsprachenerwerbsforschung“ anstatt „die Forschung der zweiten erworbenen Sprache“), Ich-Tabu (Passiv-Konstruktionen, Verwendung von „man“ anstatt „ich“), fachbezogene Fremdwörter, Partizipialkonstruktionen („die zunehmenden Signale“ anstatt: „die Signale, die zunehmen“) etc.*		

2 Wortbildung: Nachsilben bei Nomen

SOZIALFORM	ABLAUF	MATERIAL	ZEIT
Einzelarbeit Plenum	a) Die TN ergänzen die Artikel. Kontrolle im Plenum. *Lösung: die Distanz, das Dokument, die Eleganz, das Experiment, das Instrument, der Sekretär, die Intelligenz, die Resonanz, die Konferenz, der Journalismus, der Kommentar, die Kompetenz, die Konkurrenz, der Sarkasmus, das Medikament, der Organismus, der Enthusiasmus*		
Einzelarbeit Plenum Plenum	b) Die TN ergänzen die Tabelle. Kontrolle im Plenum. Verweisen Sie auch auf die Grammatikübersicht im Kursbuch (KB 80/2). *Lösung: -ismus/-asmus: der; -ar/-är: der; -ment: das; -anz: die; -enz: die* **VERTIEFUNG:** Die TN schließen das Buch. Schreiben Sie eine der Nachsilben an die Tafel. Zwei TN treten gegeneinander an und nennen abwechselnd so viele Wörter mit der jeweiligen Nachsilbe, wie ihnen einfallen. Sie machen so lange weiter, bis eine/ein TN nicht mehr weiter weiß. Die/der TN, die/der das letzte Wort genannt hat, hat gewonnen. **(„Word Battle“, Glossar → S. 148)**		
Einzelarbeit	**AB 79/Ü9** Übung zu Nachsilben bei Nomen; auch als Hausaufgabe geeignet.		

Ich kann jetzt ...

SOZIALFORM	ABLAUF	MATERIAL	ZEIT
Einzelarbeit	Die TN markieren, was auf sie zutrifft.		
Einzelarbeit Plenum	**VERTIEFUNG:** Die TN wenden noch einmal den erlernten Wortschatz an, indem sie selbst zu einem spannenden wissenschaftlichen Thema im Internet recherchieren. Anschließend schreiben Sie einen kurzen Text und verwenden die Ausdrücke (aus 1b), so viele Nomen mit Nachsilben wie möglich (aus 2) und Präpositionen im Dativ (aus *Lesen 1*); auch als Hausaufgabe geeignet. Die TN präsentieren ihre Texte im Plenum.	Internet-recherche	

HÖREN

1 Sprache und Geschlecht

SOZIALFORM	ABLAUF	MATERIAL	ZEIT
Gruppen-arbeit Plenum	a) Die TN arbeiten in Kleingruppen und sprechen darüber, was in der Zeichnung thematisiert wird. Vergleichen Sie die Ergebnisse im Plenum. *Lösungsvorschlag: Die Zeichnung ist eine Parodie über die geschlechtergerechte Sprache. Bei dem Nomen für einen Gegenstand (hier: der Hammer) wird auch die weibliche Form genannt (die Hammerin).* **TIPP:** Fragen Sie die TN, wo sie im öffentlichen Leben oder im beruflichen Kontext bereits schon einmal mit geschlechtsneutralen Formulierungen in Verbindung gekommen sind (z. B. *Behörde*). Fragen Sie die TN auch, ob sie eine persönliche Haltung / Meinung zum Thema haben und wie diese lautet. Achten Sie jedoch darauf, noch nicht die in Aufgabe 3 thematisierten Aspekte in Bezug auf die Muttersprache der TN vorwegzunehmen.		
Gruppen-arbeit Plenum Einzelarbeit Plenum Gruppen-arbeit Plenum	b) Die TN bestimmen in ihren Kleingruppen das Geschlecht der Nomen. Kontrolle im Plenum *Lösung: 1 StudentInnen: gs, 2 Dozenten: m, 3 Dozierende: gn, 4 Lehrer: m, 5 Lehrkraft: gn, 6 Professorin: w, 7 Student/-in: gs, 8 Studentinnen und Studenten: gs* **VERTIEFUNG:** Die TN lesen die Information im Textkasten *Wussten Sie schon?* und diskutieren im Plenum. *Hat jemand schon Erfahrungen mit Frauenbeauftragten gemacht oder selbst in dieser Funktion gearbeitet? Bei welchen Anlässen könnte man eine Frauenbeauftragte kontaktieren? Gibt es „Frauenbeauftragte" in den Heimatländern der TN? Wie können öffentliche Einrichtungen und Firmen von Frauenbeauftragten profitieren? Welche Probleme könnten auftreten? Müsste es auch einen „Männerbeauftragten" geben?* Bilden Sie zwei gemischte Gruppen. Jede Gruppe wählt eine Frauenbeauftragte und einen Männerbeauftragten. Die beiden Gruppen diskutieren: *Wie könnte die Situation der Frauen (und Männer) im Kurs verbessert werden? Ist der Redeanteil von Männern und Frauen gleich? Bilden sich bei der Gruppenarbeit immer nur reine Männer- und Frauengruppen?* Vergleichen Sie die Ergebnisse im Plenum.		

2 Veränderung der Sprache

SOZIALFORM	ABLAUF	MATERIAL	ZEIT
Einzelarbeit Plenum	a) Die TN hören den ganzen Radiobeitrag und bringen die Aussagen in die richtige Reihenfolge. Kontrolle im Plenum. *Lösung: 2 Verschwinden der Anrede „Fräulein", 3 Wirklichkeit führt zu Veränderungen: Duzen, 4 Geschlechtsspezifik in der englischen Sprache, 5 Funktion der männlichen Formen im Spanischen* **TIPP:** Machen Sie die TN darauf aufmerksam, dass bei vielen Standard-Prüfungen Hörtexte wie in dieser Übung zweimal vorgespielt werden. Motivieren Sie die TN, sich nach dem ersten Hören die Hauptaussagen zu notieren und dadurch den Hörtext zu strukturieren **(Strategie-Überblick → S. 150).**	1 🔊 24	
Einzelarbeit Plenum	b) Die TN lesen die Aufgabe, hören die Texte noch einmal in Abschnitten und bearbeiten die Aufgaben. ***Abschnitt 1*** *Lösung: c* ***Abschnitt 2*** *Lösung: im Englischen ist die Bezeichnung „Mann" gleichbedeutend mit „Mensch"; im Spanischen benutzt man selbst für Eltern, Geschwister, Tante/Onkel und Königin/König nur die männliche Form.* **TIPP:** Vergleichen Sie die Ergebnisse im Plenum, indem Sie den Hörtext noch ein drittes Mal vorspielen und ggf. an den schwierigen Stellen noch einmal stoppen. Bei strittigen Fragen, oder wenn es um das Detailverständnis geht, können Sie den TN auch das Transkript kopieren (im Anhang dieses Lehrerhandbuchs).	1 🔊 25–26	
Einzelarbeit	**AB 79/Ü10** Wortschatzübung zur korrekten Anrede im Deutschen; auch als Hausaufgabe geeignet.		
Einzelarbeit	**AB 80/Ü11** Lesetext zur weiteren Vertiefung des Themas *Gendergerechtigkeit.* Auch als Hausaufgabe geeignet. **→ t C1, Les3; Ö C1, Les1; T C1, Les2**		

3 Meine Sprache

SOZIALFORM	ABLAUF	MATERIAL	ZEIT
Partnerarbeit Plenum	Die TN diskutieren zu zweit, wie „weiblich" und „männlich" in ihrer Muttersprache differenziert wird und ob Kritik daran geübt wird. Anschließend präsentieren die TN das Land ihrer Lernpartnerin/ihres Lernpartners im Plenum. **TIPP:** Bei Teilnehmergruppen aus demselben Land, können die TN von ihren Erfahrungen in anderen Fremdsprachen / Ländern berichten.		

Ich kann jetzt ...

SOZIALFORM	ABLAUF	MATERIAL	ZEIT
Einzelarbeit	Die TN markieren, was auf sie zutrifft.		

Gruppen-arbeit Plenum	**VERTIEFUNG:** Die TN arbeiten in vier Kleingruppen und schließen das Kursbuch. In einer bestimmten Zeit (2–3 Minuten) versuchen die TN, möglichst viele Personenbezeichnungen zum Thema *Studium* zu finden. Die vier Gruppen bekommen dazu folgende Vorgabe: Gruppe 1: weiblich Gruppe 2: männlich Gruppe 3: geschlechtsneutral Gruppe 4: beide Geschlechter Vergleichen Sie die Ergebnisse im Plenum. Die Gruppe mit den meisten Wörtern hat gewonnen.	Stoppuhr	

LESEN 2

1 Studierende im Gespräch

SOZIALFORM	ABLAUF	MATERIAL	ZEIT
Partnerarbeit Plenum	a)+b) Die TN sehen sich zu zweit die Bilder an und äußern Vermutungen über die Studienwahl der abgebildeten Personen. Sammeln Sie die Vermutungen der TN an der Tafel. Anschließend lesen die TN die Erfahrungsberichte und ordnen die Berichte den Personen zu. Kontrolle im Plenum. *Lösung: A Humanmedizin, C Volkswirtschaftslehre, B Informatik* **TIPP:** Gehen Sie zum Schluss noch einmal auf die Vermutungen der TN ein. Lagen die TN mit ihren Vermutungen richtig?		
Einzelarbeit Plenum	c) Die TN lesen die Antworten der Studierenden und formulieren dazu passende Fragen. Vergleichen Sie die Fragen im Plenum. *Lösungsvorschlag: 2 Wie lange hat die Immatrikulation gedauert?, 3 Wie viel Lernstoff gibt es? / Wie viel muss man in deinem Studium lernen?, 4 Wie ist der Kontakt zwischen Studierenden und Lehrenden / Professoren?*		
Einzelarbeit	**AB 81/Ü12** Leseübung zum Studium im deutschsprachigem Raum; auch als Hausaufgabe geeignet. → **G C1, Les2**		

2 Verweiswörter

SOZIALFORM	ABLAUF	MATERIAL	ZEIT
Einzelarbeit Plenum Gruppen-arbeit	a) Die TN notieren, worauf sich die Wörter im Text beziehen. Kontrolle im Plenum. *Lösung: 2 bezieht sich auf die Frage, 3 spezielle Vorschriften und Regelungen, 4 amtlich beglaubigte Übersetzung, 5 bezieht sich auf die Aussage des Vorredners, 6 Die meisten Vorlesungen, 7 kaum Kontakt zu Professoren, 8 diskutieren wir in kleinen Arbeitsgruppen* **VERTIEFUNG:** Die TN arbeiten in Kleingruppen, erklären sich gegenseitig, was Verweiswörter sein könnten, finden eine Definition und noch mehr Beispiele. Halten Sie die Ergebnisse an der Tafel fest und verweisen Sie erst dann auf die Grammatikübersicht im Kursbuch (→ KB 80/3). *Lösungsvorschlag: Verweiswörter verbinden Sätze kohärent und logisch miteinander und sorgen für einen besseren Stil.*		

Einzelarbeit Plenum Plenum	b) Die TN schreiben die Sätze aus a) ohne die Verweiswörter um. Kontrolle im Plenum. *Lösungsvorschlag: 2 Die Immatrikulation hat leider sehr lange gedauert; 3 Durch die speziellen Vorschriften und Regelungen hat das ganze Prozedere der Einschreibung viel Zeit gekostet; 4 Das Besorgen einer amtlich beglaubigten Übersetzung hat viel Zeit in Anspruch genommen; 5 Ich stimme Abdallah zu, dass man hier viel lernen muss. Das ist bei mir ähnlich; 6 In den meisten Vorlesungen hat man aufgrund der vielen Studierenden kaum Kontakt zu den Professoren; 7 Unsere Tutoren sind besonders wichtig, weil man kaum Kontakt zu den Professoren hat; 8 Wir haben viel Kontakt zu den Professoren, weil wir in kleinen Arbeitsgruppen diskutieren.* **VERTIEFUNG:** Die TN stellen sich im Kreis auf und veranstalten eine „Satzkette". Sie verwenden dabei die Kopiervorlage. Die/Der erste TN beginnt mit einem Aussagesatz zum Thema *Studium* und wirft den Ball zur/zum nächsten TN, die/der den Satz mit einem Verweiswort weiterführt (*„Man sollte sich vor Beginn eines Studiums gut informieren."* → *„Dadurch können Enttäuschungen vermieden werden."*), sich einen neuen Aussagesatz aussucht und den Ball weiterwirft. So geht es reihum. (Kopiervorlage Lektion 6/1 → S. 125)	 Kopiervorlage Lektion 6/1, Ball	
Einzelarbeit Plenum	**AB 82/Ü13** Übung zu verschiedenen Verweiswörtern (auf Niveau B1+/B2), die sich gut zur Wiederholung eignet. Kontrolle im Plenum.		
Einzelarbeit	**AB 82/Ü14** Entdeckende Übung zu Verweiswörtern; auch als Hausaufgabe geeignet.		
Einzelarbeit	**AB 83/Ü15** Übung zu den Verweiswörtern; auch als Hausaufgabe geeignet.		
Einzelarbeit	**AB 83/Ü16** Übung zu den Verweiswörtern; auch als Hausaufgabe geeignet.		

Ich kann jetzt ...

SOZIALFORM	ABLAUF	MATERIAL	ZEIT
Einzelarbeit	Die TN markieren, was auf sie zutrifft.		
Gruppenarbeit Plenum	**VERTIEFUNG:** Die TN arbeiten in Kleingruppen, recherchieren auf einschlägigen Seiten für ausländische Studierende im Internet (DAAD, Goethe-Institut etc.) und entwerfen ein Werbeplakat (oder eine Computer-Präsentation) zum Thema *Studieren in Deutschland. Warum sollten ausländische Studierende unbedingt zum Studieren nach Deutschland kommen? Was ist der Vorteil eines Studiums an einer deutschen Universität? Was hat Deutschland jungen Menschen zu bieten?* Die TN präsentieren anschließend ihre Plakate im Plenum. **(„Kursausstellung", Glossar → S. 145)**	Plakate / Präsentation über Beamer	

SPRECHEN

1 Tätigkeiten im Studium und im Beruf

SOZIALFORM	ABLAUF	MATERIAL	ZEIT
Partnerarbeit Plenum	a) Die TN arbeiten zu zweit und überlegen sich für die Bilder Bildunterschriften. Sammeln Sie die Vorschläge im Plenum. *Lösungsvorschlag: A Eine Vorlesung besuchen, B Eine Seminararbeit schreiben, C Eine Präsentation halten*		
Einzelarbeit Plenum	b) Die TN markieren, welche der Tätigkeiten zum Studium, zum Beruf oder zu beidem passen. Kontrolle im Plenum. *Lösung: An Sitzungen teilnehmen: B, ein Protokoll schreiben: B+S, Informationen zu einem Thema recherchieren: S, eine Präsentation halten: B+S, eine Seminararbeit verfassen: S, einen Kalender führen: B, einen Projektantrag verfassen: B+S; Fachliteratur bibliographieren: S, geschäftliche Kontakte pflegen: B*		
Plenum Gruppen- arbeit	c) Die TN diskutieren im Plenum, welche der in 1b genannten Tätigkeiten sie bereits im Studium oder im Beruf gemacht haben und erläutern ihre Erfahrungen. **VERTIEFUNG:** Bilden Sie Vierergruppen. Die Gruppen gehen zusammen die Tätigkeiten nochmals durch und diskutieren, was sie für besonders schwierig halten. Warum sind ihnen bestimmte Tätigkeiten schwergefallen? Welche sind ihnen leichtgefallen? Die Kleingruppen präsentieren ihre Ergebnisse anschließend im Plenum.		

2 Diskussion

SOZIALFORM	ABLAUF	MATERIAL	ZEIT
Gruppen- arbeit Plenum	Als Vorbereitung auf die anschließende Diskussion arbeiten die TN in Dreiergruppen und finden zu den Begriffen „auf Argumente des Gegenübers eingehen“, „Alternativen vorschlagen“ und „eine Entscheidung einleiten“ so viele Redemittel wie möglich, das Buch bleibt dabei noch geschlossen. Halten Sie die Ergebnisse an der Tafel fest und ergänzen Sie die Liste anschließend ggf. mit den Redemitteln aus dem Buch.		
Einzelarbeit Plenum	**AB 84/Ü17** Zur Festigung der neu erlernten Redemittel eignet sich gut die Aufgabe im Arbeitsbuch. Kontrolle im Plenum.		
Gruppen- arbeit Plenum Gruppen- arbeit	Die TN diskutieren in Dreiergruppen über die vier Projekte und kommen anschließend zu einem Ergebnis, welches dieser Projekte finanziert werden sollte und warum. Geben Sie den TN zwei Minuten Zeit, sich selbst Notizen zu machen. Sie wenden dabei die Redemittel an und kommen zu einer Entscheidung. Die Gruppen präsentieren ihre Ergebnisse anschließend im Plenum. **→ G C1, Spr2** **VERTIEFUNG:** Schreiben Sie die Redemittel verteilt auf mehrere Kärtchen (oder die TN beschriften die Kärtchen) und verteilen Sie sie gleichmäßig in den Dreiergruppen. Jeder TN muss in der Diskussion (mindestens) die Redemittel auf seinen Kärtchen einsetzen. **TIPP:** Damit die Diskussion nicht zu einer bloßen Aneinanderreihung von Argumenten und Ideen wird, motivieren Sie die TN, bei jeder Wortmeldung zunächst auf die Vorrednerin/den Vorredner einzugehen und die Redemittel dazu anzuwenden.	Kärtchen	

Einzelarbeit	**AB 84/Ü18** Hörverstehen zum „Buddy-Programm"; auch als Hausaufgabe geeignet.	3 🔊 35	
Einzelarbeit	**AB 85/Ü19** Leseverstehen zum „Buddy-Programm"; auch als Hausaufgabe geeignet. → **G C1, Les3; t C1, Spra**		

Ich kann jetzt ...

SOZIALFORM	ABLAUF	MATERIAL	ZEIT
Einzelarbeit	Die TN markieren, was auf sie zutrifft.		
Gruppenarbeit Plenum	**VERTIEFUNG:** Die TN arbeiten in Kleingruppen und entwerfen ein Programm für ein studienbegleitendes Seminar für ausländische Studierende. *Was brauchen ausländische Studierende für Hilfestellungen? Welche Themen wurden noch nicht erwähnt und sollten unbedingt in einem solchen Seminar behandelt werden?* Vergleichen Sie die Ergebnisse im Plenum. *Mögliche weitere Themen: Wie verhalte ich mich in einer Sprechstunde? Wie beteilige ich mich mündlich in einem Seminar? Welche bürokratischen Hürden gibt es für ausländische Studierende? ...*		

SEHEN UND HÖREN

1 Studienberatung und Studienfachberatung

SOZIALFORM	ABLAUF	MATERIAL	ZEIT
Partnerarbeit Plenum	a) Die TN arbeiten zu zweit und diskutieren, wer welche Art von Beratung nutzt. Vergleichen Sie die Ergebnisse im Plenum. *Lösungsvorschlag: Studienberatung: Nutzen eher Studienanfänger, Studienfachberatung: Nutzen Studierende höherer Semester, die konkrete Fragen zu ihrem Fach haben*		
Partnerarbeit Plenum	b) Die TN diskutieren zu zweit, welche Art von Beratung (fachübergreifende Beratung oder Fachberatung) bei welchen Fragen sinnvoll ist. *Lösung: Studieninhalte: FB, Zulassungsvoraussetzungen: FüB, Auslandssemester: FB, FüB, Krankenversicherung: FüB, Stipendium/BafööG: FüB, Einschreibung: FüB, Prüfungstermine: FB, FüB, Wohnungssuche: FüB, Fachwechsel: FB, FüB, Kinderbetreuung: FüB* **VERTIEFUNG:** Die TN diskutieren im Plenum: *Haben Sie schon einmal an einer fachübergreifenden Beratung oder Fachberatung an einer Universität im deutschsprachigen Raum teilgenommen? Wie lief das Gespräch ab? Was war anders im Vergleich zu Ihrem Heimatland?*		

2 Eine Beratungsstelle

SOZIALFORM	ABLAUF	MATERIAL	ZEIT
Einzelarbeit Plenum	Abschnitt 1: Die TN lesen zunächst die Fragen, sehen danach den ersten Abschnitt des Films und notieren die richtigen Antworten. Kontrolle im Plenum.	🎬 16	

<table>
<tr><td></td><td>Lösung: Frage 1: Studienfachberatung am Institut für Politikwissenschaft; Frage 2: ECTS-Punkte: Was wird wie angerechnet – welche Fächer sind Pflicht, welche Wahl? Fächerkombination: Welche Fächer kann man kombinieren, was für Alternativen gibt es, wie kann man ein Fach noch im Nachhinein wechseln? Studienschwerpunkt: Welche Vertiefungskombination eignet sich für den Forschungsschwerpunkt?
TIPP: Motivieren Sie die TN, auch bei diesem Video Mitschrift-Techniken anzuwenden, die sie im vorangegangenen Lektionsabschnitt kennengelernt haben.</td><td></td><td></td></tr>
<tr><td>
Einzelarbeit
Plenum

Einzelarbeit
Plenum

Plenum</td><td><u>Abschnitt 2:</u>
1) Die TN sehen den zweiten Abschnitt des Films und kreuzen an, zu welchen Themen sich Ramona weiter informieren konnte. Kontrolle im Plenum.
Lösung: Prüfungstermine, Auslandssemester
2) Die TN sehen den zweiten Abschnitt erneut und ergänzen die Tabelle. Halten Sie die Tabelle an der Tafel fest und vergleichen Sie die Ergebnisse im Plenum.
Lösungsvorschlag:
<table>
<tr><td>Thema</td><td>Informationen</td></tr>
<tr><td>Stundenplan</td><td>feste Termine in der Woche, freie Tage</td></tr>
<tr><td>Prüfungstermine</td><td>Wann finden die Prüfungen statt?
Sind alle Prüfungen am gleichen Tag?
Verhalten im Fall von Krankheit</td></tr>
<tr><td>Auslandssemester</td><td>Möglichkeiten, Anlaufstellen,
Anrechnung von Studienleistungen</td></tr>
</table>
3) Die TN diskutieren im Plenum: Was passiert, wenn die Beratung nicht weiterhelfen kann?
Lösungsvorschlag: Die Studierenden werden kompetent an die zuständige Beratungsstelle weitergeleitet.</td><td>17

17</td><td></td></tr>
<tr><td>Einzelarbeit</td><td>AB 86/Ü20 Hörverstehen zum Thema Studienfachberatung; auch als Hausaufgabe geeignet. → G C1, Hör1</td><td>3 🔊 36</td><td></td></tr>
<tr><td>Einzelarbeit</td><td>AB 86/Ü21 Schreibübung zu Entschuldigungsschreiben. Die TN schreiben der Seminarleiterin eine E-Mail; auch als Hausaufgabe geeignet.</td><td></td><td></td></tr>
</table>

3 Bewertung und Kommentar

SOZIALFORM	ABLAUF	MATERIAL	ZEIT
Plenum	a) Die TN diskutieren im Plenum, wie Ramona die Beratung findet und sehen sich den Film ggf. danach noch einmal an. *Lösungsvorschlag: Ramona scheint froh zu sein, dass es eine solche Studienberatung gibt und nutzt sie intensiv. Die Studienfachberatung am Institut für Politikwissenschaft ist eine zentrale Anlaufstelle, wo all ihre Fragen betreffend ihres Studiums gebündelt werden.*		

Einzelarbeit Plenum Partnerarbeit	b) Die TN schreiben einen Kommentar auf der Webseite der Beratungsstelle: *Zu welchen Aspekten würden Sie gerne weitere Informationen erhalten?* *Lösungsvorschlag: Ich würde gerne erfahren, ob es eine Zulassungsbeschränkung für das Fach Politikwissenschaft gibt. Es würde mich interessieren, ob Studienleistungen, die ich außerhalb der Schweiz erlangt habe, an der Universität anerkannt werden.* **VERTIEFUNG:** Die TN tauschen ihre Kommentare gegenseitig aus und recherchieren die Antworten für ihre Lernpartnerin/ihren Lernpartner im Internet.		

Ich kann jetzt ...

SOZIALFORM	ABLAUF	MATERIAL	ZEIT
Einzelarbeit	Die TN markieren, was auf sie zutrifft.		
Partnerarbeit Plenum	**VERTIEFUNG:** Die TN arbeiten zu zweit und improvisieren ein Gespräch zum Thema *Studienfachberatung*. Dabei spielt eine/ein TN die Mitarbeiterin/den Mitarbeiter der Studienfachberatung im Bereich Politikwissenschaft, die/der andere TN ist die Studentin/der Student. Die TN wählen ein freies Anliegen oder eine Frage und spielen die Szene zunächst zu zweit, legen danach ein Dialoggerüst mit den wichtigsten Stichworten fest und präsentieren ihren Dialog im Plenum. **TIPP:** Motivieren Sie die TN, folgende Phasen in ihr Beratungsgespräch einzubauen und zunächst Redemittel für jede Phase zu sammeln: Eröffnung, Problemstellung, Nachfragen, Zusammenfassen des Gesagten, Abschluss/Verabschiedung		

SCHREIBEN

1 Hätten Sie es gewusst?

SOZIALFORM	ABLAUF	MATERIAL	ZEIT
Einzelarbeit Plenum	Die TN lesen die Quizfragen zu den MINT-Berufen und markieren die richtige Lösung. Kontrolle im Plenum. *Lösung: 1b, 2c, 3a, 4a, 5c, 6a* **TIPP:** Die TN tauschen ihre Antworten mit der Lernpartnerin/dem Lernpartner aus und korrigieren anhand der im KB angegebenen Lösung die Antworten untereinander. **VERTIEFUNG 1:** Die TN recherchieren im Internet den *Girls' Day* und machen sich dazu Notizen. *Was ist das? Wer präsentiert sich dort? Wer nimmt am Girls' Day teil? Wann ist der nächste Girls' Day in ihrer Nähe?* Anschließend tauschen sie sich im Plenum aus. **VERTIEFUNG 2:** Spielen Sie im Kurs *Girls' Day*. Bilden Sie Gruppen. Jede Gruppe stellt eine Firma oder eine Universität dar. Die TN einigen sich in der Gruppe, was ihr Fachgebiet ist und konzipieren einen Messestand. Reihum gehen einige TN von Stand zu Stand und erkundigen sich über die Studienmöglichkeiten bzw. der Berufsbilder, bis alle TN mal Besucher, mal Aussteller waren.		

2 Eine positive Entwicklung?

SOZIALFORM	ABLAUF	MATERIAL	ZEIT
Einzelarbeit Plenum Plenum	a) Die TN lesen den Text und schauen sich die Grafik an. Geben Sie den TN eine bestimmte Zeit, um sich mit der Grafik vertraut zu machen (z. B. 2 Minuten). Anschließend diskutieren die TN. Animieren sie sie dazu, auf die Vorrednerin/den Vorredner einzugehen. *Lösungsvorschlag: Es wird dargestellt, dass sich immer mehr Frauen für MINT-Studiengänge interessieren. Das Interesse unterscheidet sich jedoch je nach Studiengang sehr stark.* **VERTIEFUNG:** Fragen Sie die TN, wie hoch der Anteil der Frauen in technischen Berufen in ihren Heimatland liegt. Die TN geben eine Schätzung ab. Anschließend recherchieren sie im Internet, wie hoch der Anteil tatsächlich ist. Vergleichen Sie die Ergebnisse im Kurs.		
Gruppen-arbeit Plenum	b) Bilden Sie Vierergruppen. Die TN diskutieren in der Gruppe, warum ihrer Meinung nach der Anteil der Frauen in manchen Fachgebieten höher liegt. Anschließend berichten sie ihre Ergebnisse im Plenum.		
Plenum	c) Die TN lesen die beiden Meinungen zum Thema diskutieren im Kurs.		
Einzelarbeit Partnerarbeit Einzelarbeit Plenum	d) Die TN schreiben einen Bericht für ein Unimagazin unter Rücksichtnahme der Grafik und des Textes in 2a sowie den Aussagen in 2c. Animieren Sie die TN, einen fundierten Bericht zu schreiben und zunächst eine Gliederung in Stichpunkten anzufertigen. Geben Sie den TN eine feste Zeit vor (z. B. 30 Minuten). Verweisen Sie auch auf den Infokasten zum Thema *Überzeugende Texte schreiben.* **→ T Schr** **VERTIEFUNG 1:** Anschließend können die TN ihre Texte gegenseitig korrigieren. Die TN tauschen ihre Berichte untereinander aus und kommentieren sie in einer anderen Farbe. Der Bericht wird an die nächste/den nächsten TN weitergegeben und erneut kommentiert. **(„Kommentarlawine", Glossar → S. 145)** **VERTIEFUNG 2:** In diesem Band finden Sie zwei weitere Grafiken auf einer Kopiervorlage. Nutzen Sie diese, um die TN als Hausaufgabe oder als Anschlussaufgabe einen weiteren kurzen Beitrag schreiben zu lassen oder besprechen Sie die beiden Grafiken mündlich im Kurs. (Kopiervorlage Lektion 6/2 → S. 126)	 Kopiervorlage Lektion 6/2	
Einzelarbeit	**AB 86/Ü22** Leseverstehen zum Thema *Frauenquote;* auch als Hausaufgaben geeignet. **→ Ö C1, Les2**		

Mein Dossier

SOZIALFORM	ABLAUF	MATERIAL	ZEIT
Einzelarbeit	**AB 87/Ü24** Die TN schreiben einen Text über eine Stadt, in der sie gerne studieren würden und welche Studienbedingungen sie gerne hätten.		

Ich kann jetzt ...

SOZIALFORM	ABLAUF	MATERIAL	ZEIT
Einzelarbeit	Die TN markieren, was auf sie zutrifft.		
Plenum Partnerarbeit	Teilen Sie Ihre Lerngruppe in zwei Teile und wählen Sie zwei beliebige (nicht zu lange) Lesetexte aus dem Kursbuch aus. Jeweils einer Gruppenhälfte lesen Sie einen Text vor, die anderen TN dürfen dabei nicht anwesend sein und verlassen dazu den Unterrichtsraum. Jeder TN fertigt dazu eine Zusammenfassung an. Anschließend arbeiten die TN zu zweit und finden sich mit einer Vertreterin/einem Vertreter der anderen Gruppen zusammen. Anhand der Zusammenfassung referieren sich die beiden Lernpartnerinnen/Lernpartner kurz gegenseitig, worum es in dem Text geht. Danach finden die Lernpartnerinnen/Lernpartner den Originaltext im Kursbuch.	zwei Lesetexte aus dem Kursbuch	

AUSSPRACHE: BETONUNG VON PRÄ- UND SUFFIXEN

1 Präfixe (Vorsilben)

SOZIALFORM	ABLAUF	MATERIAL	ZEIT
Einzelarbeit Plenum	a) Die TN hören die Verben und lesen sie stumm mit. Sie unterstreichen jeweils die betonte Silbe. Kontrolle im Plenum. *Lösung: 2 verletzen, 3 abnehmen, 4 wegfallen, 5 zerreißen, 6 erfüllen, 7 ausfüllen, 8 abreißen* **FOKUS PHONETIK:** Machen Sie die TN darauf aufmerksam, dass die Betonung im Infinitiv anzeigt, ob ein Verb trennbar oder nicht trennbar ist. Schreiben Sie ein Beispiel an die Tafel: *Umfahren: Der Mann fährt den Baum um.* *Umfahren: Der Mann umfährt den Baum.* Formulieren Sie die Regel: Ist die Vorsilbe betont, wird sie im Aussagesatz abgetrennt und ans Satzende gestellt. Ist die Vorsilbe unbetont, bleibt sie beim Verbstamm.	3 🔊 37	
Einzelarbeit Plenum	b) Die TN formulieren Aussagesätze mit den Verben aus 1a, ohne dabei Hilfsverben zu verwenden. Kontrolle im Plenum, ob die trennbaren und nicht trennbaren Verben erkannt wurden. *Musterlösung: 2 Der Hund verletzt die Katze. 3 Wer gesünder isst, nimmt ab. 4 Bei Barzahlung fallen die Gebühren weg. 5 Der Junge zerreißt das Papier. 6 Mit der Reise erfülle ich mir einen Traum. 7 Die Frau füllt das Formular aus. 8 Die Mutter reißt den Faden ab.*		

2 Suffixe (Nachsilben) bei Nomen

SOZIALFORM	ABLAUF	MATERIAL	ZEIT
Einzelarbeit Plenum	a) Die TN hören die Wörter aus dem Kursbuch (→ KB 72). und unterstreichen die Nachsilben, die immer betont sind. Sie fassen im Plenum zusammen, welche Nachsilben stets betont und welche stets unbetont sind. *Lösung:* *betont: -ment, -ar, -anz, -är, -enz* *unbetont: -mus*	3 🔊 38	

Einzelarbeit Plenum	b) Die TN hören den Rap und lesen mit. Sie unterstreichen die betonten Silben. Kontrolle im Plenum. *Lösung:* *Meine Intelligenz kennt keine Konkurrenz* *Auf jeder Konferenz zeig ich meine Kompetenz.* *Ich bin kein Bibliothekar, kein Kommissar* *Bin ich ein Star? – Kein Kommentar.* *Meine unfassbare Eleganz erhöht jede Bilanz* *Was heißt da Arroganz? Bitte mehr Toleranz!* *Meine derzeitige Situation ist keine Illusion* *Ich brauch eine neue Funktion, daher diese Aktion.* *Also, Chef, krieg ich den Job?*	3 🔊 39	
Plenum	c) Die TN hören den Rap noch einmal und klatschen den Rhythmus mit. Bei einem weiteren Durchlauf können die TN mitrappen.	3 🔊 39	

3 Berufsbezeichnungen mit Betonungswechsel

SOZIALFORM	ABLAUF	MATERIAL	ZEIT
Einzelarbeit Plenum	a) Die TN hören die Berufsbezeichnungen und lesen still mit. Sie unterstreichen die betonten Silben. Besprechung im Plenum. *Lösung:* *1 der Dozent – die Dozentin* *2 der Bäcker – die Bäckerin* *3 der Richter – die Richterin* *4 der Jurist – die Juristin* *5 der Professor – die Professorin* *6 der Konditor – die Konditorin* *7 der Juror – die Jurorin* *8 der Doktor – die Doktorin* **FOKUS PHONETIK:** Weisen Sie die TN darauf hin, dass im Deutschen üblicherweise bei männlichen und weiblichen Berufsbezeichnungen die Betonung auf der gleichen Silbe liegt. Eine Ausnahme sind Berufsbezeichnungen mit der Endung „-or" in der männlichen Form: Hier liegt die Betonung auf der Silbe vor der Endung „-or". Wird die weibliche Form gebildet, verschiebt sich die Betonung auf die Silbe, die „-or" enthält.	3 🔊 40	
Einzelarbeit Plenum	b) Die TN bilden zu den vorgegebenen männlichen Berufsbezeichnungen die passenden weiblichen Formen. Sie sprechen sie laut aus und kontrollieren im Plenum die richtige Betonung. *Lösung:* *1 der Kommissar – die Kommissarin* *2 der Inspektor – die Inspektorin* *3 der Bibliothekar – die Bibliothekarin* *4 der Konkurrent – die Konkurrentin* *5 der Direktor – die Direktorin* *6 der Moderator – die Moderatorin*		
Plenum	c) Die TN hören zu Kontrolle das Audio mit den Berufsbezeichnungen.	3 🔊 41	

LERNWORTSCHATZ (Arbeitsbuch → AB 89)

SOZIALFORM	ABLAUF	MATERIAL	ZEIT
Einzelarbeit	Die TN nehmen sich zum Ende des Buches noch einmal den Wortschatz der einzelnen Lektionen vor. Machen Sie den TN deutlich, dass das menschliche Gehirn neue Wörter sehr gut in Kategorien lernt. Die TN fertigen zu jeder Lektion *(Digitaler Wandel, Im Tourismus, Intelligenz und Wissen, Meine Arbeitsstelle, Kunst, Studium)* eine Mindmap an. Motivieren Sie die TN, ein eigenes Glossar anzulegen. Alle neuen Wörter, die sie zu einem Themenbereichen lernen, ergänzen sie in ihrem Glossar. **(„Mindmap", Glossar → S. 146)**		

LEKTIONSTEST 6 (Arbeitsbuch → AB 90)

SOZIALFORM	ABLAUF	MATERIAL	ZEIT
Einzelarbeit	Mithilfe des Lektionstests haben die TN die Möglichkeit, ihr neues Wissen in den Bereichen Wortschatz, Grammatik und Redemittel zu überprüfen. Wenn die TN mit einzelnen Bereichen noch Schwierigkeiten haben, können sie gezielt noch einmal einzelne Module wiederholen.		

REFLEXION DER LEKTION

SOZIALFORM	ABLAUF	MATERIAL	ZEIT
Einzelarbeit Gruppen-arbeit Plenum	Die TN bekommen Kärtchen ausgehändigt. Sie vollenden auf so vielen Kärtchen wie möglich den Satz: „Ich kann jetzt ...". Jedes Kärtchen steht für ein Thema, das sie in dieser Lektion gelernt haben. Danach arbeiten die TN in Kleingruppen zusammen, alle Kärtchen werden auf dem Tisch ausgebreitet und die TN diskutieren: *Welche Themen wurden am seltensten genannt? Wo gab es am meisten Schwierigkeiten?* Vergleichen Sie anschließend die Ergebnisse der Gruppenarbeit im Plenum und planen Sie ggf. noch Zeit für Wiederholungsübungen ein.	Kärtchen	

Situationstext

SOZIALFORM	ABLAUF	MATERIAL	ZEIT
Plenum	Die TN lesen den Situationstext und die Checkliste zum Thema *Konflikte am Arbeitsplatz*. Alternative Herangehensweise: Bei geschlossenen Büchern an der Tafel sammeln lassen, welche Aspekte zu diesem Thema eine Rolle spielen.		

1 In E-Mails geäußerte Kritik verstehen

SOZIALFORM	ABLAUF	MATERIAL	ZEIT
Einzelarbeit Partnerarbeit Plenum	a) Die TN lesen zunächst die Fragen und die E-Mail von Frau Seifert. Dann beantworten sie die Fragen. Anschließend vergleichen sie ihre Antworten mit ihrer Lernpartnerin/ihrem Lernpartner. *Lösungsvorschlag: Anlass: Frau Seifert hat den Eindruck, dass Hoa mit dem Umfang der anfallenden Aufgaben nicht zurechtkommt; Aufbau: Frau Seifert beginnt die E-Mail mit Lob und Wertschätzung, äußert darauf folgend ihre Kritikpunkte und endet mit der Bitte um Verständnis und dem Angebot, bei weiteren Fragen auf sie zukommen zu dürfen; Erwartung: Frau Seifert möchte, dass Hoa ihre Arbeitsweise beschleunigt und ihre Arbeitszeit bis auf Weiteres um mindestens 60 Minuten täglich verlängert.* **VERTIEFUNG:** Schreiben Sie das Wort Abmahnung an die Tafel und lassen Sie die TN darüber spekulieren, was dies im beruflichen Kontext bedeuten könnte. Fragen Sie im nächsten Schritt, wann ein Arbeitnehmer eine Abmahnung vom Chef oder Vorgesetzten erhalten könnte. Sammeln Sie Beispiele an der Tafel. Sprechen Sie dann im dritten Schritt an, wie eine offizielle Abmahnung der formhalber aussieht (z. B. *schriftlich, Grund der Abmahnung, Nennung der Konsequenzen bei Nichtbeachtung seitens des Arbeitgebers*)		
Plenum Gruppen- arbeit	b) Die TN diskutieren im Kurs, wie Hoa auf die E-Mail von Frau Seifert reagieren könnte. Sammeln Sie alle Vorschläge zunächst an der Tafel. *Lösungsvorschlag: Hoa sollte mit einer/einem Vertrauten über das Schreiben sprechen und nicht den offenen Konflikt mit ihrer Vorgesetzten zu suchen. Sie könnte sich auf der Suche nach Hilfe auch an den Betriebsrat wenden.* **VERTIEFUNG:** Bilden Sie Gruppen. Jede Gruppe sucht sich aus den erarbeiteten Vorschlägen drei Vorschläge aus, die sie am besten findet und erstellt eine Rangfolge.		
Plenum Gruppen- arbeit Plenum	c) Im Kurs berichten die TN über ihre Erfahrung bei Konflikten mit Vorgesetzten und wie sie gehandelt haben. **VERTIEFUNG:** Bilden Sie Dreiergruppen. Jede Gruppe erstellt eine Liste, welche Konflikte mit Vorgesetzen auftreten können und nennt zu jedem Konflikt einen Lösungsvorschlag. Anschließend präsentieren die Gruppen ihre Ergebnisse im Plenum.		

2 Ein Beratungsgespräch mit dem Betriebsrat führen

SOZIALFORM	ABLAUF	MATERIAL	ZEIT
Einzelarbeit Plenum	a) Die TN lesen die Aussagen und hören das Gespräch zwischen Hoa und ihre Kollegin Marta. Anschließend ergänzen sie die Aussagen. Kontrolle im Plenum. *Lösung: 1 einen Rat, wie sie weiter vorgehen soll; 2 bereits sehr schnell arbeitet; 3 einen Ansprechpartner für ihr Problem; 4 Kontaktmöglichkeiten des Betriebsrats.*	1 🔊 27	
Einzelarbeit Partnerarbeit Plenum	Die TN lesen im Infokasten, wie man bei Konflikten am Arbeitsplatz kommunizieren sollte. Anschließend recherchieren sie zu zweit im Internet nach weiteren Tipps. **VERTIEFUNG:** Die TN diskutieren, welche Konflikte in einem Kurs entstehen können und wie diese Konflikte gemeinsam gelöst werden können. Erläutern Sie das Prinzip eines Mediators oder Klassensprechers. Lassen Sie zu dieser Gelegenheit im Kurs einen Kursprecher wählen.		
Plenum	b) Die TN hören das Gespräch zwischen Hoa und dem Betriebsrat. Anschließend diskutieren die TN im Kurs über die angesprochenen Themen. *Lösung: E-Mail, Arbeitstempo, Betriebsvereinbarung, Überstunden*	1 🔊 28	
Einzelarbeit Plenum	c) Die TN hören das Gespräch erneut und markieren die richtigen Aussagen. Kontrolle im Plenum. *Lösung: Hoa hatte sich vor dem Gespräch beim Betriebsrat angemeldet; Hoa bemüht sich immer, ihre Aufgaben schnellst möglich zu erledigen; Hoa glaubt, dass ihre Chefin nicht das Recht hat, Mehrarbeit in Form von Überstunden zu verlangen.*	1 🔊 28	
Partnerarbeit Plenum Plenum	d) Die TN recherchieren zu zweit im Internet über die Tätigkeit eines Betriebsrats. Bei welchen Anliegen kann er den Angestellten helfen? Anschließend berichten die Partner im Kurs. *Lösungsvorschlag: Der Betriebsrat hilft auch bei Fragen zum Arbeitsschutz, zur Zusammenarbeit unter Kollegen, zum Gehalt oder im Extremfall auch bei einer Kündigung. Auch bei einer Ungleichbehandlung der Geschlechter in einem Betrieb kann der Betriebsrat unterstützen.* **INTERKULTURELL:** Fragen Sie die TN, ob es in den Heimatländern in Betrieben ebenfalls einen Betriebsrat gibt. Ab wie vielen Mitarbeitern gibt es einen Betriebsrat? Was macht der Betriebsrat?		
Plenum Partnerarbeit	e) Fragen Sie die TN, wer schon Erfahrungen mit der Arbeit eines Betriebsrats hat. Wobei hat der Betriebsrat ihr/ihm geholfen? **VERTIEFUNG:** Die TN recherchieren zu zweit, wie sich ein Betriebsrat zusammensetzt. Welche Arbeitnehmer können sich zur Wahl aufstellen lassen? Wie läuft die Wahl des Betriebsrats ab? In welchem Zyklus wir eine Betriebsrat gewählt?		

3 Infomaterial des Betriebsrats lesen

SOZIALFORM	ABLAUF	MATERIAL	ZEIT
Einzelarbeit Plenum	a) Die TN lesen die Überschriften im Schüttelkasten und das Informationsmaterial des Betriebsrats und ordnen die Überschriften den Absätzen zu. Kontrolle im Plenum. *Lösung: 1 Berufliches und Privates trennen, 2 Systematisches Mobbing, 3 Konflikte niemals ignorieren, 4 Ich-Botschaften senden, 5 Schlichter miteinbeziehen, 6 Konkrete Ziele vereinbaren*	1 🔊) 29	
Plenum	b) Fragen Sie die TN, welche Tipps sie persönlich am wichtigsten fanden und welche Strategien sie noch kennen. Sammeln sie alle Strategien und Tipps an der Tafel. Weisen Sie die TN auch auf den Infotext zu Gesprächsführung hin.		

4 Auf Vorwürfe von Vorgesetzten reagieren

SOZIALFORM	ABLAUF	MATERIAL	ZEIT
Einzelarbeit Plenum	a) Die TN lesen die potentiellen Fragen von Frau Seifert, die Hoa notiert hat und ordnen die Antworten zu. Kontrolle im Plenum. *Lösung: 1E und I, 2A und G, 3D und J, 4B und F, 5C und H*		
Einzelarbeit Partnerarbeit Partnerarbeit	b) Die TN lesen die Fragen und die Antworten erneut und unterstreichen alle Wendungen, die in einem Konfliktgespräch nützlich sind und wählen zu jeder Frage eine der beiden Antworten aus. Anschließend vergleichen sie ihre Antworten mit ihrer Lernpartnerin/ihrem Lernpartner. *Lösung: 1E, da es selbstsicherer wirkt; 2A, da es eine Ich-Botschaft aussendet; 3J, da sie nicht die Schuld von sich weist; 4B, da sie so Zeit zum Nachdenken gewinnt; 5H, da sie so Willen zeigt, Konflikte am Arbeitsplatz meistern zu wollen.* **VERTIEFUNG:** Zu zweit überlegen sich / suchen die TN weitere Wendungen, die für ein Konfliktgespräch nützlich sind. Gehen Sie im Kursraum umher und unterstützen Sie die TN bei Wortschatzfragen. Sammeln Sie anschließend die Wendungen an der Tafel.		
Partnerarbeit Gruppen- arbeit	c) Die TN spielen zu zweit das Gespräch zwischen Frau Seifert und Hoa. Dabei verwenden Sie die unterstrichenen und neu gefundenen Wendungen. Anschließend wechseln die Partner die Rollen. **VERTIEFUNG:** Bilden Sie Dreiergruppen. Jede Gruppe überlegt sich einen Konflikt. Danach schreiben die TN zwei Dialoge: Dialog 1: Arbeitnehmer – Kollegin/Kollege, Dialog 2: Arbeitnehmer – Betriebsratsmitglied. Anschließend spielen sie die Dialoge im Kurs vor.		
Plenum	d) Die TN berichten im Kurs, wie sie sich auf ein Konfliktgespräch vorbereiten würden und welche Möglichkeiten sie zur Gesprächsvorbereitung haben. Sammeln Sie die Tipps und die Möglichkeiten an der Tafel.		

REFLEXION DES LEHRWERKS

SOZIALFORM	ABLAUF	MATERIAL	ZEIT
Gruppenarbeit Plenum	Die TN arbeiten in Gruppen und zeichnen eine Zielscheibe (mehrere Kreisbögen) auf ein Plakat. Schreiben Sie die Lektionsthemen *(Digitaler Wandel, Im Tourismus, Intelligenz und Wissen ...)* auf Kärtchen, ebenso die wichtigsten Grammatikthemen des Lehrbuchs *(Vorsilben, Modalverben, Graduierung von Adjektiven ...)*, außerdem die Redemittel *(eigene Vorlieben benennen, seinen Standpunkt erläutern, eine Präsentation kommentieren...)*. Reihum zieht jede/jeder TN ein Kärtchen, legt es auf die Zielscheibe und referiert kurz in einigen Sätzen darüber. Die Mitte der Zielscheibe bedeutet: „beherrsche ich sehr gut", je weiter außen das Kärtchen gelegt wird, desto mehr Probleme hat die/der TN mit dem Thema. Nehmen Sie sich anschließend noch einmal alle Kärtchen vor, die ganz außen platziert wurden, und wiederholen Sie die Themen ggf. noch einmal im Plenum. **(„Zielscheibe", Glossar → S. 148)**	Plakat, Kärtchen	
Gruppenarbeit Plenum	Die TN fertigen in Kleingruppen ein „Lehrwerk-Quiz" an. Auf einem Plakat notieren sie oben das Wort START unten ZIEL, dazwischen gibt es Platz für zehn Fragen zu den Themen, der Grammatik und den Redemitteln des Lehrbuchs. Auf einem Beiblatt fertigen sie die gleiche Tabelle noch einmal an und notieren statt der Fragen die korrekten Antworten. Abschließend tauschen die Kleingruppen das „Lehrwerk-Quiz" untereinander aus. Durch Würfeln treten die TN gegeneinander an, bei einer richtigen Antwort, darf die/der TN auf ihrem/seinem Feld stehenbleiben. Bei einer falschen Antwort muss sie/er wieder zurück. Wer zuerst das Ziel erreicht, hat gewonnen. **TIPP:** Teilen Sie die Beiblätter mit den Lösungen nur an eine/einen TN pro Kleingruppe aus, die/der nur nachschaut, wenn es Probleme mit der Antwort gibt.	Plakat, Spielsteine, Würfel	

Fragen zum Thema *Ständig erreichbar*

Kreuzen Sie fünf Fragen an, die Sie interessant finden. Stellen Sie die Fragen Ihrer Lernpartnerin/Ihrem Lernpartner. Die/Der Befragte markiert auf der Skala die Nummer der Frage (zwischen absolut sicher: 100 %, möglich: 50 % und nie: 0 %) und beantwortet die Frage mit dem richtigen Modalverb (*muss, müsste, dürfte* oder *könnte*).

1. Wie lange halten Sie es offline aus?	2. Wie oft ärgern Sie sich über Telefon-Warteschleifen?	3. Wie alt waren Sie, als Sie sich Ihr erstes eigenes Handy gekauft haben?
4. Für welche Elektronikartikel geben Sie am meisten Geld aus?	5. Wie viele SPAM-Mails erhalten Sie in einem Jahr?	6. Wie lange haben Sie gestern telefoniert?
7. Auf welches Elektrogerät könnten Sie problemlos verzichten?	8. Wofür würden Sie eher Geld ausgeben: für Elektronik oder für Kleidung?	9. Wie oft kaufen Sie sich ein neues Handy?
10. Wie halten Sie Kontakt zu Ihren Familienangehörigen?	11. Welche App nutzen Sie am meisten?	12. Wie viel Zeit verbringen Sie täglich im Internet?
13. Welcher Online-Dienst müsste noch erfunden werden?	14. Wie viele Schulfreunde haben Sie schon im Internet wiedergefunden?	15. Wofür sind Sie die meiste Zeit online?

100 % 90 % 75 % 50 % 0 %

Würfelspiel: Verben mit den Vorsilben „ent-“ und „de-“

Bilden Sie Sätze mit den Vorsilben „ent-“ und „de-“. Würfeln Sie zweimal.
Erstes Würfeln: Personalpronomen (1: ich / 2: du / 3: er, es, sie / 4: wir / 5: ihr / 6: sie/Sie)
Zweites Würfeln: „ent-“ oder „de-“ (1, 2, 3: „ent-“, 4, 5, 6: „de-“)

ent-
de-

-kleiden
-schuldigen
-aktivieren
-mutigen
-installieren
-zaubern
-sorgen
-täuschen
-motivieren
-kernen
-saften
-gleisen
-stabilisieren
-giften
-aktivieren
-hydrieren
-saften
-ziehen
-sorgen
-schlüsseln

Berufe erklären

Kopieren Sie die Vorlage und zerschneiden Sie die Karten an den angegebenen Stellen.
Teilen Sie jeder/m TN ein Kärtchen aus.

Barkeeperin/ Barkeeper	Bademeisterin/ Bademeister	Pilotin/Pilot	Fotografin/Fotograf
Köchin/Koch	Eisverkäuferin/ Eisverkäufer	Concierge	Kapitänin/Kapitän
Animateurin/ Animateur	Rettungsschwim-merin/Rettungs-schwimmer	Verkäuferin/ Verkäufer von Andenken	Mitarbeiterin/ Mitarbeiter im Reisebüro
Vermieterin/ Vermieter von Strandkörben	Zimmermädchen/ Roomboy	Masseurin/Masseur	Hotelmanagerin/ Hotelmanager
Tauchlehrerin/ Tauchlehrer	Kellnerin/Kellner	Stadtführerin/ Stadtführer	Hotelpage

Memory-Spiel: Nomen-Verb-Verbindungen

Kopieren Sie die Vorlage für jede Gruppe und zerschneiden Sie die „Memorykarten“ an den angegebenen Stellen. Wichtig: Kopieren Sie die Nomen in einer anderen Farbe als die Verben.

NOMEN

zur Auswahl	in Kauf	zur Verfügung	Vorberei-tungen
zur Verfügung	eine Freude	infrage	einen Kompromiss
zur Sprache	Schwierig-keiten	Verständnis	der Ansicht

VERBEN

stehen	nehmen	stellen	treffen
stellen	bereiten	Kommen	finden
kommen	bereiten	vertiefen	sein

Spiel: Begriffe-Tauschbörse

Zerschneiden Sie die Karten an den angegebenen Stellen. Durchmischen Sie die Karten und teilen Sie jeder/m TN eine Karte aus.

keine lang Bewerbungsgespräch --- viele anspruchsvoll Aufgabe	viele anspruchsvoll Aufgabe --- solche aufwendig Test	solche aufwendig Test --- mehrere renommiert Unternehmen
folgende vertiefend Fragestellung --- alle betreffend Bereich	sämtliche wichtig Information --- verschiedene schwierig Intelligenztest	verschiedene schwierig Intelligenztest --- einige motiviert Bewerber
einige motiviert Bewerber --- folgende vertiefend Fragestellung	mehrere renommiert Unternehmen --- sämtliche wichtig Information	alle betreffend Bereich --- zahlreiche intellektuell Kunde
zahlreiche intellektuell Kunde --- sämtliche aktuell Unterlage	sämtliche aktuell Unterlage --- viele standardisiert Ablauf	viele standardisiert Ablauf --- keine lang Bewerbungsgespräch

Diskussion: Pro und Kontra zum Thema *Wissen und Intelligenz*

Markieren Sie zunächst die Themen, die Sie am interessantesten finden. Einigen Sie sich dann mit Ihrer Lernpartnerin/Ihrem Lernpartner auf ein Thema. Diskutieren Sie zu zweit.

<table>
<tr><td>Kinder sollten schon im Kindesalter Fremdsprachen lernen.</td><td>Zu intelligente Menschen haben es schwer im Leben.</td><td>Die Welt wird an der Dummheit der Menschen zugrunde gehen.</td></tr>
<tr><td>Intelligenz nimmt mit zunehmendem Alter ab.</td><td rowspan="3">Pro oder Kontra?</td><td>Schon bald wird der Computer für uns komplett das Denken übernehmen.</td></tr>
<tr><td>Die wichtigsten Entscheidungen trifft man am besten als „Bauchentscheidungen“, ohne viel nachzudenken.</td><td>Es gibt intelligente Wesen auf anderen Planten.</td></tr>
<tr><td>Glückliche Menschen denken nicht viel nach, sie leben einfach.</td><td>Intelligenz hat etwas mit der Herkunft und dem sozialen Umfeld zu tun.</td></tr>
<tr><td>Der Mensch ist das intelligenteste Lebewesen auf der Erde.</td><td>Dass Wissen jederzeit und überall im Internet abrufbar ist, macht unser Leben ärmer.</td><td>In unserer Gesellschaft sind vor allem Menschen mit Halbwissen gefragt.</td></tr>
</table>

 Sicher in Alltag und Beruf! C1.1 | 978-3-19-211209-6 | | Autor: Sönke Andresen

Rollenspiel: „Meine Arbeitsstelle“

Kopieren Sie die Vorlage und zerschneiden Sie die Rollenkarten an den angegebenen Stellen.
Verteilen Sie an sechs „Freiwillige“ je eine Rollenanweisung.

ROLLENKARTE 1

Sie sind die/der Karrierist/in. Sie sind genervt, dass Ihre Kollegen so schlecht und nachlässig arbeiten. Immer müssen Sie die Arbeit der anderen mitmachen. Sie haben nur wenig Zeit zum Essen, weil Sie gleich weiter zum nächsten Termin müssen.

ROLLENKARTE 2

Sie sind die Büromama. Sie stört es, dass sich alle immerzu streiten, sie hätten lieber ein besseres Betriebsklima – Arbeit muss doch Spaß machen! Sie wollen mit Ihren Kollegen eine Party am Wochenende organisieren, die den Zusammenhalt stärkt.

ROLLENKARTE 3

Sie sind die/der Choleriker/in. Ihr Essen ist kalt und schmeckt nicht, was Sie wütend macht. Wenn Sie schon für einen schlechten Lohn arbeiten, dann soll wenigstens das Kantinenessen genießbar sein. Sie regen sich über Ihre Kollegen auf, die alles nur hinnehmen.

ROLLENKARTE 4

Sie sind die/der Blender/in. Sie sind sich sicher, dass Sie bald zum Abteilungsleiter befördert werden, weil Sie denken, dass der Chef große Stücke auf Sie hält. Sie wissen schon ganz genau, wen in dieser Runde Sie als Erstes feuern, wenn Sie was zu sagen haben.

ROLLENKARTE 5

Sie sind die Quasselstrippe. Sie haben davon gehört, dass der Chef ein Verhältnis mit seiner Sekretärin hat, was Sie von einer Kollegin erfahren haben, der Sie versprechen mussten, es nicht weiterzusagen. Sie kennen auch ein Geheimnis über einen der anwesenden Kollegen.

ROLLENKARTE 6

Sie sind der Pedant. Sie weisen die anderen daraufhin, dass Sie Ihre Mittagspause gerade um exakt drei Minuten überziehen. Außerdem kritisieren Sie einen der Kollegen, dass sie/er nicht die vorgeschriebene Arbeitskleidung trägt.

Würfelspiel: Graduierung von Adjektiven

Alle Spielsteine beginnen bei „Start". Würfeln Sie und rücken Sie um die gewürfelte Augenzahl vor. Bilden Sie mit dem Nomen, einem Adjektiv und einer Graduierung einen sinnvollen Satz. Ist der Satz nicht korrekt, gehen Sie zum Ausgangspunkt zurück. Wer zuerst das „Ziel" erreicht, hat gewonnen.

Start	Reifen	Abend	Situation	Film

Nervenwrack
Betriebsklima
Kind
Rennwagen
Flugzeugsitz
Tier
Menschen
Augen
Kleid
Motor
Gebäude
Zeitbombe
Kaffeemaschine

Auszubildende	Sportart	Umgangston	Roman	Gerät

Einkaufszentrum
Neuigkeiten
Kühlschrank
Start-up-Unternehmen
Ohren
Vorstellungsgespräch
Autobahn
Hobby
Jeans
Aushilfe
Essen
Ziel

Graduierung
hyper
super
riesen
brand
voll
extra
tief
tod

Adjektiv
stark/breit
blau/traurig
automatisch/funktionsfähig
neu/aktuell/gefährlich
schick/traurig
aktuell/nett/schnell/schön
aktiv/modern/nervös
groß

Spiel: Fragen zum Thema *Kunst*

Kreuzen Sie zunächst fünf Fragen an, die Sie interessant finden. Danach gehen Sie durch den Raum und finden sich spontan zu Zweiergruppen zusammen. Diskutieren Sie ca. 5 Minuten lang Ihre jeweils ausgewählten Fragen. Danach gehen Sie wieder durch den Raum und Sie bilden neue Zweierteams.

1. Welches war die letzte Ausstellung, die Sie besucht haben?	2. Sollte der Staat Künstler fördern und subventionieren?	3. Haben Sie sich schon einmal durch ein Kunstwerk provoziert gefühlt?
4. Wie viel Geld geben Sie für Kunst aus?	5. Sind Sie schon als Kind mit Kunst in Berührung gekommen?	6. Was unterscheidet eine professionelle Künstlerin/einen professionellen Künstler von einem Laien?
7. Haben Sie schon einmal eine berühmte Künstler/einen berühmten Künstler persönlich kennengelernt?	8. Welches Kunstwerk hat Sie zu Tränen gerührt?	9. Haben Sie schon einmal selbst ein Kunstwerk angefertigt?
10. Gibt es eine Kunstepoche, die Ihnen besonders gefällt?	11. Sind Sie künstlerisch begabt?	12. Finden sich Kunstgegenstände in Ihrem Zuhause?
13. Gibt es eine berühmte Künstlerin/einen berühmten Künstler, die/der aus Ihrer Heimatstadt kommt?	14. Welches Kunstwerk hätten Sie gerne selbst geschaffen?	15. Ist die Kunst frei? Darf eine Künstlerin/ein Künstler alles?

Rollenspiel: Ratschläge zu einem Studium an der Kunstakademie

Kopieren Sie die Vorlage und zerschneiden Sie die Kärtchen an den angegebenen Stellen.
Verteilen Sie je ein Set pro Gruppe.

Suchen Sie sich unbedingt Sponsoren, die Sie unterstützen!	Suchen Sie sich eine geeignete Galerie!	Vertrauen Sie nicht allen Menschen in der Kunstbranche!
Lassen Sie sich doch bitte nicht vorschnell entmutigen!	Brechen Sie auf gar keinen Fall das Studium vorzeitig ab!	Machen Sie sich unbedingt schon frühzeitig Gedanken über Ihre Zeit nach dem Studium!
Agieren Sie nicht als Einzelkämpfer, sondern schaffen Sie sich Netzwerke!	Nehmen Sie bitte Rücksicht auf Ihre Kommilitoninnen und Kommilitonen!	Probieren Sie auch mal andere Malstile aus und legen Sie sich nicht zu schnell auf einen Stil fest!
Sprechen Sie mit erfahrenen Künstlern über Ihren Werdegang!	Erlernen Sie neben dem Kunststudium unbedingt noch einen Broterwerbsjob!	Verpassen Sie es auf gar keinen Fall, auch ein Auslandssemester einzulegen!
Denken Sie unbedingt daran, sich eine geschickte Strategie für Ihre Eigenvermarktung zuzulegen!	Nehmen Sie auf gar keinen Fall Beruhigungsmittel vor der Aufnahmeprüfung!	Geben Sie doch bitte immer Rückmeldung an Ihren Professor, wenn es im Studium Probleme gibt!
Kopieren Sie auf gar keinen Fall den Stil von anderen Künstlern, sondern finden Sie Ihren eigenen Stil!	Bewerben Sie sich nur an seriösen Kunsthochschulen!	Versäumen Sie es nicht, vor Studienbeginn eine Beratungsstelle aufzusuchen!

Spiel: Satzkette mit Verweiswörtern

Veranstalten Sie im Plenum eine Satzkette. Suchen Sie sich eine interessante Äußerung zum Thema *Studium* von der Kopiervorlage aus und bitten Sie eine andere/einen anderen TN, indem Sie einen Ball werfen, die Äußerung mithilfe eines Verweiswortes aus dem Kasten fortzuführen. Diese/Dieser nennt den nächsten Satz, den die/der nächste TN, die/der den Ball gefangen hat, weiterführt etc.

Stattdessen ... / Dementsprechend ... / Das .../ Dem ... / Dafür ... / Infolgedessen ... / Da ... / Demzufolge ...

„Vor einem Studium sollte man sich gut informieren."	„Wer sich nicht gut selber organisieren kann, ist an der Uni verloren."
„Im ersten Semester sollte man sich selbst überprüfen, ob einem das Studium wirklich liegt."	„Bei Fragen wenden ich mich immer direkt an meine Professorin."
„Im Bachelorstudium bleibt oft keine Zeit, Lerninhalte wirklich zu vertiefen."	„In Deutschland stellten man in Vorlesungen in der Regel keine Fragen."
„In Deutschland gibt es mehrere Monate Semesterferien."	„Eine Promotion muss nicht immer von Vorteil sein."
„Die Kontakte, die man im Studium macht, sind wichtig für die spätere Karriere."	„Das Studium in Deutschland ist an vielen Hochschulen kostenlos."
„Ein Studienabbruch muss kein Scheitern bedeuten!"	„Ein Auslandssemester erweitert den Horizont."
„Publikationen in Fachmagazinen fördern die wissenschaftliche Karriere."	„Für beliebte Studienfächer gibt es oft nur eine begrenzte Anzahl von Studienfächern."
„Viele Uni-Bibliotheken haben rund um die Uhr geöffnet."	„Ein Online-Studium mit nur wenigen Präsenzphasen ist die Zukunft."

GRAFIKEN INTERPRETIEREN

Sehen Sie sich gemeinsam mit den TN die beiden Grafiken an. Die TN schreiben dazu einen kurzen Beitrag und gehen auf die dargestellten Entwicklungen sowie auch auf die Unterschiede und Ähnlichkeiten der beiden Grafiken ein.

Studienangebot nach Fächergruppen im Wintersemester 2019/2020 in Deutschland

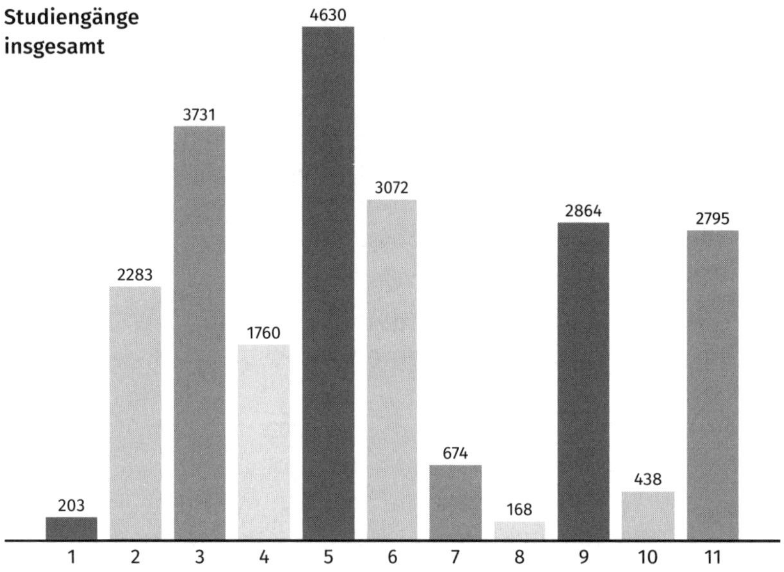

Fächergruppen

1 Agrar- und Forstwissenschaften
2 Gesellschafts- und Sozialwissenschaften
3 Ingenieurwissenschaften
4 Kunst, Musik, Design
5 Lehramt
6 Mathematik und Naturwissenschaften
7 Gesundheitswissenschaften
8 Medizin
9 Sprach- und Kulturwissenschaften
10 Rechtswissenschaften
11 Wirtschaftswissenschaften

Die 15 am stärksten besetzten Studienfächer an deutschen Hochschulen im Wintersemester 2019/2020

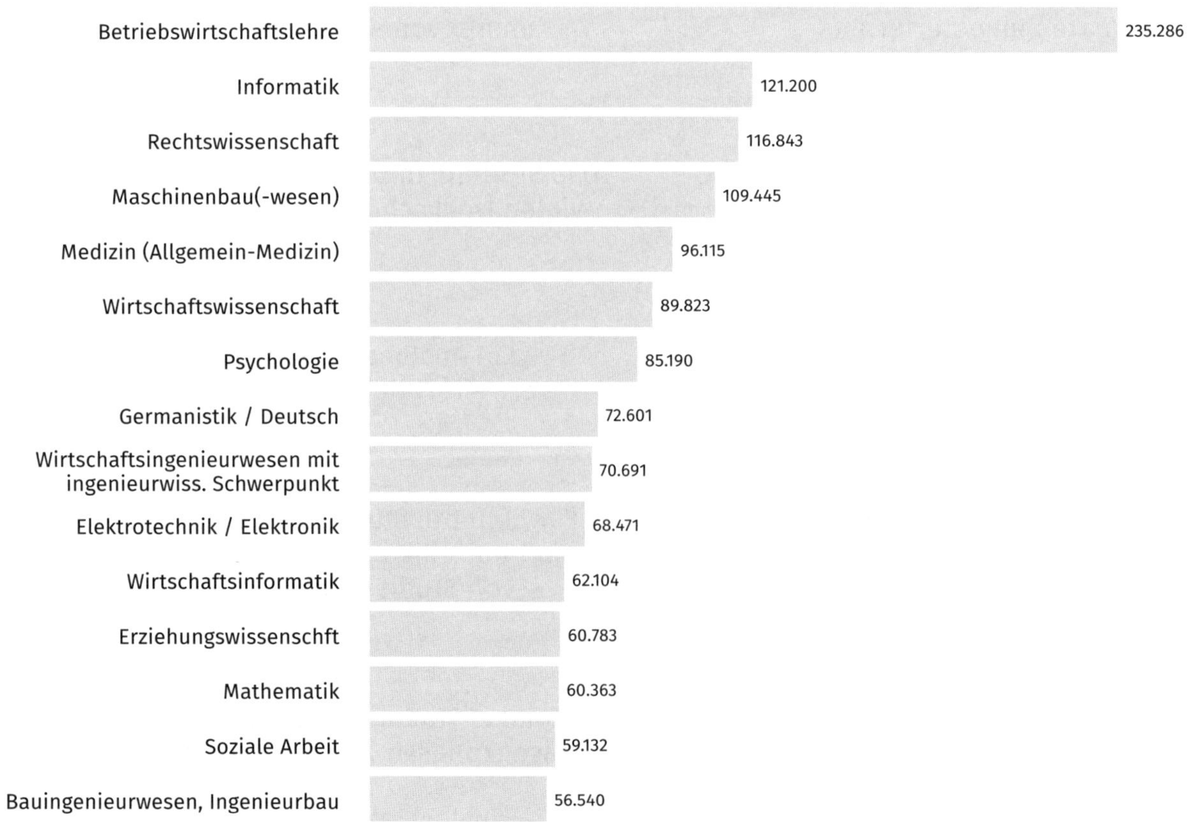

Name: ______________________

1 Wortschatz

Was passt? Ergänzen Sie.

inwiefern • Suchmaschinen • Verglichen mit • benötigen • bewusst machen • misslungen • Berichterstattung • Werbung • entspanntes • Einsicht

Neue Nachricht

An: redaktion@rheinruhr-zeitung.de
Betreff: Mein Zeitungsabo

Nachricht senden

Liebe Redaktion der Rheinruhr-Zeitung,

hiermit möchte ich Ihnen mitteilen, dass ich zu der ____________________ (1) gelangt bin, dass ich mein papierloses Zeitungsabo abbestellen möchte. Grund dafür ist die viele ________________ (2) und die nervigen Pop-Ups in den Berichten. Ich bin durchaus nicht empfindlich und weiß gute ____________________ (3) durchaus zu schätzen, doch zuviel störende Werbung finde ich einfach nur ____________________ (4), und störend. Ein ____________________ (5) Lesen ist nicht möglich. Ihre Redaktion sollte sich mal ____________________ (6), dass sie damit ihre Leserschaft verprellt. Ich frage mich wirklich, ____________________ (7) der Redaktionsleiter das noch verantworten kann. Ich kann die Nachrichten im Internet über ____________________ (8) und Nachrichtenportale kostenlos mit weniger Werbung lesen. ________________ (9) anderen Zeitungen stimmt das Preis-Leistungsverhältnis einfach auch nicht mehr. Wenn Sie noch weitere Informationen von mir ____________________ (10), stehe ich Ihnen gerne zur Verfügung.

Mit freundlichen Grüßen
Dieter Schulz

Senden

_________ / 5

2 Grammatik

a Ergänzen Sie die passenden Vorsilben *ent-*, *zer-*, *miss-* oder *de-*.

1 Mein Chef ist sehr cholerisch, das ______motiviert mich ziemlich.

2 Du musst die Äpfel ______kernen, bevor du sie in Stücke schneidest.

3 Bei zu wenig Flüssigkeitszufuhr kann der Mensch ______hydrieren.

4 Trotz harten Trainings ______lingt die Übung immer wieder.

5 Überflüssige Programme auf Ihrem Computer sollten Sie ______installieren.

6 Wenn du die Kartoffeln ______drückst, werden sie schneller kalt.

7 Am Wochenende ______sorge ich das Altpapier und die Glasflaschen.

8 Den Grund für unseren Streit sehe ich darin, dass wir uns oft ______verstehen.

_________ / 4

b Schreiben Sie die Sätze neu mit *müssen, dürfen, können*.

1 Er war mit Sicherheit schon einmal in Köln.

___

2 Karin hat den neuen Film vermutlich schon gesehen.

___

3 Seine Oma versteht seinen Humor möglicherweise nicht.

___

4 Wir sind uns fast sicher, dass Ahmad die Prüfung bestanden hat.

___

5 Wahrscheinlich hat Leyla wieder verschlafen.

___

___ / 5

c Formulieren Sie Sätze aus dem Zeitungsbericht mit *sollen* oder *wollen* um. Verwenden Sie dazu ein separates Blatt.

In der Goethestraße überfiel gestern ein Unbekannter eine Bank. Dabei wurden 70.000 Euro erbeutet. (1) Der Filialleiter behauptete, dass er den Täter erkannt habe. (2) Aus Polizeikreisen war zu vernehmen, dass es sich bei dem Täter um einen ehemaligen Angestellten der Bank handelte. (3) Dieser Angestellte kündigte wenige Wochen vor der Tat seinen Job. (4) Eine Passantin berichtete, dass sie zur Tatzeit noch eine zweite Person in der Nähe der Bank beobachtet habe. (5) Ein erstes Phantombild von der zweiten Person wird wohl noch diese Woche von der Polizei veröffentlicht. (6)

___ / 6

3 Kommunikation

Schreiben Sie auf ein separates Blatt einen Kurzvortrag zum Thema: „Was bedeutet für mich persönlich Freundschaft?". Verwenden Sie dazu die bekannten Redemittel. Beachten Sie dabei folgende Punkte:

- den Aufbau des Vortrags vorstellen
- drei Situationen beschreiben und vergleichen
- den Vortrag beenden

In meinem Kurzvortrag befasse ich mich heute damit, was für mich persönlich Freundschaft bedeutet.

...

___ / 10

Insgesamt ___ / 30

richtige Lösungen	Note	richtige Lösungen	Note
30–27 26–23 22–19	sehr gut gut befriedigend	18–15 14–0	ausreichend nicht bestanden

Name: ______________________

1 Wortschatz

Was ist richtig? Markieren Sie.

Arbeiten, wo andere Urlaub machen

Wir suchen dringend *fachkundiges/nachhaltiges* (1) Personal im Bereich Service für unser Hotel an der Costa Brava. Ihnen *bereitet/verbreitet* (2) die Arbeit mit Menschen Freude? Sie verfügen über gute *Ausstattungen/Umgangsformen* (3) und sind belastbar? Darüber hinaus sind Sie in der *Sache/Lage* (4), selbstständig zu arbeiten? Dann bewerben Sie sich noch heute bei uns. Sie sollten unserem Unternehmen spätestens ab Mitte des Jahres zur *Vergütung/Verfügung* (5) stehen, aber auch ein früherer Arbeitsbeginn wäre möglich.

__________ / 5

2 Grammatik

a Was passt? Ordnen Sie zu.

1 Für die Party müssen noch
2 Es tut mir Leid, ich wollte dir
3 Es gibt so viele Angebote,
4 Ich möchte nicht, dass das Thema
5 Ich könnte dir heute mein Büro

A zur Sprache kommt.
B die zur Auswahl stehen.
C zur Verfügung stellen.
D Vorbereitungen getroffen werden.
E keine Schwierigkeiten bereiten.

__________ / 5

b Welche Verben passen zu den Nomen? Ergänzen Sie.

Liebe Meike,

mit dieser Mail gratuliere ich dir ganz herzlich zum Geburtstag. Ich hoffe, mein Geschenk hat dir Freude __________ (1). Ich muss leider in Kauf __________ (2), dass du mich nicht zu deiner Geburtstagsparty einladen wirst. Ich __________ (3) immer noch der Ansicht, dass unser Streit nicht hätte eskalieren müssen und hatte so sehr gehofft, dass wir noch einen Kompromiss __________ (4). Ich wünsche dir trotzdem eine schöne Feier. Viele Grüße! Paul

__________ / 4

c Schreiben Sie die Sätze mit zweiteiligen restriktiven Konnektoren *(es sei denn / außer wenn / außer dass)*. Verwenden Sie jeden Konnektor nur einmal.

1 Der Zug kommt nur dann nicht pünktlich, wenn es Verzögerungen im Betriebsablauf gibt.

____

____

2 Ausflüge mit dem Boot sind erholsam. Das gilt nicht, wenn der Seegang zu stark ist.

____

____

3 Der Fahrstuhl war defekt. Mehr konnte die Rezeptionistin nicht sagen.

__________ / 3

d Schreiben Sie die Sätze mit zweiteiligen konzessiven Konnektoren *(wenn ... auch, so / wie ... auch).*

1 Obwohl das Hotel weitab vom Strand liegt, haben wir unsere Entscheidung, dort Urlaub zu machen, niemals bereut.

2 Ich genieße es zwar sehr, den Urlaub in den Bergen zu verbringen, erholt habe ich mich aber noch nicht.

3 Obwohl ich viele teure Urlaubssouvenirs gekauft habe, bin ich immer noch nicht pleite.

__________ / 3

3 Kommunikation

Sie sind Herr/Frau Schröder und haben gerade zwei Wochen Urlaub zusammen mit Ihrer Partnerin/ Ihrem Partner und Ihrer fünfjährigen Tochter im Hotel „Zur schönen Aussicht“ verbracht. Leider waren Sie mit dem Urlaub überhaupt nicht zufrieden, und Sie rufen anschließend im Hotel an und sprechen auf den Anrufbeantworter. Gehen Sie auf die fünf Punkte ein. Verwenden Sie dazu die bekannten Redemittel und schreiben Sie auf ein separates Blatt.

- das Hotelzimmer hatte kein Beistellbett für Ihre Tochter
- Sie hatten von Ihrem Zimmer aus keinen Alpenblick
- die Dusche war verschimmelt
- Frühstück gab es nur zwischen 6 und 9 Uhr
- Sie fordern eine finanzielle Entschädigung

Guten Tag, Schröder hier. Ich habe es schon mehrmals telefonisch versucht und Ihnen mehrere E-Mails geschrieben, aber leider niemanden erreicht. Es geht um unseren Aufenthalt in Ihrem Hotel vor drei Wochen ...

__________ / 10

Insgesamt __________ / 30

richtige Lösungen	Note	richtige Lösungen	Note
30–27 26–23 22–19	sehr gut gut befriedigend	18–15 14–0	ausreichend nicht bestanden

Name: ____________________

1 Wortschatz

Was passt? Ergänzen Sie in der richtigen Form.

Siedlungen • Sammler • beeindruckend • Spezies • Wesen • Homo Sapiens • anpassen • Geschicklichkeit • allmählich • Vorfahren

Liebe Besucher, wir begrüßen Sie auf unserem Audio-Rundgang im Ethnologischen Museum. Sie erhalten einen ________________ (1) Überblick über die Entwicklung der ________________ (2) Mensch, dem ________________ (3). Wer waren unsere ________________ (4)? Wie haben Sie sich vom Jäger und ________________ (5) zum Modernen Menschen entwickelt? Sie werden überrascht sein, wie sich das menschliche ________________ (6) immer wieder neu an seine Umwelt ________________ (7) hat. Fähigkeiten wie ________________ (8) und Vorsicht waren überlebenswichtig. In unserer Ausstellung sehen sie, wie der Mensch ________________ (9) sesshaft wurde und die ersten ________________ (10) entstanden. Beginnen Sie Ihren Rundgang jetzt im ersten Ausstellungsraum.

________ / 5

2 Grammatik

a Schreiben Sie die Sätze neu und verwenden Sie *zu ..., als dass ...* oder *zu ..., um ... zu.*

1 Die Chefin ist sehr arrogant. Sie setzt sich nicht mit ihren Mitarbeitern auseinander.

____

____

2 Das Computersystem scheint sehr veraltet. Es lässt sich nicht mehr optimieren.

____

____

3 Der Kollege wirkt sehr schüchtern. Er kann seinen Standpunkt nicht vertreten.

____

____

4 Der Betriebsrat ist sehr schwach. Er wird von den Mitarbeitern nicht ernst genommen.

____

____

________ / 4

b Ergänzen Sie die fehlenden Endungen.

1 Ich frage ihn bei fast all____ wichtig____ Entscheidungen im Leben um Rat.

2 Solch____ aktuell____ Fragestellungen sollten diskutiert werden.

3 Sie hat folgend____ wichtig____ Information für dich.

4 Ich möchte kein____ größer____ Enttäuschungen mehr erleben.

5 In der Firma gibt es einig____ standardisiert____ Betriebsabläufe.

_________ / 5

c Welches Modalverb passt?

1 bestrebt sein → ______________

2 es ist unumgänglich → ______________

3 imstande sein → ______________

4 es ist untersagt → ______________

5 es wäre empfehlenswert → ______________

6 verpflichtet sein → ______________

7 die Aufgabe haben → ______________

8 es besteht die Notwendigkeit → ______________

_________ / 8

3 Kommunikation

In einer Diskussion möchten Sie zu den folgenden vier Meinungen der anderen Diskussionsteilnehmer Stellung nehmen. Verwenden Sie dazu die bekannten Redemittel.

1 „Mein Kind soll so früh wie möglich Fremdsprachen lernen, damit es sich in unserer globalisierten Welt zurechtfindet."
2 „Kinder sollten die ersten Jahre in Ruhe gelassen werden, um einfach nur Kind zu sein."
3 „Computer sind schädlich für die frühkindliche Entwicklung."
4 „Der Staat sollte mehr Geld in die Frühförderung investieren."

_________ / 8

Insgesamt _________ / 30

richtige Lösungen	**Note**	**richtige Lösungen**	**Note**
30–27 26–23 22–19	sehr gut gut befriedigend	18–15 14–0	ausreichend nicht bestanden

 Sicher in Alltag und Beruf! C1.1 | 978-3-19-211209-6 | © 2020 Hueber Verlag | Autor: Sönke Andresen

Name: ______________________

1 Wortschatz

Was ist richtig? Markieren Sie.

„Liebe Esra, leider ist bei dir nur die Mailbox dran, eigentlich wollte ich dir die guten Nachrichten persönlich mitteilen. Das Vorstellungsgespräch hat sich echt *in die Länge/in die Breite* (1) gezogen, aber es hat geklappt, ich habe den Job! Ich hätte nie gedacht, dass ich, frisch von der Uni, als *Fachkraft/Berufseinsteigerin* (2) gleich eine so tolle Stelle bekomme! Die Firma ist ein kleines, innovatives *Minijob-Unternemen/Start-up-Unternehmen* (3) mit vielen jungen Kollegen und einem sehr positiven *Betriebsklima/Gehaltszettel* (4).
Ich hatte zunächst Angst, im Gespräch mit der Chefin *versagt/übertrumpft* (5) zu haben, du weißt, *Mitsprache-recht/Selbstvermarktung* (6) ist wirklich nicht mein Ding. Doch die Chefin war wirklich sehr entspannt und *läs-sig/schamlos* (7), sie betonte, dass bei der vielen Arbeit auch *der Spaßfaktor/die Berufung* (8) nicht zu kurz kommen sollte. Mein Lohn ist abzüglich aller *Abgaben/Abrechnungen* (9) höher als das, was ich als Studentin in einem Jahr zur Verfügung hatte und nach meiner Probezeit habe ich sogar die Chance auf eine *Gehalts-abrechnung/Gehaltserhöhung* (10). Ruf mich doch bitte ganz schnell zurück, wenn du das abhörst! Ciao!“

_______ / 5

2 Grammatik

a Unterstreichen Sie in den ersten Sätzen, worauf sich *es* bezieht.

1 Die Studentin ist sehr wissbegierig. Ihr Freund ist es leider nicht.
2 Ich putze heute wieder die ganze Wohnung. Du hast es noch nie gemacht.
3 Das Essen hat zu lange gekocht. So schmeckt es leider nicht.
4 Die Mitarbeiter sind sehr rücksichtsvoll. Ihre Chefin ist es leider nicht.

_______ / 4

b Schreiben Sie die Sätze mit oder ohne *es*.

1 Tarik – hassen – viel im Beruf schuften – keine Gehalterhöhung – bekommen

____

2 schwierig sein – in einem Unternehmen ohne Hierarchien – Chef kritisieren

____

3 keine Gehalterhöhung – bekommen – für alle Kollegen – ein Problem sein

____

4 als Berufseinsteiger – sehr wichtig sein – nach dem Einstiegsgehalt fragen

____

5 dass – im ersten Job – überhaupt keine Probleme – auftreten – nicht realistisch

____

_______ / 5

c Welches Adjektiv + Graduierung passt zusammen? Ergänzen Sie die Wörter in den Sätzen. Manchmal gibt es mehrere Lösungen.

Graduierung
brand – extra – hyper – riesen – super – tief – tod – voll

Adjektiv
gefährlich – traurig – automatisch – nett – groß – schick – breit – aktiv

1 Er reagierte ______________ auf den Tod seines Haustiers.

2 Die Schülerin kann einfach nicht stillsitzen, sie ist ______________.

3 Das Hantieren mit Chemikalien ist wirklich ______________.

4 Der LKW hat wegen seiner schweren Last ______________ Reifen.

5 Oma mag ich sehr, sie ist wirklich ______________.

6 Eine ______________ Waschmaschine erleichtert meinen Alltag ungemein.

7 Der Surfer wartet auf die ______________ Welle.

8 Du trägst heute mal wieder eine ______________ Bluse.

______ / 8

3 Kommunikation

Sie sind die Chefin/der Chef der Traditionsbäckerei „Meyerhofer" und suchen dringend eine junge Bäckerin/einen jungen Bäcker für Ihr Geschäft. Geben Sie eine Stellenanzeige auf, gehen Sie auf die vier Punkte ein und verwenden Sie dazu die bekannten Redemittel.

1 Was macht Ihre Traditionsbäckerei zu einem attraktiven Arbeitgeber?
2 Mit welchen Maßnahmen möchten Sie Ihr Unternehmen in Zukunft noch attraktiver machen?
3 Was erwarten Sie von einer guten Mitarbeiterin/einem guten Mitarbeiter?
4 Wie kann man junge Menschen für den harten Beruf der/des Bäckerin/Bäckers (frühes Aufstehen, harte körperliche Arbeit ...) motivieren?

______ / 8

richtige Lösungen	Note	richtige Lösungen	Note
30–27 26–23 22–19	sehr gut gut befriedigend	18–15 14–0	ausreichend nicht bestanden

Insgesamt ______ / 30

Name: ____________________

1 Wortschatz

a Was ist richtig? Markieren Sie.

1 Die bunten Farben des Gemäldes vermitteln *Lebensvitalität/Lebenssituation*.
2 Der Bildhauer bearbeitet seine Skulptur mit dem *Meißel/Pinsel*.
3 Seine kritische Haltung entspricht dem *Zeitplan/Zeitgeist*.
4 Die Malerin *bespannt/bemalt* den Rahmen mit einer Leinwand.
5 Zu Beginn des Vortrages bietet es sich an, *ein Resümee/einen Überblick* zu geben.
6 In großen Museen sind viele bekannte Künstler *vertreten/vergeben*.
7 Der *Galerist/Raumausstatter* stellt die Bilder der Künstlerin aus.
8 Sie können ihre Präsentation mit einem *Zyklus/Zitat* beginnen.
9 Diese Skulptur gefällt mir gar nicht, ich finde sie wirklich *vergnügt/schrecklich*.
10 Sein berühmtestes Kunstwerk ist an exponierter Stelle *platziert/serviert*.

_________ / 10

2 Grammatik

a Ergänzen Sie die richtige Vorsilbe *be-* oder *ver-*.

1 Der Kritiker ______gutachtet das Kunstwerk.

2 Entschuldigung, da habe ich mich ______wählt.

3 Durch Blumen kannst du deinen Balkon ______schönern.

4 Ich habe an alle Kunden eine Weihnachtskarte ______schickt.

5 Da habe ich keine Ahnung, das kann ich nicht ______urteilen.

6 Ist das dein Ernst? Da muss ich mich wohl ______hört haben!

_________ / 3

b Geben Sie das Gesagte mit *laut, zufolge* und *wie* wieder.

1 Karl Valentin sagt: „Kunst ist schön, macht aber viel Arbeit." (laut)

____

2 Ernst Fischer meint: „Die Kunst muss nichts, die Kunst darf alles." (zufolge)

____

3 Picasso behauptet: „Kunst wäscht den Staub des Alltags von der Seele." (wie)

____

_________ / 3

c Formulieren Sie die Imperative mit den passenden Modalverben in die indirekte Rede um.

1 „Besuchen Sie auf gar keinen Fall die neue Ausstellung!“
2 „Gehen Sie jetzt zu den Skulpturen in die zweite Etage!“
3 „Arbeitet unbedingt mit hellen Farbtönen!“
4 „Gehen Sie bitte sehr vorsichtig mit dem Kunstwerk um.“

Die Galeristin sagt,

__________ / 4

3 Kommunikation

Formulieren Sie einen Kurzvortrag zum Thema: „Was ist Kunst?“. Gehen Sie dabei auf die folgende Punkte ein und verwenden Sie die bekannten Redemittel.

1 Führen Sie an das Thema heran.
2 Geben Sie einen Überblick über Ihren Kurzvortrag.
3 Erläutern Sie die wichtigsten Punkte zu dem Thema.
4 Was ist Ihre persönliche Meinung?
5 Ziehen Sie ein Resümee.

__________ / 10

Insgesamt __________ / 30

richtige Lösungen	Note	richtige Lösungen	Note
30–27 26–23 22–19	sehr gut gut befriedigend	18–15 14–0	ausreichend nicht bestanden

Sicher in Alltag und Beruf! C1.1 | 978-3-19-211209-6 | © 2020 Hueber Verlag | Autor: Sönke Andresen

Name: ______________________

1 Wortschatz

a Was passt? Ergänzen Sie.

Studierende • Sekundärliteratur • Mitschrift • Referat • Resonanz • Seminar

Liebe Erstsemester,

wir begrüßen euch ganz herzlich an unserer Universität. Gerne möchten wir euch zum Semesterbeginn in einem zweistündigen ______________________ (1) eine Einführung ins wissenschaftliche Arbeiten geben. Angesprochen sind ______________________ (2) aller Fachrichtungen. Wo finde ich die richtige ______________________ (3) zu meinen Seminaren? Wie fertige ich eine ______________________ (4) während einer Vorlesung an? Oder wie halte ich ein gutes ______________________ ? (5) Auf all diese Fragen soll dieses Seminar Antwort geben. Wir hoffen auf positive ______________________ (6).

Euer AStA-Team

__________ / 6

b Was passt zusammen? Verbinden Sie.

1 kümmert sich um die Belange der weiblichen Mitarbeiter
2 mit großem Ausdruck
3 nur leicht berühren
4 die Anmeldung an der Universität
5 im Internet öffentlich machen

A expressiv
B antippen
C die Einschreibung
D die Frauenbeauftragte
E posten

__________ /5

2 Grammatik

a Welche Endung passt? Markieren Sie.

1 der Enthusi- ☐ -kar ☐ -asmus
2 die Dist- ☐ -enz ☐ -anz
3 die Kompet- ☐ -är ☐ -enz
4 der Komiss- ☐ -ar ☐ -är
5 das Argu- ☐ -ment ☐ -kar
6 der Sekret- ☐ -är ☐ -enz

__________ / 6

b Formulieren Sie die Sätze mit den Verweiswörtern *infolgedessen, stattdessen, dadurch, demnach* oder *dementsprechend* neu.

1 Im ersten Semester habe ich oft gefehlt. Ich hatte dann eine schlechte Note in der Abschlussprüfung.

____

2 Ich habe es wegen des Streiks nicht rechtzeitig zur Vorlesung geschafft. Ich war echt verärgert.

____

3 Auf die Einführungsveranstaltung kannst du verzichten. Es ist auch möglich sich online zu informieren.

____

4 Ich habe mit meiner Professorin gesprochen, sie empfiehlt mir, die Präsentation zu zweit zu halten.

____

5 Mein Studium nimmt sehr viel Zeit in Anspruch. Ich sehe meine Freundin immer seltener.

____

______ / 5

3 Kommunikation

Sie arbeiten als wissenschaftliche Mitarbeiterin/wissenschaftlicher Mitarbeiter an einer Universität. In einer Diskussionsrunde mit Ihren Kollegen soll geklärt werden, ob an Ihrer Fakultät die Stelle einer Frauenbeauftragten eingerichtet wird. Gehen Sie auf die Argumente Ihrer Vorredner ein, schildern Sie Ihre eigene Meinung und verwenden Sie dazu die bekannten Redemittel.

1 „Ich finde das eine sehr gute Idee. Wir leben immer noch in einer männerdominierten Welt und müssen für die Rechte der Frauen kämpfen."
2 „Wenn kein Umdenken in der Gesellschaft stattfindet, bringt auch eine Frauenbeauftragte nichts."
3 „Dann fordere ich auch eine Beauftragte/einen Beauftragten für die Belange der Ausländer und Menschen mit Behinderung an unserer Fakultät."
4 „Wir sollten das Geld besser in die Lehre und bessere Ausstattung unserer Fakultät stecken."

____

______ / 8

richtige Lösungen	Note	richtige Lösungen	Note
30–27 26–23 22–19	sehr gut gut befriedigend	18–15 14–0	ausreichend nicht bestanden

Insgesamt ______ / 30

 Sicher in Alltag und Beruf! C1.1 | 978-3-19-211209-6 |

Der Test zur Lernzielkontrolle prüft den Inhalt der sechs Lektionen. Er orientiert sich an den Prüfungsformaten gängiger Sprachprüfungen der Niveaustufe C1. Der Test prüft die vier Fertigkeiten *Hören*, *Schreiben*, *Lesen* und *Sprechen* sowie die Bereiche *Wortschatz* und *Grammatik*. Die Hörtexte können kostenlos im Lehrwerksservice unter www.hueber.de/sicher-in-alltag-und-beruf heruntergeladen werden.

1 Hören: Lösungen

1c, 2b, 3a, 4c, 5b, 6b

2 Schreiben: Bewertungskriterien

	++	+	0	-	--
Inhalt und Umfang des geschriebenen Textes	☐	☐	☐	☐	☐
Spektrum und Beherrschung des verwendeten Wortschatzes	☐	☐	☐	☐	☐
Textaufbau allgemein (Einleitung, Hauptteil, Schluss)	☐	☐	☐	☐	☐
Textsortenspezifische Merkmale	☐	☐	☐	☐	☐
Verknüpfung von Sätzen / Satzteilen	☐	☐	☐	☐	☐
Wahl des richtigen Sprachregisters (z. B. formell / informell)	☐	☐	☐	☐	☐
Orthografische Korrektheit	☐	☐	☐	☐	☐

3 Lesen: Lösungen

1d, 2g, 3e, 4a, 5h, 6f

4 Sprechen: Bewertungskriterien

	++	+	0	-	--
Inhalt und Umfang des gesprochenen Textes	☐	☐	☐	☐	☐
Spektrum und Beherrschung des verwendeten Wortschatzes	☐	☐	☐	☐	☐
Komplexität und Beherrschung verschiedener Satzstrukturen	☐	☐	☐	☐	☐
Nachvollziehbare Verknüpfung von Sätzen und Satzteilen	☐	☐	☐	☐	☐
Interaktion mit der Lernpartnerin / dem Lernpartner	☐	☐	☐	☐	☐
Aussprache, Satzmelodie und Wortakzent	☐	☐	☐	☐	☐

5 Wortschatz: Lösungen

5a: 1b, 2e, 3d, 4a, 5c
5b: 1 habe mich ... eingeschrieben; 2 den Anforderungen entspricht; 3 Vorlesungen zu besuchen; 4 eine Präsentation anfertigen; 5 Fachliteratur zu bibliographieren

6 Grammatik: Lösungen

6a: 1 Freude bereitet, 2 Schwierigkeiten bereitet, 3 Kauf abzuschließen, 4 ein Profil anlegen, 5 Möglichkeiten bieten, 6 Kontakt aufnehmen
6b: 1 Aus diesem Grund, 2 Das, 3 Dem, 4 Das

1 Hören

Markieren Sie die richtige Antwort (a, b oder c). Hören Sie den Text zweimal.

1 Pavel hat ...
- a als Kind mit seinen Eltern viele ferne Länder bereist.
- b eine lange Reise durch Frankreich unternommen.
- c seine erste große Reise nach dem Studium unternommen.

2 Wie kam Pavel zu *Couchsurfing*?
- a Es war vielerorts schwierig, freie Unterkünfte zu finden.
- b Ihm war es auf Dauer zu teuer, für Übernachtungen zu bezahlen.
- c Er wollte die Kultur der Einheimischen besser kennenlernen.

3 Pavels erste Gastgeberin ...
- a war sehr hilfsbereit und gastfreundlich.
- b nahm Pavel eine Woche lang bei sich auf.
- c brachte Pavel bei, wie man vietnamesisch kocht.

4 Die Plattform ...
- a vermittelt Schlafmöglichkeiten gegen Bezahlung.
- b eignet sich dazu, einen Reiseleiter zu finden.
- c bietet den Nutzenden die Möglichkeit, Hosts zu bewerten.

5 Pavel denkt, dass das Reisen allein ...
- a daran hindert, Kontakte zu Einheimischen zu knüpfen.
- b ein intensiveres Kennenlernen von Land und Leute ermöglicht.
- c für schüchterne Menschen nicht geeignet ist.

6 Pavel bietet seine Couch ...
- a nur Leuten an, bei denen er bereits übernachtet hat.
- b teilweise mehrmals im Monat über *Couchsurfing* an.
- c niemandem an, der schlechte Bewertungen bekommen hat.

Je 1 Punkt; ________ von 6 Punkten

2 Schreiben

Lesen Sie die Aufgabe und schreiben Sie einen Text, in dem Sie Ihren eigenen Standpunkt dazu erarbeiten und argumentativ darlegen. Ihr Text soll etwa 350 Wörter umfassen.

In Ihrer Firma wird gerade diskutiert, ob bei Bewerbungen Einstufungstest eingesetzt werden sollen. Die Geschäftsführung hat Sie um eine Stellungnahme zum Thema *Einstufungstest bei Bewerbungen* gebeten.

Führen Sie Argumente an, legen Sie Vor- und Nachteile dar und begründen Sie am Schluss Ihre eigene Position. Die folgenden Aussagen geben Ihnen erste Ideen:

„Einstufungstests geben Auskunft über die grundsätzliche Eignung der Bewerber."

„Persönliche Eigenschaften wie Empathie oder Zuverlässigkeit können von solchen Testverfahren nicht überprüft werden."

________ von 10 Punkten

3 Lesen

Lesen Sie den folgenden Text. Welche der Sätze a–h gehören in die Lücken 1–6? Es gibt jeweils nur eine richtige Lösung. Zwei Sätze können nicht zugeordnet werden. Markieren Sie Ihre Lösungen für die Aufgaben 1–6 auf dem Antwortbogen. Lücke (0) ist ein Beispiel.

PARTNERSUCHE IM NETZ

Onlinedating wird immer beliebter und insbesondere jüngere Leute verlassen sich inzwischen vollkommen auf Apps & Co. Auch wenn es fraglich ist, ob diese Plattformen immer zum gewünschten Ziel führen, werden sie ausgiebig genutzt. Immer mehr Menschen investieren viel Energie und Zeit in die neuen Möglichkeiten der Partnersuche. Woran das liegt? __(0)__ Wir wollen Ihnen heute einige Fakten und Mythen rund um dieses Thema vorstellen.

Den Partner fürs Leben ganz einfach und problemlos im Internet kennenlernen? __(1)__. Etwa ein Zehntel der Menschen im deutschsprachigen Raum nutzen das schier unendliche Angebot der Apps und Portale. Dennoch kommen dabei die wenigsten zum Ziel, wie auch Expertin Anne van Hus bestätigt: „Die Mitgliedszahlen dieser Portale steigen kontinuierlich, daher gibt es auch zunehmend mehr Studien zu den Erfolgsquoten."

Scheint sich die Partnersuche im Netz also doch gar nicht zu lohnen? __(2)__. Umfragen zufolge findet heute jeder zehnte Nutzer eine Beziehung mithilfe des Internets. Auch aus diesem Grund boomen Apps zur Partnersuche. __(3)__. Laut van Hus sind die Plattformen dennoch wahnsinnig beliebt und viele Menschen versuchen, auf diesem Weg ihr Glück zu finden.

Um sich vor Betrügern zu schützen, sollte man unbedingt seriöse Plattformen nutzen. „__(4)__", betont auch unsere Expertin. Zwar gibt es auch kleinere seriöse Plattformen, aber hier ist ein Blick in den Vertrag auf jeden Fall notwendig. Sonst schließt man am Ende noch ungewollt eine 24-monatige Mitgliedschaft ab. Außerdem betont van Hus, dass seriöse Plattformen auch immer den Datenschutz der Kunden im Blick haben. „Gerade dies zeichnet eine wirklich seriöse Plattform aus."

Wichtig zu wissen ist auch, dass sich auf Onlineplattformen und in Dating-Apps nicht nur Singles finden. Rund 24 % der Männer und 14 % der Frauen sind auf diesen Plattformen sind schon vergeben. Sie suchen nicht die große Liebe, sondern nur Spaß. Daher sollte man wirklich aufpassen. __(5)__.

Sieht man sich die Nutzerstruktur der Plattformen etwas genauer an, stellt man zudem fest, dass Männer diese wesentlich häufiger nutzen als Frauen. Mögliche Gründe dafür wurden bisher noch nicht erhoben. Anzunehmen ist aber, dass Frauen eher einen direkten Weg bevorzugen und daher weniger auf Apps setzen. Diesen Eindruck bestätigt auch van Hus und betont, dass hierzu noch weitere Studien notwendig sind.

Van Hus bekräftigt außerdem: „__(6)__." Damit meint sie nicht die Nutzung, sondern die Darstellung falscher Tatsachen. Gut ein Drittel der Nutzer machen falsche Angaben oder laden sogar ein bearbeitetes Foto hoch. Lieber sollte man sich authentisch präsentieren und so findet man dann schlussendlich hoffentlich auch den passenden Menschen für eine Beziehung.

Beispiel:

z 0 Sicher auch an der Schnelllebigkeit unserer Zeit.
a ___ Bekannte Plattformen sollten vorgezogen werden
b ___ Dating Plattformen sind zu kostspielig
c ___ Niemand rechnet damit, einen Partner zu finden
d ___ Das wünschen sich wohl alle
e ___ Aber seriös sind nicht alle
f ___ Auf lange Sicht lohnt es sich nicht
g ___ Das lässt sich nicht so einfach beantworten
h ___ Am Ende gerät man noch in einen ungewollten Konflikt

Je 1 Punkt; __________ von 6 Punkten

4 Sprechen

Lesen Sie die Aufgabe. Sie haben 7 Minuten Vorbereitungszeit. Arbeiten Sie dann zu zweit.

Kandidat/-in 1 und 2

Sie planen für Ihre Firma einen Ausflug nach Salzburg. Ihr Team hat sich für einen Tag mit Kunst- und Kulturprogramm entschieden. Sie sollen nun ein stimmiges Tagesprogramm erstellen und dabei verschiedene Themen und Interessen berücksichtigen.

Vergleichen Sie die verschiedenen Vorschläge und begründen Sie Ihren Standpunkt.

Widersprechen Sie Ihrer/Ihrem Gesprächspartner/in, wenn Sie nicht einverstanden sind.
Kommen Sie am Ende zu einer gemeinsamen Lösung.

Sie können zwischen folgenden Museen und Vorschlägen wählen:
- Museum für moderne Kunst
- Antikensammlung
- Krimifestival
- Stadtführung zum Thema Straßenkunst
- Comicausstellung
- Jazz-Konzert
- Kulinarisch-kreativer Kochabend

Je 1 Punkt; __________ von 10 Punkten

5 Wortschatz

a Was passt zusammen? Verbinden Sie.

1 das Mitspracherecht
2 das Betriebsklima
3 die Chancengleichheit
4 der Versager
5 der Umgangston

a eine Person, die häufig nicht das Erwartete leistet
b Möglichkeit, in einem Betrieb mitzubestimmen
c Art und Weise, wie in der Firma miteinander gesprochen wird
d alle haben die gleichen Möglichkeiten
e die Stimmung in einer Firma

Sicher in Alltag und Beruf! C1.1 | 978-3-19-211209-6 | © 2020 Hueber Verlag

b Ergänzen Sie in der richtigen Form.

sich einschreiben • Vorlesungen besuchen • den Anforderungen entsprechen • Fachliteratur bibliographieren • eine Präsentation anfertigen

Endlich! Ich ______________ für das Fach Astrophysik an der Technischen Universität ______________ (1). Bevor das allerdings tun konnte, musste ich überprüfen, ob mein Schulabschluss überhaupt ______________ (2). Dafür habe ich die Studienordnung gelesen. Das Studium besteht nicht nur darin, ______________ (3). Unter anderem muss ich in jedem Seminar ______________ (4) und halten. Dafür ist es notwendig, ______________ (5), diese zu sortieren und dann strukturiert zusammenzufassen. Aber ich denke, dass mir mein Studium trotz der vielen Arbeit Spaß macht!

Je 1 Punkt; ________ von 5 Punkten

6 Grammatik

a Ergänzen Sie die passenden Nomen-Verb-Verbindungen in der richtigen Form.

ein Profil anlegen • Kontakt aufnehmen • Schwierigkeiten bereiten • Kauf abschließen • Freude bereiten • Möglichkeiten bieten

Sehr geehrter Herr Nikiforos,

haben Sie vielen Dank für Ihre Nachricht! Einerseits freut uns natürlich zu hören, dass Ihnen die Nutzung unserer Küchenmaschine ______________[1]. Andererseits bedauern wir jedoch zu hören, dass Ihnen die Bestellung von Zubehör in unserem Onlineshop ______________[2]. Um den ______________[3], benötigen wir eine genaue Rechnungs- und Lieferanschrift. Hierzu müssen Sie sich bitte vor dem Kauf ein ______________[4]. Hinsichtlich der Bezahlung können wir Ihnen neben der Option Vorkasse leider keine weiteren ______________[5].

Gerne können Sie bei weiteren Fragen auch telefonisch mit uns ______________[6]. Sie erreichen uns werktags von 8 -18 Uhr unter der Nummer 0800 455 55 455 0.

Mit freundlichen Grüßen
Ihr Küchenprofi-Team

Je 1,5 Punkte; ________ von 9 Punkten

b Was passt? Kreuzen Sie an.

1 Ich brauche den Flyer für das Studium nicht mehr.
☐ Dadurch ☐ Hier ☐ Aus diesem Grund kannst du ihn entsorgen.

2 Ich habe mich gestern Vormittag immatrikuliert.
☐ Das ☐ Hier ☐ Dementsprechend hat nicht lange gedauert.

3 Der Professor sagt, dass man viel für ein Studium lernen muss.
☐ Dementsprechend ☐ Dem ☐ Das stimme ich zu.

4 Viele Studierende haben trotz des Studiums noch genug Zeit für Hobbys.
☐ Hier ☐ Das ☐ Dementsprechend finde ich super.

Je 1 Punkt; ________ von 4 Punkten

GESAMT: ________ von 50 Punkten

Ball (Lektion 1 → S. 11; Lektion 2 → S. 34; Lektion 3 → S. 48)

Diese Methode ist sehr vielfältig einsetzbar. Es ist immer die/der TN dran, die/der in Ballbesitz ist. Sie/Er wirft den Ball dann an die nächste/den nächsten TN weiter. Durch diese Methode können die TN etwas zu einem Thema frei und spontan assoziieren. Sie geben unvermittelt, kurz und knapp Antwort hinsichtlich der jeweiligen Aufgabenstellung. Die Methode steigert die Aufmerksamkeit der TN, weil jeder jederzeit drankommen könnte. Die TN können durch Bewegung wieder frische Energie für den Unterricht tanken, vor allem, wenn das Spiel im Stehen ausgeführt wird.

Blitzlicht (Lektion 1 → S. 19; Lektion 4 → S. 66; Lektion 5 → S. 89)

Stellen Sie eine Frage zu einem Thema und bitten Sie die TN, diese wirklich kurz und knapp in nur einem Satz zu beantworten. Das Blitzlicht kann sowohl als Einstieg in ein Thema dienen (jede/jeder TN sagt kurz und knapp, was sie/er über ein Thema weiß), als auch für eine spontane, kurze Meinungsäußerung oder als Zwischen-Evaluation eingesetzt werden.

Echo-Sprechen (Lektion 3 → S. 46, 48)

Beginnen Sie, einen Satz oder Textabschnitt laut vorzulesen. Die TN lesen denselben Satz zeitversetzt ebenfalls laut mit. Dabei versuchen sie, Ihr Tempo und Ihre Intonation nachzuahmen. Regen Sie die TN dazu an, solche Übungen auch mit anderen Hörtexten selbstständig zu Hause durchzuführen. Diese Methode eignet sich beispielsweise zur Automatisierung neuer Redemittel und auch, um die richtige Intonation und das akzentfreie Sprechen zu üben. In Diskussionsrunden können Sie die Methode auch unter inhaltlichem Aspekt einsetzen, indem jede/jeder TN, der ein neues Argument hervorbringt noch einmal wiederholt, was die Vorrednerin/der Vorredner gesagt hat *(Ich nehme Bezug auf das Argument meines Vorredners, dass ...)*. Dadurch lernen die TN, sich in Diskussionen besser aufeinander zu beziehen.

Ecken-Diskussion (Lektion 2 → S. 30; Lektion 3 → S. 52, 57; Lektion 4 → S. 77)

Diese Methode eignet sich gut bei Diskussionen zu einem Pro-Kontra-Thema. Schreiben Sie eine These *(In Schulen sollten Handys verboten werden.)* an die Tafel. Markieren Sie drei Ecken im Raum: Eine Ecke steht für *pro*, eine für *kontra*, die dritte für *neutral*. Die TN bekommen Zeit, um sich Notizen zu dem Thema zu machen und sich zu entscheiden, zu welcher Ecke sie tendieren. Danach treffen sich die TN in ihrer Ecke, tauschen ihre Meinungen zum Thema aus und sammeln zusammen Argumente. Im Anschluss daran können Sie im Plenum eine Diskussion starten, oder die TN treffen sich jeweils mit einem Vertreter einer anderen Ecke und diskutieren zu zweit.

Flammende Rede (Lektion 3 → S. 58; Lektion 4 → S. 73)

Die TN resümieren oder kommentieren ein bestimmtes Thema, eine Kursstunde, die letzte Lerneinheit etc. Legen Sie das Thema/die Themen fest. Dazu erhält jede/jeder TN in der Runde nacheinander ein Streichholz, zündet es an und darf nur so lange sprechen, bis das Streichholz abgebrannt ist. Dann ist die/der Nächste an der Reihe. Dabei lernen die TN, sich kurzzufassen und ihre Gedanken zu zentrieren. Auf diese Weise bekommen Sie auch einen guten Eindruck, was vom Unterrichtsgeschehen bei den TN hängengeblieben ist.

Himmelsrichtung (Lektion 1 → S. 8)

Diese Methode eignet sich gut für ein erstes Kennenlernen bei neuen, multikulturellen Lerngruppen, in denen die TN aus verschiedenen Regionen kommen. Bereiten Sie vier Plakate (DIN A3) vor, auf die Sie die Himmelsrichtungen NORDEN, OSTEN, SÜDEN, WESTEN schreiben und legen Sie diese im Unterrichtsraum auf dem Boden aus. Sie positionieren sich in der Mitte und markieren den Ort, an dem der Sprachkurs stattfindet. Die anderen TN stellen sich danach so im Raum auf, dass sie die Entfernung und Himmelsrichtung ihrer Heimatstadt zum Kursort simulieren und stellen sich in einem Satz kurz vor. So gelingt ein lockerer Einstieg in Vorstellungsrunden und die TN bekommen ein Gefühl für die Multinationalität ihrer Gruppe.

Kommentarlawine (Lektion 1 → S. 19; Lektion 2 → S. 29, 42; Lektion 5 → S. 84, 92; Lektion 6 → S. 107)

Diese Methode eignet sich gut für Textproduktionen. Die TN arbeiten in Gruppen, jede/jeder schreibt zunächst für sich allein einen Text. Die Texte werden anschließend untereinander ausgetauscht. Jede/Jeder TN liest einen Text aus seiner Gruppe und kommentiert ihn in Hinblick auf Fehler. Hierfür können Textstellen eingekreist und am Rand mit einer Bemerkung versehen werden. Dann wird der Text an die Nächste/den Nächsten weitergegeben. Diese/Dieser liest die Kommentare und kommentiert sie oder fügt neue hinzu. So wird weitergemacht, bis jede/jeder das eigene Blatt zurückbekommt. Anhand der Kommentare überarbeitet nun jede/jeder TN – wenn nötig mit Ihrer Hilfe – den eigenen Text.

Kugellager (Lektion 3 → S. 54, 57; Lektion 4 → S. 60, 63; Lektion 5 → S. 86)

Die TN stehen sich in einem Außen- und Innenkreis gegenüber, sodass jeweils zwei Personen zusammenarbeiten. Das „Kugellager" eignet sich am besten für mündliche Kommunikation *(freie Gespräche über ein Thema, Pro-Kontra-Diskussion, Frage-Antwort)*. Nach jeder Aufgabe, oder wenn Sie ein Signal geben, bewegt sich der innere Kreis im Uhrzeigersinn eine Person weiter. Es entstehen so immer wieder neue Gesprächspartner.

Kursausstellung (Lektion 2 → S. 30, 40; Lektion 3 → S. 47, 49, 55; Lektion 4 → S. 60, 73, 76; Lektion 5 → S. 79, 83; Lektion 6 → S. 102)

Es werden verschiedene Arbeiten der TN (z. B. Texte oder Plakate) wie Ausstellungsstücke im Kursraum aufgehängt. Die TN gehen von Arbeit zu Arbeit, machen sich Notizen und besprechen ihre Notizen anschließend gemeinsam im Kurs. Kündigen Sie vor dem Erstellen der Texte oder Plakate an, dass die Arbeiten anschließend ausgestellt werden sollen, um die Motivation zu steigern. Um den Wettbewerbscharakter zu forcieren, können sich die TN ihre Arbeiten mit Punkten, gegenseitig bewerten. Die Arbeit mit den besten Bewertungen gewinnt.

Lebendes Foto (Lektion 4 → S. 59)

Mit dieser Methode können die TN neue Energie schöpfen. Die TN werden in Kleingruppen aufgeteilt und versuchen, ein „lebendes Foto" nachzustellen. Dies kann ein Bild aus dem Lehrbuch oder ein Gemälde sein. Aber auch abstrakte Begriffe wie *Arbeitslosigkeit* oder ein landeskundliches Thema (z. B. *Fall der Berliner Mauer*) können so dargestellt werden. Geben Sie den TN eine bestimmte Zeit vor, sich ein lebendes Foto auszudenken. Wichtig ist, dass jede/jeder TN der Kleingruppe involviert wird (z. B. *als Person, Gegenstand, Wetterphänomen*). Zu einem bestimmten Signal wird das Foto präsentiert. Die TN dürfen sich nun nicht mehr bewegen oder miteinander sprechen. Die restlichen TN stellen Vermutungen zu dem lebenden Foto an oder schreiben einen kurzen Text.

Maldiktat (Lektion 5 → S. 81)

Ein Maldiktat führen die TN am besten zu zweit durch. Nur eine/einer der TN schlägt das Kursbuch auf und beschreibt seiner Lernpartnerin/seinem Lernpartner ein Foto oder eine Zeichnung. Diese/Dieser fertigt eine Skizze an und anschließend vergleichen die Lernpartnerinnen/Lernpartner zusammen das Ergebnis mit dem Original. Hier kommt es nicht auf künstlerisches Talent an, vielmehr kann sich die/der Beschreibende/Malende selbst überprüfen, ob sie/er gut zugehört hat. Achten Sie darauf, dass Sie vor einem Maldiktat den TN als Vorentlastung den zu den Abbildungen passenden Wortschatz mitgeben.

Merkkette (Lektion 5 → S. 86, 91)

Auch bekannt als *Koffer packen*. Diese Methode eignet sich gut zur Wiederholung oder zum Einprägen von Vokabeln aus einem neuen Themenfeld. Sie beginnen und sagen: *Ich packe meinen Koffer und nehme ... mit.* Ihr linker Nachbar wiederholt den Satz und fügt ein neues Wort an. *Ich packe meinen Koffer und nehme ... und ... mit.* Jede/Jeder TN fügt einen Begriff hinzu, wobei jeder Begriff nur einmal genannt werden darf. Diese Methode eignet sich auch gut zur Einprägung neuer Syntax-Strukturen. Eine/Ein TN bildet z. B. einen konzessiven Nebensatz *(Ich komme zum Deutschkurs, obwohl ich krank bin.)*, die/der nächste TN, fügt einen neuen Nebensatz an und wiederholt alle Sätze, die vor ihm genannt wurden *(..., obwohl ich krank bin und obwohl mein Auto kaputt ist.)*. Sie können zu dieser Methode auch einen Ball verwenden, den sich die TN zuwerfen (siehe oben auch Methode „Ball").

Mindmap (Lektion 1 → S. 11, 14, 17; Lektion 2 → S. 25, 40; Lektion 6 → S. 110)

Eine Mindmap eignet sich gut zum Unterrichtseinstieg, um ein neues Thema zu etablieren. Eine Mindmap (engl. *mind map* für Gedankenlandkarte) beschreibt eine kognitive Technik, die man z. B. zum Erschließen und visuellen Darstellen eines Themengebietes, zum Planen oder für Mitschriften nutzen kann. Hierbei soll das Prinzip der Assoziation helfen, Gedanken frei zu entfalten und die Fähigkeit des Gehirns zur Kategorienbildung zu nutzen. In die Mitte der Tafel wird das zentrale Thema geschrieben, auch ein Bild oder Foto eignet sich als Grundlage für eine Mindmap. Daran schließen sich in dünner werdenden Zweigen und unter Verwendung von Kleinbuchstaben mehrere Unterebenen an. Hierbei greifen die TN auf ihr Vorwissen zurück und aktivieren ihren Lernwortschatz.

Mit allen Sinnen (Lektion 4 → S. 65)

Mit dieser Methode werden zusätzlich zum visuellen Impuls einer Abbildung auch andere Sinne wie riechen, schmecken oder fühlen angesprochen. Die TN stellen sich dabei eine Situation viel lebendiger und intensiver vor und können dadurch bestimmte damit verbundene Lerninhalte viel besser verinnerlichen und später wieder abrufen.

Murmelgruppe (Lektion 1 → S. 11; Lektion 2 → S. 29; Lektion 4 → S. 77; Lektion 5 → S. 89)

Auf einen Impuls hin (ein Lied, ein Thema, eine Frage ...) fangen die TN in Partnerarbeit an, miteinander zu sprechen, was ihnen dazu in den Sinn kommt. Geben Sie den TN nur wenige Minuten Zeit und lassen Sie die Kommunikation ganz natürlich erfolgen, ohne weitere Vorgaben. Diese Methode eignet sich sehr gut als Einstieg in ein neues Thema und ist besonders für auditive Lerntypen gut geeignet.

Placemat (Lektion 4 → S. 64; Lektion 6 → S. 95)

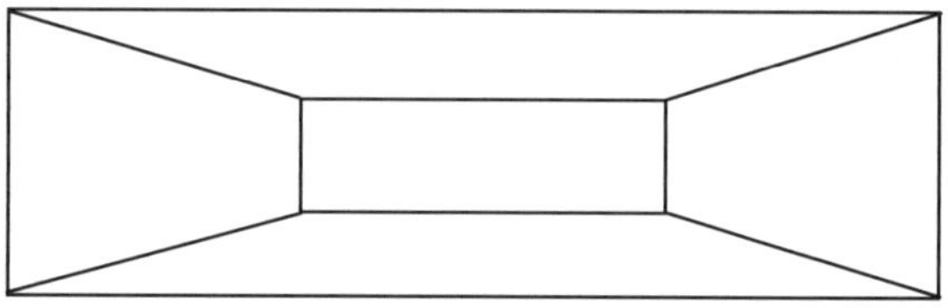

Methode (engl. *placemat* für Platzdeckchen) ist eine Form der Gruppenarbeit, die sich sehr gut bei Diskussionen zu einem bestimmten Thema eignet. Teilen Sie Ihre TN in Vierergruppen auf. Jede Gruppe erhält auf einem A3- oder A2-Bogen ein Placemat, auf dem vier Felder sowie eines in der Mitte eingezeichnet sind. Jede/Jeder TN notiert ihre/seine Gedanken/Argumente zu einem Thema in ihrem/seinem Feld. Danach vergleichen die TN ihre Notizen und einigen sich auf die wichtigsten Punkte. Sie schreiben die Punkte in das mittlere Feld und präsentieren sie als Endergebnis der Gruppenarbeit anschließend im Plenum.

Quiz (Lektion 4 → S. 61)

Diese Methode eignet sich besonders für die Evaluierung von Lerninhalten am Ende einer Unterrichtseinheit (Leseverstehen, Hörverstehen, eine Präsentation, eine Diskussionsrunde, ein Grammatikthema etc.). Teilen Sie die TN dazu in Kleingruppen auf. Jede Gruppe überlegt sich fünf Quizfragen zu der gerade durchgenommenen Unterrichtseinheit und notiert sie auf Kärtchen. Die Fragen sollten möglichst schwierig zu beantworten sein. Danach führen Sie im Plenum ein Quiz durch. Reihum werden die Fragen der Gruppen vorgelesen, alle raten mit. Wer als Erste/Erster die korrekte Antwort nennt, dessen Gruppe erhält das Kärtchen. Wer am Ende am meisten Kärtchen besitzt, hat gewonnen. Durch ein Quiz können Sie feststellen, wie viel vom Lerninhalt bei den TN hängen geblieben ist, durch den Spielecharakter lockern Sie Ihren Unterricht auf.

Raumlauf (Lektion 2 → S. 42; Lektion 5 → S. 89)

Eignet sich sehr gut zur Auflockerung des Unterrichts, fördert die Kommunikation und den Energieaufbau und ist vielfältig einsetzbar. Die TN gehen durch den Raum, auf ein Signal hin finden sie sich zu Zweiergruppen zusammen und unterhalten sich zu einem vorgegebenen Thema. Oder jede/jeder TN erhält ein Wort, sie/er geht durch den Raum und sagt ihr/sein Wort immer wieder laut auf und muss eine Partnerin/einen Partner finden, die/der ein anderes dazu passendes Wort hat. Zur Bewusstmachung der richtigen Intonation eignet sich eine Variante des Raumlaufs aus der Theaterpädagogik: Jede/Jeder TN bekommt einen neutralen Satz („Heute wird es noch schneien.") und schreitet ein Gefühlsviereck ab – der Raum wird unterteilt in die Gefühle Trauer, Wut, Freude, Hass etc. In jedem Gefühlsviereck gibt die/der TN ihrem/seinem Satz die passende Intonation.

Redekarten (Lektion 2 → S. 33; Lektion 3 → S. 52; Lektion 4 → S. 76)

Damit in einer Diskussion jede/jeder TN zu Wort kommt, verteilen Sie vorab bunte Redekarten. Jede Farbe gibt eine bestimmte Redezeit vor (z. B. *grün:* zwei Minuten, *rot:* eine Minute, *blau:* 30 Sekunden). Bei jeder Wortmeldung setzt die/der TN ihre/seine Redekarte ein, je nachdem, wie viel sie/er zu sagen hat. Redekarten dienen nur als Orientierungshilfe. Es kommt nicht darauf an, die Redezeit genau einzuhalten wird. Vielmehr sind Redekarten eine Motivation für zurückhaltende Kursteilnehmer, die sonst weniger zu Wort kommen, sich mehr einzubringen.

Scharade (Lektion 4 → S. 65)

Schreiben Sie die neu erlernten Begriffe auf Kärtchen und teilen Sie die TN in zwei Gruppen auf. Jeweils ein TN der Gruppe versucht, den Begriff pantomimisch darzustellen. Wer den Begriff als Erste/Erster errät, ruft ihn laut und ihre/seine Gruppe bekommt einen Punkt. Sie können auch durch Würfel vorgeben, ob der Begriff durch Pantomime (Augenzahl 1, 2), durch Zeichnen (Augenzahl 3, 4) oder durch Sprechen (Augenzahl 5, 6) erklärt werden soll.

Schneeballprinzip (Lektion 3 → S. 44)

Mit dieser Methode kann man viele Aspekte zu einem Thema sammeln und gleichzeitig üben, sich auf eine Auswahl der relevantesten Punkte zu einigen. Jede/Jeder TN notiert zu einem Thema beispielsweise drei Ideen. Danach sucht sie/er sich eine Lernpartnerin/einen Lernpartner. Beide einigen sich gemeinsam auf die wichtigsten vier Punkte (von ihren sechs), danach sucht sich das Paar ein weiteres Paar und man einigt sich zu viert auf die wichtigsten sechs Punkte (von acht).

Schreibgespräch (Lektion 4 → S. 61)

Bei dieser Methode geht es darum, dass die TN Schreibblockaden abbauen und sich dem Schreibfluss hingeben. Dabei soll „schreibend" miteinander gesprochen werden. Die TN arbeiten in Kleingruppen zu dritt oder zu viert und erhalten einen großen Papierbogen. In der Mitte wird das Thema oder die These für eine Diskussion geschrieben. Die TN diskutieren, indem sie jeweils in einem Satz schriftlich aufeinander reagieren. Eine Korrektur findet nicht statt.

Sitzen – Stehen (Lektion 2 → S. 32)

Die TN stellen sich in einem Kreis auf. Stellen Sie jeder/jedem TN eine Frage, welche diese/dieser beantworten muss. Ist die Antwort korrekt, darf sie/er stehenbleiben. Bei falscher Antwort muss sie/er sich setzen. Wer am Ende noch steht, hat gewonnen. Die Methode eignet sich auch gut zur Übung von Satzstrukturen. Die/Der erste TN beginnt mit dem ersten Wort, ihr/sein Nachbar setzt den Satz fort. Der Satz endet mit „Punkt". Wer ein falsches Wort oder eine falsche Konjugation oder Deklination nennt, muss sich setzen. Wer als Letztes steht, hat gewonnen.

Sonnenaufgang (Lektion 4 → S. 68)

Teilen Sie die TN in zwei Gruppen. Zeichnen Sie so viele horizontale Striche an die Tafel, wie das gesuchte Wort Buchstaben hat. Die Gruppen geben Ihnen abwechselnd je einen Buchstaben. Enthält das gesuchte Wort ihn, schreiben Sie ihn auf den/die richtigen Strich/e. Falls nicht, notieren Sie den Buchstaben am Rand und zeichnen eine Sonne (einen Kreis) mit einem ersten Strahl. Bei weiteren Buchstaben, die nicht im Wort enthalten sind, malen Sie je einen Strahl hinzu. Die Gruppe, die zuerst das gesuchte Wort errät, hat gewonnen. Haben Sie zwölf Strahlen gezeichnet, haben Sie gewonnen und lösen das Wort auf.

Speed-Dating (Lektion 2 → S. 28; Lektion 3 → S. 43; Lektion 4 → S. 72)

Die TN sitzen oder stehen sich jeweils paarweise gegenüber. Geben Sie eine bestimmte Zeitspanne vor, in der die Lernpartnerinnen/Lernpartner frei über ein Thema sprechen. Nach Ablauf der Zeit geben Sie ein Zeichen. Die TN einer Reihe rücken einen Platz weiter nach rechts vor und sprechen mit ihrem neuen Gegenüber über das vorgegebene Thema. Auf diese Weise können alle TN gleichzeitig sprechen, was den Sprachfluss fördert. Zudem werden wichtige Sprachmittel eingeübt. Die Methode lässt sich mit einem Außen- und Innenkreis gut mit der Methode „Kugellager" verbinden.

Stille Post (Lektion 1 → S. 13)

Ein bestimmter Lerninhalt wird flüsternd von „Ohr zu Ohr“ als „Stille Post“ weitergegeben. Diese Methode trainiert die Phonetik und die Fähigkeit, komplexe Lerninhalte aus dem Gedächtnis im Detail weiterzugeben. Die/Der Letzte der Kette verkündet laut, welche Information bei ihr/ihm angekommen ist.

Umknicktext (Lektion 4 → S. 72)

Mit dieser Methode schreiben die TN kollektiv einen Text. Geben Sie ein Thema sowie einen ersten Satz vor, der oben auf ein DIN-A-4-Papier geschrieben wird. Oder geben Sie eine bestimmte Grammatikstruktur vor, die in jedem Satz auftauchen soll. Die TN schreiben den nächsten Satz und knicken den Text um, sodass nur noch ihr Satz zu sehen ist. So geht es reihum, die/der nächste TN fügt einen weiteren Satz an und knickt um, bis ein Text entsteht, zu dem jede/jeder TN nur einen Satz beigetragen hat. Dieser wird am Ende laut vorgelesen.

Wahrheit oder Lüge? (Lektion 2 → S. 23; Lektion 3 → S. 45)

Gerade bei Lerngruppen, die sich noch nicht gut kennen, eignet sich diese Methode, um Vermutungen über die Lernpartnerinnen/Lernpartner anzustellen und sich besser kennenzulernen. Bei einer Vorstellungsrunde oder einem Partnerinterview zu einem bestimmten Thema antworten die TN mit vier wahren Sätzen und einer Lüge. Danach wird gemutmaßt, was die Lüge sein könnte.

Wild Writing (Lektion 1 → S. 19)

Die TN schreiben fünf Minuten ohne Punkt und Komma, was ihnen durch den Kopf geht. Sie dürfen dabei nicht stoppen oder nachdenken. Sie können den Schreibprozess mit Musik begleiten oder ein Bild als Inspiration vorgeben. Bedingung ist, dass dieser Text später nicht kontrolliert wird. Er dient nur dazu, Schreibblockaden abzubauen und sich schriftlich „aufzuwärmen“, als Vorbereitung auf den anschließenden Schreibprozess im Unterricht.

Word Battle (Lektion 6 → S. 98)

Teilen Sie die TN in zwei Gruppen auf. Zwei Vertreter der Gruppen treten gegeneinander an und nennen abwechselnd so viele Wörter zu einem Thema (z. B. *Studium und Ausbildung*) oder einem Grammatik-Thema (z. B. *Verben mit bestimmten Vorsilben*), wie ihnen einfallen, solange bis eine/ein TN nicht mehr weiter weiß. Die/der TN, die/der das letzte Wort genannt hat, hat gewonnen.

Zielscheibe (Lektion 6 → S. 114)

Zeichnen Sie eine Zielscheibe an die Tafel. Schreiben Sie ein Thema dazu (z. B. *Kurzinformationen verstehen*), und bitten Sie die TN, auf der Zielscheibe zu markieren, wie gut sie ihrer Meinung nach das neue Thema beherrschen. Je näher der Punkt am Zentrum steht, desto besser die Rückmeldung. So bekommen Sie ein Feedback, in welchem Bereich noch Übungsbedarf besteht.

ZONK (Lektion 4 → S. 66)

Zwei TN befragen sich jeweils gegenseitig, um später die Interviewpartnerin/den Interviewpartner im Kurs zu präsentieren. Mischen Sie dann die Sitzordnung so gut durch, dass sich niemand mehr daran erinnert, wer mit wem das Interview geführt hat. Bei der Vorstellung im Kurs sagen die TN anstatt des Namens bzw. anstatt *sie/er* und anstatt *ihrer/seiner Nationalität ZONK*. (z. B. *ZONK hat viele Jahre Maschinenbau in ZONK's Heimatland ZONK studiert, bis ZONK den Bachelor-Abschluss erlangte ...*). Die anderen TN raten anschließend, um wen es sich bei *ZONK* handelt. Auf diese Weise bekommen Partnerinterviews einen Quizcharakter.

STRATEGIEN ZUM LESEVERSTEHEN

a Globales Lesen

→ *Sie wollen wissen, worum es in dem Text geht und ein allgemeines Textverständnis erlangen.*
- Lesen Sie zunächst die **Überschrift**. Was erwarten Sie von einem Text mit diesem Thema? Welches Vorwissen bringen Sie mit?
- Um welche **Textart** (Zeitungsartikel, wissenschaftlicher Text, Glosse...) handelt es sich, was können Sie von dieser Textart erwarten?
- Stellen Sie **W-Fragen** an den Text, um die wichtigsten Informationen herauszufiltern (Wer...? Was ...? Wie ...? ...).

b Selektives Lesen

→ *Sie beantworten Fragen zu einem Lesetext und müssen dem Text gezielt Informationen entnehmen.*
- Markieren Sie (farbig) **Schlüsselwörter und relevante Textstellen** im Text, die Ihnen Informationen zu Ihrer Fragestellung liefern.
- Gliedern Sie den Text in verschiedene **Abschnitte**.
- Finden Sie für die einzelnen Abschnitte **Überschriften**.
- Fertigen Sie eine **Stichwortliste** an.

c Detailliertes Lesen

→ *Sie wollen beispielsweise einen wissenschaftlichen Text genau verstehen.*
- Wenden Sie zunächst Strategien zum **globalen Lesen** und **selektiven Lesen** an, bevor Sie ins Detail gehen.
- Schreiben Sie eine **Textzusammenfassung** zu den einzelnen Abschnitten und eine Zusammenfassung des gesamten Textes (in eigenen Worten!).
- Finden Sie **Synonyme** für schwierige Wörter.
- Fertigen Sie eine **visuelle Darstellung** des Textes an (z. B. mit einem Mindmap oder einem Argumentationsgerüst).

STRATEGIEN ZUM HÖRVERSTEHEN

a Globales Hören

→ *Sie wollen verstehen, worum es in einem Hörtext geht und welches Thema behandelt wird.*
- Um was für einen **Gattung** handelt es sich (Reportage, Ansagen, Interview ...), was erwarten sie von der jeweiligen Gattung?
- Konzentrieren Sie sich nur auf das **Thema**.
- Was wissen Sie schon zu diesem Thema, welches **Vorwissen** bringen Sie mit?
- Notieren Sie sich **Schlüsselwörter** zu diesem Thema.

b Selektives Hören

→ *Sie entnehmen gezielt Informationen zu einem bestimmten Thema.*
- Notieren Sie während des Hörens **Schlüsselwörter** zu den wichtigsten Informationen.
- Bleiben Sie nicht bei schwierigen Wörtern „hängen“, versuchen Sie sich auf den **Textzusammenhang** zu konzentrieren.
- Achten Sie auf **bedeutungstragende Verben**.
- Versuchen Sie eine **Gliederung** zu erstellen – welche Abschnitte gibt es?

c Detailliertes Hören

→ *Sie achten auf jedes Detail und möchten alle Einzelheiten verstehen, z. B. hören Sie eine Vorlesung an der Universität und müssen jedes Detail genau verstehen.*
- Fertigen Sie eine **Mitschrift** während des Hörens an.
- Sorgen Sie für **ausreichend Papier** für Ihre Mitschrift und schreiben Sie jede neue Information in eine **neue Zeile**.
- Notieren Sie sich die wichtigsten **Fakten** (Termine, Uhrzeiten, Orte, Maßeinheiten etc.).
- Arbeiten Sie mit **Abkürzungen** und **Symbolen**.

STRATEGIEN ZUM MÜNDLICHEN AUSDRUCK (HALTEN EINER PRÄSENTATION)

a Vorbereitung

- Wie viel **Zeit** ist für die Präsentation vorgesehen?
- Wer sind die **Zuhörer**?
- Wie groß ist der Raum und mit welcher **Medientechnik** ist er ausgestattet?
- Welche **Medien** möchten Sie verwenden (z. B. Beamer, Tafel, Overhead ...)?
- Bereiten Sie ein **Handout** vor.

b Einleitung

- Machen Sie die Zuhörer **neugierig** (durch ein Zitat, ein Motto, eine Frage).
- Geben Sie einen **Überblick** (Gliederung) über den Inhalt der Präsentation.
- Verteilen Sie das **Handout**.
- Verweisen Sie die Zuhörer darauf, dass am Schluss Zeit für **Fragen** und **Diskussion** bleibt.

c Hauptteil

- Kündigen Sie jeden **neuen Punkt** Ihres Vortrags an („Ich komme jetzt zum nächsten Teil ...").
- **Betonen** Sie wichtige Punkte.
- Heben Sie sich **wichtige Argumente** für den Schluss auf.
- Lassen Sie immer wieder **Beispiele** und eigene **Erfahrung** mit einfließen.
- Stellen Sie sich selbst **Fragen** und beantworten Sie diese.
- Verdeutlichen Sie **Fakten** und **Statistiken** am besten über Folie/Handout.

c Schluss

- Geben Sie das **Wichtigste** am Schluss wieder.
- Geben Sie eine kurze **Zusammenfassung** des Vortrags.
- Kommen Sie auf das **Motto/Eingangsfrage/Zitat** vom Anfang zurück.
- Ziehen Sie eine **Schlussfolgerung**.
- Stellen Sie **Fragen** für die anschließende Diskussion (oder greifen Sie die Fragen der TN auf); **moderieren** Sie die Diskussion.

Allgemeine Tipps
• Sprechen Sie **langsam** und machen Sie **Pausen**.
• Halten Sie **Blickkontakt** zum Publikum (nicht nur zu einer Person).
• **Sprechen Sie nicht zur Wand**, wenn Sie etwas an die Tafel schreiben oder eine Folie erklären.
• Halten Sie immer die **Zeit** im Blick.
• Formulieren Sie **kurze Sätze**.
• Gehen Sie sparsam mit **Fremdwörtern** um.
• **Üben** Sie die Präsentation vorher, indem Sie sich filmen lassen oder vor dem Spiegel üben.

Lektion 1 DIGITALER WANDEL

Hören, Aufgabe 1b 1 🔊 1

Journalistin: Werktags morgens um 7 Uhr 30 an einem Bahnsteig in Deutschland: Dicht gedrängt stehen die Wartenden. Blickkontakt oder gar Gespräche – Fehlanzeige. Nahezu alle starren in ihr kleines Gerät, lesen und tippen auf der Tastatur herum. Ab und zu telefoniert mal jemand. Immer und ständig erreichbar zu sein, ist in den meisten Situationen von großer Bedeutung. Sind beispielsweise mehrere Leute in einer Großstadt unterwegs und verlieren sich im riesigen Einkaufszentrum, finden sie sich schnell durch eine SMS oder einen Anruf auf dem Handy. Das ist die positive Seite. Aber problematisch wird es dann, wenn man ständig das Verlangen hat, nicht anwesende Personen kontaktieren zu müssen. Psychotherapeuten beschreiben dieses Phänomen als „Mobile and Internet Dependency Syndrome" (MAIDS). Das ist die negative Seite und diese tritt immer mehr in den Vordergrund. Wie groß die Abhängigkeit vom Handy bei vielen, besonders jüngeren Menschen bereits ist, kann man neuerdings mit einer App auf dem Smartphone testen. Entwickelt haben sie Informatiker und Psychologen der Universität Bonn. Mithilfe einer auf dem Handy installierten App konnten Forscher zum Beispiel feststellen, dass nicht wenige User sich stundenlang auf Newsportalen aufhalten. Andere spielen stundenlang Games. Die meiste Zeit verbringen die User aber in sozialen Netzwerken und bei WhatsApp. Ein betroffener Jugendlicher berichtet:

Jugendlicher: Das Mobiltelefon war mein ständiger Begleiter, mein bester Freund, mein Ein und Alles. Sich einfach mal hinzusetzen, das Handy beiseite zu legen und zu lesen, das wäre bis vor Kurzem für mich unmöglich gewesen. Ich habe mich hauptsächlich um das Handy gekümmert. Blickkontakt zum Handy war immer vorhanden. Dafür habe ich die Umgebung um mich herum kaum noch wahrgenommen. Selbst wenn ich mit Freunden unterwegs war, stand das Handy im Mittelpunkt meiner Aufmerksamkeit.

Journalistin: Die Bonner Forscher fanden heraus: Manche Probanden entwickeln körperliche Symptome. Liegt das Handy zu Hause, dann schwitzen die Hände, der Blutdruck steigt und sie werden nervös. Ein anderes psychisches Symptom ist eine ständige Erwartungshaltung. Wenn sich auf dem Handy nichts tut, kommt Unruhe auf.

Jugendlicher: Körperliche Symptome ... nun ja, ich hatte keine zittrigen Hände oder Schweißausbrüche, wenn das Handy mal an die Ladestation musste. Aber es war immer eine gewisse Unruhe bzw. Anspannung da – und die Erleichterung groß, sobald ich es wieder in Händen halten konnte. Das mag lächerlich klingen, aber ich glaube, das Handy hatte in gewisser Weise Macht über mich.

Journalistin: Ist die Nutzung des Handys für längere Zeit nicht möglich, müssen handysüchtige Personen sogar mit Ängsten und Depressionen rechnen.

Jugendlicher: Die ganzen Handyrechnungen und das Gerede meiner Eltern waren mir egal. Aber als mich meine Freundin vor die Wahl stellte – das Handy oder sie – da zögerte ich. Daraufhin verließ sie mich. Da wurde mir schlagartig bewusst: Hier läuft etwas falsch!

Journalistin: In offiziellen Lehrbüchern der Psychologie gibt es die Diagnose Handysucht noch nicht. Doch erste Anhaltspunkte haben die Forscher schon. Der Konsum wird erst dann problematisch, wenn die echten sozialen Kontakte unter ihm leiden. Typisch für eine Sucht ist die schnell wachsende Abhängigkeit. Am ersten Tag mit einem neuen Telefon reicht eine Stunde und es stellt sich eine Zufriedenheit ein, am zweiten Tag zwei Stunden und am dritten Tag drei Stunden und so steigert sich das allmählich. Die Bonner Forscher wollen eine Debatte anstoßen. Sie hoffen, dass bald viele bewusster mit ihrem Handykonsum umgehen. Digitale Diäten – so ihr Rat – sollten eine Option werden. Zum Beispiel: Kein Handy mehr ab 18 Uhr. Kein Handy mehr am Wochenende. Nur dreimal am Tag aufs Handy schauen. Wohin die Entwicklung in der Zukunft noch gehen wird, darüber wagen die Wissenschaftlicher keine Prognosen abzugeben. Das wird sich zeigen.

Aufgabe 1c, Abschnitt 1 1 🔊 2

Journalistin: Werktags morgens um 7 Uhr 30 an einem Bahnsteig in Deutschland: Dicht gedrängt stehen die Wartenden. Blickkontakt oder gar Gespräche ... Fehlanzeige. Nahezu alle starren in ihr kleines Gerät, lesen und tippen auf der Tastatur herum. Ab und zu telefoniert mal jemand. Immer und ständig erreichbar zu sein, ist in den meisten Situationen von großer Bedeutung. Sind beispielsweise mehrere Leute in einer Großstadt unterwegs und verlieren sich im riesigen Einkaufszentrum, finden sie sich schnell durch eine SMS oder einen Anruf auf dem Handy. Das ist die positive Seite. Aber problematisch wird es dann, wenn man ständig das Verlangen hat, nicht anwesende Personen kontaktieren zu müssen. Psychotherapeuten beschreiben dieses Phänomen als „Mobile and Internet Dependency Syndrome" (MAIDS). Das ist die negative Seite und diese tritt immer mehr in den Vordergrund. Wie groß die Abhängigkeit vom Handy bei vielen, besonders jüngeren Menschen bereits ist, kann man neuerdings mit einer App auf dem Smartphone testen. Entwickelt haben sie Informatiker und Psychologen der Universität Bonn. Mithilfe einer auf dem Handy installierten App konnten Forscher zum Beispiel feststellen, dass nicht wenige User sich stundenlang auf Newsportalen aufhalten. Andere spielen stundenlang Games. Die meiste Zeit verbringen die User aber in sozialen Netzwerken und bei WhatsApp. Ein betroffener Jugendlicher berichtet:

Jugendlicher: Das Mobiltelefon war mein ständiger Begleiter, mein bester Freund, mein Ein und Alles. Sich einfach mal hinzusetzen, das Handy beiseite zu legen und zu lesen, das wäre bis vor Kurzem für mich unmöglich gewesen. Ich habe mich hauptsächlich um das Handy gekümmert. Blickkontakt zum Handy war immer vorhanden. Dafür habe ich die Umgebung um mich herum kaum noch wahrgenommen. Selbst wenn ich mit Freunden unterwegs war, stand das Handy im Mittelpunkt meiner Aufmerksamkeit.

Aufgabe 1c, Abschnitt 2 1 🔊 3

Journalistin: Die Bonner Forscher fanden heraus: Manche Probanden entwickeln körperliche Symptome. Liegt das Handy zu Hause, dann schwitzen die Hände, der Blutdruck steigt und sie werden nervös. Ein anderes psychisches Symptom ist eine ständige Erwartungshaltung. Wenn sich auf dem Handy nichts tut, kommt Unruhe auf.

Jugendlicher: Körperliche Symptome ... nun ja, ich hatte keine zittrigen Hände oder Schweißausbrüche, wenn das Handy mal an die Ladestation musste. Aber es war immer eine gewisse Unruhe bzw. Anspannung da – und die

Erleichterung groß, sobald ich es wieder in Händen halten konnte. Das mag lächerlich klingen, aber ich glaube, das Handy hatte in gewisser Weise Macht über mich.

Journalistin: Ist die Nutzung des Handys für längere Zeit nicht möglich, müssen handysüchtige Personen sogar mit Ängsten und Depressionen rechnen.

Jugendlicher: Die ganzen Handyrechnungen und das Gerede meiner Eltern waren mir egal. Aber als mich meine Freundin vor die Wahl stellte – das Handy oder sie – da zögerte ich. Daraufhin verließ sie mich. Da wurde mir schlagartig bewusst: Hier läuft etwas falsch!

Journalistin: In offiziellen Lehrbüchern der Psychologie gibt es die Diagnose Handysucht noch nicht. Doch erste Anhaltspunkte haben die Forscher schon. Der Konsum wird erst dann problematisch, wenn die echten sozialen Kontakte unter ihm leiden. Typisch für eine Sucht ist die schnell wachsende Abhängigkeit. Am ersten Tag mit einem neuen Telefon reicht eine Stunde und es stellt sich eine Zufriedenheit ein, am zweiten Tag zwei Stunden und am dritten Tag drei Stunden und so steigert sich das allmählich. Die Bonner Forscher wollen eine Debatte anstoßen. Sie hoffen, dass bald viele bewusster mit ihrem Handykonsum umgehen. Digitale Diäten – so ihr Rat – sollten eine Option werden. Zum Beispiel: Kein Handy mehr ab 18 Uhr. Kein Handy mehr am Wochenende. Nur dreimal am Tag aufs Handy schauen. Wohin die Entwicklung in der Zukunft noch gehen wird, darüber wagen die Wissenschaftlicher keine Prognosen abzugeben. Das wird sich zeigen.

Lektion 2 IM TOURISMUS

Einstiegsseite, Aufgabe 2b 1 🔊 4

Durchsage 1: Junger Mann, wenn Sie der Frau keinen Heiratsantrag machen, gehen Sie bitte von der Tür weg! Wir würden gerne weiterfahren.

Durchsage 2: Eine etwas peinliche Durchsage: Alle wussten, dass wir in Fulda halten. Nur unser Lokführer nicht.

Durchsage 3: Sehr geehrte Fahrgäste, ich persönlich bitte, die Verspätung zu entschuldigen. Ich bin gerade Vater geworden!

Durchsage 4: Eine kurze Information, bevor genörgelt wird: Die Klimaanlage in diesem Zug ist nicht defekt. Es gibt keine!

Hören 1, Aufgabe 1b 1 🔊 5

Gisela Herdorfer: „Hotel zur schönen Aussicht" in Oberbozen, Gisela Herdorfer, grüß Gott! Was kann ich für Sie tun?

Roland Heinert: Guten Tag, hier spricht Roland Heinert. Ich habe einen Prospekt von Ihrem schönen Hotel gesehen und wollte mich mal etwas genauer erkundigen.

Gisela Herdorfer: Gerne, was möchten Sie denn wissen?

Roland Heinert: Ich wollte fragen, ob Sie Ende August / Anfang September noch etwas frei haben.

Gisela Herdorfer: Wie viele Personen sind Sie denn?

Roland Heinert: Wir sind zu dritt, also zwei Erwachsene und unsere 5-jährige Tochter.

Gisela Herdorfer: Einen kleinen Moment mal, ich seh' mal kurz nach. Also ja, vom 26.8. bis zum 7.9. zum Beispiel wäre noch eine Familiensuite frei. Sie könnten aber auch ein Zimmer mit Südbalkon und Bergpanorama bekommen. Ein etwas günstigeres mit Blick auf den Park gäbe es auch noch.

Roland Heinert: Die Familiensuite brauchen wir, glaube ich, nicht. Außer wenn man kein zusätzliches Beistellbett für die anderen Zimmer bekommen kann.

Gisela Herdorfer: Ein Beistellbett in eines der Zimmer zu stellen, ist gar kein Problem.

Roland Heinert: Worin liegen denn die Unterschiede zwischen den beiden Zimmern, auch preislich gesehen. Und wie viel kostet das Beistellbett für unser Kind?

Gisela Herdorfer: Die beiden Zimmer sind im Grunde ziemlich ähnlich, alle fast gleich groß, mit der gleichen Ausstattung, nur dass Sie eben im Südzimmer vom Balkon aus eine wunderschöne Aussicht auf unsere imposanten Südtiroler Alpen haben. Das kostet in der Zeit dann 82.– Euro pro Person mit Halbpension, das Parkzimmer kostet 75.– Euro. Kinder zwischen drei und sechs Jahren erhalten 50 % Ermäßigung.

Roland Heinert: Aha. Na, wenn man sich schon mal ein so tolles Hotel gönnt, dann kommt es auf die paar Euro für die tolle Aussicht auch nicht mehr an. Ist das denn schon Nachsaison?

Gisela Herdorfer: Das kann man so nicht sagen. Bei uns in Südtirol ist ja der Herbst die eigentliche Saison. Es wird sogar Ende September / Anfang Oktober wieder ein paar Euro teurer, weil da die schönste Zeit zum Wandern und Bergsteigen oder Mountainbiken ist.

Roland Heinert: Ich verstehe. Und muss man unbedingt Halbpension nehmen

Gisela Herdorfer: Das müssen Sie natürlich nicht. Sie können auch nur Übernachtung mit Frühstück buchen, das kostet dann zehn Euro weniger. Das wäre aber schade, denn dann entgeht Ihnen unser leckeres Abendessen. Am Abend haben Sie immer drei Menüs zur Auswahl, eines davon ist vegetarisch mit Vor- und Nachspeise!

Roland Heinert: Hmm ... das klingt natürlich sehr verlockend und ist auch total praktisch. Es sei denn, dass man erst spät von einem Ausflug zurückkommt. Könnte man so etwas denn vorher ankündigen und dann ausnahmsweise ein- oder zweimal nur mit Frühstück buchen?

Gisela Herdorfer: Ja, das ließe sich schon mal machen. Apropos Ausflüge: Sie erhalten von uns gratis die sogenannte „Rittencard", mit der Sie alle öffentlichen Verkehrsmittel in ganz Südtirol nutzen und wunderbare Ausflüge machen können.

Roland Heinert: Klingt ja alles ganz toll. Noch eine letzte Frage: Wenn wir jetzt buchen und dann aus irgendeinem nicht vorhersehbaren Grund, zum Beispiel wenn die Kleine krank wird, doch nicht kommen können, müssen wir dann trotzdem den vollen Preis bezahlen?

Gisela Herdorfer: Ja, also bis zu einem Monat vor der Anreise ist die Stornierung kostenlos. Danach müssten Sie 50 % des Preises bezahlen und wenn Sie eine Woche vor der Anreise absagen, 70 %. Mit Kindern ist es immer ratsam, eine Reiserücktrittsversicherung abzuschließen. Außer dass man ein Attest von einem Arzt braucht, hat man keine größeren Umstände damit und erhält die Reisekosten in der Regel zurück.

Roland Heinert: Frau Herdorfer, erst mal vielen Dank für die ausführlichen Informationen. Ich bespreche alles mit meiner Frau und dann rufe ich Sie nochmal wegen der Buchung an.

Gisela Herdorfer: Das würde mich sehr freuen. Auf Wiederhören.

Roland Heinert: Auf Wiederhören.

Aufgabe 2a 1 🔊 6

1
Die Familiensuite brauchen wir, glaube ich, nicht. Außer wenn man kein zusätzliches Beistellbett für die anderen Zimmer bekommen kann.

2
Die beiden Zimmer sind im Grunde ziemlich ähnlich, alle fast gleich groß, mit der gleichen Ausstattung, nur dass Sie eben im Südzimmer vom Balkon aus eine wunderschöne Aussicht auf unsere imposanten Südtiroler Alpen haben.

3
Das klingt natürlich sehr verlockend und ist auch total praktisch, es sei denn, dass man erst spät von einem Ausflug zurückkommt.

4
Mit Kindern ist es immer ratsam, eine Reiserücktrittsversicherung abzuschließen. Außer dass man ein Attest von einem Arzt braucht, hat man keine größeren Umstände damit und erhält die Reisekosten in der Regel zurück.

Hören 2, Aufgabe 2a 1 🔊 7

Eulen aus Athen, Püppchen aus Peru, Biergläser aus Bayern, ein Altarbild aus Äthiopien: Geschätzte 1250 Souvenirs stapeln sich in unserer Wohnung. Sie verstauben im Regal oder vermodern in der hintersten Ecke des Kühlschranks wie die Grüne Currysoße aus Thailand. Bei manchen weiß ich nicht einmal mehr, woher sie eigentlich stammen. Das Souvenir ist die perfideste Erfindung der Reiseindustrie. Je nach Zweck lassen sich Andenken in verschiedene Kategorien einteilen.

Aufgabe 2b, Abschnitt 1 1 🔊 8

Das „Mitbringsel aus schlechtem Gewissen" ist bei Geschäftsreisenden verbreitet. Es wird hektisch am Flughafen gekauft und soll der daheimgebliebenen Familie versichern: Auch wenn ich euch ständig verlasse, bin ich in Gedanken immer bei euch. Darin erschöpft sich meist der Sinn der Stofftiere, Tassen oder des anderen Nippes, der oft mit dem Namen des Reiseorts beschriftet ist. Auch das typische „Gutmenschen-Geschenk" ist normalerweise nicht wirklich zu gebrauchen. Es wird aus Mitleid mit Straßenverkäufern gekauft, auch aus dem naiven Wunsch heraus, die Wirtschaft in Entwicklungsländern anzukurbeln. Ein allgemein bekanntes Beispiel ist handgefertigter Ethno-Schmuck aus den Townships in Südafrika.

Aufgabe 2b, Abschnitt 2 1 🔊 9

Das „Konservier-Souvenir" entspringt dem schmerzlichen Wissen darüber, wie vergänglich das Glück doch ist. Verliebte Pärchen neigen dazu, sich den schlimmsten Kitsch selbst mitzubringen, um romantische Urlaubsgefühle zu erhalten. Zu Hause schämen sie sich dann oft beim Anblick dieser Gegenstände. Das „Andenken an sich" ist damit verwandt. Schließlich kommt das Wort „Souvenir" aus dem Französischen für „sich erinnern". Dazu gehören auch kulinarische Andenken wie der Wein, durch dessen Genuss man sich geschmacklich zurück in das jeweilige Anbaugebiet katapultieren will.

Aufgabe 2b, Abschnitt 3 1 🔊 10

Immer praktisch, oft profan, ist der „Kalkül-Kauf". Hier entscheidet schlicht der günstigere Preis im Vergleich zu Deutschland. Das iPhone aus Hongkong gehört dazu, aber auch die gefälschte Rolex aus Bangkok oder Anatolien. Im Gegensatz zu anderen Souvenirs sind diese bei den Empfängern so beliebt, dass Reisende manchmal mit regelrechten Sammelbestellungen aus dem Freundeskreis losfahren. Und dann gibt es noch die „Spontan-Souvenirs". Sie werden in einem Zustand geistiger Umnachtung, auch Urlaubslaune genannt, ohne Grund gekauft oder einfach aufgesammelt: Lustige Figuren, Schuhe, Muscheln oder Steine. Sie sind der häufigste Grund dafür, warum Koffer am Ende einer Reise nicht mehr zugehen.

Aufgabe 2c 1 🔊 11

Mein Mann hat mir den Kauf von Souvenirs mittlerweile untersagt. Mit Ausnahme von Dingen, die man sofort essen oder sonst wie gebrauchen kann. Deshalb bekommt er T-Shirts oder regionales Bier. Denn die schönsten Andenken sind ohnehin nicht fassbar: Unsere Erinnerungen.

Extra Beruf SICHERHEIT AM ARBEITSPLATZ

Aufgabe 2a und b 1 🔊 12

Axel Maier: Holzmann Haus- und Wohnbau GmbH, guten Tag, Sie sprechen mit Axel Maier, was kann ich für Sie tun?

Belma Spahic: Herr Maier, hier ist Belma Spahic. Gut, dass ich Sie erreiche. Ich bin eben hier auf der Baustelle ausgerutscht und gestürzt ...

Axel Maier: Oh ... Was ist denn passiert?

Belma Spahic: Ja, also, ich rufe von der Baustelle in der Schlossallee an. Heute ist die Abnahme des zweiten Bauabschnitts. Deshalb war ich etwas früher da als alle anderen und habe mich schon einmal umgesehen. Leider waren die Bretter, die zum Gehen um die Baustelle ausliegen, total vereist. Ich habe das nicht gesehen, bin ausgerutscht und auf die linke Hand gefallen.

Axel Maier: Gut, dass Sie uns das sofort mitteilen. Am besten, Sie warten noch ein paar Minuten, bis die Kollegen eingetroffen sind – und dann gehen Sie gleich zum Arzt.

Belma Spahic: Ja, also ... ich bin noch etwas unschlüssig, ob das wirklich notwendig ist. Im Moment tut die Hand richtig weh und der Unterarm schwillt immer mehr an ... aber vielleicht habe ich sie nur etwas gestaucht. Ich denke, das wird schon wieder!

Axel Maier: Also, Sie müssen unbedingt zum Arzt. Wahrscheinlich wird er die Hand und den ganzen Arm gleich röntgen, um festzustellen, ob etwas gebrochen ist. Wenn das so ist, können Sie heute sicher nicht mehr arbeiten.

Belma Spahic: Mmh ... okay ... aber ... wohin soll ich denn jetzt gehen? Meine Hausärztin ist so früh am Morgen sicher noch gar nicht in der Praxis.

Axel Maier: Frau Spahic, da es sich offensichtlich um einen Arbeitsunfall handelt, müssen Sie zum Durchgangsarzt. Das ist in unserem Fall Herr Dr. Wichert. Er hat seine Praxis in der Allgäuer Straße. Waren Sie schon mal bei Herrn Dr. Wichert?

Belma Spahic: Nein, ich hatte noch nie einen Arbeitsunfall. Brauche ich da meine Versichertenkarte? Die habe ich heute nicht dabei.

Axel Maier: Nein, beim Durchgangsarzt brauchen Sie nichts vorzuzeigen. Bei einem Arbeitsunfall werden die Kosten nicht von Ihrer Krankenkasse, sondern von der gesetzlichen Unfallversicherung getragen. Am besten nehmen Sie sich ein Taxi, ich bestelle Ihnen gern eins, wenn Sie möchten.
Belma Spahic: Ja ... aber ist das denn wirklich alles nötig? Vielleicht ist es ja gar nichts Ernstes?
Axel Maier: Wenn Ihr Arm anschwillt und Sie Schmerzen haben, dann ist das etwas Ernstes. Bei Arbeitsunfällen ist das Verfahren unbedingt einzuhalten. Wenn Herr Dr. Wichert Sie untersucht und eine Diagnose gestellt hat, bekommen Sie von ihm möglicherweise eine Arbeitsunfähigkeitsbescheinigung. Diese schicken Sie bitte unverzüglich an die Personalabteilung.
Belma Spahic: Ja ... und wer übernimmt jetzt die Abnahme hier? Ich kann doch nicht einfach weggehen ...
Axel Maier: Das lassen Sie mal unsere Sorge sein. Versuchen wir am besten gleich mal den Kollegen Berner am Handy zu erreichen, der ist doch sicher auch schon auf dem Weg zur Baustelle. Soll ich ihn anrufen oder möchten Sie das tun?
Belma Spahic: Naja ... mit einer Hand geht das schwer ... Aber seine Nummer habe ich ja gespeichert. Ich versuche es.
Axel Maier: Ach, lassen Sie nur ... Frau Spahic, ich werde Herrn Berner kontaktieren und ihn informieren.
Belma Spahic: In Ordnung. Dankeschön!
Axel Maier: Bitte melden Sie sich doch noch einmal telefonisch kurz bei mir, wenn Sie bei Herrn Dr. Wichert fertig sind. Nur damit ich weiß, ob und wie lange Sie krankgeschrieben sein werden.
Belma Spahic: Mach ich gern. Auf Wiederhören Herr Maier, und vielen Dank für Ihre Hilfe!
Axel Maier: Gern geschehen. Und: Gute Besserung!

Lektion 3 INTELLIGENZ UND WISSEN

Hören, Aufgabe 2a 1 ◀)) 13

Dr. Aki Salam: Verehrte Zuhörerinnen und Zuhörer! Körperliche und geistige Fitness ist eines der brennenden Themen unserer Zeit. In Zeitschriften und Blogs gibt es Tipps und Tricks, wie man seine körperliche Erscheinung und Leistung optimieren kann. In unserer Reihe „Wissenschaft – alltagstauglich" möchten wir Ihnen deshalb heute von neuen Erkenntnissen berichten, die einen ganz konkreten Nutzen in unserem täglichen Leben haben können.
Zuerst geht es um eine recht saloppe Frage, die sich Forscher an einer österreichischen Universität gestellt haben. Sie lautet: „Mehr Köpfchen durch Laufen?" Allgemein bekannt ist, dass Menschen, die regelmäßig joggen, etwas für ihre Gesundheit tun. Nun hat eine Studie ergeben, dass körperliche Betätigung sogar die Intelligenz steigern kann. In einer Versuchsreihe sollte eine Gruppe von 100 altersmäßig gemischten Personen dreimal wöchentlich 30 Minuten laufen. Dabei mussten die Probanden, die alle Übergewicht hatten und normalerweise wenig Sport trieben, nicht bis zur Erschöpfung sprinten. Es genügte, wenn sie schnell gingen. Eine parallele Kontrollgruppe war dagegen zum Nichtstun aufgefordert. Bei einem Vergleich der Gehirnleistung der beiden Gruppen stellte sich heraus, dass sich die Reaktionsgeschwindigkeit und die Merkfähigkeit bei allen Joggern durchschnittlich um 20 % verbessert hatten – eine erstaunliche Steigerung! Dieser Unterschied war zu signifikant, um als Zufall gewertet zu werden. Die Wissenschaftler erklärten das Ergebnis damit, dass Teile des Gehirns nicht isoliert arbeiten, sondern miteinander vernetzt sind. Diese Zusammenarbeit verschiedener Hirnregionen funktioniert aber bei Menschen im Alter und bei solchen mit starkem Bewegungsmangel wohl immer weniger synchron. Körperliche Betätigung scheint diesem Prozess entgegenzuwirken.
Bleiben wir beim Thema Übergewicht und richten unseren Blick nach Japan. Dort kamen Wissenschaftler zu der überraschenden Erkenntnis, dass es einen Zusammenhang zwischen Raumtemperatur und Gewichtsverlust gibt. Die Frage, die dahintersteckt, lautet: Warum können viele von uns ihr Gewicht nicht halten und werden im Laufe der Jahre immer dicker? Ganz einfach: Wir verbrauchen nicht genug Energie von dem, was wir jeden Tag in Form von leckerem, aber oftmals ungesundem Essen zu uns nehmen. Wir müssten uns also wesentlich mehr bewegen oder aber: Frieren! Da kühlere Temperaturen unseren Kalorienverbrauch ankurbeln, raten die Forscher nun dazu, die Wohnung im Winter einfach weniger stark zu heizen. In warmen Räumen verbrauchen wir nämlich weniger Energie, bei Kälte muss unser Körper Wärme produzieren – dazu beginnen unsere Muskeln zu zittern. Um herauszufinden, ob der Kalorienverbrauch bei kühleren Temperaturen wirklich messbar steigt, verbrachten Versuchspersonen mehrere Tage lang täglich sechs Stunden in Räumen bei 15 Grad. Bei dem Experiment stellten die Forscher fest, dass die Teilnehmer nicht nur Körperfett verloren hatten, sondern sich bei ihnen auch das sogenannte braune Fett gebildet hatte. Und das gilt als Fettverbrenner: Im Gegensatz zu normalem Fettgewebe speichert es keine Energie, sondern verbrennt sie. Laut japanischen Forschern würde man bereits bei zwei Stunden täglich in 15 Grad kühlen Räumen deutlich abnehmen. Weitere positive Effekte dieser Kur wären: Man ist gegen Erkältungen abgehärtet, spart Heizkosten und schützt die Umwelt!
Sie sehen, es ist gar nicht so kompliziert und aufwändig, etwas für die eigene geistige und körperliche Fitness zu tun. Vielleicht macht sich ja die bzw. der eine oder andere von Ihnen etwas von diesen Erkenntnissen zu eigen und fängt an, sich insgesamt mehr zu bewegen und im Winter ruhig mal die Heizung auszuschalten.

Lektion 4 MEINE ARBEITSSTELLE

Hören, Aufgabe 2, Aussage 1 1 ◀)) 14

Calvin: Ich habe eine Stellenausschreibung gesehen. Und dann habe ich mich beworben. In Bezug auf das Bewerbungsverfahren muss ich sagen: Es ist schon ziemlich anders, als ich es gewöhnt war aus Neuseeland, insofern, dass man auch ein Lichtbild beifügen und auch sein Geburtsdatum angeben muss. In Neuseeland gibt man sein Geburtsdatum nicht an, weil es eigentlich den Arbeitgeber nichts angeht, wie alt man ist. So ist die Denkweise. Und es kommt nicht darauf an, wie man aussieht. In Neuseeland versucht man, jegliche Art der geschlechtlichen Diskriminierung zu vermeiden. Also ich fand das mit dem Bild und dem Alter schon ein bisschen merkwürdig. Außerdem ist es in Deutschland üblich, dass man alle möglichen Zeugnisse mit beifügen muss und so ein Motivationsschreiben. Zusätzlich musste ich noch eine Probeübersetzung machen.

Aufgabe 2, Aussage 2 1 🔊 15

Anna: Bei mir lief die Bewerbung ganz anders ab. Ich bin aber auch noch Studentin. Im Sommer habe ich in einem großen Unternehmen als Aushilfe angefangen. Das Angebot hierzu habe ich von einem meiner Dozenten bekommen. Da ging es um kleinere Programmierungen für eine Datenbank. Einen Lebenslauf oder gar ein Anschreiben wollte dort niemand von mir sehen. Im Vergleich zu meiner Heimatregion, wo ich auch schon gejobbt habe, ist das Unternehmen übrigens geradezu luxuriös. Ich finde die Kantine hier großartig, denn es gibt jeden Tag sehr ansprechendes Essen. Alles ist frisch gekocht. Etwas für Fleischesser, etwas für Vegetarier und sogar etwas für Veganer. Einfach eine riesige Auswahl und alles sehr gesund.

Aufgabe 2, Aussage 3 1 🔊 16

Ahmed: Na, da wäre ich aber vorsichtig. Wenn eine Firma von dir keinen Lebenslauf sehen möchte, heißt es ja letztlich, dass es ihnen egal ist, welche Erfahrungen du mitbringst. Entsprechend langweilig könnte der Job sein – ganz egal, wie gut das Essen ist! Ich musste für meine letzte Stelle in der Schweiz ein zweistufiges Bewerbungsverfahren durchlaufen. So etwas kannte ich aus meinem Heimatland gar nicht. Beim ersten Termin hatte ich nur ein Gespräch mit dem Geschäftsführer, beim zweiten Treffen waren dann auch noch Mitbewerber dabei. Bei dem Auswahlverfahren gab es für uns alle mehrere Tests, um herauszufinden, wer am besten in das bestehende Team passt. Am Ende war ich der Glückliche, der sich durchgesetzt hat.

Aufgabe 2, Aussage 4 1 🔊 17

Sophia: Die Bewerbung auf meine aktuelle Stelle in Wien liegt noch nicht allzu weit zurück. Dass mein neuer Arbeitgeber ein weltumspannendes Unternehmen ist, wurde schon am Einführungstag deutlich. Wir bekamen Informationen zum Unternehmen und eine Führung durch das Gebäude. Danach begleitete man jeden von uns an den zukünftigen Arbeitsplatz. Als ich vor meinem Schreibtisch stand, bekam ich dann einen Schreck: Da saßen tatsächlich neun Personen in einem großen, hellen Raum zusammen. Die meisten trugen Kopfhörer und arbeiteten still an ihrem Laptop. Man hörte nur das Klappern der Tastaturen und das Klicken der Mäuse. Ich dachte eigentlich, diese Art von Großraumbüros gibt es heute gar nicht mehr. Aber heute muss ich sagen: Man gewöhnt sich mit der Zeit daran!

Aufgabe 2, Aussage 5 1 🔊 18

Matteo: Das klingt alles ziemlich abschreckend. Als ich mich letztes Jahr bei einer Klinik in Deutschland beworben hatte, war das alles etwas anders. Pflegekräfte wie ich sind im Moment sehr gefragt. Der Personalmangel führt dazu, dass nur die wenigsten keine Stelle bekommen. In der Regel kann man davon ausgehen, dass man den Job bekommt – vorausgesetzt natürlich, man kann eine entsprechende Ausbildung vorweisen, die hier auch anerkannt wird. Nur das Thema *Urlaub* ist so eine Sache. Gesetzlich stehen uns 24 Tage zu, plus Überstundenabbau natürlich. In der Praxis verfällt davon aber einiges oder wird ausbezahlt – es gibt einfach viel zu viel zu tun!

Extra Beruf BERUF UND FAMILIE

Aufgabe 3a und b 1 🔊 19

Hermann: Mensch, Gideon, und wie macht ihr das jetzt? Eva hat doch vor nicht so langer Zeit ihre neue Stelle angetreten und sie hat einen sehr guten Job, oder? Wann will sie denn wieder arbeiten gehen?

Gideon: Ja, das stimmt. Wir überlegen gerade, ob sie sofort nach dem Mutterschutz in die Apotheke zurückgeht. Dann bleibe ich zu Hause und kümmere mich um die kleine Ada. Aber wir haben im Moment noch nicht ganz entschieden, ob ich Elternzeit und Elterngeld in Anspruch nehmen soll oder Eva.

Elke: Echt? Könntest du dir wirklich vorstellen für längere Zeit euer Baby zu hüten? Ist das nicht total ungewöhnlich?

Gideon: Warum denn nicht? Das machen doch jetzt viele Männer. Und den meisten tut es auch gut, mal für eine längere Zeit mit dem Baby zu Hause zu bleiben und den Haushalt zu machen ...

Hermann: Ja, ich denke auch, dass dir das guttun würde! Du lernst dein Kind viel besser kennen, als wir das früher konnten. Durch deine Elternzeit könntest du eine gute emotionale Beziehung zu deiner Kleinen aufbauen.

Elke: Also, ich bin auch der Meinung, dass es sich auf jeden Fall lohnt, darüber nachzudenken. Ich wusste gar nicht, dass Männer den gleichen Anspruch auf Elternzeit wie Frauen haben.

Gideon: Ja. Es haben sowohl die Mutter als auch der Vater Anspruch auf insgesamt drei Jahre Elternzeit. Aber irgendwie ist das doch auch logisch ... anders wäre es ja auch echt unfair, oder findet ihr nicht?

Elke: Naja, aber letztlich bekommt ja die Frau das Kind ...

Hermann: Nein, ich stimme Gideon da vollkommen zu! Wieso sollte die Elternzeit von Männern kürzer sein? Das wäre nicht in Ordnung.

Elke: Okay, okay ... Aber Gideon, sag mal: Das ist echt eine lange Zeit. Was sagt denn unser Arbeitgeber dazu? Der wird sicher weniger begeistert sein.

Gideon: Ach, es geht. Herr Düren meinte nur, er könne natürlich sehr gut verstehen, dass ich jetzt erst einmal viel Zeit mit meiner Tochter haben möchte. Aber für ihn ist das natürlich blöd, denn er braucht für mich eine Vertretung. Aber, naja ... was soll er auch machen? Es ist ja mein gutes Recht, in Elternzeit zu gehen.

Hermann: Naja, er könnte wahrscheinlich deinen Antrag auf Elternzeit einfach ablehnen ... oder nicht?

Gideon: Nein, zum Glück nicht. Die Elternzeit ist nicht abhängig davon, dass der Arbeitgeber zustimmt. Ich muss sie auch nicht beantragen, also im eigentlichen Sinne, sondern vielmehr rechtzeitig mitteilen.

Hermann: Schon verrückt, wie sich die Zeiten ändern. Bei mir wäre so etwas nicht denkbar gewesen. Das heißt dann aber auch, dass du auf alle beruflichen Aktivitäten verzichten musst, während du in Elternzeit bist, oder?

Gideon: Naja, das ist doch der Sinn der Sache. Ich nehme ja Elternzeit, damit ich nicht mehr arbeiten muss. Aber Spaß beiseite: Man darf während der Elternzeit schon ein paar Stunden arbeiten. Erlaubt sind sogar bis zu 30 Wochenstunden. Wenn ich mit dem Chef über die Elternzeit spreche, vereinbaren wir auch meine weitere Tätigkeit. Ich denke, der wird froh sein, wenn ich mich nicht ganz rausziehe!

Elke: ... und du hast doch auch noch diese zwei oder drei Rentnerinnen, die du quasi als selbständiger Altenpfleger zu Hause in ihren Wohnungen versorgst.
Gideon: Kein Problem. Das darf ich weiterhin machen – aber eben nur mit 30 Wochenstunden.
Hermann: Aber wieso denn? Bekommst du während der Elternzeit nicht sogar dein volles Gehalt weiter?
Gideon: Nein, also der Lohn fällt grundsätzlich erst einmal weg, wenn ich nicht arbeite. Damit die Familie ihren Lebensunterhalt bestreiten kann, gibt es dann Elterngeld oder ElterngeldPlus. Das ist eine Ersatzleistung, die der Staat übernimmt, um Familien mit kleinen Kindern zu unterstützen. Es ist aber auf jeden Fall weniger als mein bisheriges Gehalt.
Elke: Ja ... und wie lange kriegt man das?
Gideon: Elterngeld kann man maximal bis zur Vollendung des 14. Lebensmonats beziehen. Als ElterngeldPlus geht es sogar noch länger, weil man nur einen Teil des Elterngeldes bezieht und somit die Dauer ausdehnt. Wir müssen jetzt einfach mal überlegen ...

Lektion 5 KUNST

Schreiben, Aufgabe 3a, Sprachnachricht 1 1 🔈 20

Milan: Hi Sara, stell dir vor, die haben meine telefonische Anmeldung im Mappen-Vorbereitungskurs nicht mehr berücksichtigt – jetzt steh ich ganz schön blöd da, weil ich mich eigentlich darauf verlassen habe! Ich habe nochmal zurückgeschrieben, dass ich den Platz unbedingt brauche. Aber ich habe keine Ahnung, ob sich da noch was machen lässt ...

Aufgabe 3a, Sprachnachricht 2 1 🔈 21

Sara: Hmm, das ist jetzt ziemlich doof – Erkundige dich am besten auch mal bei anderen Studierenden, wie sie sich vorbereitet haben. Viele von denen trifft man doch in der Cafeteria der Akademie!

Aufgabe 3a, Sprachnachricht 3 1 🔈 22

Sara: Ach ... da fällt mir noch was ein ... Schau auch unbedingt noch nach anderen Anbietern für solche Kurse, vielleicht findet man ja auch eine Privatperson, zum Beispiel in Nachhilfeforen. Und fang auf keinen Fall zu spät an, Entwürfe für die Mappe zu machen. Ein paar Ideen hast du doch sicher schon!

Aufgabe 3a, Sprachnachricht 4 1 🔈 23

Sara: Wenn du was hast, schick mir doch bitte Fotos davon. Die kann ich meiner Cousine zeigen, sie arbeitet in einem Museum für moderne Kunst. Und lass dich nicht entmutigen, du bist doch sehr talentiert und wirst bestimmt angenommen.

Lektion 6 STUDIUM

Hören, Aufgabe 2a 1 🔈 24

Moderatorin: Verehrte Hörerinnen und Hörer. Heute beschäftigen wir uns in unserer Sendung mit dem Thema *Sprache und Geschlecht*. Dazu haben wir einen Experten eingeladen, Herrn Dr. Sebastian Uhrig, der sich in mehreren vergleichenden Studien intensiv mit diesem Thema auseinandergesetzt hat. Guten Tag, Herr Dr. Uhrig.
Dr. Uhrig: Guten Tag.
Moderatorin: Kaum eine Schule, ein Verein oder eine Behörde möchte sich dem Vorwurf aussetzen, Diskriminierung zu betreiben. Deshalb werden neutrale Formulierungen gewählt: Zum Beispiel Lehrkräfte, die mit Schülerinnen und Schülern ein Thema bearbeiten. Früher sagte man da einfach Lehrer und Schüler und schloss damit die weiblichen Personen sprachlich einfach aus. Jetzt gibt es ein Beispiel für den umgekehrten Fall. An der Universität Leipzig ist jetzt unabhängig vom Geschlecht nur noch von „Professorinnen" die Rede, wenn es um die an der Hochschule Lehrenden geht. Das ist ein interessanter Ansatz. Können wir denn unsere kulturelle Prägung durch eine neue Anredeform wirklich ändern?
Dr. Uhrig: Wenn man sie entsprechend streng und konsequent durchsetzt, schon. Kurioserweise ist es die Bundeswehr und damit eine fast reine Männerdomäne, in der man das geschafft hat. Dort heißt es zum Beispiel „Frau Stabsunteroffizier". Man kann durch Regeln also etwas ändern und so das Bewusstsein für die Problematik schärfen. Vieles entwickelt sich aber auch ohne strenge Vorschriften. Ein Beispiel: Die Anrede *Fräulein* ist inzwischen komplett aus unserem Sprachgebrauch verschwunden. Dass man schon in der Anrede erkennen wollte, ob die Frau verheiratet ist oder nicht, war irgendwann in unserer Gesellschaft einfach nicht mehr zeitgemäß und relevant. Die gesellschaftlichen Verhältnisse hatten sich zu sehr geändert. Ein ähnliches Beispiel erlebten wir 1968. Damals gingen Studentinnen und Studenten, die sich früher gesiezt haben, zum Du über. An diese sprachliche Änderung gewöhnte man sich relativ schnell.
Moderatorin: Dass ein Geschlecht bei einer Bezeichnung einfach einbezogen wird, gibt es nicht nur im Deutschen, sondern auch in anderen Sprachen, nicht wahr?
Dr. Uhrig: Ja, das Englische und die romanischen Sprachen unterscheiden nicht einmal zwischen *Mann* und *Mensch*. Der Kabarettist Gerhard Polt erzählt in einem Sketch, sie hätten auf einer Weltreise in Australien *man eaters* besucht. Und dann fügt er hinzu: Der Ausdruck ist eigentlich missverständlich, denn diese Spezies würde nicht nur Männer, sondern auch Frauen essen. Er spielt mit der Unwissenheit einiger, dass der Begriff *man* auch die *Frauen* miteinschließt. Im Deutschen haben wir immerhin für *Mann* und *Mensch* zwei Wörter. Das bedeutet, dass im Deutschen von vorne herein vorausgesetzt wird, dass es zwei Exemplare von Menschen gibt. Das Spanische geht in dieser Hinsicht besonders weit. Wenn man auf Spanisch über die *Eltern* spricht, dann benutzt man das Wort für die *Väter*. Für *Geschwister* sagt man *Brüder*. Die *Onkel und Tanten* sind die *Onkel*. Das *Königspaar* nennt man einfach die *Könige*. Dies ist ein sehr ökonomisches Verfahren, muss man sagen. Aber es spiegelt eben auch eine männlich geprägte Gesellschaft wieder.

Moderatorin: Herr Dr. Uhrig, vielen Dank für diese interessanten Ausführungen.
Dr. Uhrig: Sehr gerne.

Aufgabe 2b, Abschnitt 1 1 ◀)) 25

Moderatorin: Verehrte Hörerinnen und Hörer. Heute beschäftigen wir uns in unserer Sendung mit dem Thema *Sprache und Geschlecht*. Dazu haben wir einen Experten eingeladen, Herrn Dr. Sebastian Uhrig, der sich in mehreren vergleichenden Studien intensiv mit diesem Thema auseinandergesetzt hat. Guten Tag, Herr Dr. Uhrig.
Dr. Uhrig: Guten Tag.
Moderatorin: Kaum eine Schule, ein Verein oder eine Behörde möchte sich dem Vorwurf aussetzen, Diskriminierung zu betreiben. Deshalb werden neutrale Formulierungen gewählt: Zum Beispiel Lehrkräfte, die mit Schülerinnen und Schülern ein Thema bearbeiten. Früher sagte man da einfach Lehrer und Schüler und schloss damit die weiblichen Personen sprachlich einfach aus. Jetzt gibt es ein Beispiel für den umgekehrten Fall. An der Universität Leipzig ist jetzt unabhängig vom Geschlecht nur noch von „Professorinnen" die Rede, wenn es um die an der Hochschule Lehrenden geht. Das ist ein interessanter Ansatz. Können wir denn unsere kulturelle Prägung durch eine neue Anredeform wirklich ändern?
Dr. Uhrig: Wenn man sie entsprechend streng und konsequent durchsetzt, schon. Kurioserweise ist es die Bundeswehr und damit eine fast reine Männerdomäne, in der man das geschafft hat. Dort heißt es zum Beispiel „Frau Stabsunteroffizier". Man kann durch Regeln also etwas ändern und so das Bewusstsein für die Problematik schärfen. Vieles entwickelt sich aber auch ohne strenge Vorschriften. Ein Beispiel: Die Anrede *Fräulein* ist inzwischen komplett aus unserem Sprachgebrauch verschwunden. Dass man schon in der Anrede erkennen wollte, ob die Frau verheiratet ist oder nicht, war irgendwann in unserer Gesellschaft einfach nicht mehr zeitgemäß und relevant. Die gesellschaftlichen Verhältnisse hatten sich zu sehr geändert. Ein ähnliches Beispiel erlebten wir 1968. Damals gingen Studentinnen und Studenten, die sich früher gesiezt haben, zum Du über. An diese sprachliche Änderung gewöhnte man sich relativ schnell.

Aufgabe 2b, Abschnitt 2 1 ◀)) 26

Moderatorin: Dass ein Geschlecht bei einer Bezeichnung einfach einbezogen wird, gibt es nicht nur im Deutschen, sondern auch in anderen Sprachen, nicht wahr?
Dr. Uhrig: Ja, das Englische und die romanischen Sprachen unterscheiden nicht einmal zwischen *Mann* und *Mensch*. Der Kabarettist Gerhard Polt erzählt in einem Sketch, sie hätten auf einer Weltreise in Australien *man eaters* besucht. Und dann fügt er hinzu: Der Ausdruck ist eigentlich missverständlich, denn diese Spezies würde nicht nur Männer, sondern auch Frauen essen. Er spielt mit der Unwissenheit einiger, dass der Begriff *man* auch die *Frauen* miteinschließt. Im Deutschen haben wir immerhin für *Mann* und *Mensch* zwei Wörter. Das bedeutet, dass im Deutschen von vorne herein vorausgesetzt wird, dass es zwei Exemplare von Menschen gibt. Das Spanische geht in dieser Hinsicht besonders weit. Wenn man auf Spanisch über die *Eltern* spricht, dann benutzt man das Wort für die *Väter*. Für *Geschwister* sagt man *Brüder*. Die *Onkel und Tanten* sind die *Onkel*. Das *Königspaar* nennt man einfach die *Könige*. Dies ist ein sehr ökonomisches Verfahren, muss man sagen. Aber es spiegelt eben auch eine männlich geprägte Gesellschaft wieder.
Moderatorin: Herr Dr. Uhrig, vielen Dank für diese interessanten Ausführungen.
Dr. Uhrig: Sehr gerne.

Extra Beruf KONFLIKTE AM ARBEITSPLATZ

Aufgabe 2a 1 ◀)) 27

Hoa: Hallo Marta, wie geht's?
Marta: Hallo, gut, danke ... und dir?
Hoa: Danke, geht so. Ich habe eine E-Mail von Frau Seifert bekommen und mich ziemlich darüber geärgert. Wenn du einen Moment Zeit hast, würde ich dich gern fragen, was ich da tun könnte.
Marta: Ja klar, erzähl doch mal!
Hoa: Also, sie hat mir geschrieben, dass ich ihrer Meinung nach nicht schnell genug arbeite und mein Arbeitstempo erhöhen soll. Dabei beeile ich mich doch schon so mit den Quartalszahlen, aber das dauert einfach. Ich weiß schon gar nicht mehr, wo mir der Kopf steht. ...
Marta: Mhm, das verstehe ich.
Hoa: Und dann will sie noch, dass ich jeden Tag mindestens eine Überstunde mache. Das geht doch gar nicht, wir haben doch eine 39-Stunden-Woche. Ich bin ziemlich am Ende mit den Nerven ...
Marta: Ach Mensch ... du Arme!
Hoa: Ich bemühe mich doch so und jetzt habe ich das Gefühl, dass ich der Chefin nichts recht machen kann und sie unmögliche Dinge von mir fordert. Was soll ich nur tun?
Marta: Hmm, ja ... das ist wirklich eine schwierige Situation. Ich finde, du solltest aber auf jeden Fall etwas unternehmen. Am besten gehst du mit dem Problem zum Betriebsrat. Der ist ja dafür da, die Arbeitnehmer und ihre Interessen zu vertreten und auch zu vermitteln, wenn es Probleme gibt. Kennst du denn einen der Kollegen, die im Betriebsrat sind?
Hoa: Persönlich kenne ich keinen, aber ich habe sie bei der letzten Betriebsversammlung alle gesehen. Wie kann ich den Betriebsrat denn kontaktieren?
Marta: Also, im Intranet findest du die E-Mail-Adresse und auch die Sprechzeiten. Ich glaube Dienstagvormittag ist immer jemand im Betriebsratsbüro, das ist im 2. Stock, gleich neben dem großen Konferenzsaal.
Hoa: Super, danke Marta für deinen Rat! Ich hoffe, die können mir weiterhelfen ...
Marta: Gern geschehen – und Kopf hoch! Das wird schon wieder! Eigentlich ist die Chefin doch ganz nett. Im Moment sind nur alle ziemlich gestresst durch den Quartalsabschluss und die anstehende Umstrukturierung. Wir sehen uns dann morgen, mach's gut!
Hoa: Ja ... Tschüs Marta.

Aufgabe 2b 1 ◀)) 28

Vincent Brasch: Herein!
Hoa: Guten Tag, mein Name ist Hoa Pham, ich wollte zur Sprechstunde des Betriebsrats kommen ...
Vincent Brasch: Ja richtig, Frau Pham, Sie hatten sich ja schon per E-Mail angekündigt.

Hoa: Genau, eine Kollegin hat mir geraten, mich mit meinem Problem an Sie zu wenden.
Vincent Brasch: Na, dann hoffe ich doch, dass ich Ihnen weiterhelfen kann! Bitte, setzen Sie sich! Sooo ... worum geht es denn?
Hoa: Es geht um eine E-Mail von meiner Chefin, Frau Seifert ... das macht mich ganz fertig! Hier, ich habe es ausgedruckt mitgebracht. Sehen Sie selbst, was sie mir geschrieben hat ...
Vincent Brasch: Mhm ... mh ... mhm ...
Hoa: Das ist richtig schlimm für mich – solche Vorwürfe – und das stimmt so gar nicht! Ich weiß auch überhaupt nicht, wie ich da reagieren soll ...
Vincent Brasch: Ganz langsam und der Reihe nach. Bitte beruhigen Sie sich, ich lese mir das jetzt erst einmal kurz durch....
Hoa: Ja, entschuldigen Sie...
Vincent Brasch: Hmm – ja also, das ist schon eine massive Kritik an Ihrer Arbeitsweise und an Ihrem Arbeitstempo. Würden Sie denn sagen, dass Frau Seifert damit im Unrecht ist?
Hoa: Ich weiß gar nichts mehr ... ich habe das Gefühl, dass sie immer nur an mir herumkritisiert, nie an den anderen, da fühle ich mich schon irgendwie diskriminiert. Ich arbeite so schnell und so viel ich kann, aber manchmal dauert einfach alles länger, als man denkt, es kommen ja auch oft noch andere Aufgaben dazwischen.
Vincent Brasch: Mhm, ich verstehe.
Hoa: Morgen wollte ich ihr die ersten Quartalszahlen schicken und dann zügig mit den restlichen Aufgaben weitermachen... Aber am schlimmsten ist, dass ich ab jetzt jeden Tag eine ganze Stunde länger arbeiten soll! Das darf sie doch gar nicht verlangen, oder?
Vincent Brasch: Äh, ganz so einfach ist das nicht – für Überstunden haben wir eine Regelung in unserer Betriebsvereinbarung. Da heißt es zum Beispiel, dass Überstunden bei höherem Arbeitsanfall für einen bestimmten Zeitraum angeordnet werden können.
Hoa: Ach so ...?
Vincent Brasch: Allerdings schreibt Frau Seifert auch, dass sie irgendwann im Laufe des Jahres wieder ausgeglichen werden, das geht so nicht, dazu gibt es nämlich auch eine genaue Regelung. Und die heißt, Überstunden müssen in einem Zeitraum von maximal drei Monaten in Form von Freizeit ausgeglichen werden.
Hoa: Aber Moment mal, habe ich das richtig verstanden ... sie kann von mir verlangen, dass ich jeden Tag eine Überstunde mache?
Vincent Brasch: Ja, wie gesagt, das kann sie zunächst schon. Wenn sich allerdings herausstellen sollte, dass die Arbeit auf Dauer nicht mit einer Vollzeitstelle zu bewältigen ist, müsste man sie dazu auffordern, entweder die Aufgaben anders zu verteilen oder eine weitere Kraft, eventuell in Teilzeit, einzustellen.
Hoa: Okay ... das wusste ich gar nicht.
Vincent Brasch: Meinen Sie denn, dass Sie die Arbeitslast in zwei oder maximal drei Wochen mit den Überstunden schaffen würden? Sie könnten ja versuchen, das mit Frau Seifert mündlich zu besprechen und ihr zu erklären, bis wann Sie mit den einzelnen Aufgaben wahrscheinlich fertig wären. Es ist immer besser, miteinander zu sprechen, als den Problemen aus dem Weg zu gehen ...
Hoa: Ja, ich denke schon, dass das zu schaffen ist. Aber ich habe ein bisschen Angst, zu ihr zu gehen ... Wo sie doch so unzufrieden mit mir ist!
Vincent Brasch: Das verstehe ich schon. Wenn Sie wollen, kann einer von uns Betriebsratskollegen mit zu dem Gespräch gehen, so etwas ist immer möglich. Gut wäre aber, wenn Sie es zunächst einmal alleine probieren würden und Frau Seifert auch sagen, wie Sie sich fühlen und dass Sie sich eine bessere Zusammenarbeit, auch mehr Wertschätzung wünschen würden. Und falls das Gespräch nicht so gut läuft, können wir immer noch einen Termin gemeinsam mit dem Betriebsrat und Frau Seifert vereinbaren.
Hoa: In Ordnung, dann versuche ich es erst einmal allein. Vielen Dank für Ihren Rat, das hat mir schon sehr geholfen.
Vincent Brasch: Keine Ursache, dafür sind wir ja da! Und Sie können Frau Seifert ruhig darauf hinweisen, dass der Freizeitausgleich innerhalb von drei Monaten gewährt werden muss. Dann weiß sie auch gleich, dass Sie gut über Ihre Rechte informiert sind! Ich wünsche Ihnen viel Erfolg und geben Sie uns doch bitte im Anschluss eine Rückmeldung, wie's gelaufen ist!
Hoa: Das mache ich, auf Wiedersehen.
Vincent Brasch: Auf Wiedersehen, Frau Pham!

Lektion 1 Digitaler Wandel

Stille Helden in lauten Zeiten 01

Jan Rein: Wart mal kurz, bevor du dich weiter deinem Newsfeed widmest. Fragst du dich auch manchmal: Sind eigentlich nur die Leute mit vielen Followern erfolgreich? Man, das will ich auch. Die haben es geschafft. Wenn du dich das nächste Mal bei dem Gedanken ertappst, mach dir eines klar: Ein Mensch ist viel mehr als die Summe seiner Anhängerschaft. Weißt du eigentlich, wie viele Menschen Großartiges vollbringen, ganz ohne Fanpage? Es ist die absolute Mehrheit. Stille Helden in lauten Zeiten. „Reden ist Silber, Schweigen ist Gold", bekommt im Web 2.0 eine ganz neue Bedeutung. Wie viele Menschen posten gerade etwas, was sie eigentlich machen wollten, anstatt es wirklich zu tun? Entspann dich. In der Zeit, wo andere nur posten, kannst du tatsächlich etwas bewegen. Im großen und im kleinen Stil. Wie viele Menschen vor uns führten erfüllte Leben und vollbrachten Großes? Ganz ohne Social Media, im kleinen Kreis, für ihre Nächsten. Ohne den großen medialen Applaus, für sich – und die Welt. Wie viele stille Helden sind in diesem Moment dabei, ihre Träume zu verwirklichen, Leben zu retten, Geschichten zu schreiben? Wie viel Potenzial und Zeit wird auf der anderen Seite im Rennen um die meisten Likes verschenkt? Aber heutzutage braucht man doch Social Media. Klar doch, als Ergänzung, als Multiplikator dessen, was in Abwesenheit der großen Bühne ohnehin geschehen wäre. Vernetzung ist wunderbar, nur dürfen wir uns im Netz nicht verfangen, unser Ziel nicht aus den Augen verlieren, und sollten stattdessen einfach – leben! Verfolg deine Ziele, lass dich nicht zu sehr ablenken und tu auch die Dinge, die kein Like bringen, ganz im Stillen, ganz für dich, wie ein stiller Held in lauten Zeiten.

Lektion 2 IM TOURISMUS

Eine Jungunternehmerin, Abschnitt 1 02

Hallo, ich bin Sibila Tasheva, ich bin 32 Jahre alt und ich lebe seit über 14 Jahren in München. Ich bin seit einiger Zeit als selbstständige Unternehmerin tätig und ich habe eine Reiseagentur für Reisen nach Bulgarien.
Ja, also mein Unternehmen ist im Internet. Das Gute ist, dass ich so Leute aus ganz Deutschland erreiche. Im Allgemeinen sind meine Kunden Leute, die an Bulgarien interessiert sind, die sehr aktiv sind, die gerne viel im Land sehen, und die sind durchschnittlich zwischen – ich würde sagen – Mitte dreißig bis siebzig Jahre alt.
Ich hab' kein klassisches Büro in dem Sinne, ich arbeite immer an meinem Computer, meistens von zu Hause aus, aber ich kann auch während der Reisen auch sehr gut arbeiten.

Eine Jungunternehmerin, Abschnitt 2 03

Ich bereite die Reisen so vor, dass ich vorerst mit den Kunden telefoniere und versuche, möglichst viel Information zu bekommen, wie sie sich die Reise vorstellen und wohin sie am liebsten fahren würden. Und wenn sie in derselben Stadt wohnen, wo ich bin, dann treffen wir uns öfters in einem Café und machen es sehr unverbindlich.
Dann telefoniere ich mit meinen Partnern vor Ort, mit den Hotels, mit den verschiedenen Reiseführern und lege die ganzen Termine fest, und somit wird die Reise vorbereitet. Unsere Kunden sind meistens Individualreisende, und das sind zum Beispiel Geschwister oder Pärchen, und im ersten Jahr hatten wir ungefähr zehn solche kleinen Gruppen, und in diesem Jahr haben wir ungefähr zwanzig Anmeldungen.

Eine Jungunternehmerin, Abschnitt 3 04

Die Finanzierung ist natürlich eine sehr wichtige Frage: Ich habe keine hohen laufenden Kosten, aber, was ziemlich teuer war am Anfang, waren meine eigenen Reisen nach Bulgarien. Ich musste alle Hotels besuchen, alle Reiseziele selbst sehen, und das hat ziemlich viel Geld gekostet. Und dieses Geld habe ich mir von Freunden ausgeliehen und mittlerweile auch zurückgezahlt.

Eine Jungunternehmerin, Abschnitt 4 05

Meine juristische Ausbildung hat mir sehr geholfen am Anfang, vor allem bei der Frage der Gründung war es sehr hilfreich zu wissen, welche Unterlagen ich brauche, welche Gesetze zu beachten sind, wie man Verträge schreibt. Aber auch später habe ich festgestellt, dass ich als Anwältin sehr gut verhandeln kann. Das habe ich auch meinem Jurastudium zu verdanken.

Eine Jungunternehmerin, Abschnitt 5 06

Es ist sehr erfreulich, dass wir mittlerweile auch in der Gewinnzone sind, wir konnten schon im ersten Jahr die Kosten decken und machen jetzt einen kleinen Gewinn.
Mein Ziel ist, dass ich die Reisen ausbaue. Wir möchten die kleinen Familienhotels in Bulgarien unterstützen und fördern, und ich hoffe, dass noch mehr Leute aus Deutschland Bulgarien entdecken und kennenlernen.

Eine Jungunternehmerin (3:09 Min.) 07

Vgl. Clip 2–6

Lektion 3 INTELLIGENZ UND WISSEN

Intelligenzquotient und Verhalten, Abschnitt 1 08

Sprecher: Ein glückliches Leben. Wovon hängt das ab? Ist Intelligenz dabei wichtig? Tim und Lea haben schon ein halbes Leben gelebt. Beide sind gleich alt. Und sie sind normal intelligent. Aber was heißt das eigentlich, normal intelligent? Intelligente Menschen können logisch denken. Sich Sachen schnell und gut merken. Sie kommen leicht mit neuen Situationen zurecht und können Probleme allein mit dem Kopf lösen. Tim und Lea können das – aber unterschiedlich gut. Menschen gelten als normal intelligent wenn ihr IQ zwischen 85 und 115 liegt. Dabei ist ein IQ von 100 immer der Durchschnitt. Ein IQ von 85 oder 115 – was macht das für einen Unterschied?

Intelligenzquotient und Verhalten, Abschnitt 2 09

Sprecher: Es gibt Studien über Intelligenz, die behaupten, dass Tim ordentlicher sei, während Lea das Chaos besser beherrsche. Oder das Leute wie Tim eher früh und solche wie Lea lieber spät zu Bett gehen. Tim trainiert gern in der Muckibude, während Lea vielseitig sportlich unterwegs ist. Die Leas sollen weniger Alkohol trinken und weniger Fleisch essen als die Tims. Klingt plausibel, aber wissenschaftlich erwiesen ist das nicht. Was hingegen stimmt: Intelligente rauchen weniger. Okay, es gibt Ausnahmen. Und Intelligente sind zufriedener. Das hängt natürlich mit dem Beruf zusammen, den sie ausüben und mit dem Geld, das sie verdienen.

Intelligenzquotient und Verhalten, Abschnitt 3 10

Sprecher: Eine amerikanische Studie sagt sogar, dass man für bestimmte Berufe auch einen bestimmten IQ braucht. Demnach kann Tim zum Beispiel Taxifahrer werden. Oder Elektriker. Oder auch: Polizist. Lea hingegen Lehrerin, Anwältin, und: Überraschung! Krankenschwester. Krankenschwester ist nämlich in vielen Ländern ein Beruf, für den man studieren muss. Und der vernünftig bezahlt wird.

Intelligenzquotient und Verhalten 11

Vgl. Clip 8–10

Sprecher: Tim wird öfter krank sein als Lea. Das hat eine Studie aus Schottland gezeigt, bei der alle 11-Jährigen einer Stadt einen IQ-Test gemacht haben. Und Jahrzehnte später hat man dann geschaut, wer überhaupt noch lebt – und woran die anderen gestorben sind. Demnach ist Tims Risiko für einen Schlaganfall höher. Er hat öfter Atemwegserkrankungen und Herzleiden. Lea wird auch länger leben als Tim. Und das alles, weil sie intelligenter ist? Weil sie besser logisch denken und sich schneller was merken kann? Das zumindest sagen die Studien. Weil Intelligente gesünder leben, weniger hart arbeiten und besser verdienen. Außer sie sind Krankenschwester – in Deutschland.

Lektion 4 MEINE ARBEITSSTELLE

Chancen auf dem Arbeitsmarkt 12

Thomas Liebig: Mein Name ist Thomas Liebig, ich bin Migrationsexperte in der Abteilung für internationale Migration und meine Zeil ist die Drei. In vielen OECD-Ländern müssen junge Menschen mit einem ausländisch klingenden Namen bis zu dreimal mehr Bewerbungen schreiben bei gleicher Qualifikation um zu einem Jobinterview eingeladen zu werden als Personen, die einen inländisch klingenden Namen haben.

Chancen auf dem Arbeitsmarkt 13

Thomas Liebig: Mein Name ist Thomas Liebig, ich bin Migrationsexperte in der Abteilung für internationale Migration und meine Zeil ist die Drei. In vielen OECD-Ländern müssen junge Menschen mit einem ausländisch klingenden Namen bis zu dreimal mehr Bewerbungen schreiben bei gleicher Qualifikation um zu einem Jobinterview eingeladen zu werden als Personen, die einen inländisch klingenden Namen haben. Hier geht es um Leute, die nach allen Maßstäben perfekt integriert sind, die gar nicht mehr unterscheidbar sind, außer mit ihrem Namen, dass sie irgendwann mal was mit Zuwanderung zutun hatten. Die die Sprache perfekt beherrschen, die eine gute Schulbildung haben, die aber trotzdem dreimal mehr Bewerbungen schreiben müssen, um die gleichen Chancen dann später im Jobinterview zu haben. Für mich das Wichtigste ist, dass jeder die gleichen Chancen hat, egal wo er herkommt, egal wie er aussieht, einfach nur aufgrund dessen, was er kann. Und wenn wir hier Leute haben, die dreimal mehr sich anstrengen müssen, um die gleichen Chancen zu haben, dann haben wir ein echtes Problem. Meine Wunschzahl wäre die Eins. Das würde bedeuten, dass alle die gleichen Chancen haben, nur aufgrund dessen, was sie können, aber nicht mehr die Rolle spielt, wo die Eltern vielleicht mal hergekommen sind.

Lektion 5 KUNST

Die Malerin Olivia Hayashi, Abschnitt 1 14

Sprecherin: Auch eine Künstlerin muss Arbeitsschuhe anziehen – Olivia Hayashi ist Malerin, und sie malt am liebsten auf großen Leinwänden auf dem Boden. Hayashi wurde in Mexiko geboren und lebt seit 30 Jahren in Deutschland – ihr Atelier teilt sie sich mit fünf anderen Künstlern. Den Nachnamen Hayashi hat sie von ihrem japanischen Großvater geerbt, auch er wanderte aus – das liegt wohl in den Genen und eins weiß Olivia Hayashi schon, seit sie einen Stift halten kann:

Olivia Hayashi: Ich würde gerne malen, ich würde gerne Kunst studieren, aber ich will nicht wie van Gogh enden – van Gogh hat sich sein Ohr abgeschnitten und ist in der Psychiatrie gelandet zum Schluss und bitter, bitter arm. Da habe ich gesagt: das will ich nicht!

Sprecherin: Olivia Hayashi studierte trotzdem Kunst – in Braunschweig und München – und sie malt erfolgreich: seit dem ersten Semester stellt sie ihre Bilder aus – mal einzeln, mal gemeinsam mit ihren Atelierpartnern: Sie lebt von ihrer Malerei und hat noch beide Ohren.

Die Malerin Olivia Hayashi, Abschnitt 2 15

Olivia Hayashi: Was für mich wichtig ist und was mir aber nicht immer gelingt, ist so eine bestimmte Lebensvitalität, Leichtigkeit, Freude mit meinen Farben.
Ich glaube, dass wir immer wieder mit schwierigen Situationen konfrontiert werden und dass es wichtig ist, das immer wieder vor Augen zu haben. Na, also, wenn es mir nicht gut geht, dann versuche ich ein Bild mit Farben, die mir einfach gut tun, die mir Freude bereiten, na und hinterher fühle ich mich besser.

Sprecherin: Hayashis erster Lehrer war ihr Onkel in Mexiko, heute malt sie im Stil des Expressionismus und bei jedem Bild ist es eine Überraschung, wie es am Ende aussieht. Ihre Werke kosten über 1000.– Euro pro Stück. Künstler, ist das also ein Traumberuf?

Olivia Hayashi: Es gibt Momente, wo ich Blockaden habe und wo ich das Gefühl habe: ich kann nicht malen. Ja und da ist es – ja und dann bin ich erst mal mit einem Problem konfrontiert, na. Und das weiß ich, das ist nur ein Prozess und dass es nochmal wiederkommt.

Sprecherin: In solchen Situationen macht die 52-Jährige auch einfach mal Pause.
Hayashi malt mit Pinsel, Spachtel und mit ihren Händen. Sie benutzt unter anderem Acryl- und Ölfarben. Sie malt in der Mischtechnik. Sie nutzt also immer die Malstile, die für das jeweilige Bild passen.

Olivia Hayashi: Dann hänge ich die Bilder auf und dann setz ich mich hin oder steh ich und mach ich mir ein Teechen oder einen Kaffee und dann beobachte ich oder dann kann ich eine halbe Stunde einfach (hin-)sitzen oder hin- und herlaufen, bis ich mich entscheide, was will ich noch dazu machen.

Sprecherin: Bei diesen Bildern ist sie sicher: Die sind vollendet!

Lektion 6 STUDIUM

Studienfachberatung, Abschnitt 1 — 16

Sprecher: Haben Sie Fragen zum Studium der Politikwissenschaft? Brauchen Sie Hilfe bei der Planung? Dann sind Sie richtig bei der Studienfachberatung.

Ramona: Die Studienfachberatung ist eigentlich in fast jeglicher Hinsicht an Fragen zu kontaktieren. Sie halfen mir in verschiedenen Bereichen des Studiums. Als ich Fragen hatte zu den ECTS-Punkten: was mir wie angerechnet wird. Welche Fächer sind Pflicht, welche Fächer sind Wahl? Wie kann ich sie kombinieren? In welche Richtung kann man gehen und was für Alternativmöglichkeiten hat man, wenn man vielleicht eine Richtung schon eingeschlagen hat und die vielleicht noch wechseln will? Wenn du dich für einen Forschungsbereich interessierst, können sie dir zeigen, welche Vertiefungskombinationen sich gut eignen für diesen Schwerpunkt, im Nachhinein.

Studienfachberatung, Abschnitt 2 — 17

Ramona: Naja, im Zusammenhang mit dem Stundenplan stellt sich natürlich immer die Frage, einerseits: Wie wird meine Woche aussehen? Also, habe ich freie Tage? Kann ich daneben arbeiten oder nicht und wie wird mein ganzes Semester aussehen? Habe ich Prüfungen alle zum gleichen Termin und kann ich das verschieben? Was ist, wenn ich zum Beispiel mal krank bin?
Ich hab vor allem die Beratung gebraucht an dem Thema *Austauschsemester*. Und sie haben mir viel damit geholfen, was für Möglichkeiten ich habe, wo ich hinkann, und vor allem auch, was halt angerechnet wird und was nicht. Und dabei sind sie halt die zentrale Anlaufstelle. Weil sie haben auf jeden Fall immer ein offenes Ohr. Also, wenn irgendwas ist, dann sind sie immer da und versuchen zu helfen und wenn sie halt mal ein Thema nicht anschneiden können, dann wirst du immer kompetent weitergeleitet an die Stelle, die dir halt helfen kann in diesem Zusammenhang.

Lektion 1

1 Wortschatz

1 Einsicht, 2 Werbung, 3 Berichterstattung, 4 misslungen, 5 entspanntes, 6 bewusst machen, 7 inwiefern, 8 Suchmaschinen, 9 Verglichen mit, 10 benötigen

2 Grammatik

a

1 demotiviert, 2 entkernen, 3 dehydrieren, 4 misslingt, 5 deinstallieren, 6 zerdrückst, 7 entsorge, 8 missverstehen

b

1 Er muss schon einmal in Köln gewesen sein.
2 Katrin dürfte den neuen Film schon gesehen haben.
3 Seine Oma könnte seinen Humor (möglicherweise/ vielleicht) nicht verstehen.
4 Ahmad muss die Prüfung bestanden haben.
5 Leyla dürfte wieder verschlafen haben.

c

1 Dabei sollen 70.000 Euro erbeutet worden sein.
2 Der Filialleiter will den Täter erkannt haben.
3 Aus Polizeikreisen war zu vernehmen, dass es sich um einen ehemaligen Angestellten handeln soll.
4 Dieser Angestellte soll einige Wochen vor der Tat seinen Job gekündigt haben.
5 Eine Passantin will zur Tatzeit noch eine weitere Person in der Nähe der Bank beobachtet haben.
6 Ein erstes Phantombild von der zweiten Person soll noch diese Woche von der Polizei veröffentlicht werden.

3 Kommunikation

Musterlösung:
In meinem Kurzvortrag befasse ich mich heute damit, was für mich persönlich Glück bedeutet. Zunächst möchte ich allgemein darstellen, was Glück für Menschen in der heutigen Zeit für eine Rolle spielt. Es ist zu beobachten, dass wir in einer Zeit leben, in der das Streben nach Glück gesellschaftlicher Konsens ist. Auffällig ist, dass es immer mehr Ratgeber zu diesem Thema auf dem Markt gibt, eine wahre „Glücksindustrie" ist entstanden. Die Menschen setzen sich selber unter Druck, indem sie nach dem persönlichen und beruflichen Glück streben. Dabei ist dieser Begriff überhaupt nicht eindeutig. Was bedeutet Glück? Die Abwesenheit von Problemen? Ein Zustand absoluter Harmonie? Meiner Meinung nach nimmt jeder Mensch Glück anders und sehr individuell wahr. Für mich persönlich ist das Glück ein Idealzustand, den ich niemals erreichen werde, doch schon der Weg dorthin kann sehr glücklich machen. Als Fazit lässt sich festhalten, dass wir uns von den Versprechen der Glücksindustrie nicht blenden lassen sollten. Jeder sollte seinen ganz individuellen Weg zu einem zufriedenen Leben finden.

Lektion 2

1 Wortschatz

1 fachkundiges, 2 bereitet, 3 Umgangsformen, 4 Lage, 5 Verfügung

2 Grammatik

a

1D, 2E, 3B, 4A, 5C

b

1 bereitet, 2 nehmen, 3 bin, 4 finden

c

1 Der Zug kommt pünktlich, es sei denn, es gibt Verzögerungen im Betriebsablauf.
2 Ausflüge mit dem Boot sind erholsam, außer wenn der Seegang zu stark ist.
3 Die Rezeptionistin konnte nicht mehr sagen, außer dass der Fahrstuhl defekt war.

d

1 Wenn das Hotel auch weitab vom Strand liegt, so haben wir unsere Entscheidung, dort Urlaub zu machen, niemals bereut.
2 Wie sehr ich es auch genieße, den Urlaub in den Bergen zu verbringen, so habe ich mich aber noch nicht erholt.
3 Wenn ich auch viele Urlaubssouvenirs gekauft habe, so bin ich immer noch nicht pleite.

3 Kommunikation

Musterlösung:
Guten Tag, Schröder hier. Ich habe es schon mehrmals telefonisch versucht, aber leider niemanden erreicht. Es geht um unseren Aufenthalt in Ihrem Hotel vor drei Wochen. Wenn ich verreise, dann steht Komfort für mich im Vordergrund. Davon konnte in Ihrem Hotel keine Rede sein: Die Dusche war verschimmelt, das Beistellbett für meine Tochter fehlte komplett. Dass mir erst ein Zimmer mit Alpenblick versprochen wurde, dann aber ein Baustellengerüst die Sicht versperrte, möchte ich so nicht in Kauf nehmen. Auf gar keinen Fall möchte ich in der schönsten Zeit im Jahr zum frühen Aufstehen gezwungen werden, Frühstückszeiten zwischen 6 und 9 Uhr halte ich für inakzeptabel. Für meinen misslungenen Urlaub erwarte ich eine Entschädigung, bitte rufen Sie mich deswegen umgehend zurück. Auf Wiederhören!

Lektion 3

1 Wortschatz

a

1 beeindruckenden, 2 Spezies, 3 Homo Sapiens, 4 Vorfahren, 5 Sammler, 6 Wesen, 7 angepasst, 8 Geschicklichkeit, 9 allmählich, 10 Siedlungen

2 Grammatik

a

1 Die Chefin ist zu arrogant, um sich mit ihren Mitarbeitern auseinanderzusetzen / als dass sie sich mit ihren Mitarbeitern auseinandersetzen würde.
2 Das Computersystem ist zu veraltet, um es zu optimieren / als dass es optimiert werden könnte.
3 Der Kollege wirkt zu schüchtern, um seinen Standpunkt zu vertreten / vertreten zu können / als dass er seinen Standpunkt vertreten könnte.
4 Der Betriebsrat ist zu schwach, um von seinen Mitarbeitern ernst genommen zu werden / als dass er von seinen Mitarbeitern ernst genommen werden würde.

b

1 allen wichtigen, 2 Solche aktuellen, 3 folgende wichtige, 4 keine größeren 5 einige standardisierte

c

1 wollen, 2 müssen, 3 können, 4 dürfen, 5 sollten, 6 müssen, 7 sollen, 8 müssen

3 Kommunikation

Musterlösung:
1 Du hast recht, problematisch finde ich aber, wenn Kinder schon in jungen gezwungen werden, Englisch oder Chinesisch zu lernen. Kinder sollten nicht überfordert werden, indem man schon in den ersten Lebensjahren ihre spätere Karriere plant. 2 Dem kann ich nur zustimmen, trotzdem sollte man aber nicht verpassen, Kindern Anreize und Möglichkeiten zum Lernen zu geben, denn sie sind von Natur aus neugierig. 3 Einerseits haben Sie recht, übermäßiger Computerkonsum kann sich negativ auf die kindliche Entwicklung auswirken. Andererseits ist es in der heutigen Zeit unverzichtbar, Kinder schon in jungen Jahren mit diesem Medium vertraut zu machen.
4 Ja, ich würde mir sehr wünschen, dass mehr Gewicht auf die Frühförderung gelegt wird. Da ist der Staat gefordert, mehr zu investieren, denn Kinder sind unsere Zukunft.

Lektion 4

1 Wortschatz

1 in die Länge, 2 Berufseinsteigerin, 3 Start-up-Unternehmen, 4 Betriebsklima, 5 versagt, 6 Selbstvermarktung, 7 lässig, 8 Spaßfaktor, 9 Abgaben, 10 Gehaltserhöhung

2 Grammatik

a

1 wissbegierig, 2 putzen, 3 das Essen, 4 rücksichtsvoll

b

1 Tarik hasst es, viel im Beruf zu schuften und keine Gehaltserhöhung zu bekommen. / Viel im Beruf zu schuften und keine Gehaltserhöhung zu bekommen, hasst Heiner.
2 In einem Unternehmen ohne Hierarchien ist es schwierig, den Chef zu kritisieren. / Den Chef zu kritisieren, ist in einem Unternehmen ohne Hierarchien schwierig.
3 Es ist für alle Kollegen ein Problem, keine Gehaltserhöhung zu bekommen. / Keine Gehalterhöhung zu bekommen, ist für alle Kollegen ein Problem.
4 Als Berufseinsteiger ist es sehr wichtig, nach dem Einstiegsgehalt zu fragen. / Nach dem Einstiegsgehalt zu fragen, ist für Berufseinsteiger sehr wichtig.
5 Es ist nicht realistisch, dass im ersten Job überhaupt keine Probleme auftreten. / Dass im ersten Job überhaupt keine Probleme auftreten, ist nicht realistisch.

c

1 tieftraurig, 2 hyperaktiv, 3 brandgefährlich, 4 extrabreite, 5 supernett, 6 vollautomatische, 7 riesengroße, 8 todschicke

3 Kommunikation

Musterlösung:
Bäckerin/Bäcker gesucht! Die Traditionsbäckerei „Meyerhofer" sucht zum nächstmöglichen Termin eine Bäckerin/einen Bäcker. Wir setzen auf ein gutes Betriebsklima und tun sehr viel für unsere Mitarbeiter. Bei uns haben Sie nach der Probezeit Aussicht auf einen festen Vertrag und regelmäßige Arbeitszeiten. Wir bieten Ihnen eine Tätigkeit in einem familiären Unternehmen, mit dem Sie wachsen können. In Zukunft wollen wir noch mehr in die Weiterbildung unserer Mitarbeiter investieren, außerdem planen wir, mehrere neue Filialen in der Region zu eröffnen. Sie bringen eine einschlägige Ausbildung und mehrere Jahre Berufserfahrung mit, sind zudem kommunikativ und verfügen über gute Umgangsformen. Wenn harte körperliche Arbeit und frühes Aufstehen für Sie kein Problem ist, und Sie unsere Leidenschaft für das Bäckerhandwerk teilen, dann sind Sie genau die/der Richtige für uns! Bewerben Sie sich noch heute!

Lektion 5

1 Wortschatz

1 Lebensvitalität, 2 Meißel, 3 Zeitgeist, 4 bespannt, 5 einen Überblick, 6 vertreten, 7 Galerist, 8 Zitat, 9 schrecklich, 10 platziert

2 Grammatik

a
1 begutachtet, 2 verwählt, 3 verschönern, 4 verschickt, 5 beurteilen, 6 verhört

b
1 Laut Karl Valentin ist Kunst schön, macht aber viel Arbeit.
2 Ernst Fischer zufolge, muss Kunst nichts, darf Kunst aber alles.
3 Wie Picasso behauptet, wäscht Kunst den Staub des Alltags von der Seele.

c
Die Galeristin sagt,...
1 ... ich dürfe nicht die neue Ausstellung besuchen.
2 ... ich solle jetzt zu den Skulpturen in die zweite Etage gehen.
3 ... ich müsse mit hellen Farbtönen arbeiten.
4 ... ich möge vorsichtig mit dem Kunstwerk umgehen.

3 Kommunikation

Musterlösung:
Was ist Kunst? Diese Frage hat mich zum Nachdenken angeregt. Was macht Kunst überhaupt zu Kunst? Überlegungen dazu möchte ich in meinem Kurzvortrag erläutern. Zuerst spreche ich allgemein über den Kunstbegriff, dann gehe ich auf meine eigenen Erfahrungen ein. Einerseits gibt es einen Kunstmarkt, der zu einem wichtigen Wirtschaftszweig geworden ist. Kunst dient auch oft als Geldanlage. Andererseits hat Kunst einen ideellen und emotionalen Wert, sowohl für die/den Kunstschaffenden als auch für die Betrachterin/den Betrachter, Kunst als Ausdruck von Sachverhalten und Gefühlen ohne materiellen Nutzen.
Für mich persönlich macht gerade das den Reiz von Kunst aus, eben dass jeder Mensch Kunst sehr individuell wahrnehmen kann und darf. Kunst löst für mich Gefühle aus, es entstehen emotionale Klarheiten, die mich bereichern, verändern oder anstoßen, über etwas nachzudenken.
Abschließend kann man sagen, dass es trotz aller Offenheit in der Kunst dennoch genaue Vorstellungen gibt, was qualitativ hochwertige Kunst ist. Es gibt offenbar also eine objektive Komponente. Wir sollten aber aufpassen, dass Kunst nicht zu reinem Kommerz wird, und dass die Freiheit der Kunst gewahrt bleibt.

Lektion 6

1 Wortschatz

a
1 Seminar, 2 Studierende, 3 Sekundärliteratur, 4 Mitschrift, 5 Referat, 6 Resonanz

b
1D, 2A, 3B, 4C, 5E

2 Grammatik

a
1 Enthusiasmus, 2 Distanz, 3 Kompetenz, 4 Kommissar, 5 Argument, 6 Sekretär

b
1 Im ersten Semester habe ich oft gefehlt. Dadurch hatte ich dann eine schlechte Note in der Abschlussprüfung.
2 Ich habe es wegen des Streiks nicht zur Abschlussprüfung geschafft. Dementsprechend verärgert war ich.
3 Auf die Einführungsveranstaltung kannst du verzichten. Stattdessen ist es auch möglich, sich online zu informieren.
4 Ich habe mit meiner Professorin gesprochen. Demnach empfiehlt sie mir, die Präsentation zu zweit zu halten.
5 Mein Studium nimmt sehr viel Zeit in Anspruch. Infolgedessen sehe ich meine Freundin immer seltener.

3 Kommunikation

Musterlösung:
1 Da hast du völlig recht. Noch immer werden die Führungspositionen in Wirtschaft und Politik von Männern besetzt, dagegen müssen wir etwas tun.
2 Das kann ich nicht nachvollziehen. Wir können doch nicht darauf warten, dass sich die Gesellschaft von alleine ändert, dazu kann eine Frauenbeauftragte den Anstoß geben.
3 Meines Erachtens sollte man berücksichtigen, dass jeder zweite Mensch eine Frau ist. Auch andere Gruppen haben das Recht auf eine Beauftragte/einen Beauftragten, doch die Rechte der Frauen haben für mich erst einmal Vorrang.
4 Ich sehe das anders. Ein gutes Miteinander von Frauen und Männern an unserem Lehrstuhl ist für mich wichtiger als eine gute Ausstattung."

Die Welt der Kartoffel

Die Kartoffel hat eine außergewöhnliche Karriere hingelegt. Von den Hochlagen der Anden aus hat sie die ganze Welt erobert und ist derzeit die drittwichtigste Nahrungspflanze. Der Weg dahin war weit. Es hat Jahrhunderte gedauert und bedurfte einiger Tricks, bis die Mitteleuropäer sie als Nahrungsmittel akzeptierten und in den alltäglichen Speiseplan einbauten. Heute wird die gut verdauliche, kalorienarme Knolle zunehmend von kalorienreichen Fertigprodukten verdrängt.

Botanisches Wissen

Die Kartoffel *(Solanum tuberosum)* gehört zur Familie der Nachtschattengewächse (Solanaceae). Verwandte Kulturpflanzen sind Tomaten *(Lycopersicon esculentum)* und Auberginen *(Solanum melongena)*. Einige einheimische Pflanzen wie der Bittersüße Nachtschatten *(Solanum dulcamara)*, das Bilsenkraut *(Hyoscyamus niger)*, die Tollkirsche *(Atropa belladonna)* und andere sind ebenfalls Nachtschattengewächse. Die Kartoffel ist botanisch betrachtet eine mehrjährige Pflanze. Sie wird aber einjährig kultiviert. Die Süßkartoffel *(Ipomoea batata)* ist dagegen gar nicht mit der Kartoffel verwandt, stammt aber ebenfalls aus der Andenregion in Südamerika. Sie gehört zur Familie der Windengewächse (Convolvulaceae).

Von Knollen und Augen

Die Kartoffel pflanzt sich ungeschlechtlich (vegetativ) über Knollen und geschlechtlich (generativ) über Samen fort. In der gärtnerischen und landwirtschaftlichen Praxis wird sie fast ausschließlich vegetativ über die Knollen vermehrt. Nur für die Kartoffelzüchtung sind die Samen interessant. Die Kartoffelknollen entwickeln sich

Typisch für Kartoffeln sind die unterbrochen gefiederten Blätter.

Wie die Kartoffel zu ihrem Namen kam

Wegen der Ähnlichkeit der Knollen mit dem Trüffelpilz gaben die Italiener der unbekannten Pflanze den Namen „tartufo" oder die Verkleinerungsform „tartufolo". 1793 erscheint erstmals der Name „Tartuffel" in einem deutschen Wörterbuch. Daraus entstand unsere heutige Bezeichnung Kartoffel. Die Italiener kehrten dagegen zu dem Namen „patata" zurück, den sie von den Spaniern übernommen hatten. Sie bezeichnen die Knolle als „patata" oder „papa".

am Ende von Ausläufern, den sogenannten Stolonen, durch einfaches Dickenwachstum. Sie sind also nicht Teil der Wurzeln, sondern unterirdische Teile des Stängels, die wie Blätter grün werden, wenn sie dem Licht ausgesetzt sind. In der Erde sind die Kartoffelknollen von einer weichen Haut umgeben, die bei der Reife und Lagerung verhärtet und verkorkt und so zur schützenden Schale wird. Unter der eigentlichen Schale liegt noch eine Rindenschicht und der Gefäßbündelring, der das eigentliche Speicherorgan umschließt.

Die Knollen besitzen sogenannte „Augen". Das sind ruhende Knospen, aus denen sich eine vollständige Kartoffelpflanze entwickeln kann. Die Augen sind unter der Lupe als winzige, schuppenartige Blättchen erkennbar. Sie entwickeln sich oft schon während der Lagerzeit im Keller weiter zu den „Keimen".

Die Kartoffelkeime sitzen hauptsächlich am Kronenende.

TIPP **Die farbigen Lichtkeime müssen beim Legen an der Knolle bleiben. Etwas anderes ist es, wenn die Knollen bei zu warmer Lagerung schon vorzeitig keimen und lange, blasse Triebe bilden. Diese Triebe sollte man entfernen.**

Die Augen sitzen hauptsächlich auf einem Teil der Knolle, dem sogenannten „Kronenende". Wenn die Kartoffeln am Licht keimen, bilden sich sortentypische gedrungene Keime aus.

Die Kartoffelstaude

Entweder beim Vorkeimen oder nach dem Legen der Knollen in Erde entwickeln sich aus den Augen zunächst die Keime und dann die Sprossachsen, das sind die aufrechten beblätterten Triebe. Aus dem unteren Teil der Sprossachsen bilden sich in der Erde oder knapp darüber die Seitentriebe (Stolonen) mit den Knollen und den Wurzeln aus.

Die Kartoffelpflanze wird üblicherweise als „Staude" bezeichnet. Das stimmt in gewisser Weise. Sie ist wie die Zierstauden ein ausdauerndes Gewächs, obwohl sie im Garten nur einjährig kultiviert wird. Die Bezeichnung „Staude" bezieht sich im allgemeinen Sprachgebrauch jedoch eher auf die grünen Teile der Pflanze. Die aufrechten, bis etwa 1 m hohen Stängel sind kantig, manchmal sogar geflügelt und tragen gefiederte Blätter, die bis zu 30 cm lang werden können. Ältere Sorten wachsen oft höher als neuere Züchtungen und legen sich mit ihren Trieben zur Seite.

Kartoffelblüten müssen nicht weiß sein. Vor allem ältere Sorten warten auch mit violetten Blüten auf.

Von der Wildkartoffel zur Kulturkartoffel

Herkunft der Kartoffel

Das Ursprungsgebiet der Kartoffel liegt in den Hochebenen und gebirgigen Randzonen der Anden in Peru und Bolivien. Die älteste Spur einer Wildkartoffel fand man auf der Insel Chiloé in Südchile; der Fund wird auf ein Alter von 13 000 Jahren datiert. Sicher ist, dass die Indios der Hochanden bereits vor 8 000 Jahren die zahlreichen Wildkartoffeln nutzten. Aber erst unter den Inkas erlebte der Kartoffelanbau einen Aufschwung. Bei Sammelexpeditionen in Südamerika und Mittelamerika haben Botaniker über 200 Wildsorten und viele Kulturformen gefunden.

Einführung in Europa

Die spanischen Eroberer haben den Quellen zufolge die Kartoffel 1537 in einem Andendorf entdeckt und nutzten sie zum Teil als Proviant für ihre Reise nach Europa.

Die Kartoffel gelangte so zunächst auf die Kanarischen Inseln und aufs Festland in Spanien. Um 1570 wurden die Knollen nachweislich in der Gegend um Sevilla in Spanien auf Feldern angebaut. Unabhängig von dem Import der Spanier brachten etwas später englische Seefahrer die Kartoffel nach England und Irland.

Die erste Beschreibung der Kartoffelpflanze lieferte 1601 der niederländische Botaniker Carolus Clusius. Über ihn gelangte sie in die Botanischen Gärten Mitteleuropas. Die Neuentdeckung aus Südamerika wurde der schönen und interessanten Blüten wegen bewundert. Sie zierte die Lustgärten der Adligen und der reichen Patrizier.

Wissenswertes – Fotoperiodische Reaktion der Kartoffel

Wahrscheinlich gelangte zuerst die Andenkartoffel *Solanum tuberosum* subsp. *andigena* nach Spanien und England. Sie stammte aus einer Region nahe des Äquators, in der die Tage kurz sind. Agrarwissenschaftler vermuten, dass sich erst später in Südamerika, vor allem in Chile, die Kartoffelart *Solanum tuberosum* subsp. *tuberosum* herausgebildet hat. Diese Art war an die anderen fotoperiodischen Bedingungen in diesen Breiten mit langen Tagen im Sommer angepasst. Die Bedingungen im südlicheren Südamerika entsprachen eher denen in Mitteleuropa, sodass sich schließlich dieser Kartoffeltyp durchsetzen konnte und unsere heutigen Kultursorten vermutlich davon abstammen.

Die Zierpflanze wird Nutzpflanze

In den Adelshäusern wusste man bereits bald nach der Einfuhr des Gewächses, dass man die Knollen essen kann. Es kam jedoch auch zu Vergiftungen, wenn die Leute die giftigen, beerenartigen Fruchtstände aßen.

In Österreich tauchte die Kartoffel etwa 1620 auf. Der Abt des Stiftes in Seitenstetten, Kaspar Plautz, erhielt von einem belgischen Gärtner Kartoffelknollen und baute sie im Klostergarten an. Dokumentiert ist auch, dass der Bauer Hans Rogler sie 1647 in Pilgramsreuth bei Hof in Oberfranken erstmals auf dem Feld angebaut hat. Anderswo konnten die Bauern jedoch lange nichts mit der Kartoffel anfangen. Die Herrscher der damaligen Zeit waren da weitblickender. Der preußische König Friedrich II. erkannte das Potenzial der Knolle und wollte erreichen, dass die Bauern sie auf den Äckern in seinen Landen anbauten. Er erließ 1756 ein Dekret, in dem den Bauern der Anbau der Kartoffeln befohlen wurde. Die österreichische Kaiserin Maria Theresia verpflichtete die Bauern ebenfalls zum Kartoffelanbau, insbesondere im Waldviertel.

Überzeugungskünste

In der Folgezeit waren noch allerlei Tricks nötig, um die Mitteleuropäer von den Vorzügen der Knolle zu überzeugen. Ein Amerikaner, der legendäre Graf Rumford, führte in Bayern die Kartoffel ein. Er erhielt von Friedrich Ludwig von Sckell, dem Gartenarchitekten des bayerischen Kurfürsten Karl Theodor, eine Kollektion von Kartoffelknollen. Rumford ließ die Soldaten der bayerischen Armee in München auf dem Gelände des heutigen Englischen Gartens Nutzgärten anlegen.

Die oberirdischen Pflanzenteile der Kartoffel sind giftig und dürfen nicht verzehrt werden.

Der Kartoffelkrieg oder Bayerischer Erbfolgekrieg

Der preußische König Friedrich II., genannt Friedrich der Große, führte diesen Krieg 1778/79 zusammen mit Sachsen gegen Joseph II. von Österreich. Es ging dabei um Niederbayern und die Oberpfalz, die von Österreich nach dem Aussterben der bayerischen Linie der Wittelsbacher beansprucht wurden. Kriegsschauplatz war Böhmen. Dieser Krieg ging als „Kartoffelkrieg" in die Geschichte ein, weil die Hunger leidenden Soldaten lieber die Kartoffeln von den Äckern stahlen als Krieg zu führen. Russland und Frankreich vermittelten bei diesem Krieg und garantierten den Frieden. Österreich erhielt das bayerische Innviertel und erklärte sich im Gegenzug damit einverstanden, dass sich das Markgrafentum Bayreuth-Ansbach mit Preußen vereinigte.

Jeder Soldat bekam eine Parzelle von 365 Quadratfuß in seine Obhut und konnte hier Kartoffeln anbauen. Mit dem Ertrag konnten die Soldaten machen, was sie wollten.

Das hatte den Effekt, dass die Soldaten mit der bis dahin unbekannten Pflanze vertraut wurden und sie nach ihrem Kriegsdienst mit auf ihre Höfe nahmen. Zwischen diesen Gartenparzellen wurden Kieswege angelegt, auch mit der Absicht, dass die Münchner zwischen den Gärten spazieren gehen und die neue Kulturpflanze betrachten konnten. Auf diese Weise lernten die Bayern die Kartoffel kennen, akzeptierten sie und bauten sie auf ihren Äckern an.

Die Kartoffel als Grundnahrungsmittel

Erst Anfang des 19. Jahrhunderts wurde die Kartoffel in Mitteleuropa zum Grundnahrungsmittel. Mit der nährstoffreichen, stärke- und eiweißreichen Knolle konnten sich die Menschen preisgünstig und gesund ernähren. Die neue Ackerkultur brachte zunächst auch hohe und sichere Ernten. Zu ihrem Anbau waren nicht mehr so viele Menschen wie für die Getreideproduktion nötig. Die Landarbeiter kamen in den neu aufkommenden Industrien unter.

Kartoffeln haben einen hohen ernährungsphysiologischen Wert.

Kartoffelanbau international

Die Kartoffel ist derzeit weltweit betrachtet die drittwichtigste Nahrungspflanze nach Weizen und Reis. Weltweit werden über 320 Mio. Tonnen angebaut, mit leicht steigender Tendenz. Die größten Kartoffelanbauländer sind China mit 70 Mio. Tonnen, gefolgt von Russland, Indien und der Ukraine. Etwa die Hälfte der geernteten Kartoffeln wird industriell weiterverarbeitet – entweder zu Fertigprodukten zur Ernährung oder für die Papier-, Textil- und Klebstoffproduktion. Früher waren Kartoffeln auch ein wichtiges Schweinefutter und sind es auch heute noch. Das billigere Sojamehl hat die Kartoffel jedoch als Futter aus dem Trog verdrängt. Der große Wert der Kartoffel ist, dass sie in fast allen Klimaregionen, außer in den Tropen, angebaut werden kann. Bei zu hohen Temperaturen bilden sich kaum noch Knollen aus.

Agrarwissenschaftler setzen große Hoffnung in die Knolle als Mittel zur Bekämpfung des Hungers und rechnen damit, dass sich die Anbaufläche noch ausweitet. Immerhin liefert sie doppelt so viele Kohlenhydrate von der Fläche wie Getreide.

Schlechte Ernten

Zu einer Katastrophe führte allerdings das Auftreten der Kraut- und Knollenfäule *(Phytophthora infestans)* (s. Seite 29). Diese bis dahin unbekannte Pflanzenkrankheit, die die Leute damals als Kartoffelpest bezeichneten, vernichtete Mitte des 19. Jahrhunderts fast die ganze Ernte. Besonders schlimme Folgen hatte die Krankheit in Irland, wo fast eine Million Menschen an Hunger starben. Der Nahrungsmangel war auch der Grund dafür, dass viele Millionen Iren nach Amerika auswanderten. Hungersnöte durch schlechte Kartoffelernten gab es auch während des 1. Weltkriegs.

Kartoffelanbau in Österreich und Deutschland

Landwirte bauen Kartoffeln für verschiedene Zwecke an:

- als Nahrungsmittel in Form von Frühkartoffeln oder Lagerkartoffeln
- als Industriekartoffeln, die zu Stärke oder Alkohol verarbeitet werden
- als Pflanzkartoffeln (Saatkartoffeln)

Einige Landwirte haben sich auf ältere Sorten spezialisiert. Sie vermarkten die Kartoffeln häufig direkt ab Hof.

Da die alten Sorten meist einen geringeren Ertrag bringen als die neueren Züchtungen und teilweise anfälliger für Kraut- und Knollenfäule und für Viruskrankheiten sind, werden sie sehr viel teurer verkauft als die üblichen Kartoffelsorten. Für den professionellen Anbau und den Anbau im Hausgarten eignen sich am besten leichte, sandige Böden. Solche Flächen müssen in Trockenphasen allerdings oft bewässert.

Fakten und Zahlen

Österreich 2009:
Anbaufläche: insgesamt 22 221 ha
Frühkartoffeln und mittelfrühe Speisekartoffeln (inkl. Saatkartoffeln) 13 114 ha, Spätkartoffeln 9 107 ha
Hauptanbauland ist Niederösterreich mit 17 662 ha
Erntemenge: insgesamt 722 100 t
Frühkartoffeln und mittelfrühe Sorten 383 416 t, Spätkartoffeln 338 682 t

Bundesrepublik Deutschland 2009:
Anbaufläche: insgesamt 263 731 ha
Frühkartoffeln 15 000 ha; mittelfrühe und späte Kartoffeln 259 000 ha
Hauptanbauland ist Niedersachsen mit einem Anteil von 44,6 % der Anbaufläche, gefolgt von Bayern mit 17,3 %
Erntemenge: insgesamt 11,7 Mio. t
Frühkartoffeln etwa 0,5 Mio. t, mittelfrühe und späte Kartoffeln 11,2 Mio. t

Kartoffelsorten werden zur Begutachtung präsentiert.

Die Kartoffel in der Ernährung

Die Kartoffel ist ein wichtiges Grundnahrungsmittel mit hochwertigen Eiweißen, Mineralstoffen wie Kalium und Vitaminen wie Vitamin C. Gegarte Kartoffeln sind gut verdaulich und belasten die Verdauungsorgane nicht. Weltweit betrachtet wird die Kartoffel wegen ihrer hohen Wertigkeit für die Ernährung der Menschen immer wichtiger. In Deutschland und Österreich dagegen sinkt der Verbrauch. In Spitzenzeiten verbrauchten die Leute 200 kg Kartoffeln pro Kopf und Jahr. Aktuell essen die Deutschen etwa 60 kg pro Kopf und Jahr inklusive der Verarbeitungsprodukte, die Österreicher verbrauchen mit etwa 56 kg etwas weniger.

TIPP **Ernährungswissenschaftler empfehlen die Kombination von Kartoffeln mit Eiern. Die Eiweißzusammensetzung solcher Gerichte liegt sogar höher als die von Milch oder Rindfleisch.**

Energieliefernde Stärke

Die Kartoffel enthält viel Wasser. Beim Garen der Knollen wird ein großer Teil des Wassers beim Aufschluss der Stärke gebunden. Die Stärke ist mit über 14 % der anteilsmäßig zweithöchste Inhaltsstoff. Sie muss durch Erhitzen auf Temperaturen um den Siedepunkt aufgeschlossen werden. Rohe Kartoffelstärke wird dagegen von den Verdauungssäften im Magen-Darm-Trakt des Menschen nicht aufgeschlossen.

Als weitere Kohlenhydrate enthält die Kartoffel Zuckerverbindungen, deren Gehalt nach der Ernte allerdings unter 1 % liegt. Der Zuckergehalt steigt mit der Lagerdauer bei kühlen Temperaturen an.

Hochwertiges Eiweiß

Prozentual ist der Eiweißgehalt der Kartoffel nicht hoch. Das vorhandene Eiweiß besteht jedoch aus hochwertigen Aminosäuren wie dem Lysin. Die biologische Wertigkeit des Kartoffeleiweißes ist von allen pflanzlichen Lebensmitteln eine der höchsten.

Hoher Kaliumgehalt

Der hohe Kaliumgehalt macht die Kartoffel als diätetisches Nahrungsmittel besonders wertvoll. Das Kalium bewirkt, dass der Körper überschüssige Flüssigkeit aus dem Körper ausscheidet.

Vitamin-C-reiche Knolle

Die Kartoffel enthält außerdem viel Vitamin C, viermal so viel wie beispielsweise ein Apfel. Allerdings beeinflusst die Zubereitung den Vitamin-C-Gehalt. Es geht viel verloren, wenn man die Kartoffeln zu lange und bei zu hohen Temperaturen kocht. Verluste gibt es auch bei langer Lagerung.

Die Mär vom Dickmacher

Der Fettgehalt von Kartoffeln ist mit 0,1 % sehr niedrig. Reis und Nudeln enthalten im Vergleich dazu fünfmal so viel Fett. Die Kartoffel ist also alles andere als der Dickmacher, den viele Menschen in ihr vermuten. Figurbewusste nehmen möglichst wenig Fett zum Zubereiten der Kartoffelgerichte und erlauben sich möglichst selten fett- und damit kalorienreiche Zubereitungen wie Bratkartoffeln, Pommes frites, Kartoffelpuffer oder Kartoffelsalat mit Mayonnaise. Mit einem Brennwert von etwa 582 kcal/100 g sind vor allem Kartoffelchips richtige Kalorienbomben.

Die grünen Stellen müssen beim Schälen weggeschnitten werden.

Die Kartoffel und ihre Inhaltsstoffe (pro 100 g)

Energiegehalt (in essbarem Anteil):
70 kcal/100 g = 297 kJ

Wasser:	75–80 %
Kohlenhydrate:	etwa 15 %
Eiweiß:	etwa 2 %
Fett:	0,1 %
Ballaststoffe:	2,1 %
Mineralstoffe:	etwa 1 %
Natrium:	3 mg
Kalium:	420 mg
Magnesium:	20 mg
Kalzium:	6 mg
Eisen:	0,4 mg
Phosphor:	50 mg
Vitamine:	
Thiamin (B_1):	0,11 mg
Riboflavin (B_2):	0,05 mg
Pyridoxin (B_6):	0,31 mg
Niacin:	1,22 mg
Folsäure:	0,02 mg
Pantothensäure:	0,04 mg
Vitamin C:	17,00 mg

Quelle: aid infodienst e.V.

Solanin

Neben den vielen wertvollen Inhaltsstoffen enthält die Kartoffel allerdings auch gesundheitsschädliche Glykolalkaloide wie das giftige Alkaloid Solanin. Es ist in allen Pflanzenteilen enthalten, vor allem in den grünen Teilen und in den Früchten. Bei den Knollen befindet sich das Solanin in niedriger Konzentration hauptsächlich im Schalenbereich. Ernährungswissenschaftler raten deshalb, die Kartoffeln geschält zu essen. In vergrünten Stellen der Knollen ist der Gehalt höher. Diese Stellen sollten deshalb ausgeschnitten werden.

Neuere Züchtungen enthalten nur noch wenig Solanin, hingegen liegt der Solaningehalt bei älteren Sorten höher. Man erkennt das Solanin am bitteren, kratzigen Geschmack. Dies ist ein natürliches Warnsignal, das vor dem Verzehr solcher Knollen schützt.

Anbauen – gewusst wie

Der Kartoffelanbau gelingt leicht. In jedem Garten, ob groß oder klein, ist Platz für ein paar Kartoffelstauden. Reservieren Sie ein Extra-Beet für die Kultur oder pflanzen Sie die Kartoffeln in Hochbeete oder spezielle Kartoffelkisten. Nach dem Pflanzen muss man außer Hacken und Häufeln bis zur Ernte der inhaltsreichen Knollen nur wenig tun.

Fruchtfolge und Mischkultur

Was man bei der Fruchtfolge beachten muss

Die Kartoffel ist eine landwirtschaftliche Kulturpflanze, die üblicherweise in großem Stil als sogenannte Hackfrucht auf den Äckern angebaut wird. Bei dieser Kultur ist die Einhaltung der Fruchtfolge wichtig. Eine Anbaupause von 3–4 Jahren sollte eingehalten werden, hauptsächlich um dem Befall mit Kartoffelnematoden vorzubeugen.

Bei der Kartoffel ist es aber nicht so wichtig, welche Gemüse vorher auf dem Beet angebaut werden. Günstig ist im Vorjahr eine Gründüngung mit Leguminosen wie Lupinen oder Wicken, besonders auf leichten Böden.

Die Kartoffel ihrerseits bereitet den Boden für die folgenden Kulturen gut vor. Das hängt damit zusammen, dass um die Kartoffelpflanzen, während sie heranwachsen, einige Male gehackt und dadurch der Boden gelockert wird. Nach der Ernte bleibt ein lockerer, unkrautfreier Boden zurück.

TIPP **Generationen von Bauherren haben schon beherzigt, dass Baugrundstücke vor der Anlage des Gartens am besten zunächst mit Kartoffeln bestellt werden. Die Kartoffelkultur bereitet den Boden hervorragend für spätere Pflanzungen von Nutz- und Zierpflanzen und für die Einsaat des Rasens oder der Blumenwiese vor. Das liegt daran, dass die Kartoffelbestände mehrfach durchgehackt werden müssen. Dadurch wird der Boden gelockert und gleichzeitig werden Wildkräuter reduziert.**

Kartoffeln in Mischkultur

Bei der Kultur auf dem Acker stehen Kartoffeln in Monokultur. Manche Gartenbesitzer nutzen die Möglichkeit, sie in Mischkultur anzubauen. Kartoffeln stehen gut in der Nachbarschaft von Kohlarten sowie von Erbsen und Ackerbohnen. Einige Kräuter wie Meerrettich und Pfefferminze wirken sich außerdem positiv auf die Kartoffelgesundheit aus. Diese ausdauernden Gewächse stehen gut am Rand des Beetes.

Ein guter Mischkulturpartner ist die Ackerbohne. Ackerbohnen können sehr früh ab Ende Februar/Anfang März ausgesät werden. Man sät sie im Abstand von 50–75 cm und legt später in die Zwischenreihen die Kartoffeln. Beim Legen der Kartoffeln sind die Ackerbohnen schon recht weit entwickelt. Die Ackerbohnen dürfen weiter heranwachsen, bis sie zu hoch werden und den Kartoffeln Platz und Licht wegnehmen.

Dann werden sie abgehackt und bleiben als Mulchdecke liegen. Die Ackerbohnen sind Leguminosen und bringen mithilfe ihrer Knöllchenbakterien Stickstoff in den Boden. Sie haben also eine düngende Wirkung, die der stark zehrenden Kartoffel zugutekommt.

Nachkulturen

Nach Frühkartoffeln, die bereits ab Ende Juni erntereif sind, lässt sich der frei werdende Platz noch mit Nachkulturen bestellen. Dafür eignen sich Salate aller Art, auch Endiviensalat, Buschbohnen oder Kohlgemüse wie Grünkohl oder Chinakohl.

Beim Anbau von Lagerkartoffeln bleibt das Beet bis zur Ernte im August/September belegt. Nach der Ernte ist es für weitere Aussaaten oft zu spät. Bei früher Ernte bis etwa Ende August/Anfang September eignen sich als Nachkultur Feldsalat, Winterpostelein oder Spinat.

Kraut- und Knollenfäule vorbeugen

Frühkartoffeln und Spätkartoffeln sollten im weiten räumlichen Abstand voneinander angebaut werden. Ebenso sollten Tomaten nicht in der Nähe von Kartoffeln stehen, um dem Befall mit der Kraut- und Knollenfäule vorzubeugen. Der Erreger dieser gefährlichen Krankheit ist bei beiden Kulturen der gleiche. Die Sporen werden von kranken Kartoffeln, die im Jahresverlauf zuerst erkranken, mit dem Wind fortgeweht und gelangen so auf die sich später entwickelnden Tomatenpflanzen oder auf die späten Kartoffelsorten. Die Infektion kann über eine große Entfernung erfolgen, deswegen wäre es wünschenswert, dass die Gartennachbarn sich ebenfalls an die Abstände halten.

Postelein oder Winterportulak ist eine gute Nachkultur und sehr vitaminreich.

Beginn der Kraut- und Knollenfäule am Kartoffellaub

Kartoffelanbau übers Jahr

Die Beete vorbereiten

Für die Kartoffelkultur ist ein sandiger, lockerer Boden günstig. Mit einer angepassten Bodenbearbeitung lässt sich jedoch fast jeder Boden für den Kartoffelanbau vorbereiten. Nur sehr klumpige oder nasse Böden sind nicht so gut für die Kartoffelkultur geeignet.

Gelbsenf als Vorfrucht von Kartoffeln

Am besten ist es, wenn Sie bereits im Jahr vor dem geplanten Kartoffelanbau mit einer Gründüngung beginnen. Gründüngungspflanzen wie Lupinen, Phacelia oder Gelbsenf lockern den Boden und schließen ihn auf. Die Kartoffel gedeiht in einem weiten pH-Bereich von 4,5–7,0. Vor dem Kartoffelanbau sollte man nicht kalken, da zu viel Kalk anfälliger für den Kartoffelschorf macht.

Für die Kartoffelkultur ist eine organische Düngung günstig. Arbeiten Sie im Herbst zuvor halbreifen Kompost oberflächlich in den Boden ein. Das kann normaler Gartenkompost oder Stallmistkompost sein. Rechnen Sie dafür einen knapp vollen Eimer Kompost pro m^2 (etwa 6–10 l). Vielleicht haben Sie auch die Möglichkeit, strohreichen Kuhmist zu besorgen. Der wird jedoch nicht untergegraben, sondern nach der Bodenlockerung oberflächlich als Flächenkompost verteilt.

Günstige Kartoffelstandorte

Der Anbau von Kartoffeln ist bis in Höhenlagen von etwa 1 900 m möglich. Für den Kartoffelanbau eignen sich am besten leichte bis mittelschwere Böden mit wenig Steinen. Verdichtete und nasse Böden sind dagegen nicht so günstig. Der pH-Wert sollte bei 4,5–7,0 liegen.

Welches Pflanzgut verwenden?

Es gibt zwei Möglichkeiten, Pflanzgut zu erhalten: Man kann Knollen von der vorjährigen Ernte zurückbehalten und zum Pflanzen verwenden. Man sagt dann, dass man Kartoffeln selbst „nachbaut". Außerdem werden im Frühjahr spezielle Pflanzkartoffeln angeboten. Diese „Pflanzkartoffeln" sind geprüft und stammen von zertifizierten landwirtschaftlichen Betrieben. Außerdem sind sie frei von Krankheiten und Schädlingen. Bevorzugen Sie biologisches Saatgut.

TIPP **Vor dem Kaufen des Kartoffelpflanzguts sollten Sie berechnen, wie viele Knollen Sie für Ihr Kartoffelbeet brauchen: Man rechnet mit 4–5 Knollen/m^2.**

Von älteren Sorten und von vielen Kartoffelraritäten werden jedoch aus rechtlichen Gründen keine Pflanzkartoffeln angeboten. Wer diese Kartoffeln gerne anbauen möchte, behilft sich damit, dass als Speisekartoffeln deklarierte Knollen zum Legen im Garten genommen werden.

Als Pflanzkartoffeln eignen sich am besten mittelgroße Kartoffeln, die etwa 70–90 g schwer sind (je nach Sorte auch mit niedrigerem oder höherem Gewicht).

Die eingelagerten Kartoffeln beginnen meistens auf dem Lager zu keimen; das ist allerdings je nach Sorte und Lagerbedingungen unterschiedlich. Zu lange Keime sollte man vor dem Legen abbrechen. Profis und ambitionierte Hobbygärtner lassen Kartoffeln gezielt und kontrolliert vorkeimen, damit sie im Freiland schnell weiterwachsen.

Kartoffeln vorkeimen lassen

Das natürliche Auskeimen der eingelagerten Kartoffeln am Ende des Winters kann man sich beim Vorkeimen zunutze machen. Wer sich diese Prozedur allerdings sparen will, kann im Handel bereits vorgekeimte Kartoffeln kaufen.

Vorgekeimte Kartoffeln entwickeln sich auf dem Beet schneller als Kartoffeln, die direkt ins Erdreich gelegt werden. Mit dem Vorkeimen beginnt man etwa sechs Wochen vor dem geplanten Pflanztermin:

- Zum Vorkeimen die Kartoffeln nebeneinander in flache Kistchen legen und zwar so, dass der Teil der Knolle mit den meisten Augen nach oben weist.
- Stellen Sie die Kistchen in einem hellen, temperierten Raum auf. Optimal sind 12–15 °C.
- Zum Abhärten sollten die Kisten einige Tage vor dem Auspflanzen kühler bei 8–12 °C stehen.
- Wenn die Keime etwa 4 cm lang sind, wird gepflanzt.

Kartoffeln legen

Sobald der Boden sich auf etwa 10 °C (für Frühkartoffeln etwa 8 °C) erwärmt hat, können Kartoffeln gelegt (gesät) werden. Gehen Sie vorsichtig mit den Knollen um und achten Sie darauf, dass die Keime nicht abbrechen und jeweils die Knollenseite mit den meisten Keimen nach oben gerichtet ist.

Es ist regional zum Teil sehr unterschiedlich, wann die Kartoffeln gelegt werden und abhängig von der Witterung. In warmen Gegenden beginnt die Pflanzzeit für Frühkartoffeln schon Ende März, in höher gelegenen Regionen unter Umständen erst im Mai.

Beete im Frühjahr vorbereiten

Vor dem Legen der Kartoffeln wird das Beet im Frühjahr durchgehackt und eingeebnet. Der Boden sollte bei der Bearbeitung im Frühjahr gut abgetrocknet sein. Seien Sie geduldig und warten Sie bei einer langen Feuchtperiode lieber noch zu, bis der Boden abgetrocknet ist und betreten werden kann.

Der Reihenabstand kann je nach Sorte zwischen 50 und 75 cm sein. (Im professionellen Anbau ist der Reihenabstand auf die Bearbeitungsgeräte im Kartoffelanbau abgestimmt und liegt bei 62,5 oder 75 cm.) Damit die Reihen gerade verlaufen, empfiehlt es sich, eine Pflanzschnur zu Hilfe zu nehmen.

In der Reihe sollten die Kartoffeln einen Abstand von 30–40 cm haben. Man geht entlang der Pflanzschnur (geübten Anbauern genügt das Augenmaß) vor und schlägt mit der Hacke im entsprechenden Abstand Löcher in das Erdreich. Die Löcher sollten etwa 4–8 cm tief sein, so dass die Oberkante der Knolle mit den Augen bzw. den Keimen in einer Ebene mit der Erdoberfläche zu liegen kommt.

Nehmen Sie für diesen Anbauzweck Kartoffelsorten aus der Gruppe der frühreifenden Sorten wie 'Annabelle', 'Gloria' oder 'Sieglinde' (s. Seite 43, 45). Sie entwickeln sich schneller als die späteren Reifegruppen und brauchen vom Legen bis zur Ernte nur etwa 90 Tage.

TIPP **Pflanzen Sie Frühkartoffeln in weiterem Abstand als Lagerkartoffeln, damit sie sich schneller entwickeln. Beachten Sie auch, dass Frühkartoffeln schneller auflaufen, wenn man sie nicht so stark anhäufelt wie Lagerkartoffeln.**

Frühkartoffeln anbauen

Frühkartoffeln werden einige Wochen früher gelegt als Lagerkartoffeln:

- im Weinbauklima Anfang/Mitte März,
- in kühlen Regionen erst im April und bis in den Mai hinein.

Professionelle Anbauer legen als Kälteschutz Folie oder Vlies über die Kartoffelbestände. Das Abdecken ist aber auch im Hausgarten sinnvoll. Diese Abdeckung wird erst bei warmer Witterung abgenommen. Das Abdeckmaterial am besten an einem bedeckten Tag oder am Abend abnehmen, damit das Kartoffellaub nicht zu

In die vorbereitete Saatrille werden die Kartoffeln gelegt, dann bedeckt und angehäufelt.

Unter Folie angebaut, haben vor allem Frühkartoffeln einen deutlichen Wachstumsvorteil.

abrupt der Sonne ausgesetzt wird. Frühkartoffeln sind bereits ab Ende Juni erntereif. Man sollte sie gleich verbrauchen. Sie sind nicht allzu lange lagerfähig.

Beim Frühkartoffelanbau hat man mit der Kraut- und Knollenfäule und mit dem Kartoffelkäfer kaum Probleme, weil die gefährliche Krankheit und der Schädling erst später auftreten.

Anhäufeln

Wenn alle Kartoffeln ausgelegt sind, häufelt man die Knollen an. Hacken Sie dazu von beiden Seiten das Erdreich zu den Kartoffeln hin, sodass ein niedriger und flacher Damm über den Knollen entsteht. Die Kartoffeln sollten etwa 5 cm hoch mit Erdreich bedeckt sein. In der lockeren Dammerde, die möglichst frei von Steinen oder Erdklumpen (Kluten) sein sollte, können sich die Stolonen, an deren Ende sich die Knollen heranbilden, gut ausbreiten.

Sobald die grünen Triebe den aus lockerer Erde gebildeten Damm durchbrochen haben und 8–10 cm hoch sind, wird erneut gehackt und angehäufelt, gerade so, dass die Triebe noch knapp aus dem Boden schauen. Beim Hacken darf man nicht zu nah an die Kartoffeltriebe geraten, um die Wurzeln und die Blätter nicht zu beschädigen. Im Zuge des Anhäufelns wird die Erde in den Zwischenreihen durchgehackt und gelockert. Als günstiger Nebeneffekt wird auf diese Weise gleichzeitig das keimende Unkraut abgehackt.

TIPP **Häufeln Sie die Kartoffelstauden am besten abends an. Zu dieser Tageszeit sind die Blätter nach oben gerichtet und die Pflanzen sind besser vor Verletzungen geschützt.**

Ein weiteres Mal häufelt man an, wenn die Triebe 15–20 cm hoch sind. Sobald der Bestand geschlossen ist, ist keine weitere Bearbeitung nötig und auch gar nicht mehr möglich. Achten Sie beim Hacken darauf, dass das Laub nicht beschädigt wird.

Nährstoffbedarf und Düngung der Kartoffel

Für einen guten Ertrag braucht die Kartoffel genügend Stickstoff, Phosphor und Kalium. Kompost- oder Stallmistgaben in Kombination mit Gründüngung sind die beste Düngung für Kartoffeln und versorgen sie meist ausreichend mit den genannten Hauptnährstoffen. Gartenbesitzer gaben früher zu Kartoffeln gerne die kaliumreiche Holzasche.

Wissenswertes

Das Anhäufeln hat den Effekt, dass der Boden gut durchlüftet wird. Außerdem dringt die Wärme besser in die Dämme ein.

Das ist auch heutzutage noch sinnvoll; allerdings muss man Holzasche sparsam dosieren, allenfalls 100 mg pro m^2 und Jahr sind empfehlenswert.

Wenn kein Kompost zur Verfügung steht, können Sie auch einen organischen Handelsdünger verwenden, der den Angaben auf der Packung entsprechend dosiert wird. Ein Teil wird vor dem Pflanzen in den Boden eingearbeitet, ein weiterer Teil folgt etwa zwei Wochen nach dem Auflaufen.

Düngen Sie nicht zu viel, sonst könnten die Kartoffeln leicht zu viel Stickstoff bekommen, was für die Ernte von Nachteil ist, denn es wird anstelle von Knollen mehr Blattmasse gebildet. Die Pflanzen schießen zu sehr ins Kraut, sagt man. Die Triebe können dann nach einem Regen nicht mehr richtig abtrocknen und werden anfällig für die Kraut- und Knollenfäule.

Bodenprobe nehmen

Die stark zehrenden Kartoffeln entziehen dem Boden viele Mineralstoffe wie Phosphor und Kalium. Es ist deshalb sinnvoll, alle paar Jahre den Boden untersuchen zu lassen, um Klarheit über die Nährstoffversorgung zu bekommen. Phosphor ist in Gartenböden meistens ausreichend oder im Übermaß vorhanden. Besonderes Augenmerk verdient dagegen die Kaliumversorgung.

Für eine gute Ernte lohnt es sich, Kartoffeln zu mulchen.

Die Kartoffel braucht außerdem weitere Mineralstoffe wie Magnesium und Mangan. Magnesiummangelerscheinungen sind bei der Kartoffel sogar recht häufig. Sie zeigen sich am Vergilben der Blätter zwischen den Blattadern. Die beiden Mineralstoffe sind z. B. in Steinmehl und Algenkalk enthalten, die vor dem Legen der Kartoffeln über den Boden gestäubt werden oder durch den Kompost aufs Beet kommen. Eine gute Mineralstoffversorgung vor allem mit Kalium und Magnesium ist günstig für die innere Qualität und Widerstandsfähigkeit der Kartoffeln und verbessert die Lagerfähigkeit.

TIPP **Kartoffeln sollte man nicht kalken. Ein zu hoher pH-Wert fördert z. B. den Schorfbefall.**

Am meisten Nährstoffe brauchen Lagerkartoffeln kurz vor der Blüte bis zum Spätsommer. Die ganz junge Kartoffelpflanze versorgt sich noch aus der Mutterknolle, die zusammenschrumpelt, wenn sie als Nährstoffreservoir ausgedient hat.

Gleichmäßige Wasserversorgung

Während der Blütezeit haben Kartoffeln ihren höchsten Wasserbedarf. Im professionellen Kartoffelanbau werden Kartoffeln dann zusätzlich gewässert.

Im Hausgarten gibt es jedoch eine andere Möglichkeit, Wasser zu sparen – mithilfe des Mulchens:

Legen Sie nach dem Anhäufeln jeweils eine dünne Mulchschicht auf. Dann verdunstet die Feuchtigkeit aus dem Boden kaum noch und unter dem Mulch bleibt der Boden feucht. Zum Mulchen kann man alle krautigen organischen Abfälle (allerdings keine Samen tragenden Wildkräuter) aus dem Garten nehmen. Es eignen sich auch dünne Lagen Rasenschnitt, klein geschnittene Brennnesseln oder z. B. klein geschnittene Comfreyblätter. Von dieser Mulchschicht ist meist schon bald nichts mehr zu sehen.

Franzosenkraut ist ein typisches Unkraut in Hackfrüchten.

Wildkräuter in den Griff bekommen

In Kartoffelanbaugebieten kommen bestimmte Wildkräuter vor, die an die meist leichten Böden angepasst sind. Sehr häufig sind einjährige Wildkräuter wie Melde, Gänsefuß oder Franzosenkraut und natürlich die „Allerweltswildkräuter" Persischer Ehrenpreis und Vogelmiere. Diese Wildkräuter werden beim Durchhacken und Anhäufeln meist schon in jungem Zustand verschüttet oder abgehackt, sodass sie vertrocknen. Wenn die Kartoffelstauden gut im Laub stehen, beschatten sie selbst den Boden und die Wildkräuter können sich kaum noch entwickeln. Deshalb hat man nach Kartoffeln ein weitgehend unkrautfreies Beet. Insgesamt gesehen lässt sich durch den Kartoffelanbau das Unkraut sehr gut unterdrücken.

Kartoffelanbau ohne Dämme

Neben der üblichen Anbauweise kann der Anbau ohne Hacken und Häufeln gelingen, wenn man die biologischen Methoden der Gründüngung und der Bodenbedeckung mit einbezieht:

Bevor die Kartoffeln gelegt werden, sät man bereits Mitte bis Ende März Ackerbohnen als Gründüngung im Abstand von etwa 50–75 cm in die Zwischenreihen aus. Die Reihen müssen dafür markiert sein. Die Ackerbohnen entwickeln sich auch bei kühlen Temperaturen und erscheinen schon an der Bodenoberfläche, wenn die Kartoffeln im Mai erst gelegt werden. Sie wachsen weiter und blühen. Durch ihren aufrechten Wuchs stören sie die Kartoffeln zunächst nicht. Erst wenn sie zu hoch sind und die Kartoffelstauden bedrängen, werden sie abgehackt und bleiben an Ort und Stelle als Mulchdecke liegen.

Die in Rillen gelegten Kartoffeln werden mithilfe der Hacke wieder zugedeckt. Darauf kommt eine Lage Reifkompost und eine dünne

Auf Dämmen angebaut geht die Kartoffelernte leicht von der Hand.

Abdeckung mit Gras. In dieser lockeren, humosen Schicht können sich die Stolonen der Kartoffel ungehindert ausbreiten und an ihren Enden Knollen entwickeln. Zum Ernten braucht man bei guten Bodenbedingungen unter Umständen keine Grabegabel mehr und kann die Knollen mit den Händen herausholen.

Anbau auf Hügelbeeten und Hochbeeten

Die Anlage von Hügelbeeten und Hochbeeten ist auf steinigem, unebenem Untergrund und in kühlem Klima sinnvoll. Doch Hügel- und Hochbeete haben auch noch den Vorteil, sehr rückenschonend zu sein. Richtig aufgesetzt können Hochbeete außerdem ertragreiche Ernten auch auf kleinem Raum gewährleisten.

Bei der Verrottung der aufgebrachten organischen Substanzen entsteht Wärme und es werden Nährstoffe freigesetzt, die den Gemüsen zugutekommen. Die Kartoffel kann diese Nährstoffe gut ausnutzen. Erfahrene Hügelkulturgärtner pflanzen die Kartoffeln im zweiten Jahr nach dem Aufsetzen auf das Hügelbeet bzw. das Hochbeet, wenn die Umsetzungsprozesse schon etwas abgeklungen sind. Wenn alle Bedingungen stimmen, fällt die Ernte sehr hoch aus. Hertha Kalaus-Zimmermann, die in 850 m Höhe Hochbeete bewirtschaftete, berichtet in ihrem Buch „Gärtnern am Hochbeet", dass sie von sechs Saatkartoffeln rund 25 kg Kartoffeln geerntet hätte. Durch das Abdecken mit Vlies oder Folie lässt sich die Ernte noch sicherer machen.

Hügelbeete und Hochbeete werden nach einem bestimmten Prinzip aufgesetzt:

- Die Basisbreite beträgt etwa 2 m, die Länge ist beliebig.
- Um Mäuse am Zuwandern zu hindern, wird ein feinmaschiges Drahtgeflecht eingelegt.
- Die unterste Schicht besteht aus holzigem Material, das langsam verrottet.
- Darauf kommen Schichten mit Laub, mit Gartenerde, wenn möglich mit tierischem Mist, mit halb verrottetem Kompost und zum Schluss mit fertigem Kompost.
- Sowohl Hügelbeete wie Hochbeete trocknen leicht aus. Man muss deshalb Vorsorge für die Bewässerung treffen und von vornherein Schläuche in die Beete einbauen oder für eine Bewässerungsmöglichkeit sorgen.

Das übliche Material für Hochbeeteinfassungen ist Holz. Es ist gar nicht so schwierig, die Beete selbst aus Rundhölzern oder Dielen zusammenzuzimmern. Es ist auch möglich, die Begrenzung für die Hochbeete aus Steinen hochzumauern oder Betonelemente zu nehmen. Seit einigen Jahren bietet der Gartenhandel vorgefertigte Hochbeetumrandungen aus verrottungsfestem Lärchenholz an, die sich in eine natürliche Gartenumgebung

Kartoffelscheiben als Köder

Rohe Kartoffelscheiben sind ideale Köder für Drahtwürmer. Diese Larven des Saat-Schnellkäfers können erhebliche Schäden anrichten. Man drückt sie oberflächlich in den Boden und kontrolliert die Unterseite der Kartoffelscheiben regelmäßig. Wenn Drahtwürmer im Boden vorhanden sind, sammeln sie sich unten an der Scheibe und können vernichtet werden.

einfügen. Angeboten werden auch Hochbeetsysteme aus Kunststoffplatten, die man nur zusammenstecken muss. Hier ist der Sinn nach Ästhetik gefragt: Welches Material passt in den eigenen Garten? Man muss aber auch einschätzen können, welche handwerklichen Fertigkeiten man sich beim Zusammenbauen zutraut.

Anbau in der Kartoffelkiste

Auf kleinen Flächen oder auf versiegeltem Untergrund lohnt sich der Anbau in Kartoffelkisten. Dafür zimmert man sich selbst Stellagen zusammen oder verwendet vorgefertigte Bauteile. Die Stellagen braucht man nur auf den Boden zu stellen, man füllt Erde oder Substrat hinein und legt die Kartoffeln wie gewohnt.

In dem lockeren Substrat können sich die Kartoffeln gut entwickeln. Allerdings trocknet die Erde in solchen Kästen genauso wie in Hochbeeten schnell aus, da keine Verbindung zum Unterboden besteht, aus dem die Pflanzen sich mit Wasser versorgen könnten. Achten Sie also darauf, dass die Kartoffeln in einer solchen Kiste genügend, aber nicht zu viel Wasser bekommen.

Der Vorteil einer Kultur in der Kiste ist die leichte Ernte der Knollen. Unter Umständen kann man sie sogar einfach mit den Händen ausgraben. Bei optimalen Wachstumsbedingungen kann die Ernte erstaunlich hoch sein.

Kartoffeln für Balkon und Terrasse

Seit einiger Zeit gibt es für Balkon und Terrasse spezielle Kartoffelsäcke oder Anzuchttaschen, in denen man eine kleine Menge Kartoffeln ernten kann. Die Kunststoffsäcke sind stabil und mit Dränageflächen versehen, durch die überschüssiges Wasser ablaufen kann, und für 3–4 Pflanzkartoffeln geeignet. In jedem Sack können Sie eine besondere Sorte ausprobieren. Auch in hohen Plastiktonnen, die über Löcher im Boden verfügen müssen, funktioniert der Anbau auf kleinstem Raum.

Pro und Kontra

Naturgemäß gärtnernde Menschen stecken bei einer solchen Art und Weise des Anbaus immer in einem Dilemma. Einerseits gedeihen die Kartoffeln in einem Hochbeet oder einer Kartoffelkiste gut, und es bereitet den Gartenbesitzern Freude, den Pflanzen beim Wachsen zuzusehen. Andererseits braucht man zum Befüllen Unmengen von Pflanzerde aus dem Gartenhandel. Die Pflanzerde kann man mit Gartenerde und mit Komposterde strecken, ganz ohne zugekauftes Pflanzsubstrat gelingt die Kultur jedoch nicht. Wenn Sie Packungserde verwenden, achten Sie darauf, dass es sich um torffreies Substrat handelt. Hochbeet und Kartoffelkiste sollten deshalb nur zum Einsatz kommen, wenn es keine andere Möglichkeit des Anbaus gibt. Viel besser ist es, wenn man direkt auf Beeten anbaut und die Kultur mit garteneigenem Kompost versorgt.

Sieglinde eignet sich auch für den Anbau in Kisten und Säcken.

Schädlinge und Krankheiten an der Kartoffel

Wenn alles gut läuft, ist die Kartoffel eigentlich eine problemlose Kultur. Von den Schädlingen und Krankheiten fürchten die Kartoffelanbauer besonders den Kartoffelkäfer und die Kraut- und Knollenfäule. Die anderen Krankheiten, Schädlinge und Schädigungen lassen sich eher in den Griff bekommen. Sehr wichtig ist es bei den Kartoffeln zur Vorbeugung von allerlei Krankheiten die Fruchtfolge einzuhalten und frühestens im vierten Jahr die Kultur wieder an die gleiche Stelle zu bringen.

Schädlinge

Kartoffelkäfer, Coloradokäfer

(Leptinotarsa decemlineata)

Der Kartoffelkäfer ähnelt von der Form her einem großen Marienkäfer. Er ist 9–11 mm lang, strohgelb gefärbt und seine Flügeldecken weisen insgesamt zehn schwarze Längsstreifen auf. Der Käfer stammt aus dem südlichen Nordamerika, wozu auch Colorado gehört (dieser US-Bundesstaat gab dem Käfer seinen zweiten Namen).

Häufige Schäden an Kartoffelknollen, die nicht durch Krankheiten oder Schädlinge hervorgerufen werden

- **Vergrünen**
  Kartoffeln vergrünen, wenn sie dem Licht ausgesetzt werden. Die grüne Farbe rührt vom Chlorophyll her. Damit einher geht die Bildung von Glykoalkaloiden wie Solanin. (s. Seite 13) Zur Vorbeugung sollte man beim Hacken der Kartoffelbestände immer darauf achten, dass die Knollen bedeckt sind.
- **Schlagschäden**
  Wenn Kartoffeln beim Ernten oder Umschütten aus zu großer Höhe herunterfallen oder gestoßen werden, bekommen sie unter Umständen Schlagschäden unter der Schale. Diese zeigen sich als blauschwarze Flecken unter der Schale, die später verkorken. Vorbeugend ist eine organische kaliumreiche Düngung empfehlenswert.
- **Hohlherzigkeit**
  Bei übermäßiger Stickstoffdüngung kommt es zur Hohlherzigkeit. Auf gleichmäßige Wasserversorgung achten.
- **Verformungen** wie Wachstumsrisse treten als Folge von raschem Wechsel zwischen Trockenheit und Feuchte auf.

1874 wurde er nach Europa eingeschleppt und 1877 beobachtete man ihn das erste Mal in Deutschland. Seither richtet der Käfer in manchen Jahren auf den Äckern und in den Gärten verheerende Schäden an. In den Jahren nach dem 2. Weltkrieg mussten Schulkinder auf die Felder, um den Kartoffelkäfer abzulesen. Ab etwa 1950 spritzten die Bauern Insektizide gegen die Kartoffelkäfer mit schlimmen Folgen für die Nahrungskette und für die Gesundheit von Mensch und Tier.

Lebensweise des Kartoffelkäfers

Kartoffelkäfer überwintern tief im Boden und kommt Ende April an die Oberfläche, sobald die Bodentemperatur mindestens 10–14 °C beträgt. Die Käfer und ihre Larven fressen Löcher in die Kartoffelblätter und bei starkem Befall sogar das ganze Blatt und die Stiele. Die Weibchen legen an der Blattunterseite ihre orangegelben Eier in Platten zu je 20–80 Eiern ab. Aus den Eiern schlüpfen nach 4–12 Tagen die Larven, die ebenfalls leicht an ihrer Größe und Färbung zu erkennen sind. Zunächst sind sie graugelb, dann ändert sich die Farbe in Dunkelrot bis blass Fleischrot. Ein weiteres Erkennungsmerkmal sind zwei Reihen schwarzer Wärzchen an den Seiten. Die Larve häutet sich während ihrer 10–30 Tage dauernden Entwicklung dreimal. Zur Verpuppung zieht sich die etwa 1,5 cm lange Larve dann in den Boden in 5–20 cm Tiefe zurück. Die Puppe ist orangerot gefärbt und etwa 1 cm lang. Nach 1–2 Wochen schlüpft daraus der Käfer. Die Weibchen des Kartoffelkäfers können bis zu zwei Jahre alt werden und bis zu 2400 Eier legen.

Leicht zu erkennen: Kartoffelkäfer

Der Kartoffelkäfer befällt auch die Aubergine und andere verwandte wild wachsende Nachtschattengewächse wie Bilsenkraut oder die Tollkirsche, nicht jedoch die Tomate, die durch einen hohen Gehalt an Tomatin, einem Alkaloid, geschützt ist.

Bekämpfung Bei der Bekämpfung ist die Vorbeugung das Wichtigste. Dazu gehören eine weite Fruchtfolge und das Düngen mit Kompost und Kräuterjauchen. Wenn trotzdem Kartoffelkäfer erscheinen, ist im Hausgarten bei kleinen Beständen das Ablesen der Larven und Käfer von Hand sinnvoll und meist ausreichend. Zusätzlich sollte man die Kartoffelpflanzen mit feinst ver-

Wissenswertes

Im professionellen Anbau wird häufig der Nützlingseinsatz mit dem Bakterium *Bacillus thuringiensis* var. *tenebrionis* praktiziert. Das Präparat schädigt die Larven, es muss allerdings termingerecht ausgebracht werden, was die genaue Beobachtung der Bestände voraussetzt. In der Landwirtschaft gibt es außerdem spezielle Kartoffelkäfer-Absammelgeräte.

mahlenem Steinmehl einstäuben und dabei die Blattunterseiten mitbehandeln. Steinmehl schädigt den Kartoffelkäfer und beugt gleichzeitig pilzlichen Erkrankungen vor. Neuerdings kann man im biologischen Anbau mit Neem-Präparaten gegen den Schädling vorgehen.

Kartoffelnematoden, Kartoffel(zysten)älchen
(Heterodera rostochiensis)

Die Kartoffelnematoden sind Fruchtfolgeschädlinge, die die sogenannte Kartoffelmüdigkeit verursachen. Die mit bloßem Auge kaum erkennbaren Fadenwürmer oder Älchen bohren sich in die Wurzeln junger Kartoffeln (und Tomaten) ein. An den Wurzeln bilden sich daraufhin gelbliche Zysten. Die Pflanzen werden stark geschwächt und kümmern. Solche Kümmerpflanzen muss man entfernen und vernichten. Die beste Vorbeugung, um einen Befall zu verhindern, ist eine weite Fruchtfolge. Das heißt, dass frühestens nach vier Jahren Kartoffeln wieder auf demselben Beet angebaut werden dürfen.

Nematoden sind mikroskopisch klein, können aber große Schäden verursachen.

Drahtwurm

Drahtwürmer

Drahtwürmer sind die Larven des Schnellkäfers. Sie fressen an den Wurzeln der verschiedensten Pflanzen und gehen auch an die Kartoffelknollen. Dabei fressen sie kreisrunde, etwa 2–4 mm große, scharf abgegrenzte Löcher in die Kartoffeln, die einige Millimeter tief reichen oder die ganze Kartoffel aushöhlen. Anderswo im Garten macht man sich die Lockwirkung aufgeschnittener Kartoffelscheiben auf Drahtwürmer zunutze und fängt sie damit ab, das geht auch beim Kartoffelanbau selbst. Die befallenen Kartoffelscheiben müssen allerdings regelmäßig abgesammelt und erneuert werden.

Nacktschnecken

Wie bei allen anderen Kulturen können Nacktschnecken auch Kartoffelpflanzen schädigen. Sie fressen Löcher in die Blätter, aber auch in die Knollen hinein, die sich im Inneren manchmal noch ausweiten.

Probleme mit Schnecken hat man hauptsächlich am Rand von Beeten, die an Wiesen angrenzen, von wo die Kriechtiere zuwandern. Die Befallsgefahr ist auf schweren Böden allerdings größer als auf lockeren Böden.

Vorbeugend ist in gefährdeten Gärten ein Schneckenzaun die beste und ökologisch sinnvollste Lösung.

Krankheiten

Kraut- und Knollenfäule
(Phytophthora infestans)

Die gefürchtetste Kartoffelkrankheit ist die Kraut- und Knollenfäule. Sie hat in der Geschichte des Kartoffelanbaus ganze Ernten vernichtet und war die Ursache für den Tod von Millionen Menschen. Die Krankheit trat erstmals 1842 in Amerika auf und breitete sich danach rasend schnell auch in Europa aus. Auch in der heutigen Zeit richtet sie noch großen Schaden an. Wie stark der Befall jeweils ist, hängt ganz wesentlich vom Wetter ab.

BIOLOGIE DES ERREGERS Der Erreger der Kraut- und Knollenfäule ist ein Mikroorganismus aus der Gruppe der Oomyceten, die als eine Übergangsform zwischen Braunalgen und Pilzen anzusehen ist. Der Erreger überdauert im Winter auf den Knollen oder auf Pflanzenresten im Freien. *Phytophthora* wird über Sporen übertragen, die auf Blättern oder an Trieben der Kartoffel hängenbleiben.

TIPP **Gegen die Kraut- und Knollenfäule muss man im Hausgarten „alle Register ziehen“. Pflanzen Sie keine anfälligen Sorten wie 'Bintje', nehmen Sie vielmehr widerstandsfähige Sorten, z. B. 'Desirée', 'Granola', 'Ostara', 'Sarpo Mira'.**

Bei feuchtem Wetter und bei Regen keimen die Sporen und dringen mit ihrem Keimschlauch durch die Oberfläche der Blätter oder Stängel oder durch Spaltöffnungen ins Pflanzeninnere ein. Hier breiten sich die Pilzhyphen aus und durchdringen bald die ganze Pflanze. Der Schaden zeigt sich an braunen, unregelmäßigen Flecken auf den grünen Pflanzenteilen, oft verbunden mit einem weißlichen Pilzbelag auf der Blattunterseite. Schließlich stirbt das Kraut ab und wird dürr.

Von den Blättern aus werden mit dem Regen Sporen in den Boden gespült und können so auch die Knollen infizieren. Das Fleisch der befallenen Knollen wird blaugrau und ungenießbar. Wenn eine solche infizierte Knolle überwintert und aus Versehen im Frühjahr in den Garten gelangt, ist die Gefahr groß, dass sich die Infektion auf Nachbarpflanzen überträgt.

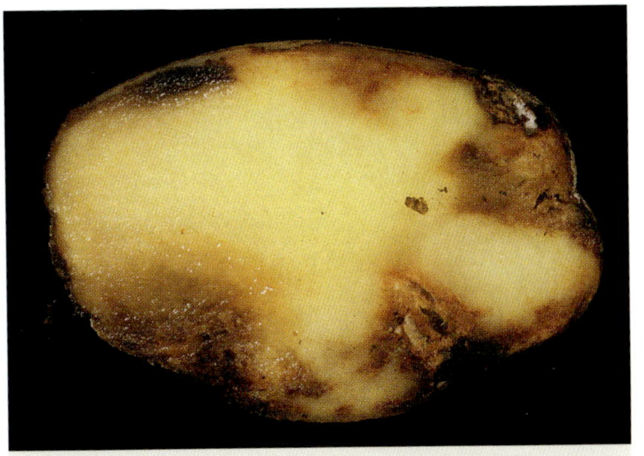

Befall einer Knolle mit *Phytophtora infestans*

BEKÄMPFUNG Vorbeugend gegen die gefährliche Krankheit sollte man frühe und späte Kartoffeln und Tomaten möglichst weit entfernt voneinander anbauen. Achten Sie schon beim Auspflanzen darauf, die Kartoffelreihen an der Hauptwindrichtung auszurichten, so dass die Bestände schneller abtrocknen können. Ein weiter Abstand der Kartoffelpflanzen zueinander beugt dem Befall aus dem gleichen Grund ebenfalls vor.

Eine sinnvolle mechanische Regulierungsmöglichkeit ist, einzelne Befallsherde – kranke Blätter oder Triebe – abzubrechen und zu entfernen. Auf diese Weise lässt sich die Ausbreitung des Pilzes manchmal noch aufhalten, wenn anschließend eine Schönwetterphase kommt.

Bioanbauer verwenden Präparate wie Algenkalk oder Gesteinsmehl, Magermilch oder Molke, auch Schachtelhalmbrühe, um dem Befall mit der Kraut- und Knollenfäule vorzubeugen. Im Hausgartenbereich tragen diese Maßnahmen ebenfalls zur Pflanzenstärkung bei. Spritzungen mit Kupferpräparaten können im Garten nicht empfohlen werden, da diese das Bodenleben stark in Mitleidenschaft ziehen.

Kartoffelschorf *(Streptomyces* spp.*)*

Der Kartoffelschorf macht besonders auf sandigen, zu stark gekalkten Böden und in trockenen Jahren Probleme. Der Befall zeigt sich an Pusteln, Rissen oder Buckeln auf der Schale. Nur oberflächliche Schorfstellen haben kaum Bedeutung. Knollen mit stärkerem Befall sollte man nicht einlagern.

Zur Vorbeugung von Kartoffelschorf ist es nötig, auf eine Kalkung direkt vor dem Anbau zu verzichten. Achten Sie auf eine gute Humusversorgung und verabreichen Sie ein siliziumreiches Urgesteinsmehl. Die wichtigste Vorbeugung ist eine weite Fruchtfolge, bei der die Kartoffeln frühestens nach vier Jahren wieder auf das gleiche Beet kommen, und die Auswahl von widerstandsfähigen Sorten. Wenig anfällig sind z. B. 'Charlotte' oder 'Nicola'. Meiden Sie stark anfällige Sorten wie 'Agria', 'Désirée', 'Ares' und 'Simone'.

Kartoffelschorf

Schwarzbeinigkeit, Knollennassfäule *(Pectobacterium carotovorum* var. *atrosepticum)*

Bei dieser Lagerkrankheit faulen die Knollen und fangen dabei an zu stinken. Wenn solche Kartoffeln gepflanzt werden, wachsen daraus nur schwache Triebe, die schließlich abfaulen. Entfernen und vernichten Sie befallene Knollen.

Wurzeltöterkrankheit, Dry Cor, Kartoffelpocken *(Rhizoctonia solani)*

Der Pilz überwintert an den Knollen und ist an den pockenartigen, schwarzbraunen Pilzpusteln gut erkennbar, die mit dem Fingernagel gut abgekratzt werden können. Nach dem Legen der Knollen befällt die Wurzeltöterkrankheit die Keimlinge; die Triebspitzen sterben ab und die Kartoffelpflanzen entwickeln sich schlecht. Auch der Stängel, die obersten Blätter und die Wurzeln können befallen sein. Auf der Knolle können runde Löcher mit schwarzem, ausgefranstem Rand entstehen. Das Kartoffelinnere selbst ist nicht befallen. Zur Vorbeugung verwendet man am besten gesundes Pflanzgut und hält eine weite Fruchtfolge ein. Außerdem sollten Sie die Knollen nicht zu tief und nicht zu früh pflanzen. Empfehlenswert ist es auch, das Pflanzgut vor dem Legen in einen Lehmbrei zu tauchen.

Virusbefall (Virosen)

Viele private Kartoffelanbauer kennen Virus-Befall an Kartoffeln gar nicht, weil sie jedes Jahr Pflanzkartoffeln zukaufen, die aus virusfreien Beständen stammen.

Virusinfektionen zeigen sich in Form von mosaikartigen Flecken oder von Strichen auf den Blättern; die Blätter können sich dabei einrollen, kräuseln oder spröde werden, der Wuchs kann gestaucht sein. Blattläuse wie die Grüne Pfirsichblattlaus und andere saugende Insekten übertragen Virus-Partikel beim Saugen an den Blättern von einer Pflanze auf die andere.

Virosen lassen sich nicht bekämpfen. Man kann lediglich versuchen, die Überträger der Virosen von den Kartoffelbeständen fernzuhalten. Das bedeutet vor allem, dass man Blattlausbefall vermeiden muss. Im professionellen Anbau ist das ganz entscheidend, aber auch beim Anbau im Garten. Vor allem dann, wenn man die Kartoffeln selbst über längere Zeit nachbaut.

Vorbeugend ist es sinnvoll, in einer windigen Lage anzubauen. Mancherorts wird auch eine Bekämpfung der Blattläuse unumgänglich sein. Am leichtesten ist es, die Läuse einfach abzustreifen oder mit einem scharfen Wasserstrahl abzuspritzen. Sie können auch fertige biolgische Spritzmittel anwenden, die für den biologischen Anbau zugelassen sind wie z. B. Kaliumseife-Präparate.

Wenn die Kartoffelstauden die verräterischen Blattzeichnungen haben oder nicht mehr recht wachsen wollen, müssen sie sofort entfernt und vernichtet werden. Sonst breiten sich die Viruserkrankungen schnell weiter aus. Wenn Sie die Infektion frühzeitig erkennen, kann es eventuell genügen, nur die grünen Teile zu entfernen und die Kartoffelknollen im Boden zu lassen.

Kräusel- und Stauchevirus

Eine gewisse Bedeutung hat bei Kartoffeln z. B. das Kräusel- und Stauchevirus. Die Kartoffeln fungieren beim Befall auch als Wirtspflanzen, die das Virus z. B. auf Chrysanthemen übertragen können. Sind Pflanzen befallen, ist ihr Wuchs schon im Jugendstadium gedrungen.

Eine Brühe aus Wurmfarn wirkt gut bei Blattlausbefall.

Farnkrautjauche

Gegen Läuse bewährt hat sich auch eine bis mehrere Spritzungen mit Farnkrautjauche oder –brühe. Vor allem Adlerfarn und Wurmfarn eignen sich zur Herstellung der Brühe, die aus 1 kg frischem oder 150 g getrocknetem Kraut unter Zusatz von 10 l Wasser zubereitet und 1:10 verdünnt wird. Man lässt das Gemisch 2–3 Wochen stehen und gießt dann ab. Das Farnkraut kann anschließend noch gut als Mulchmaterial verwendet werden.

Wissenswertes aus der Forschung

In der Praxis erweist es sich als recht schwierig, mit den naturgemäßen Methoden die Kraut- und Braunfäule in den Griff zu bekommen. Das hängt auch damit zusammen, dass der Erreger näher mit den Braunalgen verwandt ist als mit den Pilzen und die üblichen Strategien zur Pilzregulierung nicht so recht greifen. Wissenschaftler am Leibniz-Institut für Pflanzenbiochemie in Halle prüfen derzeit ein vielversprechendes Präparat, das aus Höheren Pilzen gewonnen wird.

Die Ernte

Lagerkartoffeln erntet man einige Zeit nachdem das Laub abgestorben ist, da zu diesem Zeitpunkt die Stoffeinlagerung abgeschlossen ist und die Knollen sich leicht von den Stolonen lösen. Erst 2–3 Wochen nach dem Absterben des Krauts werden die Schalen fest und diese sogenannte Schalenfestigkeit ist wichtig für die gute Lagerfähigkeit der Kartoffeln. So lange sollte man also noch abwarten, bis tatsächlich geerntet wird.

TIPP **Das abgestandene Kartoffellaub, das beim Ernten zurückbleibt, sollten Sie vernichten, um Krankheits- und Schädlingsbefall vorzubeugen. Kartoffelkäfer, die Kraut- und Knollenfäule und andere Schädiger können so entfernt werden. Auf keinen Fall gehört das Kartoffellaub auf den Komposthaufen.**

Das beste Hilfsmittel zur Ernte ist die Grabegabel. Zur Ernte wartet man trockenes Wetter ab. Auch der Boden sollte ziemlich abgetrocknet sein. Die Knollen muss man schonend behandeln, in Körben fassen und vorsichtig umschütten. Sie sollten nicht aus großer Höhe geschüttet werden, weil sie sonst leicht blaue Flecken bekommen. Wichtig ist auch, die Knollen nie zu lange dem Licht auszusetzen, damit sie nicht gleich vergrünen. Wenn sie doch einmal draußen in einem Korb oder auf einem Haufen zwischenlagern müssen, sollte man sie immer mit Jutesäcken oder anderen weitestgehend lichtundurchlässigen Materialien abdecken.

Lassen Sie vor dem eigentlichen Einlagern die Kartoffeln noch etwa 14 Tage lang außerhalb des Kellers liegen. Die Temperatur kann in dieser Phase bei etwa 15 °C liegen. In dieser Zeit „verkorkt" die Schale, sodass die Knolle weniger Wasser abgibt. Außerdem bildet sich bei Verletzungen eine neue Haut.

Kartoffelfeuer

Die Kartoffelernte war früher auf dem Land ein richtiges Fest. Mit den dürren Ernteresten der Kartoffelpflanzen wurde ein Feuer angezündet. Die Kinder durften frisch geerntete Kartoffeln in die Glut werfen und ließen sie dort gar werden. Die außen völlig verkohlten Kartoffeln dampften beim Öffnen und schmeckten köstlich. – Eine Reminiszenz an früher, heute würde man das nicht mehr tun, weil sich beim Garen in der Glut Giftstoffe bilden können. Nichts passieren kann aber, wenn man die Kartoffeln in Alufolie packt.

Vermehrung und Erhaltung

Vegetative Vermehrung über Knollen

Kartoffeln werden in aller Regel ungeschlechtlich (vegetativ) über die Knollen vermehrt. Die Nachkommen, die Tochterknollen, sind in ihrer Erbsubstanz identisch. Man bezeichnet sie als Klone. Wer Kartoffeln selbst auf diese Weise vermehrt (nachbaut), hat also immer die gleiche Sorte.

Für den eigenen Nachbau, also die eigene Vermehrung, wählt man am besten mittelgroße Knollen der jeweiligen Sorte aus. Die Pflanz- bzw. Saatkartoffeln legt man üblicherweise als ganze Knollen. Sie sollten mindestens die Größe eines Hühnereis haben. Sehr große Knollen kann man halbieren oder noch weiter teilen. Es ist sogar möglich, sie zu „äugeln", wie es in der professionellen Vermehrung und Züchtung gehandhabt wird. Eine solche Technik ist bei der Kartoffel möglich, weil aus jedem Auge eine neue Pflanze entstehen kann. Wenn man die Saatkartoffeln teilt (möglichst an der dünnsten Stelle), sollte man sie danach noch ein paar Tage liegen lassen, sodass sich auf der Schnitt-

Äugeln

Wenn es von einer Sorte nur wenige Knollen gibt, bietet sich das Äugeln an. Man zerschneidet die Kartoffel dabei in kleine Stücke mit jeweils einem Auge.
Bewährt hat sich das Ausstechen mit einem Apfelkernstecher. Auf diese Weise bekommt man bis zu acht Teilstücke. Sind die Schnittstellen abgetrocknet, werden die Stücke mit den Augen zunächst in Töpfe mit Erde gesetzt. Erst wenn eine ausreichende Durchwurzelung stattgefunden hat, pflanzt man ins Freie.

Aus einer Knolle können mehrere Teilstücke mit Keim gemacht werden.

stelle eine neue Haut bilden kann. Sonst wäre die Gefahr der Fäulnisbildung im Erdreich zu hoch.

Der eigene Nachbau ist manchmal viele Jahre hintereinander möglich. Irgendwann jedoch bauen die Kartoffeln meistens ab. Sie werden von Nematoden oder Viren befallen und wollen dann nicht mehr so richtig wachsen. Dann muss man sich gesundes Pflanzgut besorgen und mit der Kartoffelkultur auf andere Beete oder Flächen ausweichen.

Vegetative Vermehrung über Stecklinge

Die Kartoffel ist sehr wuchsfreudig. Man kann Kopfstecklinge schneiden, diese bewurzeln lassen und erhält dann eine neue Pflanze, die Knollen ausbildet.

Diese Vermehrungsmethode kann nötig sein, wenn man von seltenen Sorten nur wenige Pflanzen hat und diese weiter vermehren und sichern möchte. Für den normalen Anbau ist die Methode jedoch zu aufwändig und sie hat den Nachteil, dass im ersten Jahr allenfalls kleine Knollen heranwachsen.

TIPP **Halten Sie die Knollen der jeweiligen Sorten getrennt und beschriften Sie die Kisten mit dem Sortennamen.**

Giftige Kartoffelfrüchte

In früheren Jahrhunderten, als die Kartoffel als Nahrungspflanze noch nicht so bekannt war, haben die Menschen die beerenartigen grünen Früchte probiert. Sie enthalten jedoch das giftige Solanin und sind der Gesundheit überhaupt nicht zuträglich, außerdem schmecken sie schlecht.

Generative Vermehrung über Samen

Die generative Vermehrung über Samen ist bei Kartoffeln möglich, im Hausgarten jedoch nicht üblich, denn Kartoffeln setzen eher selten Früchte an. Aus den Kartoffelblüten bilden sich dann die beerenartigen Früchte, in deren Innerem etwa 100 Samen sitzen.

So wird's gemacht:

- Aus der reifen Frucht einer Kartoffel nimmt man die Samen heraus, trocknet sie auf einem Porzellanteller, bewahrt sie kühl und dunkel und gut etikettiert auf.
- Im darauffolgenden Frühjahr kann man sie aussäen, am besten zunächst in Töpfe, die man im Haus auf dem Fensterbrett aufstellt. Man behandelt sie genauso wie Tomatensämlinge.
- Die Kartoffelsämlinge werden in großen Töpfen weiterkultiviert. Mit etwas Glück entwickeln sich daraus kräftige Pflanzen, die Knollen ausbilden.
- Wer sich intensiver mit der Anzucht über Samen befassen möchte, kann die Kartoffelstauden weiter kultivieren, beobachten und die Eigenschaften notieren. Auf der Suche nach neuen Sorten geht man genauso vor.

Der Vorteil an der Vermehrung über Samen ist die große Vielfalt, die dabei entsteht. Die Nachkommen haben unterschiedliche Eigenschaften, einen anderen Wuchs oder andere Blüten; es gibt Unterschiede bei der Widerstandsfähigkeit gegen Krankheiten und auch die Knollen weisen jeweils andere Eigenschaften auf.

Außerdem senkt Aussaat den Krankheitsdruck, denn Sämlinge sind virusfrei und tragen keine Fäuleerreger in sich.

Die im ersten Jahr gewachsenen Kartoffeln dienen als Pflanzkartoffeln für das kommende Jahr. Testen Sie, welche Knollen am besten schmecken und vermehren Sie diese dann stabil und kontinuierlich über Pflanzgut weiter.

Verein ARCHE NOAH

Gesellschaft zur Erhaltung und Entwicklung der Kulturpflanzenvielfalt

Seit 20 Jahren bewahrt und pflegt ARCHE NOAH tausende gefährdete Gemüse-, Obst- und Getreidesorten. Traditionelle und seltene Sorten sollen mithilfe von engagierten Bäuerinnen und Bauern, Gärtnern und Konsumenten wieder zurück in die Gärten und auf die Märkte.

Das ARCHE NOAH Sortenarchiv erhält über 6 000 Sorten seltener Gemüse, Getreide und Kräuter – viele sind sonst nirgends mehr zu finden. Die Vermehrung, Sichtung und Beschreibung der Pflanzen findet in regelmäßigen Abständen im biologisch geführten Vermehrungsgarten in Langenlois (Niederösterreich) und im Schaugarten in Schiltern statt. Eine dezentrale Sortenerhaltung ist durch das Netzwerk aus rund 150 Erhalterinnen und Erhaltern gesichert: Private Gärtner und Bäuerinnen, die selbst Sorten erhalten und Interessierten wieder zur Verfügung stellen. In einem speziellen Sortenhandbuch sind die aktuell verfügbaren Sorten aus dem Samenarchiv der ARCHE NOAH und der Erhalter zusammengefasst.

Im ARCHE NOAH Sortenarchiv befindet sich eine 190 Sorten umfassende Sammlung alter Erdäpfelsorten (Erdäpfel: österreichisch für Kartoffel) mit Herkünften aus Österreich, Deutschland, Tschechien, Ungarn, Großbritannien und Rumänien, aber auch (Land-)Sorten aus Amerika. Neben Schalenfarbe, Fleischfarbe, Reifezeitpunkt, Kocheigenschaften und möglichen Nutzungsarten wird ebenfalls die Blütenfarbe dokumentiert – Das Spektrum reicht dabei von Weiß (teils mit färbigen Anteilen) über Rot bis zu Blauviolett. Die Erhaltung der Kartoffelsammlung ist besonders aufwändig, da sie jedes Jahr wieder angebaut werden muss. ARCHE NOAH wird dabei von Biobauern aus dem Waldviertel tatkräftig unterstützt.

Kartoffeln kaufen

Rund 40 der insgesamt knapp 200 Kartoffelsorten werden auch in Kleinmengen an Hausgärtner abgegeben, darunter klingende Namen wie 'Blaue Schweden', 'Mehlige Mühlviertler', 'Naglerner Kipfler', 'Weiße Lötschentaler' und 'Zwiebler'.

LUTRAN
BIZERBA

Arten und Sorten

Ambitionierte Hobbygärtner und Feinschmecker entdecken derzeit die Kartoffel mit ihrer ganzen Vielfalt neu. Sie legen Wert auf geschmackliche Feinheiten, auf Farben und Formen der Knollen und möchten beobachten, wie die Kulturen im Garten gedeihen. Und sie genießen die „tolle Knolle" bei Kartoffelverkostungen. Hobbyanbauer und Profilandwirte haben die Auswahl unter sehr vielen Sorten mit unterschiedlichen Wuchseigenschaften und inneren Qualitäten. Seit einigen Jahren entdecken Kartoffelfans die älteren und seltenen Sorten sowie die Wildarten aus den Anden neu. Doch auch die gängigen Sorten sind im Hausgarten beliebt, garantieren sie doch einen reichen Ertrag.

Das Kartoffel-sortiment

Weltweit gibt es rund 5 000 Kartoffelsorten. Davon ist hierzulande aber nur ein kleiner Teil als Speisekartoffel oder als Pflanzkartoffel allgemein verfügbar. In Österreich stehen im Jahr 2010 50 Kartoffelsorten auf der Liste der zugelassenen Sorten. In Deutschland sind derzeit etwa 200 Kartoffelsorten zugelassen. Diese Sortimente ändern sich von Jahr zu Jahr; neue Sorten mit noch besseren Eigenschaften werden neu aufgenommen; dafür verschwinden manche ältere Sorten aus dem Sortiment.

TIPP **Bei der Auswahl der Pflanzsorten sind natürlich auch das Klima und die Lage des Gartens von Bedeutung. In kühleren Regionen lohnt sich der Anbau von späten bis sehr späten Sorten häufig nicht.**

Qualitätskriterien bei Kartoffeln

Um als Kartoffelsorte zugelassen zu werden, müssen bestimmte Kriterien erfüllt sein. Man schaut bei der Beurteilung auf die Ertrags- und die Knolleneigenschaften, welche Reifezeit eine Kartoffelsorte hat und welche Kocheigenschaften. Wichtig ist natürlich auch die Anfälligkeit gegenüber Krankheiten und Schädlingen. Aufgrund der verschiedenen Eigenschaften werden die einzelnen Sorten dann in Kategorien eingestuft. Beim Kauf einer Speise- oder Pflanzkartoffel können wir so individuell entscheiden, welche Sorte am besten für den eigenen Garten und die Zubereitungsvorlieben geeignet ist.

REIFEZEIT Bei der Reifezeit handelt es sich um die Wachstumsdauer vom Legen der Kartoffelsorte bis zur Ernte.

- Sehr früh bis früh: 90–110 Tage
- Mittelfrüh: 120-140 Tage
- Mittelspät bis spät: 140-160 Tage

KNOLLENEIGENSCHAFTEN Kartoffel ist Kartoffel, denkt wohl mancher Unkundige, da gibt es kaum Unterschiede. Tatsächlich ist die Vielfalt der Knollenform und -farbe viel größer als angenommen. Es gibt lange, langovale, ovale und runde Formen. Vor allem die älteren Sorten weisen Unebenheiten auf und sind weniger einheit-

Wissenswertes

Die Kocheigenschaften werden vom Stärkegehalt beeinflusst. Kartoffeln mit einem hohen Gehalt an Stärke (14–16 %) kochen mehlig und locker, während die Kartoffeln bei niedrigerem Stärkegehalt (12–14 %) fest bleiben.

lich. Bei der Schalenfarbe ist vor allem der überwiegend gelbfleischige Typ erhältlich. Doch es gibt auch rötliche und rote, hellgelbe und sogar bläuliche Kartoffeln.

KOCHEIGENSCHAFTEN Ganz wichtig für den Verbraucher und die Küche sind die Kocheigenschaften einer Knolle:

- Festkochend: Kochtypen A und A-B mit fester, feinkörniger, feuchter Konsistenz. Die Schale springt beim Garen nicht auf. Pellkartoffeln, Salzkartoffeln, Kartoffelsalat und Bratkartoffeln gelingen mit diesen Kochtypen am besten.
- Vorwiegend festkochend: Kochtypen B-A und B mit feinkörniger, mäßig feuchter Konsistenz. Die Schale springt beim Garen kaum auf. Dieser Kochtyp ist am vielseitigsten verwendbar. Neben Pell- und Salzkartoffeln kann man Kartoffelpuffer und Aufläufe zubereiten.
- Mehligkochend: Kochtypen B-C und C mit grobkörniger, trockener Konsistenz. Die Schale springt beim Garen häufig auf. Kartoffelpüree und -knödel, Suppen, Eintöpfe, Kuchen und Süßspeisen lassen sich aus den mehligkochenden Sorten herstellen.

Wissenswertes zur Gesetzgebung rund um die Kartoffel

Kartoffelanbauer müssen sich an eine strenge Gesetzgebung halten. Als Pflanzkartoffeln dürfen sie nur „zugelassene" Sorten vermarkten, die von den nationalen Sortenämtern (Bundesamt für Ernährungssicherheit in Wien und Bundessortenamt in Hannover) zugelassen sind und/oder die auf der EU-Sortenliste stehen. Die Zulassung gilt jeweils für 30 Jahre und kann erneuert werden. Andere Sorten, darunter die älteren und seltenen, dürfen Kartoffel-Produzenten nur für Speisezwecke oder zur Archivierung bzw. für Schaupflanzungen verkaufen, nicht aber als Pflanzkartoffeln. Viele Initiativen bemühen sich derzeit, hier in der Gesetzgebung eine andere Regelung zu erzielen, die es erlaubt, ältere Liebhabersorten legal in den Handel zu bringen.

Ältere Sorten

Derzeit interessieren sich viele Verbraucher und Gartenbesitzer speziell für die älteren Sorten und für Sorten mit besonderen Schalen- oder Fleischfarben. Diese Besonderheiten sind auch geschmacklich interessant. Doch sie sind im normalen Landhandel und im Gartencenter kaum zu bekommen. Das hat rechtliche, aber auch wirtschaftliche Gründe. Die meisten Landwirte bauen die älteren Sorten nicht mehr an, weil sie meistens weniger Ertrag bringen als die Neuzüchtungen und weil sie oft anfällig für Krankheiten sind.

Hobbyanbauer müssen jedoch keine hohen Erträge erzielen. Sie können Sorten, die ihnen gefallen und die gut schmecken, ausprobieren und sich an den besonderen Formen und Farben und dem besonderen Geschmack erfreuen.

Kartoffelvielfalt

Alte Kartoffelsorten erhalten

Es ist fast schon eine Binsenwahrheit, dass die Kulturpflanzenvielfalt bedroht ist, bei Obst und Gemüse genauso wie bei den großen landwirtschaftlichen Kulturen wie Getreide, Mais, Reis und Kartoffeln. Schätzungen zufolge ist im Lauf von etwa 100 Jahren 75 % der landwirtschaftlichen Vielfalt verloren gegangen. So droht das genetische Reservoir bei den Kulturpflanzen immer mehr zu verarmen.

Einige vorausschauende Persönlichkeiten in Europa und auf den anderen Kontinenten haben dieses Problem schon vor Jahrzehnten erkannt; sie haben Organisationen gegründet und bemühen sich, dem drohenden Schwund an Kulturpflanzenarten und -sorten entgegenzuwirken. Das ist eine wichtige kulturelle Arbeit, die aber auch ökonomisch nicht unterschätzt werden darf, denn die Erhaltung von alten Landsorten oder Züchtungen sowie von Wildarten sichert die genetische Vielfalt der jeweiligen Pflanzenart. Dieses Genreservoir ist wichtig für die weitere Züchtung von ertragreichen und widerstandsfähigen Sorten, die mithelfen sollen, die stark wachsende Weltbevölkerung zu ernähren.

Staatliche Institutionen, private Vereinigungen, professionelle Kartoffelanbauer und Privatleute bemühen sich mittlerweile, die alten und seltenen Kartoffelsorten zu erhalten. Die teils sehr ambitionierten Sortenschützer, die meist selbst praktisch tätig sind, bringen das Thema in die Öffentlichkeit und suchen nach möglichst vielen Mitstreitern.

Erhaltung in Genbanken

Die Erhaltung der Wildkartoffelarten und der zahlreichen Kultursorten ist eine wichtige Aufgabe für die Sortenschützer. Eine der weltweit größten Kartoffelsammlungen befindet sich in Groß Lüsewitz bei Rostock. Diese staatliche Einrichtung ist

In-vitro-Kultur zur Erhaltung

Bei der In-vitro-Kultur werden kleine Pflanzenteilchen wie Blattteile, Sprossspitzen oder Knospen auf Nährböden kultiviert. Auf diese Weise ist eine schnelle Vermehrung in großen Stückzahlen möglich, um rasch einen großen Bestand aufbauen zu können. Diese Vermehrungstechnik wird auch gezielt angewandt, um alte Sorten zu wahren. An der Schweizerischen Forschungsanstalt Agroscope Changins-Wädenswil ACW konnten so bereits mehrere hundert Kartoffelsorten gerettet werden, deren Anbau wegen eines starken Virusbefalls aufgegeben worden war. Das Ziel dieser Vermehrungsarbeit ist, genügend gesundes Pflanzmaterial für den professionellen Anbau zur Verfügung zu haben.

ein Teil der Genbank des Leibniz-Instituts für Pflanzengenetik und Kulturpflanzenforschung (IPK). Hier lagern 2600 Kulturkartoffeln und Zuchtstämme. Dieses Sortiment zu erhalten ist eine gigantische Aufgabe. Ein kleiner Teil des Sortiments wird auf dem Feld angebaut. Von einem Teil wird das Saatgut archiviert. Die Genbank in Groß Lüsewitz gibt auch an Privatleute geringe Mengen Knollen und Samen ab. Zum größten Teil werden die Sorten jedoch im Labor in Nährlösungen erhalten (In-vitro-Kultur), zum Teil auch in extremer Kälte bei 196 °C konserviert (Kryokonservierung).

Noch sehr viel größer als diese nationale Genbank ist das Internationale Kartoffelzentrum (Centro Internacional de la Papa) im peruanischen Lima. Diese Genbank im Ursprungsgebiet der Kartoffel archiviert etwa 4500 Sorten und Wildarten. Von diesem Institut aus machen sich Forscher auf die Suche nach Wildarten und sehr alten Kulturformen in der Andenregion.

Erhaltung durch Initiativen und Privatleute

Die Initiativen, die sich um die Erhaltung der Kulturpflanzenvielfalt kümmern, machen ebenfalls einen Erhaltungsanbau der Kartoffeln. Sie vermehren die Pflanzen der seltenen Sorten vegetativ über Knollen oder Stecklinge oder gewinnen Samen. Dies ist eine mühevolle und

TIPP **Mit den Ernteterminen verbunden sind oft Verkostungen der Sorten. Die Vereine (s. Seite 79) machen über ihre Internetseiten auf die Sortimente und auf Verkostungstermine aufmerksam. Bei solchen Veranstaltungen kommen Gourmets so richtig auf ihre Kosten.**

Kartoffel-Vergleichsanbau im Garten des Schweizerischen Nationalmuseums auf Schloss Prangins.

ehrenhafte Aufgabe. Organisationen wie die Arche Noah oder Pro Specie Rara und einige private und auch professionelle Kartoffelanbauer zeigen die Sorten in Schauanlagen. Hier kann man während der Vegetationszeit im Sommer deutlich die Unterschiede im Wuchs und die unterschiedlichen Blütenfarben erkennen. Ältere Sorten haben oft längere Triebe als neuere Züchtungen. Interessant wird es bei der Ernte der Knollen mit ihren so unterschiedlichen äußeren Eigenschaften.

Erhaltungsanbau im eigenen Garten

Um die alten Sorten wirklich zu erhalten, müssen sie weiter vermehrt werden. Der Anbau selbst ist bei Kartoffeln ja auch einfach zu bewerkstelligen. Erfahrungsgemäß sollte man wenigstens zehn Pflanzen einer Sorte haben. Früher oder später treten jedoch bei der eigenen Vermehrung Schwierigkeiten auf. Bei häufigem Nachbau lassen vor allem die empfindlichen Sorten nach. Insbesondere Viruserkrankungen können dann zum Problem werden. Viruserkrankte Pflanzen müssen vernichtet werden, Sie können allenfalls die gesunden Exemplare weiter vermehren. Da bietet sich zusätzlich zu der Vermehrung über Knollen der Weg über die Vermehrung aus Kopfstecklingen an. (s. Seite 34)

Bezugsquellen für Kartoffelsorten

Die Kartoffel ist eine landwirtschaftliche Kulturpflanze. Pflanzgut der zugelassenen, handelsüblichen Sorten bekommt man auf dem Land in landwirtschaftlichen Lagerhäusern und kann sie sich hier in der gewünschten Menge abwiegen lassen. Die Standardsorten werden in bestimmten Gebindegrößen auch über andere Verkaufsstellen vertrieben.

Alte und seltene Sorten, die nicht auf der Sortenliste stehen, werden von speziellen Anbietern zum Teil als Speisekartoffeln im Handel angeboten und verschickt.

Manchmal werden sie auch unter der Bezeichnung Liebhaberkartoffeln vertrieben. Zu dieser Kategorie gehören Sorten wie 'Linzer Rose' (Österreich), 'Blauer Schwede' (auch als 'Blue Congo' im Handel), 'Blue Salad' (aus Schottland), 'La Bonnotte', 'La Ratte' oder 'Vitelotte' (alle drei aus Frankreich). Darüber hinaus bieten Privatpersonen und Vereine, die sich um den Sortenerhalt kümmern, alte Kartoffelsorten an (s. Seite 78 u. 79).

TIPP **Bevor Sie Pflanzkartoffeln einkaufen, sollten Sie überlegen und berechnen, wie viele Pflanzen Sie auf Ihrem Gartengrundstück unterbringen und nur das dafür benötigte Pflanzgut kaufen.**
Pflanzgutbedarf:
4–5 Knollen/m², entsprechend 25–30 kg/100 m².

Der Blütenkelch ist verwachsen und fünfzipflig.

Sortengruppe: sehr früh bis früh

'Annabelle'

Jahr der Zulassung: 2002, Niederlande
Reifezeit: sehr früh
Knolleneigenschaften: langovale Knolle mit gelber Schale, gelbfleischig
Blüte: weiß
Kocheigenschaften: festkochend
Besonderheiten: sehr gute Speisequalität, gut für Kartoffelsalat geeignet

'Belle de Fontenay'

Jahr der Zulassung: 1885, Frankreich
Reifezeit: sehr früh
Knolleneigenschaften: lange, hörnchenförmige Knolle mit gelber Schale und hellgelbem Fleisch
Blüte: blau
Kocheigenschaften: festkochend mit hervorragendem Geschmack
Besonderheiten: Französische Feinschmeckersorte

'Annabelle'

'Belle de Fontenay'

'Christa'

'Exempla'

'Finka'

'Berber'

Jahr der Zulassung: 1985, Niederlande
Reifezeit: sehr früh
Knolleneigenschaften: ovale gelbe Knolle mit hellgelbem bis gelbem Fleisch
Blüte: weiß
Kocheigenschaften: vorwiegend festkochend
Besonderheiten: sehr gesund, eine der ersten Speisekartoffeln auf dem Markt

'Christa'

Jahr der Zulassung: 1975, Deutschland
Reifezeit: sehr früh
Knolleneigenschaften: langovale gelbe Knolle mit gelbem Fleisch
Blüte: hellrotviolett
Kocheigenschaften: vorwiegend festkochend
Besonderheiten: hoher Ertrag, früher Knollenansatz

'Exempla'

Jahr der Zulassung: 1997, Deutschland
Reifezeit: früh
Knolleneigenschaften: langovale Knolle mit gelber Schale und gelbem Fleisch
Blüte: weiß
Kocheigenschaften: festkochend
Besonderheiten: wenig anfällig gegen Kraut- und Knollenfäule, Anbau auch auf schweren Böden möglich

'Finka'

Jahr der Zulassung: 2001, Deutschland
Reifezeit: sehr früh bis früh
Knolleneigenschaften: ovale Knolle mit gelber Schale und gelbem Fleisch
Blüte: weiß
Kocheigenschaften: vorwiegend festkochend
Besonderheiten: ertragreiche Sorte, verträgt auch

leichten Frost, hervorragender Geschmack, wenn nicht zu spät geerntet wird

'Gloria'

Jahr der Zulassung: 1972, Deutschland
Reifezeit: sehr früh bis früh
Knolleneigenschaften: langovale Knolle mit gelber Schale und hellgelbem Fleisch
Blüte: weiß
Kocheigenschaften: vorwiegend festkochend
Besonderheiten: sehr guter Geschmack

'Gloria'

'Impala'

Jahr der Zulassung: 1992, Niederlande
Reifezeit: sehr früh
Knolleneigenschaften: länglich ovale Knolle mit gelber Schale und gelbem Fleisch
Blüte: weiß
Kocheigenschaften: vorwiegend festkochend
Besonderheiten: breitwüchsig wachsend

'Rosara'

'Rosara'

Jahr der Zulassung: 1990, Deutschland
Reifezeit: sehr früh bis früh
Knolleneigenschaften: langovale Knolle mit roter Schale und gelbem Fleisch
Blüte: rotviolett
Kocheigenschaften: vorwiegend festkochend
Besonderheiten: guter Ertrag

'Sieglinde'

'Sieglinde'

Jahr der Zulassung: 1935, Deutschland
Reifezeit: früh
Knolleneigenschaften: langovale Knolle mit gelber Schale und gelbem Fleisch
Blüte: weiß
Kocheigenschaften: festkochend
Besonderheiten: hervorragender Speisewert

'Solist'

'Solist'

Jahr der Zulassung: 1999, Deutschland
Reifezeit: sehr früh
Knolleneigenschaften: langovale Knolle, gelbe Schale, hellgelbes Fleisch
Blüte: weiß
Kocheigenschaften: vorwiegend festkochend
Besonderheiten: Solist zählt zu den frühesten Sorten, der sehr frühe Knolleneinsatz erfordert regelmäßiges Bewässern, die Sorte zeigt eine hohe Resistenz gegen Schorfbefall

Oskar – die Osttiroler Kartoffel

Seit 2008 ist die Osttiroler Kartoffel eine geschützte Marke. Etwa 40 landwirtschaftliche Betriebe bauen verschiedene besonders wertvolle Kartoffeln an, die ab Hof oder über Handelsketten erhältlich sind. Acht verschiedene Sorten werden, passend für den jeweiligen Standort, angebaut, sodass beste Qualität und hoher Ertrag gewährleistet werden können.

'Agata'
Eine sehr frühe, vorwiegend festkochende Sorte mit angenehm kräftigem Geschmack.

'Ostara'
Eine sehr frühe, vorwiegend festkochende Sorte, die sehr vielseitig verwendet werden kann.

'Ukama'
Eine sehr frühe, vorwiegend festkochende Sorte, mit einem sehr milden Geschmack, die sich für viele Arten der Zubereitung eignet.

'Juwel'
Eine frühe, vorwiegend festkochende Sorte, die als gute Speisekartoffel gilt, aber nur bedingt lagerfähig ist

'Krone'
Eine mittelfrüh reifende Sorte mit vorwiegend festkochenden Eigenschaften; sehr gut lagerfähig.

'Innovator'
Eine mittelfrüh reifende, mehligkochende Sorte, die sich gut zur Herstellung von Pommes frites eignet.

'Ditta'
Eine mittelspäte, festkochende Kartoffelsorte, mit ausgezeichneter Haltbarkeit und delikatem Geschmack.

'Agria'
Eine mittelspäte, mehligkochende Sorte mit guter Lagerfähigkeit. Besonders gut gelingen Püree, Schlipfkrapfen, Salz- und Pellkartoffeln.

Sortengruppe: mittelfrüh

'Agria'

Jahr der Zulassung: 1985, Deutschland
Knolleneigenschaften: ovale Knolle mit gelber Schale und gelbem Fleisch
Blüte: rotviolett
Kocheigenschaften: vorwiegend festkochend
Besonderheiten: sehr hoher Ertrag

'Bintje'

Jahr der Zulassung: 1910, Niederlande
Knolleneigenschaften: rundovale Knolle, gelbe Schale, hellgelbes Fleisch
Blüte: weiß

'Agria'

Kocheigenschaften: vorwiegend festkochend
Besonderheiten: große Knollen, Schorf und Kraut- und Knollenfäule anfällig

Mittelfrühreifende Besonderheit: 'Edzell Blue'

Die aus Schottland stammende Sorte 'Edzell Blue' wurde bereits 1890 zugelassen. Die hellviolette Schalenfarbe macht sie zu etwas ganz Besonderem, ein hoher Ertrag und die gute Lagerfähigkeit sind weitere Pluspunkte. 'Edzell Blue' ist vorwiegend festkochend.

'Granola'

'Hansa'

'Krone'

'Freya'

Jahr der Zulassung: 1998, Deutschland
Knolleneigenschaften: ovale Knolle mit gelber Schale und gelbem Fleisch
Blüte: weiß
Kocheigenschaften: mehligkochend
Besonderheiten: gut geeignet für Pommes frites

'Granola'

Jahr der Zulassung: 1975, Deutschland
Knolleneigenschaften: rundovale Knolle mit gelber Schale und gelbem Fleisch
Blüte: rotviolett
Kocheigenschaften: vorwiegend festkochend
Besonderheiten: sehr guter Geschmack, anpassungsfähig an den Standort, gute Lagerfähigkeit

'Hansa'

Jahr der Zulassung: 1956, Deutschland
Knolleneigenschaften: ovale Knolle mit gelber Schale, hellgelbes Fleisch
Blüte: weiß
Kocheigenschaften: festkochend
Besonderheiten: hervorragender Speisewert

'Krone'

Jahr der Zulassung: 2002, Deutschland
Knolleneigenschaften: ovale Knolle mit gelber Schale und gelbem Fleisch
Blüte: weiß
Kocheigenschaften: vorwiegend festkochend
Besonderheiten: robuste, gut lagerfähige Sorte

'Solara'

Jahr der Zulassung: 1989, Deutschland
Knolleneigenschaften: ovale Knolle, gelbe Schale, gelbes Fleisch

Blüte: weiß
Kocheigenschaften: festkochend
Besonderheiten: nematodenresistent

'Laura'

Jahr der Zulassung: 1998, Deutschland
Knolleneigenschaften: ovale Knolle, rote Schale, dunkelgelbes Fleisch
Blüte: weiß bis hellrot-violett
Kocheigenschaften: vorwiegend festkochend
Besonderheiten: lässt sich sehr gut verarbeiten

'Laura'

'Linda'

Jahr der Zulassung: 1974/ Neuzulassung 2009, Deutschland
Knolleneigenschaften: ovale Knolle, gelbe Schale und gelbes Fleisch
Blüte: weiß
Kocheigenschaften: festkochend
Besonderheiten: hervorragender Geschmack

'Linda'

'Linzer Delikatess'

Jahr der Zulassung: 1975, Österreich
Knolleneigenschaften: lange Knolle, ockerfarbene Schale, gelbes Fleisch
Blüte: weiß
Kocheigenschaften: festkochend
Besonderheiten: sehr gute Lagerfähigkeit

'Linzer Delikatess'

'Senna'

Jahr der Zulassung: 2007, Dänemark
Knolleneigenschaften: langovale Knolle mit roter Schale und gelbem Fleisch
Blüte: violett
Kocheigenschaften: festkochend
Besonderheiten: sehr guter Geschmack, gute Lagerfähigkeit

Sortengruppe: spät

'Aula'

Jahr der Zulassung: 1974, Deutschland
Reifezeit: mittelspät
Knolleneigenschaften: flachrunde Knolle, gelbe, genetzte Schale, dunkelgelbes Fleisch
Blüte: weiß
Kocheigenschaften: mehligkochend
Besonderheiten: sehr gesunde Sorte, allerdings anfällig für Blattrollvirus, gut lagerfähig, am besten gelingen Püree und Knödel

'Cara'

'Axona'

Jahr der Zulassung: 2004, Ungarn
Reifezeit: spät
Knolleneigenschaften: langovale Knolle mit roter Schale und hellgelbem Fleisch
Blüte: rotviolett
Kocheigenschaften: vorwiegend festkochend
Besonderheiten: hoher Ertrag, gut lagerfähig, resistent gegen Kraut- und Knollenfäule

'Cara'

Jahr der Zulassung: 1976, Irland
Reifezeit: spät
Knolleneigenschaften: rundovale Knolle, helle Schale, rotfleckig um die Augen und gelbes Fleisch
Blüte: weiß
Kocheigenschaften: vorwiegend festkochend
Besonderheiten: toleriert auch Trockenheit während des Wachstums, ertragreiche Sorte mit guter Lagerfähigkeit und hoher Widerstandskraft gegen Kraut- und Knollenfäule

'Highland Burgundy Red'

Jahr der Zulassung: nicht bekannt, Schottland
Reifezeit: mittelspät
Knolleneigenschaften: langovale Knolle mit roter Schale und rotem Fleisch
Blüte: weiß
Kocheigenschaften: mehligkochend
Besonderheiten: zuerfällt schnell beim Kochen

'Jelly'

Jahr der Zulassung: 2002, Deutschland
Reifezeit: mittelspät bis spät
Knolleneigenschaften: ovale Knolle mit gelber Schale und gelbem Fleisch
Blüte: weiß
Kocheigenschaften: vorwiegend festkochend
Besonderheiten: ertragreiche Sorte, resistent gegen Nematoden

'Rekord'

Jahr der Zulassung: 1964, Niederlande
Reifezeit: mittelspät
Knolleneigenschaften: ovale Knolle mit gelber Schale und hellgelbem Fleisch
Blüte: weiß
Kocheigenschaften: mehligkochend
Besonderheiten: besonders das Kartoffelpüree weist einen hervorragenden Geschmack auf

'Remarka'

Jahr der Zulassung: 1991, Niederlande
Reifezeit: mittelspät
Knolleneigenschaften: ovale Knolle, hellgelbe Schale und hellgelbes Fleisch
Blüte: weiß
Kocheigenschaften: vorwiegend festkochend
Besonderheiten: ertragreiche Sorte mit großen Knollen, sehr widerstandsfähig gegen verschiedene Kartoffelkrankheiten und Schädlinge

'Sarpo Mira'

Jahr der Zulassung: 2002, Ungarn
Reifezeit: spät
Knolleneigenschaften: langovale Knolle mit hellroter Schale und gelbem Fleisch
Blüte: weiß
Kocheigenschaften: vorwiegend festkochend
Besonderheiten: sehr widerstandsfähig

'Valor'

Jahr der Zulassung: 1993, Großbritannien
Reifezeit: mittelspät
Knolleneigenschaften: rundovale Knolle, weiße Schale, gelbes Fleisch
Blüte: violett
Kocheigenschaften: festkochend
Besonderheiten: verträgt Hitze gut

TIPP **Probieren Sie neue Sorten in Anzuchttaschen auf dem Balkon aus.**

'Sarpo Mira'

Besonderheiten

Babu

'Babu'

Herkunft: Ungarn
Blütenfarbe: rotviolett
Reifezeit: sehr spät
Knolleneigenschaften: langovale Knolle mit rosa Schale und hellgelbem Fleisch
Kocheigenschaften: vorwiegend festkochend

'Barbara'

Herkunft: Deutschland
Blütenfarbe: weiß
Reifezeit: mittelfrüh
Knolleneigenschaften: langovale Knollenform, Schale gelb mit violetten Flecken, gelbes Fleisch
Kocheigenschaften: vorwiegend festkochend

Barbara

'Dänische Spargelkartoffel'

Die Sorte wurde vor 1900 in Dänemark erstmalig zugelassen. Man kennt sie auch unter der Bezeichnung Asparjes oder Bananenkartoffel. Spargelkartoffeln sind festkochend und gut für Salat und Pellkartoffeln zu verwenden. Einziger Nachteil: Sie sind anfällig gegen Kraut- und Knollenfäule.

Gelbschalige 'Bamberger Hörnchen' im Sortenvergleich

'Blaue Mauritius'

'Blaue Mauritius'

Herkunft: Österreich
Blütenfarbe: blau
Reifezeit: mittelspät
Knolleneigenschaften: langovale Knolle mit blauer Schale und blau-weiß marmoriertem Fleisch
Kocheigenschaften: vorwiegend festkochend

'Bamberger Hörnla'

Zu den bekanntesten Besonderheiten der Kartoffelwelt zählt die frühe Sorte Bamberger Hörnla oder Bamberger Hörnchen. Beide Typen, der gelbschalige und der rotschalige, sind festkochend und geschmacklich eine Sensation.
In Vergessenheit geriet die Knolle, weil sie sehr anfällig vor allem gegenüber Virusbefall war. Nun konnten Wissenschaftler der bayerischen Landesanstalt für Landwirtschaft virusfreies Pflanzgut aus Meristemkultur gewinnen, sodass die Sorte Ende 2009 beim Bundessortenamt erneut angemeldet wurde.
Noch immer ist der Pflegeaufwand für 'Bamberger Hörnla' größer als bei anderen Sorten und der Ertrag vergleichsweise niedrig, doch die Liebhabersorte wird weiterhin als Delikatesse geschätzt und nachgefragt.
In Deutschland werden auf etwa 7 ha Land 'Bamberger Hörnla' angebaut, das sind nur 0,002 % der gesamten deutschen Anbaufläche.
In der Bamberger Küche wird traditionell der Festagskartoffelsalat aus 'Bamberger Hörnla' hergestellt, in der fränkischen Regionalküche serviert man die Knollen leicht gebräunt oder in Butter geschwenkt zu Fisch- und Fleischspeisen. Die Sorte passt gut zu Spargelgerichten.

'Blue Salad Potatoe'

'Ciclamen'

'Desiree'

'Blue Salad Potato'

Herkunft: schottische Landsorte
Blütenfarbe: blau
Reifezeit: mittelfrüh
Knolleneigenschaften: rundovale Knolle mit blauer Schale und blau marmoriertem Fleisch
Kocheigenschaften: festkochend, vor allem als Salat-, Salz- oder Pellkartoffel verwendbar

'Ciclamen'

Herkunft: Ungarn, 1989
Blütenfarbe: dunkelrot
Reifezeit: mittelspät
Knolleneigenschaften: ovale Knolle mit roter Schale und cremefarbenem Fleisch
Kocheigenschaften: mehligkochend

'Desiree'

Herkunft: Niederlande, 1962
Blütenfarbe: weiß
Reifezeit: mittelfrüh
Knolleneigenschaften: langovale Knolle mit roter Schale und hellgelbem Fleisch
Kocheigenschaften: vorwiegend festkochend, als Salzkartoffel und für Kartoffelbrei verwendbar

Resistenzen und Anfälligkeiten von 'Desiree'

'Desiree' zeigt eine hohe Resistenz gegenüber Kartoffelkrebs, Schwarzfleckigkeit, Fusarium-Trockenfäule und Pulverschorf. Auf Böden, die mit diesen Krankheiten bereits vorbelastet sind, kann 'Desiree' deshalb gut angebaut werden. Sie ist allerdings anfällig für Kartoffelschorf, Blattrollvirus und Kartoffelnematoden.

'DiVernon'

Herkunft: Großbritannien, 1922
Blütenfarbe: weiß mit wenig lila Einwaschung
Reifezeit: früh
Knolleneigenschaften: rundovale Knolle, Schale gelb mit violetten Flecken, cremefarbenes Fleisch, mitteltiefe Augen
Kocheigenschaften: vorwiegend festkochend

'DiVernon'

'Kefermarkt Zuchtstamm'

Herkunft: Österreich
Reifezeit: mittelfrüh
Knolleneigenschaften: sehr langgezogene Knolle mit roter Schale und rosa-weiß marmoriertem Fleisch
Kocheigenschaften: vorwiegend festkochend

'Kefermarkt Zuchtstamm'

'Magura'

Herkunft: Rumänien, 1964
Blütenfarbe: teils rot-violett
Reifezeit: mittelfrüh
Knolleneigenschaften: ovale Knolle mit gelber Schale und cremefarbenem Fleisch
Kocheigenschaften: mehligkochend, am besten als Kartoffelbrei zu verwenden

'Magura'

'Goldsegen'

Die Sorte 'Goldsegen' stammt aus Österreich. Sie bringt weiße Blüten hervor und reift mittelspät heran.
Die ovale Knolle hat eine gelbe Schale und gelbes Fleisch. Als vorwiegend festkochende Sorte ist sie vielfältig verwendbar. 'Goldsegen' wurde 1958 zugelassen, ist also keine sehr alte Sorte, aufgrund des guten Geschmacks aber durchaus erhaltungswürdig.

'Magyar Rosza'

'Magyar Rosza'

Herkunft: Ungarn, 1980
Blütenfarbe: rot
Reifezeit: mittelfrüh
Knolleneigenschaften: langovale Knolle mit hellrosa Schale und cremefarbenem Fleisch
Kocheigenschaften: festkochend

'Man's Peer'

Herkunft: Großbritannien, 1964
Blütenfarbe: rotviolett
Reifezeit: sehr früh
Knolleneigenschaften: ovale Knolle mit gelbem Fleisch und gelber Farbe
Kocheigenschaften: vorwiegend festkochend, sehr guter Geschmack

'Mehlige Mühlviertler'

'Mehlige Mühlviertler'

Herkunft: Österreich, Landsorte
Blütenfarbe: weiß
Reifezeit: früh
Knolleneigenschaften: rundovale Knolle, gelbe Schale, hellgelbes Fleisch
Kocheigenschaften: mehligkochend

'Naglerner Kipfler'

Rosenkartoffel

'Early Rose' oder frühe Rosenkartoffel ist die Ausgangssorte vieler Frühkartoffelsorten. Sie ist mehligkochend und ergibt ein leckeres helles Pürree. In früheren Zeiten war das Angebot an mehligkochenden Sorten viel größer. Das liegt daran, dass früher mehr Wert auf diese Eigenschaft gelegt wurde. Kartoffelbrei und gestampfte Kartoffeln waren in früheren Zeiten beliebter als Kartoffelsalat un Gratin.

'Naglerner Kipfler'

Herkunft: Österreich, 1955 aus einer Landsorte
Blütenfarbe: teilweise rot
Reifezeit: mittelfrüh
Knolleneigenschaften: kipferlförmige Knolle mit gelber Schale und hellgelbem Fleisch
Kocheigenschaften: festkochend

'Pniki'

'Pinki'

Herkunft: Deutschland, 1979
Blütenfarbe: weiß
Reifezeit: früh
Knolleneigenschaften: langovale Knollenform, Schalenfarbe gelb-ocker mit rosa, hellgelbes bis gelbes Fleisch
Kocheigenschaften: vorwiegend festkochend

'Purple Fiesta'

'Purple Fiesta'

Herkunft: USA, Landsorte
Blütenfarbe: weiß
Reifezeit: spät
Knolleneigenschaften: langovale Knolle mit blauer Schale und blau-weiß marmoriertem Fleisch
Kocheigenschaften: vorwiegend festkochend

'King Edward'

Herkunft: England
Blütenfarbe: rot
Reifezeit: mittelfrüh–spät
Knolleneigenschaften: langovale Knolle mit hellockerfarbener Schale und rötlichen Flecken um die Augen, cremefarbenes Fleisch
Kocheigenschaften: vorwiegend festkochend

'King Edward' ist aus einer Mutation entstanden.

'Skerry Blue'

'Viola'

'Weinberger Blaue'

'Skerry Blue'

Herkunft: USA, Landsorte
Blütenfarbe: blauviolett
Reifezeit: mittelfrüh
Knolleneigenschaften: rundovale Knolle mit roter Schale und cremefarbenem Fleisch
Kocheigenschaften: festkochend

'Viola'

Herkunft: Deutschland
Reifezeit: spät
Knolleneigenschaften: langovale Knolle mit blauer Schale und blau-weiß marmoriertem Fleisch
Kocheigenschaften: vorwiegend festkochend

'Weinberger Blaue'

Herkunft: Österreich
Reifezeit: sehr spät
Knolleneigenschaften: runde bis ovale Knolle, leuchtend rot-lila Schale, weißes Fleisch
Kocheigenschaften: vorwiegend festkochend

Farbenvielfalt

Aus Deutschland stammt die Sorte 'Schwarzblaue aus dem Frankenwald'. Ihre blauschwarze Schalenfarbe ist beeindruckend, darunter befindet sich cremefarbenes Fleisch. Die Reifezeit ist mittelspät, die Knolle vorwiegend festkochend. Ebenfalls von besonderer Schalenfarbe ist die aus 1950 stammende Sorte 'Roseval' aus Frankreich. Sie ist dunkelrot und hat hellgelbes Fleisch. Im Gegensatz zu vielen anderen alten Sorten ist 'Roseval' festkochend. Die weißen Blüten mit leicht rosa-violettem Schimmer sind eine Besonderheit.

'Weiße Lötschentaler'

Herkunft: Schweiz, Landsorte
Blütenfarbe: weiß
Reifezeit: spät
Knolleneigenschaften: rundovale Knolle mit gelber Schale und hellgelb bis gelbem Fleisch
Kocheigenschaften: festkochend

'Weiße Lötschentaler'

Bekanntes und Außergewöhnliches

Nicht unerwähnt dürfen auch die Sorten 'La Ratte' und 'Hermanns Blaue' bleiben.

'La Ratte' ist eine der bekanntesten französischen Sorten und könnte mit dem 'Bamberger Hörnla' verwechselt werden. Aufgrund der Form nennt man sie auch Fingerkartoffel, was sie aber so attraktiv macht ist der nussige Geschmack und die festkochende Eigenschaft. 'La Ratte' ist mittelfrüh und entwickelt schöne rosafarbene Blüten.

'Hermanns Blaue' trägt ihren Namen zu Recht: Die Knollen sind von tiefblauer Färbung, bei dieser Sorte ist allerdings nicht nur die Schale sondern auch das Fleisch blau. Verantwortlich hierfür sind Anthocyane, denen nachgesagt wird, dass sie das Krebsrisiko bei Menschen senken. Blaufleischige Sorten haben meistens einen bläulichen Keim und blauviolette Blüten.

Besonderheiten auf einen Blick

Verschiedene Sorten sind erhältlich:

- 'Vitelotte', auch als Trüffelkartoffel bekannt
- 'Linzer Blaue'
- 'Blauer Schwede', auch als 'Blue Congo' bezeichnet
- 'Valfi'
- 'Blaue Hindelbank'

'Vitelotte'

Kartoffeln in der Küche und im Haushalt

Es gibt kaum ein anderes Gemüse, das sich so vielseitig zubereiten lässt wie die Kartoffel. Sie schmeckt allein für sich, nur mit etwas Butter und Salz gewürzt oder in Kombination mit anderen Gemüsen, mit Eiern, Fleisch oder Milchprodukten. Selbst angebaute Kartoffeln schmecken besonders köstlich. In einem kühlen, luftigen Kellerraum halten sie sich lange und sind bei Bedarf sofort verfügbar.

Kartoffeln lagern

Am besten für die Lagerung von Kartoffeln eignet sich ein Gewölbekeller mit erdgebundenem Boden oder einem Boden, der mit Tonziegeln ausgelegt ist. Hier lagern die Kartoffeln am besten auf einem Lattenrost oder auf Stellagen aus Holz, sodass von unten her Luft zutreten kann. In älteren Häusern, vor allem auf dem Land, gibt es solche Keller noch.

In Kellern, in denen keine solch günstigen Bedingungen herrschen, kann man die Kartoffeln ersatzweise auch in Holzkisten lagern und mit Pappe abdecken. Die Kartoffeln sollten nicht zu hoch geschichtet werden. Außerdem gibt es im Handel Kartoffelhorden aus Holz, die sowohl die nötige Luftfeuchtigkeit als auch Dunkelheit verschaffen.

In einem Drahtkorb kann eine kleine Menge an Kartoffeln kurzzeitig luftig aufbewahrt werden.

Wenn es im Haus keine gute Lagermöglichkeit gibt, bietet sich ein Erdkeller im Freien an. Das muss nicht unbedingt ein gemauerter Keller sein. Man kann sich auch mit einer alten Waschmaschinentrommel aus Edelstahl behelfen, die in den Boden eingelassen wird. Hier lagern die Kartoffeln in kühler und feuchter Atmosphäre im Boden. Um sie nach oben hin vor tiefen Temperaturen und Frost zu schützen, muss man die Trommel mit Stroh oder anderen Materialien abdecken.

Für gute Belüftung sorgen

Bis etwa zum Jahreswechsel befinden sich Kartoffeln in der Keimruhe. Danach jedoch beginnen sie auszutreiben. Die Keimbildung wird begünstigt durch ansteigenden Kohlensäuregehalt (CO_2-Gehalt) in der Luft. Die Kartoffeln selbst geben auch CO_2 ab. Bei der Lagerhaltung muss man also auf eine gute Durchlüftung achten, damit das CO_2 abfließen kann. Da die Kohlensäure ein größeres spezifisches Gewicht als Luft hat, sammelt sie sich am Boden an. Aus diesem Grund ist es wichtig, die Kartoffeln nicht direkt auf dem Boden zu lagern und für eine gute Durchlüftung zu sorgen. Bei der professionellen Kartoffellagerung wird der Kohlensäuregehalt der Luft kontrolliert und sollte dabei nicht auf über 0,5 % steigen. (Zum Vergleich: Unsere normale Umgebungsluft hat einen CO_2-Gehalt von 0,03 %.)

Optimale Lagerbedingungen:

- Die Temperatur darf nicht unter 3 °C fallen, da bei niedrigeren Temperaturen Kartoffeln süß werden (dabei wird die Stärke in Zucker umgewandelt).
- Die optimale Lagertemperatur liegt zwischen 3 und 6 °C bei einer relativen Luftfeuchtigkeit von 85–90 %.
- Es muss dunkel sein, damit die Kartoffeln nicht vergrünen (dabei bildet sich das giftige Solanin).
- Gute Belüftung und Durchlüftung muss gewährleistet sein.

Bitte beachten:

- Kartoffeln nie zusammen mit Äpfeln lagern, da gasförmige Ausscheidungen der Äpfel (Äthylen) die Reifung der Kartoffeln beschleunigen.
- Kartoffeln vor dem Einlagern nicht waschen.
- Kartoffeln nie in Plastikbeuteln lagern.

Die Kartoffel und das Solanin

Die Kartoffel bildet über der Erde Früchte, die wie kleine grüne Tomaten aussehen. Und mit diesen Früchten hat man schon sehr bald, nachdem die Kartoffel aus der Neuen Welt nach Europa gelangt war, die schlechtesten Erfahrungen gemacht. Es kam vor, dass die Menschen sich vergifteten, wenn sie die Kartoffelfrüchte oder die grünen Triebe aßen. Damals wusste man noch nicht, dass die unterirdisch wachsenden Knollen der Kartoffel die essbaren Teile sind.

Das giftige Solanin, ein Glykoalkaloid, ist auch in vergrünten, chlorophyllhaltigen Teilen der Kartoffelknolle und in ihren Trieben enthalten. Es wird gebildet, wenn die Knollen dem Licht ausgesetzt sind. Vergrünte Teile muss man vor der Zubereitung der Kartoffeln ausschneiden. Außerdem sollte man die Kartoffeln schälen. Das Solanin wird durch Kochen nämlich nicht abgebaut. Es geht beim Garen ins Kochwasser über, deshalb sollte man das Kochwasser weggießen.

Die leichteren Folgen von Solaningenuss sind Kratzen und Brennen im Hals. Heftigere Reaktionen sind Durchfälle, Benommenheit, Schweißausbrüche und Krämpfe. Doch keine Angst! So weit kommt es nicht, da dafür Unmengen von Kartoffeln gegessen werden müssten. Neuere Kartoffelzüchtungen enthalten sehr wenig Solanin (3–7 mg/100 g in der Schale, im Kartoffelkörper sehr viel weniger). Man müsste mindestens 2,5 kg rohe Kartoffeln zu sich nehmen, bis erste Vergiftungserscheinungen auftreten. Bei älteren Sorten ist der Solaningehalt in der Regel höher; werden diese Sorten angebaut und verzehrt, sollte man etwas vorsichtiger sein.

Kartoffeln im Haushalt

Kartoffeln spielten in den Haushalten früher eine viel größere Rolle als heute. Die Menschen nutzten sie als Nahrungsmittel und für andere Zwecke im Haushalt, z. B. zum Stärken von Wäsche. Das Kochwasser von Salzkartoffeln eignet sich zum Putzen von Silberbesteck. Für diesen Zweck kann man auch rohe Kartoffelscheiben nehmen.

Ein altes Hausmittel

Kartoffelumschläge bzw. Kartoffelwickel sind ein altes Hausmittel bei Bronchitis, Nackenverspannungen und vielen anderen Beschwerden. Die heißen Pellkartoffeln (je nach Größe braucht man 4–6 Kartoffeln) werden in ein Tuch eingeschlagen und mit der Faust im Tuch zerdrückt. Die so entstandene Kompresse verschließt man auf einer Seite mit Klebeband und legt sie als heiße Packung auf den Körper auf. Mit einem weiteren Tuch wird der Körper umhüllt, sodass sich die Wärme gut halten kann und der Patient ins Schwitzen kommt. Der Wickel bleibt am Körper, solange er warm ist. Kartoffeln sind sehr gute Wärmeträger; sie halten die Wärme viel länger als eine Wärmflasche.

Grund-zubereitungen

Verarbeitungstipps

Bitte beachten Sie folgende Hinweise:

- Schrumpelige Kartoffeln in kaltes Wasser legen. Dann lassen sie sich besser schälen.
- Kartoffeln sollten nicht roh gegessen werden, da die Kartoffelstärke schwer verdaulich ist. Sie müssen immer gegart sein.
- Die rohe Kartoffel eignet sich nicht zum Tiefgefrieren. Allenfalls in zubereiteter Form als Püree oder als Knödel einfrieren.

TIPP **Mit einem Trick können Sie den Stärkegehalt der Kartoffeln feststellen. Schneiden Sie eine Kartoffel auseinander und reiben Sie die Hälften aneinander; je mehr Schaum sich dabei bildet, desto höher ist der Stärkegehalt.**

- Um missratene Gerichte zu vermeiden, sollten Kartoffeln nach Kocheigenschaften ausgewählt werden.

Pellkartoffeln

Dies ist die schonendste Zubereitungsmöglichkeit für Kartoffeln, bei der die wertvollsten Nährstoffe, die direkt unter der Schale sitzen, erhalten bleiben. Wählen Sie nur Kartoffeln ohne grüne Stellen aus. Bei der Zubereitung als Salzkartoffeln ist der Verlust an wertgebenden Inhaltsstoffen größer (s. Tabelle unten). Junge Kartoffeln kann man auch mit der Schale essen. Kartoffelschalen selbst enthalten Fluor.

Zum Zubereiten eignet sich am besten ein spezieller Kartoffeldämpftopf mit Siebaufsatz oder ein Schnellkochtopf. Kartoffeln werden mit kaltem Wasser angesetzt. Heißes Wasser würde die Außenfläche verschließen und das Eindringen der

Kartoffelsorten – Kocheigenschaften und Verwendungsmöglichkeiten

Kocheigenschaft	Sorten	Verwendung für
Festkochend	'Annabelle', 'Linda', 'Sieglinde', 'Blue Salad Potato'	Kartoffelsalat, Pellkartoffeln, Petersilienkartöffelchen
Vorwiegend festkochend	'Agria', 'Finka', 'Gloria', 'Rosara'	Pellkartoffeln, Salzkartoffeln
Mehligkochend	'Rekord', 'Bintje', 'Magura', 'Mehlige Mühlviertler'	Kartoffelbrei/Püree, Knödel, Suppen, Pommes frites

Nährstoffverluste beim Kochen

	Vitamin B_1	Vitamin C	Kalium	Eisen	Nitrat
Ungeschält (als Pellkartoffel)	9 %	11 %	0,4 %	2 %	6 %
Geschält (als Salzkartoffel)	15 %	32 %	20 %	26 %	55 %

(Quelle: aid-infodienst)

Wärme erschweren. Es gibt auch spezielle Tontöpfe, in denen man Kartoffeln ohne Wasser auf dem Herd dämpfen kann. Sie schmecken dann wie Kartoffeln aus dem Feuer.

TIPP **Selbst gebackenes Brot wird schön locker und saftig, wenn man ein oder zwei Pellkartoffeln in den Brotteig reibt.**

Beim Kartoffeldämpfen lässt sich mit etwas Überlegung Energie sparen:

Dämpfen Sie immer ein paar Kartoffeln mehr, als Sie eigentlich brauchen. Die gegarten Kartoffeln lassen sich auch ein oder zwei Tage danach noch verbrauchen. Die gegarten Pellkartoffeln vom Vortag können in Gemüsegerichten mit Karotten, Wirsing oder Rosenkohl am Ende der Garzeit im Topf einfach mitziehen. Oder man verwendet sie für Suppen oder Aufläufe.

Und noch ein Tipp: Zusammen mit den Kartoffeln kann man ganze Karotten oder Rote Bete dämpfen. Man braucht die Gemüse also nicht extra kochen und spart so Energie.

Salzkartoffeln

Hierzu muss man die Kartoffeln mit einem Küchenmesser mit gerader Klinge oder mit einem speziellen Kartoffelschälmesser schälen; dabei möglichst wenig Fleisch wegschneiden. Die geschälten Kartoffeln entweder ganz oder in etwa gleich große Stücke geschnitten in einem großen Topf mit Salzwasser kochen.

Tipps:

- Dünn schälen, am besten mit einem Kartoffelmesser (Für den großen Bedarf gibt es spezielle Kartoffelschälmaschinen).
- Nach dem Schälen in kaltes Wasser legen und möglichst bald kochen, sonst verfärben sich die Knollen.

Kartoffelbrei

Die Zubereitung entspricht zunächst der von Salzkartoffeln, am besten wählt man eine mehlige Sorte aus. Wenn die Kartoffeln gar sind, gießt man das Kochwasser ab. Noch heiß werden die Kartoffeln im Kochtopf zerstampft oder mithilfe eines Pürierstabes püriert. Man gießt anschließend heiße Milch dazu, die mit dem Pürierstab untergemixt wird. Geben Sie weitere Milch zu, bis

Mit einem spitzen Messer lässt sich die Schale schnell entfernen.

Eine Prise Muskatnuss gehört in manchen Regionen traditionell in den Kartoffelbrei.

der Brei die gewünschte Konsistenz hat. Etwas Butter in die noch heiße Kartoffelmasse gegeben und untergerührt rundet den Geschmack ab. Neben Salz kann auch eine Prise Muskat in den Brei gegeben werden.

Tipps für die Zubereitung:

- Wer Milch nicht verträgt, kann heißes Wasser vermischt mit etwas Schlagobers nehmen.
- Wenn Sie Abwechslung auf dem Teller mögen, können Sie den Brei mit fein gehackten oder pürierten Wildkräutern wie Brennnesseln vermischen.

Kartoffeln in der Folie

Nehmen Sie für diese Zubereitung möglichst große, mehlige Kartoffeln. In Alufolie einwickeln und im Backofen, im Grill oder am Lagerfeuer backen. Dazu schmeckt frisch zubereiteter Kräutertopfen.

Pommes frites

Pommes frites kann man fertig vorbereitet aus dem Tiefkühlfach kaufen. Wer selbst Kartoffeln anbaut, möchte jedoch die eigenen Kartoffeln verwerten. Für Pommes frites eignen sich große, mehligkochende Kartoffeln wie 'Bintje'. Die werden dünn abgeschält und mit einem speziellen Pommes-frites-Schneider der Länge nach in viereckige Kartoffelstifte geschnitten. Die Stifte mit Küchenpapier trocken reiben. Bratfett oder Erdnussöl in einer Fritteuse auf 140 °C erhitzen und die vorbereiteten Kartoffelstifte hineingleiten lassen. Wenn die Pommes frites anfangen zu rascheln, die Temperatur auf ca. 160 °C erhöhen und fertig frittieren. Bei höheren Temperaturen um 200 °C kann das möglicherweise gesundheitsschädliche Acrylamid entstehen. Die Pommes frites dürfen nicht zu dunkel werden, sondern sollten eine goldgelbe Farbe bekommen. Mit dem Sieb oder dem Schaumlöffel herausnehmen. Auf Küchenpapier abtropfen lassen. Heiß und leicht gesalzen servieren.

Passende Kräuter für Kartoffelgerichte

- Knoblauch
- Kümmel
- Liebstöckel/Maggikraut
- Majoran
- Muskatnuss
- Petersilie
- Rosmarin
- Salbei
- Schnittlauch
- Thymian

Klassische Mittagsgerichte mit Kartoffeln

Die Kartoffel ist die Basis einer vollwertigen, kalorienarmen Ernährung. In Kombination mit anderen Gemüsen ergeben sich schmackhafte, die Verdauung nicht belastende Mittagsgerichte. Als Klassiker gelten:

- Pellkartoffeln mit Topfen
- Pellkartoffeln mit gedünstetem Gemüse wie Karotten, Rosenkohl oder Wirsing
- Pellkartoffeln mit Meerrettichsoße (Krensoße)
- Salzkartoffeln mit Spinatgemüse und Spiegelei
- Salzkartoffeln mit Grüner Soße

Rezepte

Kartoffeln regen die Kreativität der Köchinnen und Köche an. Kein anderes Gemüse lässt sich so vielseitig zubereiten wie sie. Die Kartoffel passt mit allen anderen Gemüsen zusammen, ist eine ideale Beilage zu vielen Fleischgerichten, kann für sich als Hauptgericht zubereitet werden und passt sogar in süße Zubereitungen. Dabei ist sie sehr bekömmlich und eignet sich als Diätnahrungsmittel.

Die folgenden klassischen Rezepte sollen einige Anregungen geben. Kartoffelrezepte lassen sich aber auch gut für die eigenen geschmacklichen Vorlieben abwandeln. Nur roh sollten sie nicht gegessen werden; sie müssen immer gegart sein!

Mengenangaben

Durchschnittlich rechnet man mit 200–250 g Kartoffeln pro Person, bei Salzkartoffeln etwas weniger. Wenn Sie Gemüse im Garten ernten, brauchen Sie sich nicht so genau an die angegebenen Mengen bei den Rezepten richten. Je nachdem, welche Gemüse gerade erntereif sind oder verbraucht werden müssen, können Sie mehr oder weniger Karotten, Sellerie oder Zwiebel nehmen.

Schonend braten und backen

Kartoffelgerichte wie Bratkartoffeln, Kartoffelpuffer oder Pommes frites sollten möglichst schonend bei nicht zu hoher Temperatur gebacken, gebraten oder frittiert werden, weil sonst das gesundheitsschädliche Acrylamid entsteht. Je dunkler die Kartoffelpuffer oder die Pommes frites geraten, desto mehr dieser schädlichen Substanz enthalten sie. Acrylamid bildet sich übrigens nur an den Randschichten. Den Backofen mit Umluft auf höchstens 180 °C einstellen, ohne Umluft auf höchstens 200 °C. Frittieren sollten Sie bei höchstens 175 °C.

Kalte Kartoffelgerichte

Kartoffelkäse

Zutaten (für 2 Personen):

- 2–3 fertig gegarte Pellkartoffeln
- 1 Becher Topfen (20 %ig)
- 50 g Camembert oder Reste von einem beliebigen Weichkäse
- ½–1 TL scharfer Senf
- Salz
- Paprikapulver
- nach Bedarf etwas Obers

Zubereitung:

Die Pellkartoffeln schälen und auf einer feinen Reibe reiben oder mit einer feinzinkigen Gabel zerdrücken. Den Camembert ebenfalls mit der Gabel zerdrücken. Den Topfen zum Käse geben und sorgfältig die Gewürze untermengen. Die geriebenen Pellkartoffeln unterrühren. Wenn die Masse eine zu feste Konsistenz haben sollte, etwas Sahne hinzufügen.

Von diesem Kartoffelkäse gibt es viele Varianten. Die Zusammensetzung kann sich in der Alltagsküche im Prinzip nach dem richten, was im Haushalt gerade da ist und verbraucht werden muss. Sie können jede Art von Topfen oder Sauerrahm verwenden, hartgekochte Eier, kleingeschnittene Gurken und fein gehackte Zwiebeln, wenn Sie sie vertragen.

Dieser Aufstrich schmeckt am besten auf Vollkornbrot.

Kartoffelsalat klassisch

Zutaten (für 4 Personen):

- 8 mittelgroße Salatkartoffeln (einer festkochenden Sorte)
- 1 fein gehackte Zwiebel
- 1 EL Weinessig
- 1 EL Sonnenblumenöl
- Salz, Pfeffer
- warme Fleischbrühe nach Bedarf
- frisch gehackte Petersilie

Klassischer Kartoffelsalat kommt nicht aus der Mode.

Zubereitung:

Die Kartoffeln in der Schale weich kochen, schälen, auf Handwärme abkühlen lassen. In dünne Scheiben schneiden, fein gehackte Zwiebel hinzufügen. Aus den übrigen Zutaten eine Marinade anrühren, zu den noch warmen Kartoffeln geben und vorsichtig untermengen. Vor dem Servieren noch etwas ziehen lassen. Mit frisch gehackter Petersilie überstreuen.

Den klassischen Kartoffelsalat gibt es in vielerlei Varianten. Er kann – je nach Saison im Garten – mit fein geschnittenen Streifen von Endiviensalat oder mit Gurken vermengt werden. Manche mögen den Kartoffelsalat mit Mayonnaise, aber auch Joghurt und Sauerrahm ergeben einen guten Geschmack.

Roter Kartoffelsalat

Zutaten (für 4 Personen):

- 8 mittelgroße Pellkartoffeln (festkochende Sorte)
- 2 mittelgroße Rote Bete, gedünstet
- 1 mittelgroße Petersilienwurzel, gedünstet
- 1 fein gehackte Zwiebel
- fein geschnittener Schnittlauch
- $\frac{1}{4}$ TL Dijonsenf
- 1 Becher Sauerrahm
- 2 EL Weinessig
- 1 EL Sonnenblumenöl
- Salz, Pfeffer

Zubereitung:

Die Pellkartoffeln und die anderen Gemüse in einem Gartopf zusammen garen. Das Gemüse sollte noch bissfest sein. Die Pellkartoffeln schälen und in Würfel mit einer Seitenlänge von etwa 2 cm schneiden. Die Rote Bete und die Petersilienwurzel ebenfalls würfeln. Mit den übrigen Zutaten vermengen und durchziehen lassen.

Die Petersilienwurzel gibt dem Salat einen würzigen Geschmack. Wer mag, kann den Salat mit Bismarckhering, mit Matjes oder mit Salzhering, jeweils in kleine Stücke geschnitten, bereichern.

Suppen

Kartoffelsuppe

Zutaten (für 4 Personen):

- 500 g mehlige Kartoffeln
- 2 Karotten
- 1 kleine Lauchstange
- 1 l Gemüsebrühe oder Fleischbrühe
- 20 g Mehl
- $\frac{1}{8}$ l Weißwein
- 6 EL Obers
- Salz, Pfeffer
- 2 EL Liebstöckl (Maggikraut), frisch, fein gehackt oder 1 TL getrocknet
- 1 EL Majoran, frisch, fein gehackt oder 1 TL getrocknet

Zubereitung:
Die in Stücke geschnittenen Kartoffeln und die Gemüse in der Brühe köcheln lassen, bis sie weich sind (etwa 15–20 Minuten). Den Topf vom Herd nehmen und den Inhalt mit dem Pürierstab pürieren. Das Mehl mit dem Weißwein verrühren und unter die Suppe ziehen. Obers, Gewürze und Kräuter hinzufügen. Vor dem Servieren noch etwas ziehen lassen. Die Suppe kann man mit gerösteten Brotwürfeln und Majoranblättchen garnieren.

Gaisburger Marsch

Zutaten (für 4 Personen):

- 500 g mageres Rindfleisch (Suppenfleisch)
- 2 l Wasser
- 500 g rohe Kartoffeln (vorwiegend festkochend), geschält und in große Würfel geschnitten
- 1 kleine Sellerieknolle, in Würfel oder kurze Stifte geschnitten
- 2–3 Gelbe Rüben, in Würfel oder kurze Stifte geschnitten
- Salz, evtl. etwas Gemüsebrühe
- 1 Teller Spätzle, handgeschabt aus 1 Ei, Spätzlemehl und etwas Salz, von glattem Küchenbrett mit dem Messer in siedendes Salzwasser schaben)

Gaisburger Marsch

- einige Stängel fein gehackte Petersilie
- 1–2 Zwiebeln, in Ringe geschnitten

Zubereitung:
Das Suppenfleisch etwa 1,5 Stunden in Wasser gar kochen. Gegen Ende der Garzeit das gewürfelte Gemüse zugeben. Das Gemüse sollte nur so lange mitgaren, bis es bissweich ist. Das gare Suppenfleisch herausnehmen, in Würfel schneiden und wieder zur Suppe geben. Spätzle separat zubereiten, entweder geschabt oder durch die Spätzlepresse gedrückt, und zu der Suppe geben. Zwiebelringe in Butter oder Öl anbraten und zur Suppe reichen. Beim Anrichten mit frisch gehackter Petersilie überstreuen.

Tradition

Gaisburger Marsch war im Elternhaus der Autorin Brunhilde Bross-Burkhardt das Samstagsessen. Dazu wurden selbst eingemachte saure Gurken und Senf serviert.

Kartoffeln als Beilage

Pariser Kartöffelchen, Petersilienkartöffelchen

Zutaten (für 4 Personen):

- 750–1 000 g sehr kleine, möglichst runde, gleich große, festkochende Kartoffeln, z. B. 'Sieglinde'
- 50 g Kokosfett
- Salz
- einige Stängel Petersilie, frisch gehackt

Zubereitung:

Rohe Kartoffeln dünn schälen und trocken tupfen. Das Fett in einem Topf mit schwerem Boden verlaufen lassen. Die Kartöffelchen zugeben und in dem verlaufenen Fett schwenken. Leicht salzen. Bei geschlossenem Topfdeckel bei niedriger Stufe garen, dabei gelegentlich den Topf rütteln. Kurz vor dem Ende der Garzeit den größten Teil der gehackten Petersilie zugeben und untermischen. Zum Servieren noch mit etwas gehackter Petersilie bestreuen.

Kartoffeln vom Blech

Kartoffelscheiben, gebacken im Backofen

Zutaten (für 1 Backblech):

- 1 kg große Kartoffeln (eine vorwiegend festkochende Sorte, auch Sorten mit anderer Fleischfarbe wie 'Blauer Schwede' oder 'Hermanns Blaue')
- Olivenöl oder ein anderes, neutraleres Öl
- 10 Knoblauchzehen
- frischer Rosmarin, einige Triebspitzen und einzelne Nadeln
- Salz

Zubereitung:

Den Backofen auf 180–200 °C vorheizen.

Die Kartoffeln schälen und von der breiten Seite her in dünne Scheiben schneiden, sodass möglichst große Scheiben entstehen. Nebeneinander auf das eingefettete oder mit Backpapier ausgelegte Backblech legen. Jede Scheibe auf der Oberfläche mit Öl bestreichen. Am schnellsten geht es, wenn man eine kleine Menge Öl auf einen flachen Teller gibt und daraus das Öl mit den Fingern entnimmt und über die Kartoffelscheiben streicht. Die Knoblauchzehen mit Schale in die Lücken zwischen den Scheiben geben. Mit Rosmarinnadeln überstreuen. Die Kartoffelscheiben auf der mittleren Schiene etwa 20 Minuten lang backen (Backdauer und Backtemperatur kann je nach Backofen von dieser Angabe abweichen). Vor dem Servieren salzen.

Bei dieser Zubereitungsart kommen rot- oder blaufleischige Sorten am besten zur Geltung. Dazu schmeckt ein Gelbe-Rüben-Gemüse, Schweinelendchen und – wer's mag – Ketchup. Der in der Schale gegarte Knoblauch schmeckt köstlich.

Kümmelkartoffeln

Zutaten (für 4 Personen):

- 1 kg neue, möglichst gleich große Kartoffeln (vorwiegend festkochend)
- Salz
- Kümmel
- Öl zum Bestreichen

Zubereitung:
Die Kartoffeln mit der Wurzelbürste gründlich abbürsten. Halbieren. Die Schnittfläche in die zuvor hergestellte Salz/Kümmel-Mischung tupfen. Die Kartoffeln mit der Schnittfläche nach unten auf das gefettete Backblech legen. Die Schale mit Öl bepinseln. Bei 200 °C etwa 30 Minuten lang backen (Backdauer und Backtemperatur kann je nach Backofen von dieser Angabe abweichen).

Kartoffelgratin

Zutaten (für 4 Personen):
- 1 kg große Kartoffeln (vorwiegend festkochend)
- 2 Eier
- 1 Becher Obers
- ¼ l fettarme Milch
- Salz, geriebene Muskatnuss
- 150 g geriebener Käse
- 20 g Butterflöckchen

Zubereitung:
Die Kartoffeln schälen, in möglichst dünne Scheiben schneiden, mit Küchenpapier trocken tupfen. Eine flache Auflaufform (oder 4 kleine Formen) fetten. Die Eier, die Sahne und die Milch miteinander verquirlen. Einen Teil der Kartoffelscheiben fächerförmig in der Auflaufform auslegen. Einen Teil der Eier-Obers-Milchmasse über die Kartoffeln gießen und einen Teil des geriebenen Käses darüber streuen. Weitere Kartoffelscheiben auslegen, die Prozedur wiederholen. Am Schluss die restliche Eier-Obers-Milchmasse über die Kartoffeln gießen. Butterflöckchen über den Auflauf verteilen.

Das Gratin in den auf 200 °C vorgeheizten Backofen schieben und ca. 30 Minuten backen.

Brennnessel-Kartoffelpüree

Zutaten (für 4 Personen):
- 1 kg mehligkochende Kartoffeln
- 300 ml heiße Milch
- 50 g Butter
- ¼ TL Salz oder Kräutersalz
- frisch geriebene Muskatnuss
- 50–100 g Brennnessel- und Taubnesselblätter

Zubereitung:
Kartoffeln mit der Schale im Kartoffeltopf oder Dampfkochtopf dämpfen. Parallel dazu die Brennnessel- und Taubnesselblätter in etwas gesalzenem Wasser 3 Minuten abwallen. Die Blätter abtropfen lassen und sehr fein schneiden oder mixen. Die Kartoffeln schälen und heiß durch eine Kartoffel- oder Spätzlepresse drücken oder mittels eines Kartoffelstampfers zerdrücken. In die heiße Masse die erwärmte Milch, die Butter und die Gewürze unterrühren. Je nach gewünschter Konsistenz eventuell mehr Milch zugeben. Das Püree mit dem Schneebesen locker schlagen. Zum Schluss die Wildkräutermasse unterrühren.

Tipp: Dazu passt kurz gedünstetes, noch knackiges Gemüse wie Karotten, Kohlrabi oder Wirsing. In der traditionellen Küche wird Kartoffelpüree zu gebratener Leber oder zu Bratwürsten mit brauner Soße gereicht.

Gnocchi mit Salbei

Zutaten (für 4 Personen):
- 1 kg Kartoffeln (mehligkochend)
- 6 EL Mehl
- 4 EL Speisestärke
- Salz
- Muskatnuss, frisch gerieben
- 1 Handvoll frische Salbeiblätter
- 50 g Butter

Zubereitung:
Die Kartoffeln dämpfen, schälen und durch die Kartoffelpresse drücken. Das Mehl, die Stärke und die Gewürze zugeben und mit den Händen zu einem formbaren Teig verkneten. Den Teig in Portionen teilen. Auf einem Backbrett daumendicke Rollen formen und davon etwa 1 cm lange Teile abschneiden. Diese wiederum zu kleineren Röllchen formen. Die Gnocchi in kochendem Salzwas-

ser kurz ziehen lassen, bis sie an die Oberfläche kommen. Mit dem Schaumlöffel herausnehmen und abtropfen lassen. Die Gnocchi einige Stunden lang abtrocknen lassen. Den Salbei in Butter sanft dünsten. Die Gnocchi dazugeben und unter ständigem Wenden goldgelb anbraten.

Kroketten

Zutaten (für 4 Personen):

- 1 kg gekochte Kartoffeln
- 80–120 g Mehl
- 1–2 Eier
- Salz

Zum Panieren:

- 1 Eiweiß
- Paniermehl/Brösel

Zubereitung:

Die gekochten, noch warmen Kartoffeln durch eine Kartoffelpresse (ersatzweise Spätzlepresse) drücken und mit Mehl, Eiern und Salz zu einem Teig verarbeiten. Daraus mit den Händen die walzenförmigen Kroketten formen. In der Paniermasse wälzen. Die vorbereiteten Kroketten portionsweise in dem nicht zu heißen Fett schonend ausbacken.

Selbst gemachte Kroketten – ein Genuss

Kroketten werden traditionell zu Festtagsessen gereicht, gut sind sie z. B. zu Kalbsbraten.

Kartoffelknödel

Zutaten (für 8 Knödel):

- 5–6 große Kartoffeln
- 2 Eier
- 3–4 EL Mehl oder Mondamin (Speisestärke)
- $\frac{1}{2}$ TL Salz oder Kräutersalz
- frisch geriebene Muskatnuss
- etwas Mehl zum Ausformen

Zubereitung:

Kartoffeln am besten im Kartoffeldämpftopf kochen. Einen Tag ruhen lassen. Schälen und reiben oder durch die Kartoffelpresse (ersatzweise geht es auch mit einer Spätzlemaschine) drücken. Kurz vor der Zubereitung die beiden Eier unterrühren, würzen, Mehl hinzufügen. Der Teig muss muss eine homogene Konsistenz aufweisen und gut zusammenhalten. Wenn er zu weich ist, noch etwas Mehl hinzufügen. Mit den Händen Knödel formen. Die Knödel in Mehl oder Mondamin (Speisestärke) wälzen.

In einem großen Kochtopf Salzwasser zum Sieden bringen und leicht weiterköcheln lassen. Knödel hineingleiten lassen, etwa 10 Minuten lang ziehen lassen. Knödel mit dem Schaumlöffel herausholen und in einer Schüssel anrichten.

Kartoffelknödel schmecken zu Sauerbraten oder Rehbraten sowie vegetarisch mit Tomatensoße und Sauerkraut. Für Feinschmecker ist es eine Ehrensache, die Soßen mit frischen Zutaten zuzubereiten.

Kartoffelknödel mit gerösteten Brotwürfeln

Weißbrotscheiben in Würfel schneiden, in Butter oder Öl in einer Pfanne anrösten. Beim Ausformen der Knödel in die Mitte des Knödels je etwa 5–6 Würfel geben.

Hauptgerichte mit Kartoffeln

Schupfnudeln mit Sauerkraut

Zutaten (für 4 Personen):

- 500 g gekochte Kartoffeln
- 500 g Mehl
- 1 Ei
- Salz
- frisch geriebene Muskatnuss
- 2 kleine Zwiebeln oder eine größere Zwiebel
- 50 g Butter, Backfett oder ein neutrales Öl
- 500 g Sauerkraut

Zubereitung:

Teigzubereitung wie für Kartoffelknödel. Den Teig auf ein bemehltes Backbrett stürzen. Aus kleinen Teigstückchen mit den Fingern fingerlange und fingerdicke Würstchen formen. In kochendes Wasser geben und nach dem Aufschwimmen mit dem Schaumlöffel herausnehmen und auf dem Backbrett zum Trocknen auslegen.

Die kleingeschnittenen Zwiebeln in Fett anbraten, Sauerkraut hinzugeben und kurze Zeit mit erhitzen. Zum Schluss die Schupfnudeln beimengen. Heiß servieren!

Schupfnudeln kann man auch in heißem Fett ausbacken. Dann kann das Verhältnis Kartoffeln zu Mehl 3:1 sein.

Kartoffelauflauf mit Karotten

Zutaten (für 4 Personen):

- 500 g Kartoffeln
- 500 g Karotten oder anderes Wurzelgemüse wie Pastinaken, Petersilienwurzeln
- 1 Becher Sauerrahm
- Brotreste
- ½ l Weißwein
- Salz, Pfeffer

Zubereitung:

Die Kartoffeln schälen und in große Würfel schneiden. Karotten bürsten und ebenfalls in große Würfel schneiden. Eine Auflaufform einfetten. Brotreste zerbröseln und in der Auflaufform verteilen. Das Gemüse gleichmäßig darüber verteilen. Wein und Sauerrahm sowie die Gewürze miteinander verrühren und über das Gemüse geben. Das Gemüse sollte fast ganz bedeckt sein. Die Auflaufform in den kalten Backofen schieben und bei 200 °C etwa 45 Minuten backen. Wenn das Gemüse nicht ganz bedeckt ist, kann man während des Backens noch heißes Wasser nach Bedarf in die Auflaufform nachgießen.

Tortilla

Zutaten (für 4 Personen):

- 500 g kleine Pellkartoffeln, in 0,5 cm dicke Scheiben geschnitten (wie für Bratkartoffeln)
- 1 große Zwiebel
- 2 Fleischtomaten mit wenig Saft, in 0,5 cm dicke Scheiben geschnitten
- 1 Paprikaschote, in Streifen geschnitten
- 150 g Feta-Käse
- 2 EL Öl
- Salz, schwarzer Pfeffer, frisch gemahlen
- 4–6 Eier
- frische Kräuter, wenn vorhanden Petersilie, Oregano
- eine Handvoll Schnittlauch
- Tabasco

Zubereitung:

Die Kartoffeln als Pellkartoffeln zubereiten, aber nicht ganz gar dämpfen. Die Zwiebel schälen und in Ringe schneiden. Das Öl in einer Pfanne erhitzen und die Zwiebeln darin glasig werden lassen. Die Zwiebeln herausnehmen. Die Pellkartoffeln schälen und in etwa 1 cm dicke Scheiben schneiden, bei niedriger Temperatur von beiden Seiten leicht anbraten. Tomatenscheiben und Paprikastreifen hinzugeben.

Feta-Käse zerbröseln und über das Gemüse geben. Die Zwiebelringe ebenfalls wieder zugeben. Die Eier verquirlen, Gewürze hinzufügen und über die Kartoffeln gießen. Die Masse bei aufgelegtem Deckel stocken lassen. Mit Schnittlauchröllchen servieren.

Süße Zubereitungen

Kartoffelpuffer, Reibekuchen

Zutaten:

- 1 kg große Kartoffeln
- 2 Eier
- Salz
- evtl. 1 große, geriebene Zwiebel
- 50–60 g Mehl
- Kokosfett oder ein anderes neutrales Fett zum Ausbacken
- Zucker und Zimt zum Bestreuen

Zubereitung:

Kartoffeln auf einer Gemüsereibe reiben und sofort mit den übrigen Zutaten zu einem flüssigen Brei vermischen. Das Fett in einer Pfanne erhitzen, aber nicht zu heiß werden lassen. Die Mischung portionsweise für jeweils 3–4 Puffer mithilfe eines großen Löffels dünn in der Pfanne ausstreichen und von beiden Seiten goldgelb ausbacken. Die fertigen Kartoffelpuffer auf einem Küchenpapier abtropfen lassen. Vor dem Servieren mit Zimtzucker (einer Mischung aus 2 TL Raffinadezucker mit 1/4 TL Zimt) bestreuen.

Dazu schmeckt hervorragend Apfelbrei.

Saftiger Kartoffelkuchen

Kartoffelkuchen

Zutaten (für eine Springform):

- 500 g Pellkartoffeln (4–5 Stück)
- 4 Eigelb
- 200 g Zucker
- 1 Päckchen Vanillezucker
- 150 g Grieß
- 100 g gemahlene Haselnüsse
- 4 Eiweiß
- 1 Msp. Backpulver
- 1 Prise Salz

Zubereitung:

Die geschälten Pellkartoffeln durch eine Kartoffelpresse drücken. Eigelb, Zucker und Vanillezucker schaumig rühren. Unter die abgekühlte Kartoffelmasse ziehen. Grieß, gemahlene Haselnüsse sowie Salz und Backpulver vorsichtig unterrühren. Das Eiweiß steifschlagen und ebenfalls unterziehen. Den Teig in eine gefettete Springform bringen. Im vorgeheizten Backofen bei etwa 175 °C 30–40 Minuten lang backen (Backtemperatur und Backdauer kann je nach Backofen von diesen Angaben abweichen).

Zutaten für den Guss:

- 200 g Halbbitter-Schokolade
- 50 g gehackte Haselnüsse

Zubereitung:

Im Wasserbad wird die Schokolade zum Schmelzen gebracht. Anschließend hebt man die Haselnüsse unter und streicht die dickflüssige Masse mit dem Messer auf den erkalteten Kuchen.

TIPP **Der Kartoffelkuchen lässt sich sehr gut vorbereiten, denn er sollte vor dem Anschneiden 1-2 Tage an einen kühlen Paltz gestellt werden, damit er gut durchziehen kann. Mit Schlagobers serviert ist er ein Gedicht!**

Böhmische Zwetschgenknödel

Zutaten für ca. 12 Knödel:

- 750 g mehlig kochende Kartoffeln vom Vortag
- 4–5 EL Mehl
- 2 Eier
- Salz
- etwa 12 vollreife, süße Zwetschgen, entsteint
- 2–3 l leicht gesalzenes Wasser
- Zucker und Zimt zum Bestreuen

Zubereitung:

Die Kartoffeln schälen und reiben oder durch dei Kartoffelpresse drücken. Mit Mehl, Eiern und Salz verkneten. Der Teig sollte locker und trotzdem gut auszurollen sein. Eventuell noch etwas Mehl dazugeben. Ausrollen – je dünner die Teigdecke, desto besser! – und in Quadrate schneiden. Die Teigmenge reicht für ca. 12 Quadrate. Je eine ganze, entsteinte Zwetschge in die Teigquadrate hüllen und zwischen den bemehlten Händen Knödel formen.

In einem weiten Topf das gesalzene Wasser zum Sieden bringen und die Knödel hineingleiten lassen. Darauf achten, dass die Knödel nicht am Boden ankleben. Falls dies doch geschehen sollte, die Knödel vorsichtig mit dem Kochlöffel ablösen. Die Knödel etwa 5 Minuten lang leise köcheln lassen, bis sie nach oben schwimmen. Mit dem Schaumlöffel herausnehmen, auf eine vorgewärmte Platte legen udn mit Zimtzucker bestreuen. Heiß servieren.

Böhmische Zwetschgenknödel

Kartoffeln in der Volksmedizin

Kartoffeln schmecken nicht nur gut, sie können auch gegen verschiedene Beschwerden eingesetzt werden:

- Gegen Halsschmerzen wickelt man einige gekochte heiße Kartoffeln in ein Tuch, das dann bis zum Erkalten um den Hals gelegt wird.
- Gegen Kopfschmerzen helfen rohe Kartoffelscheiben, die man sich in den Nacken oder auf die Stirn legt.
- Bei geröteten Insektenstichen gibt man rohe geriebene Kartoffeln in ein Taschentuch, und legt es auf die betroffenen Stellen.

Regionalbezeichnungen für die Kartoffel

Je nach Region trägt die Kartoffel verschiedene Namen:

- In Österreich und Bayern sagt man „Erdapfel" zu der Knolle.
- Im Norden Niederösterreichs bezeichnet man sie als „Bramburi".
- In Baden-Württemberg und anderen deutschen Bundesländern nennt man sie „Erdbirne"; im Dialekt wird dieser Name auch als „Eebiera" ausgesprochen.
- Weitere Namen der Kartoffel sind „Krummbirne" oder „Grundbirne", im Dialekt auch „Grummbiera".
- In der Uckermark nördlich von Berlin hat man ihr den Namen „Nudel" verpasst.
- In Westfalen sagt man zuweilen „Holland-Ei" zur Kartoffel.

Register

Infos & Adressen

Nützliche Literatur

aid infodienst (Hrsg.): **Kartoffeln und Kartoffelerzeugnisse.** 17. überarb. Auflage, Bonn, 2008 (aid-info-Heft Nr. 1003)

Merkblatt Biokartoffeln. Qualität mit jedem Anbauschritt. Herausgeber: Bio Austria, Bioland Beratung, KÖN & FiBL, 2007

Heinz Brücher: **Die sieben Säulen der Welternährung.** Verlag von Waldemar Kramer, Frankfurt am Main, 1982

Ralf und Gerda Dzialas: **Kartoffelanbau im Selbstversorgergarten**. In: Natürlich gärtnern 2/2010, S. 28–31

Gerhard Geisler: **Farbatlas Landwirtschaftliche Kulturpflanzen.** Verlag Eugen Ulmer, Stuttgart, 1991

Rainer Hachfeld; Stefan Reisner; Kai Reschke (Hrsg.): **Kartoffel. Kultur. Mythos. Gesundheit. Rezepte.** Umschau-Braus Verlag, Heidelberg, 1999

Heidi Lorey: **Alte Kartoffelsorten im Hausgarten – Tipps zur Erhaltung und Pflege.** In: Samensurium 12/2001, S. 18–20

Manuel Meyer: **Verkannte Knollen.** In: Die Zeit, Nr. 26 vom 19. Juni 2008, S. 36

Georg E. Siebeneicher: **Handbuch für den biologischen Landbau. Das Standardwerk für alle Richtungen und Gebiete.** Naturbuch Verlag, Augsburg, 1993

Arnold Studer; Hans Ulrich Daepp; Edith Suter: **Vorratshaltung von Obst und Gemüse.** Verlag Eugen Ulmer, Stuttgart, 1983

Vereine

VEN e.V. Verein zur Erhaltung der Nutzpflanzenvielfalt)
Geschäftsstelle: Uhlandstr. 57
45468 Mülheim an der Ruhr
Tel: 0208/475054
www.nutzpflanzenvielfalt.de

VERN e.V. (Verein zur Erhaltung und Rekultivierung von Nutzpflanzen)
Burgstr. 20
16278 Angermünde, OT Greiffenberg
Tel: 033334/70232
www.vern.de

Kartoffelmuseen

Das Kartoffelmuseum
Stiftung Otto Eckart
Grafinger Str. 2
D-81671 München
+49 89 40 40 50
www.kartoffelmuseum.de

Deutsches Kartoffelmuseum e.V.
Hauptstr. 65
D-67136 Fußgönheim
+49 6237 92 92 66
info@dendzia.de

Vorpommersches Kartoffelmuseum
Strukturförderverein Trebeltal e.V.
Stremlow
Vereinsstr. 13
D-18465 Tribsees
+49 38320 71 30
trebeltal@aol.de

Kartoffelschaupflanzungen

Schaugarten von ARCHE NOAH, Schiltern
Schaugarten von Pro Specie Rara in Prangins

ProSpecieRara Deutsche Schweiz
Pfrundweg 14
CH-5000 Aura
www.prospecia.ch

Bezugsquellen

ARCHE NOAH
Obere Straße 40
A-3553 Schiltern
+43 2734 86 26
info@arche-noah.at
www.arche-noah.at
www.netzwerk.arche-noah.at

Biolandhof Ellenberg
Ebstorfer Str. 1
D-29576 Barum
+49 5806 3 04
www.kartoffelvielfalt.de

Bioland Hof Jeebel Biogartenversand GbR
Jeebel 17
D-29416 Riebau
+49 39037 7 81
www.biogartenversand.de

ARCHE NOAH Partnerbetriebe

Bio-Betrieb Gabi und Gerhard Weisgram
Loimanns 45
A-3874 Litschau
+43 664 6 34 92 02

Biohof Franz und Christa Hobiger
Friedreichs 16
A-3922 Groß Schönau, NÖ
+43 2815 62 40

Informationen zur Osttiroler Kartoffel OSKAR bei
Bezirkslandwirtschaftskammer Lienz
Franz Klocker
Josef-Schraffl-Straße 2
A-9900 Lienz
+43 59292 26 05

IMPRESSUM

E-Mail: buch@avbuch.at, Internet: www.avbuch.at

Deutsche Nationalbibliothek – CIP-Einheitsaufnahme
Die Deutsche Nationalbibliothek verzeichnet diese Publikationen in der Deutschen Nationalbibliografie; detaillierte bibliografische Daten sind im Internet über http://dnb.ddb.de abrufbar.

PROJEKTLEITUNG: Brigitte Millan-Ruiz, avBUCH
REDAKTION: Christine Weidenweber, Weibersbrunn, www.verbene.at
ILLUSTRATIONEN: Julia Weidenweber, Weibersbrunn
UMSCHLAG: Ravenstein und Partner, Verden
SATZ UND BILDREPRODUKTION: Hantsch & Jesch PrePress Services OG, 1230 Wien

DRUCK UND BINDUNG: Westermann Druck, Zwickau
Printed in Germany

ISBN: 978-3-7040-2412-1

Bildquellen

Umschlag:

Inhalt:
B. Bross-Burkhardt: Seiten 3, 4/5, 6, 7, 8, 10, 11, 12, 13, 14/15, 16, 18 (beide), 20 (beide), 22, 23, 25, 26, 33 (beide), 35, 36/37, 38, 39, 40, 41, 42, 43 (oben u. rechts), 45 (Mitte), 47 (oben), 49 (Mitte), 50 (oben), 52 (oben), 53 (links), 54 (oben), 57 (unten), 59 (unten rechts u. links), 60/61, 62 (oben u. unten), 64, 65, 66, 67, 68, 69, 70, 72, 74, 75, 76, 78
R. Spohn/F. Hecker: Seiten 9, 17 (links), 32
F. Hecker: Seite 31
C. Kubik: Seite 29
Bildarchiv Okapia (www.okapia.de): Seiten 17 (rechts), 21, 28 (links), 30
Mit frdl. Genehmigung von Grimme Landmaschinenfabrik GmbH & Co.KG: Seite 24
Mit fredl. Genehmigung von ARCHE NOAH, 3553 Schiltern: Seiten 52 (Mitte u. unten), 53 (rechts), 54 (Mitte u. unten), 55 (alle), 56 (alle), 57 (oben u. Mitte), 58 (alle), 59 (oben)
Mit frdl. Unterstützung von Hofgut Jeebel, 29416 Jeebel: seiten 43 (links), 44 (alle), 45 (oben u. unten), 46, 47 (unten beide), 48 (alle), 49 (oben u. unten), 50 (unten), 51

C'ÉTAIT l'automne

Ciné-Télé-Revue \ 09.2019

Le Quinzième Jour \ 09.2019

Le Soir \ 28.09.2019

De plus en plus de grands événements sportifs ont lieu au Qatar.

Ciné-Télé-Revue \ 09.2019

THOMAS COOK : 600 000 VOYAGEURS À RAPATRIER

Le voyagiste Thomas Cook, créé en 1841, fait faillite le 23 septembre 2019.

Le Soir \ 24.09.2019

Le Royaume-Uni a décidé par référendum, le 23 juin 2016, de quitter l'Union européenne… mais ce n'est pas simple pour Boris Johnson !

Le Soir \ 21.10.2019

Le Soir \ 18.10.2019

THE BREXIT CIRCUS

Initialement prévu le 29 mars 2019, le Brexit est reporté au 12 avril, puis au 31 octobre…

Le Soir \ 17.10.2019

Charles Michel devenant Président du Conseil européen, c'est Sophie Wilmès qui est choisie comme Première ministre en attendant la formation d'un nouveau gouvernement.

Le Soir \ 28.10.2019

Le Soir \ 30.10.2019

Après Charles Michel, Didier Reynders quitte le gouvernement pour prendre des responsabilités à l'Europe, en tant que commissaire européen.

Le Soir \ 02.12.2019

ALBERT II, BIENTÔT PÈRE À 85 ANS

En mars 2019, le roi Albert II avait accepté de se soumettre à un test ADN. Les résultats sont confidentiels, mais...

Le Soir \ 30.11.2019

Place aux préformateurs

Le 8 octobre 2019, le roi charge Geert Bourgeois (N-VA) et Rudy Demotte (PS) d'une mission de « préformation » d'un gouvernement.

Le Soir \ 09.10.2019

Le 4 novembre,
les « préformateurs »
demandent à être
déchargés de leur mission.

Le Soir \ 06.11.2019

Le Soir \ 22.10.2019

Elio Di Rupo quitte la présidence du PS.

Le Soir \ 19.10.2019

Toujours aucune formule de coalition ne se dégage...

Le Soir \ 05.11.2019

Le 28 novembre, Georges-Louis Bouchez est élu à la présidence du MR.

Le Soir \ 13.11.2019

En novembre, c'est Paul Magnette, président du PS, qui est nommé informateur par le roi.

Le Soir \ 12.11.2019

Le Soir \ 18.11.2019

Le Soir \23.10.2019

Le Soir \22.11.2019

On en reparlera, de
l'importance des infirmières !

Le Soir \24.10.2019

Le président Jacques Chirac meurt le 26 septembre 2019. Le dessinateur Philippe Tome, le 5 octobre.

La princesse Élisabeth a 18 ans

Ciné-Télé-Revue \10.2019

VENISE
Kroll

Conséquence du réchauffement climatique, Venise affronte de nouvelles inondations record (1m87) !

Ciné-Télé-Revue \ 11.2019

Le Soir \ 05.10.2019

On les appelle les « returnees ». Des personnes impliquées dans l'État islamique et ayant un lien avec la Belgique pourraient y revenir. Qu'en faire ?

RTBF \ 23.10.2019

Domination, harcèlement, violences faites aux femmes, un mal sans fin ?

RTBF \ 23.10.2019

Le Soir \ 19.11.2019

Manifestation à Bruxelles contre les violences faites aux femmes

Le Soir \ 25.10.2019

Le Chili renonce à l'organisation de la Conférence de l'ONU sur le climat (COP 25), elle aura lieu à Madrid. Greta Thunberg avait déjà rejoint le continent américain sans prendre l'avion!

Le Soir \ 02.11.2019

Bruxelles 2021

Le Soir \ 07.11.2019

Le sommet donne un désolant spectacle d'inaction.

Le Soir \ 16.12.2019

COP 25
résumons-nous

Ciné-Télé-Revue \ 12.2019

Le Soir \ 21.11.2019

Trump fait du Trump sur la scène internationale en désignant ses amis et ses ennemis. Aux États-Unis, à un an de l'élection présidentielle, on se prépare.

Le Soir \ 26.11.2019

RTBF \ 18.12.2019

La réforme des pensions ne cesse de faire débat.

La population vieillit

RTBF \ 30.09.2019

Bonne fête, les enfants !

RTBF \ 04.12.2019

Ciné-Télé-Revue \ 11.2019

Ciné-Télé-Revue \ 12.2019

Une coalition gouvernementale majoritaire est toujours introuvable.

Le Soir \ 17.12.2019

Bruxelles accueille une grande rétrospective consacrée à l'artiste américain Keith Haring.

Le Soir \ 07.12.2019

Le roi désigne Georges-Louis Bouchez (MR) et Joachim Coens (CD&V) comme nouveaux informateurs.

Le Soir \ 11.12.2019

MAJESTÉ, JE VAIS VOUS PRÉPARER UN REVEILLON AVEC QUE DES PRODUITS 100% ANGLAIS
ÇA VA ÊTRE DÉGUEULASSE MAIS SOIT...
VOUS AVEZ GAGNÉ
MOI, SI J'INVITAIS DELPHINE...
...POUR LA MESSE DE MINUIT
ALORS, VOUS DEUX ? POUR MA NOËL, J'AI UN GOUVERNEMENT ?
NON, UN RAPPORT
ET DES PRALINES
ÇA...
C'EST PAS DU TOUT UN CADEAU!
COP 25

EH, MAIS VOILÀ l'hiver

Le Soir \ 24.12.2019

Le Soir \ 02.01.2020

Le Soir \ 07.01.2020

RTBF \ 15.01.2020

RTBF \ 17.01.2020

Grèce: pour la première fois une présidente

La magistrate Katerina Sakellaropoulou est élue, à une large majorité du parlement, présidente de la République hellénique.

Le Soir \ 24.01.2020

Le président Erdogan utilise la crise migratoire pour faire pression sur l'Europe.

Le Soir \ 05.03.2020

RTBF \ 08.01.2020

Ouverture du procès Weinstein (il sera condamné à 23 ans de prison pour viol et agression sexuelle), remise d'un César à Roman Polanski : la question du harcèlement et des violences faites aux femmes ne quitte pas l'actualité.

Le Soir \ 22.01.2020

Le Soir \ 05.02.2020

Trump fait du Trump, à propos de l'Iran, des poursuites contre lui et en politique intérieure américaine.

Le Soir \ 04.01.2020

Le Soir \ 21.02.2020

C'est fait. Le 31 décembre 2019, le Royaume-Uni quitte officiellement l'Union européenne.

Le Soir \ 31.01.2020

Le Soir \ 01.02.2020

Le prince Harry et Meghan Markle quittent leurs fonctions au sein de la famille royale et l'Angleterre.

Le Soir \ 11.01.2020

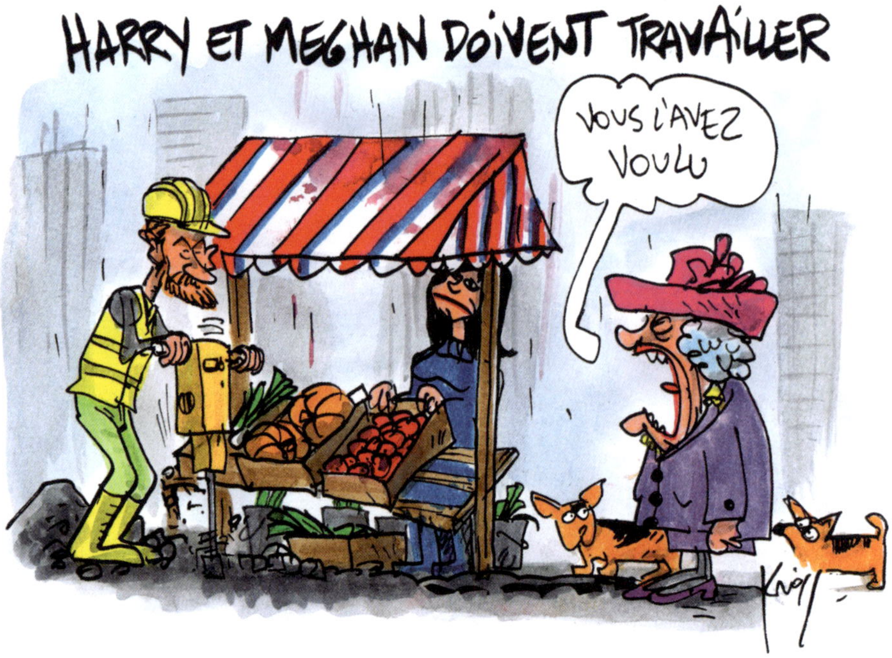

Ciné-Télé-Revue \ 01.2020

Un feuilleton qui durait depuis près de vingt ans trouve enfin son épilogue. Le roi Albert II reconnaît être le père biologique de Delphine Boël.

Le Soir \ 28.01.2020

RTBF \ 29.01.2020

Ça fait désordre au Vatican : le pape émérite Benoît XVI s'exprime et pas exactement comme le pape François.

Le Soir \ 16.01.2020

SOPHIE AU CONGO
LA RÉCONCILIATION

C'est la première fois depuis près de dix ans que le chef du gouvernement belge se rend au Congo. Fin d'une longue crise diplomatique, Sophie Wilmès rencontre le président Félix Tshisekedi.

Le Soir \ 07.02.2020

Le duo Coens-Bouchez est toujours sans résultat. De l'autre côté du globe, 18,6 millions d'hectares ont brûlé en Australie.

Le Soir \ 10.01.2020

Le roi prolonge leur mission.

Le Soir \ 14.01.2020

Le roi charge à présent Koen Geens (CD&V) de la mission.

Le Soir \ 03.02.2020

Le Soir \ 15.02.2020

RTBF \ 19.02.2020

On commence à parler de retourner voter. De nouvelles élections font craindre un grand succès des partis extrémistes et un grand danger pour l'avenir du pays.

RTBF\12.02.2020

Le roi désigne maintenant Patrick Dewael (VLD) et Sabine Laruelle (MR). On parle d'une possible coalition « Vivaldi » (quatre couleurs politiques, donc quatre saisons) !

RTBF \ 19.02.2020

Le Soir \ 20.02.2020

Le Soir \ 17.02.2020

Inédit \ 03.2020

Le Soir \ 18.02.2020

Greta Thunberg marche avec les jeunes pour le climat à Bruxelles.

Le Soir \ 07.03.2020

Le carnaval d'Alost fait scandale avec ses déguisements caricaturaux de juifs orthodoxes. Celui de Venise est annulé en raison d'une étrange épidémie...

Le Soir \ 24.02.2020

Coronavirus… et chez nous?

C'est en Chine qu'apparaissent les premières victimes d'un coronavirus inconnu. L'Organisation mondiale de la santé prononce l'état d'urgence international.

Le Soir \ 25.01.2020

RTBF \ 11.02.2020

RTBF \ 05.03.2020

En Belgique, tout commence par la quarantaine forcée de touristes en vacances.

Le Soir \ 04.02.2020

110 Belges bloqués à Tenerife

Le Soir \ 26.02.2020

Le Soir \ 17.03.2020

Ciné-Télé-Revue \ 03.2020

Le Soir \ 03.03.2020

Premiers cas en Belgique.
Premier décès le 11 mars 2020.
La ministre fédérale de la Santé publique rassure (en refaisant les comptes plus tard, on s'apercevra plus tard que ce ne sont pas six mais neuf ministres qui ont des responsabilités liées à la santé).

Le Soir \ 02.03.2020

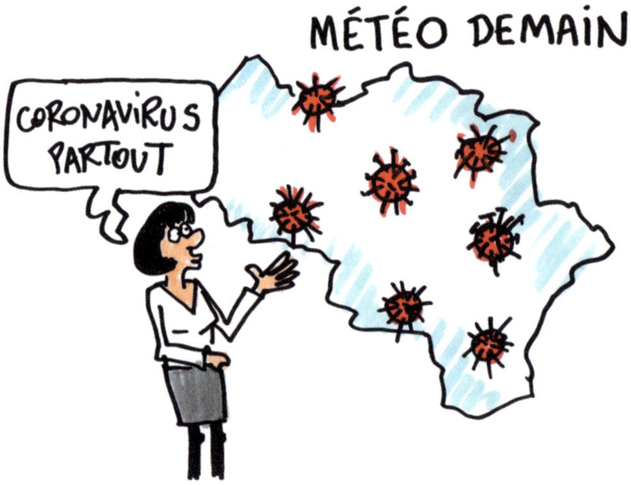

RTBF \ 18.03.2020

Le Soir \ 19.03.2020

Paris-Nice

Le Soir \ 09.03.2020

Le 17 mars, Sophie Wilmès annonce un confinement de la population à dater du lendemain à midi.

Le Soir \ 18.03.2020

Elle obtiendra même les « pouvoirs spéciaux » pour agir sans passer par le Parlement.

Le Soir \ 20.03.2020

Le Soir \ 16.03.2020

Le Soir \ 23.03.2020

Les experts défilent dans les médias. On manque de masques indispensables au personnel soignant. Des communes en offrent. Des masques de plongée sous-marine sont adaptés. C'est le règne de la débrouille.

Le Soir \ 26.02.2020

Le Soir \ 30.03.2020

Albert Uderzo, géant de la bande dessinée, père d'Astérix et ses 380 millions d'albums vendus, décède le 24 mars.

Le Soir \ 25.03.2020

L'irremplaçable Claire Bretécher l'a précédé le 10 février.

Le Soir \ 12.02.2020

TIENS, ÇA NE SERAIT PAS
le printemps?

Ciné-Télé-Revue \ 04.2020

Le Soir \ 04.04.2020

Magazine *Bonjour* du service d'aide centrale à domicile \ 05.2020

Le Soir \ 03.04.2020

RTBF \ 20.04.2020

Le Soir \ 07.04.2020

Le Soir \ 11.04.2020

Nos animaux en confinement

Ciné-Télé-Revue \ 04.2020

Le Soir \ 18.04.2020

RTBF \ 23.04.2020

RTBF \ 15.04.2020

RTBF \ 11.05.2020

Le Soir \ 09.05.2020

RTBF \ 30.03.2020

RTBF \ 06.04.2020

Dans la nuit du 18 au 19 avril, le « One World : Together At Home » rassemble plus de 70 artistes du monde entier et rapporte 150 millions de dollars pour la lutte contre le coronavirus.

Le Soir \ 20.04.2020

Le Soir \ 02.05.2020

RTBF \ 17.06.2020

Inédit \ 06.2020

Pâques

Le Soir \ 11.04.2020

RTBF \ 17.03.2020

Le Soir \ 18.04.2020

Le Soir \ 21.04.2020

Le Soir \ 14.04.2020

Le Soir \ 03.06.2020

Angela Merkel et Emmanuel Macron annoncent un plan de relance européen post-coronavirus ambitieux (il faudra attendre le 21 juillet pour qu'il fasse consensus).

Le Soir \ 19.05.2020

Le Soir \ 22.04.2020

Le Soir \ 29.04.2020

Ciné-Télé-Revue \ 05.2020

Le Soir \ 09.05.2020

Après avoir contraint les directions d'école à organiser une rentrée progressive avec quantité de mesures à prendre, le feu vert est donné d'un coup pour les maternelles et les primaires.

Le Soir \ 29.05.2020

Le Soir \ 18.05.2020

RTBF \ 02.06.2020

RTBF \ 01.06.2020

Le 11 mai, c'est la réouverture des commerces sous strictes conditions. On commence à parler des vacances.

Le Soir \ 06.05.2020

Ciné-Télé-Revue \ 06.2020

Le Soir \ 16.05.2020

RTBF \ 21.05.2020

Le beau temps incite certains à un relâchement complet qui fait craindre aux épidémiologistes une seconde vague.

Le Soir \ 23.06.2020

RTBF \ 19.05.2020

Les cinémas attendront le 1er juillet.

RTBF \ 03.06.2020

Le Soir \ 25.05.2020

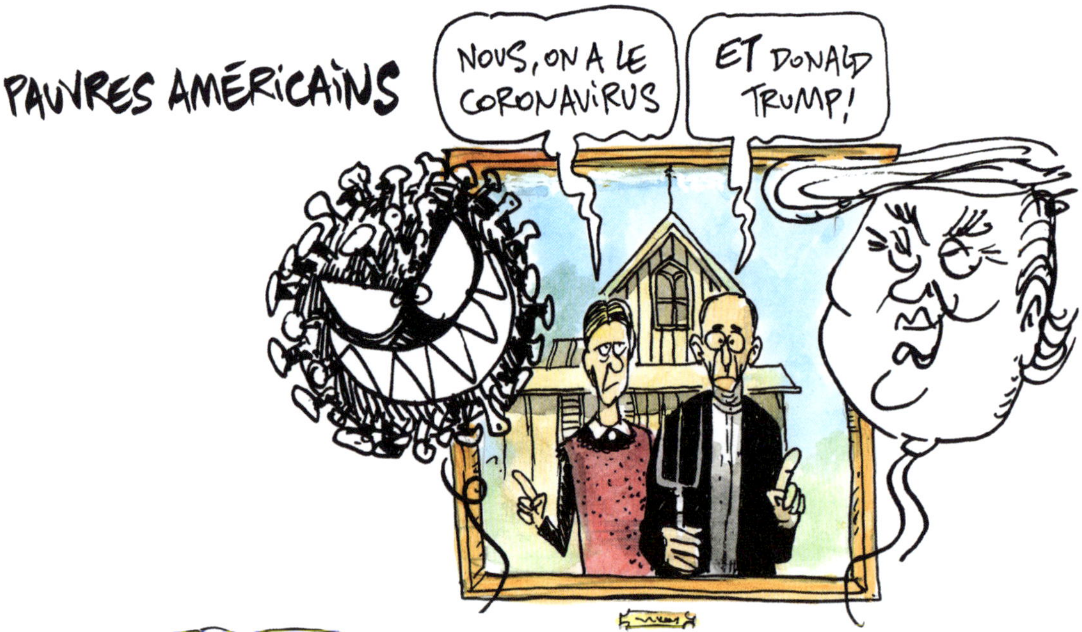

Donald Trump est mis à l'abri dans un bunker sous la Maison-Blanche pendant les manifestations « Black Lives Matter » à Washington.

Le Soir \ 02.04.2020

C'est officiellement Joe Biden (77 ans) qui sera le candidat démocrate.

Le Soir \ 09.04.2020

Le Soir \ 10.06.2020

Trump fait du Trump : il vante les vertus de la chloroquine (et du détergent) contre le coronavirus, il s'en prend à Twitter qui l'accuse de désinformation. Il entre en campagne pendant que l'épidémie bat de nouveaux records.

Le Soir \ 29.06.2020

RTBF \ 10.06.2020

La mort de l'Afro-Américain George Floyd suite à des violences policières relance le débat sur les abus de la colonisation belge au Congo. Les statues du roi Léopold II sont la cible de la colère des militants antiracistes.

Le Soir \ 13.06.2020

L'acteur américain Ben Affleck prépare un film sur le Congo de Léopold II. On devine déjà qu'il fera débat.

Le Soir \ 23.11.2019

Le 17 juin, Eddy Merckx fête ses 75 ans.

Ciné-Télé-Revue \ 06.2020

Le Soir \ 30.06.2020

Les experts en vacances : Marius Gilbert, Yves Van Laethem et Emmanuel André.

Ciné-Télé-Revue \ 06.2020

Le Soir \ 05.06.2020

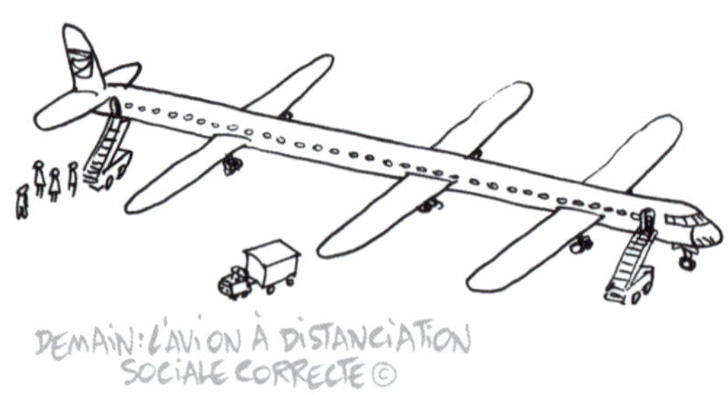

Le Soir \ 28.04.2020

Le Soir \ 16.06.2020

Prise de température obligatoire à l'aéroport de Bruxelles.

Le Soir \ 15.06.2020

Le Soir \ 22.06.2020

Le Soir \ 20.06.2020

Le Soir \ 26.06.2020

ENFIN
l'été

Ciné-Télé-Revue \ 07.2020

Les mesures imposées aux gens qui partent et arrivent en Belgique sont confuses, changeantes... et difficiles à prendre.

Le Soir \ 07.07.2020

Le port du masque est rendu obligatoire dans les commerces… et plus tard dans «tout endroit à forte fréquentation».

Le Soir \ 11.07.2020

Conseil national de sécurité (CNS) du 23 juillet.

Inédit \ 07.2020

Les Grignoux \ 07.2020

Le 1er juillet, l'Allemagne assure la présidence tournante de l'Union européenne au moment où celle-ci fait face à des défis historiques.

Le Soir \ 02.07.2020

Après 92 heures de négociations, le plan de relance européen est décidé et financé le 21 juillet.

Inédit \ 07.2020

Le rappeur Kanye West se déclare candidat à la présidence des États-Unis.

Ciné-Télé-Revue \ 07.2020

Le roi Philippe prolonge la mission qu'il avait (enfin) confiée à Paul Magnette et Bart De Wever.

Le Soir \ 10.08.2020

JE CROYAIS QU'ILS SE DÉTESTAIENT POUR TOUJOURS ?!
QUE C'EST BEAU !
JE PEUX JOUER AVEC VOUS ?
APRÈS, C'EST TON TOUR, BART
METS-EN BEAUCOUP, PAUL LE FLAMAND A LA PEAU SENSIBLE ET C'EST LE FLAMAND QUI PAIE
TOUJOURS LÀ, VOUS ?
PS
Kroll

La canicule, la foule et le refus des gestes barrières sont à l'origine d'échauffourées sur la côte.

Ciné-Télé-Revue \ 08.2020

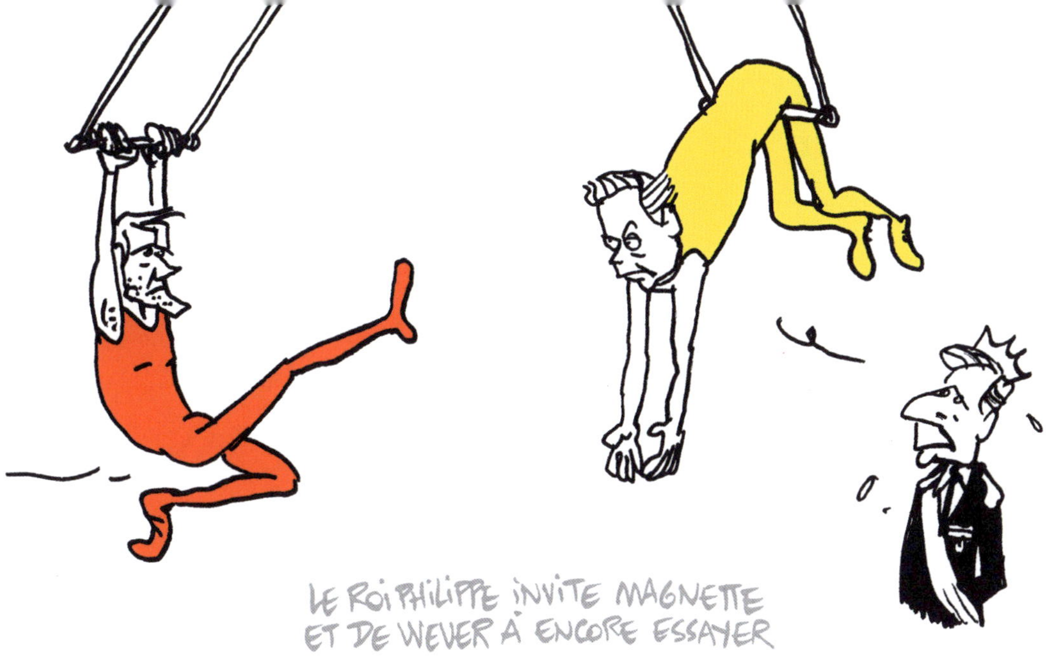

L’accès à certaines stations balnéaires est limité.

Le Soir \ 12.08.2020

LE ROI PHILIPPE ACCEPTE QUE MAGNETTE
ET DE WEVER CONTINUENT D'ESSAYER UN PEU

DISTANCIATION SOCIALE...
ON EST TRÈS FORTS!
VLAAMS BELANG
open vld
PTB PVDA
SP.a
?
GROEN
CD&V
ECOLO
PS
Défi
CDH
N-VA
MR

LE ROI PHILIPPE EST OBLIGÉ DE DÉCHARGER MAGNETTE ET DE WEVER DE LEUR MISSION

Paul Magnette et Bart De Wever finissent par jeter, eux aussi, l'éponge et renoncent à former un gouvernement fédéral.

Le Soir \ 18.08.2020

Le Soir \ 28.08.2020

Le roi désigne Egbert Lachaert (Open VLD) comme informateur pour « composer » cette fameuse coalition Vivaldi. Malheureusement, il sera testé positif au coronavirus, tout est à nouveau à l'arrêt.

Le Soir \ 08.09.2020

Le président Loukachenko réprime l'opposition.
L''opposition est dans la rue et réclame son départ.

Le Soir \ 03.09.2020

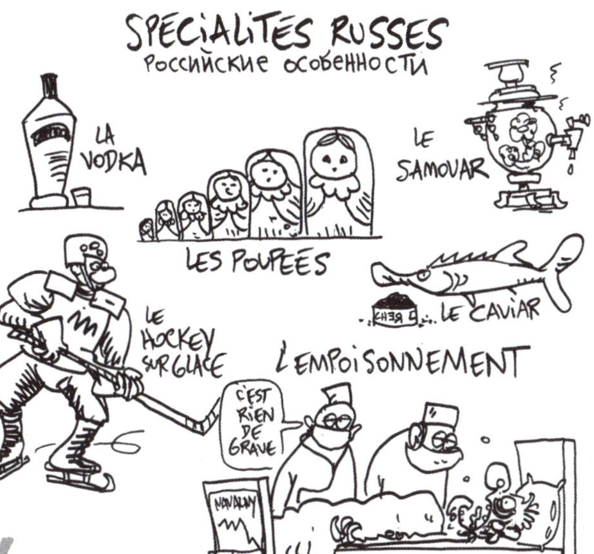

L'opposant russe
à Vladimir Poutine,
Alexeï Navalny,
a été empoisonné.
Par qui ?

Le Soir \ 20.08.2020

Annie Cordy décède à 92 ans... Elle ne sera jamais présidente de parti ☺

Ciné-Télé-Revue \ 09.2020

Antoinette Spaak, fille de Paul-Henri Spaak, décède à 92 ans. Elle fut la première femme belge présidente de parti.

Le Soir \ 31.08.2020

Le Tour de France, pour la première fois de son histoire, se court en septembre!

Le Soir \ 29.08.2020

Le Soir \ 10.09.2020

RTBF \ 09.09.2020

Le procès des attentats
de janvier 2015 s'ouvre à Paris.

Le Soir \ 02.09.2020